T0198813

SEE AND CONTROL

دیکھیں اور قابو کریں

DEMONS

جنّات

&

PAINS

درد

From My Eyes, Senses and Theories

میرے نظریات، مشاہدات اور احساسات سے

RIZWAN QURESHI

رضوان قریشی

100% true information and incidents about

Demons & Pains

100% سچی معلومات اور واقعات

جنّات اور درد کے متعلق

A TEXT BOOK ON DEMONS

جنّات کے بارے میں ٹیکسٹ بک

Order this book online at www.trafford.com
or email orders@trafford.com

Most Trafford titles are also available at major online book retailers.

Printed in the United States of America.

ISBN: 978-1-4669-5106-8 (sc)
ISBN: 978-1-4669-5107-5 (e)

Library of Congress Control Number: 2012914068

Trafford rev. 08/03/2012

 Trafford
PUBLISHING®   www.trafford.com

North America & international
toll-free: 1 888 232 4444 (USA & Canada)
phone: 250 383 6864 ♦ fax: 812 355 4082

Description of Invisible World	**نظر نہ آنے والی دنیا کی تفصیل**
In the same way the visible world is comprised of human beings, animals, reptiles, insects, etc., the invisible world is comprised of different kinds of creatures.	جس طرح نظر آنے والی دنیا انسانوں، جانوروں، رینگنے والے جانوروں اور حشرات وغیرہ پر مشتمل ہے بالکل اسی طرح نظر نہ آنے والی دنیا مختلف قسم کی مخلوقات پر مشتمل ہے۔
1) Parallel to human beings are demons. 2) Parallel to wild animals, reptiles, and poisonous insects are different kinds of diseases, sicknesses, infections, pains, etc.	ا۔انسانوں کے بالمقابل جنّات ہیں۔ ۲۔جنگلی جانوروں، رینگنے والے جانوروں اور زہریلے حشرات کے بالمقابل مختلف اقسام کی بیماریاں، تکالیف، متعدی امراض اور درد وغیرہ ہیں۔
So, the invisible world is not composed of only demons.	اس طرح نظر نہ آنے والی دنیا صرف جنّات پر مشتمل نہیں ہے۔
The Difference between Demons and Pain/Diseases	**جنّات اور درد/بیماریوں میں فرق**
Demons are more sensible, like humans. It's easy to communicate with them. And they listen most of the time.	جنّات انسانوں کی طرح ذیادہ باشعور ہیں۔ان سے بات چیت کرنا آسان ہے۔اور ذیادہ تر وہ سنتے ہیں۔
You can stop a man by just asking if he is doing anything bad. For example, if a man is killing a deer illegally, you can ask him to not kill the deer. If that man does not listen to you, you can threaten him with a call to the police, and that may stop him from illegally killing any animal. So, demons are close to humans but are not exactly like humans. Just imagine making a boy or girl invisible and giving him or her the powers of demons, and then imagine how many problems this "person" could create for someone.	اگر کوئی انسان بُرا کام کر رہا ہے تو آپ اسے منع کر سکتے ہیں۔مثال کے طور پر اگر کوئی انسان غیر قانونی طور پر کسی ہرن کو جان سے مار رہا ہے تو آپ اسے ہرن کو نہ مارنے کا کہہ سکتے ہیں۔اگر وہ آپ کی بات نہ مانے تو آپ پولیس کو فون کر کے اسے دھمکا سکتے ہیں۔آپ کا یہ فعل اسے جانوروں کے غیر قانونی قتل سے باز رکھ سکتا ہے۔اس طرح جنات انسانوں کی طرح ہیں لیکن بالکل انسانوں جیسے نہیں ہیں۔ایک لڑکے یا لڑکی کو غائب کرنے اور انہیں جنّات کی طاقتیں دینے کا ذرا تصور کریں اور پھر تصور کریں کہ یہ شخص کسی کے لئے کتنے مسائل پیدا کر سکتا ہے۔
Pains, sicknesses, and diseases are close to wild animals, wild reptiles, or poisonous insects. For example, if a lion is ready to pounce and hunt a deer, it will never listen to you if you request that it not hunt the deer. You cannot threaten a lion with the police to prevent his hunting of the	درد، تکالیف اور بیماریاں جنگلی جانوروں، جنگلی رینگنے والے جانوروں یا زہریلے حشرات جیسی ہیں۔مثال کے طور پر اگر ایک شیر ہرن کو جھپٹ کر شکار کرنے کے لئے تیار ہے تو پھر وہ آپ کی کبھی بھی نہیں سنے گا چاہے آپ اسے شکار نہ کرنے کی التجا کرتے رہیں۔آپ ایک شیر کو ہرن کا شکار کرنے سے روکنے کے لئے اسے پولیس کی کال سے دھمکا نہیں سکتے۔

deer. The only way you have to stop wild animals or poisonous insects is killing them or shooting them.But all kinds of pains, diseases, and sicknesses are invisible to us, and they cannot be killed by a regular kind of weapon or gun.

جنگلی جانوروں یا زہریلے حشرات کو روکنے کا صرف ایک ہی طریقہ ہے کہ انہیں مار دیا جائے یا گولی سے اڑا دیا جائے۔لیکن تمام طرح کے درد، بیماریاں اور تکالیف ہمیں نظر نہیں آتے اور وہ ایک روایتی ہتھیار یا بندوق سے مارے نہیں جا سکتے۔

Demons/pains/diseases: What do they look like?

جنّات/درد/بیماریاں: کس طرح کے نظر آتے ہیں؟

All these things in the invisible world, including demons, pains, and sicknesses/diseases, are flying objects. When they are flying in air, they are small objects that look like black smoke. Most of them look like small smoke bubbles or small pieces of thread. Some are similar to small flying spiders. They do not look the way we see them in movies or pictures/photographs-big, dangerous teeth; long legs and hands; black skin; twenty feet tall; and red eyes. They are nothing like that.

یہ تمام چیزیں بشمول جنّات، درد اور تکالیف نظر نہ آنے والی دنیا میں اڑنے والے اجسام ہیں۔جب یہ ہوا میں اڑ رہے ہوتے ہیں تو یہ کالے دھوئیں کی مانند چھوٹے اجسام ہوتے ہیں۔ان میں اکثر دھوئیں کے چھوٹے بلبلے یا دھاگے کے چھوٹے سے ٹکڑے کی طرح دکھائی دیتے ہیں۔کچھ اڑتی ہوئی چھوٹی مکڑیوں کی طرح کے ہوتے ہیں۔وہ بالکل بھی ویسے نہیں نظر آتے جیسا کہ ہم انہیں فلموں یا تصویروں میں دیکھتے ہیں۔۔۔بڑے خطرناک دانت، بڑے بڑے ہاتھ اور ٹانگیں، کالی چمڑی، بیس فٹ لمبے اور سُرخ آنکھیں۔وہ بالکل بھی ایسے نہیں ہوتے۔

There are few diseases and pains that you can immediately feel when you receive them from another body. But there are a few diseases that you manifest pains after a certain time. Why after a certain time? Because those diseases take a few days to damage the organs or make a wound anywhere in body. Once they inflict damage on or wound the body, the body gets sore, and people start feeling pain. Those invisible insects (diseases) do not care how much we get hurt. They just act like leeches and keep eating the organ or part of the body affected until they damage that part completely. For example, if you leave uncovered food in an open atmosphere, what will happen? Flies and other small insects will come and will start eating that uncovered food. If initially four insects are there and eating that uncovered food, if you kill those four insects, four more new insects

چند بیماریاں اور درد ایسے ہیں جن کو آپ فوراً محسوس کر سکتے ہیں جب وہ آپ کو کسی دوسرے جسم سے لگتے ہیں۔لیکن چند بیماریاں ایسی ہیں جن کا درد آپ کو ایک خاص عرصے کے بعد ظاہر ہوتا ہے۔ایک خاص عرصے کے بعد ہی کیوں؟ کیونکہ یہ بیماریاں اعضاہ کو نقصان پہنچانے یا جسم میں کہیں بھی زخم کرنے میں کچھ دن لیتے ہیں۔جب وہ ایک دفعہ نقصان پہنچا دیتی ہیں یا زخم بنا دیتی ہیں تو جسم سوجھ جاتا ہے اور لوگ درد محسوس کرنے لگتے ہیں۔ان نظر نہ آنے والے حشرات (بیماریاں) کو ہماری درد کی پرواہ نہیں ہوتی۔وہ بالکل دیمک کی طرح عضو یا جسم کے نقصان دہ حصے کو کھاتے رہتے ہیں جب تک کہ وہ اسکو مکمل طور پر تباہ نہ کر دیں۔مثال کے طور پر آپ غذا کو ڈھکے بغیر کھلی فضا میں چھوڑ دیں تو کیا ہوگا؟ مکھیاں اور دوسرے چھوٹے کیڑے آ کر اس نا ڈھکی ہوئی غذا کو کھانا شروع کر دیں گے۔اگر ابتدا میں چار کیڑے آتے ہیں اور اس نا ڈھکی ہوئی غذا کو کھانا شروع کر دیتے ہیں اور آپ ان چار کیڑوں کو مار دیتے ہیں تو مزید چار کیڑے آ کر اس غذا کو کھانا شروع کر دیں گے۔اس بات سے بے خبر کہ آپ کتنے کیڑے مارتے ہیں نئے کیڑے آتے رہیں گے جب تک آپ اس غذا کو ڈھانپ نہیں دیتے۔بالکل اسی طرح میں کسی کا کوئی بھی مرض، بیماری یا درد ختم کر سکتا ہوں لیکن اگر وہ ان کی علامات کو ختم نہیں کرتے، نئی بیماریاں ان تک آتی رہی گی اور ان کو تکلیف دیتی رہیں گی۔

will come and will start eating that uncovered food. Regardless of how many insects you kill, new insects will keep coming until you cover that food.In the same way, I can remove any sickness, disease, or pain from anyone, but if they do not fix their symptoms, new diseases will come to them and keep hurting them.	
Even if someone keeps taking medication, that doesn't mean he or she is cured. The reason is that there are so many diseases to hurt or damage that organ or part of the body. But what can I do? I can remove those insects from their bodies by using my powers. And that sickness or pain will not come back easily, if someone is taking care of symptom or damages created by invisible insects/disease. Once invisible disease or insect attack to any part or organ of the body, they do not leave that organ ever. Regardless, someone keep taking medication to heal that internal damage or wound, but, still that disease/insect will not give up eating or damaging more and more that rgan. So, at that point when, usually at initial level, when damages / wound is not bad and someone is taking proper medication, at that point, I can request/insist that disease/insect to leave that organ. So, no further damage and healing medication can heal quickly.	یہاں تک کہ اگر کوئی دوا بھی لیتا رہے، اسکا مطلب یہ نہیں کہ وہ صحت یاب ہے۔ وجہ یہ ہے کہ عضو یا جسم کے اس حصے کو تکلیف دینے یا نقصان پہنچانے کے لئے بہت سی بیماریاں ہیں۔ لیکن میں کیا کر سکتا ہوں؟ میں اپنی طاقتوں کو استعمال کر کے ان کیڑوں کو ان کے اجسام سے باہر نکال سکتا ہوں اور اگر کوئی ان غیر مرئی کیڑوں یا بیماریوں کے پیدا کئے گئے ضر یا اثر کی احتیاط کرئے تو وہ مرض یا تکلیف آسانی سے واپس نہیں آئے گی۔ نظر نہ آنے والی بیماری یا کیڑے ایک دفعہ اگر جسم کے کسی حصے یا عضو پر حملہ کر دیں تو وہ اس عضو کو کبھی نہیں چھوڑتے۔ ان تمام سے بے خبر کوئی اس اندرونی تباہی یا زخم کی صحت یابی کے لئے دوائی لیتا رہتا ہے لیکن پھر بھی وہ کیڑا اس عضو کو ذہادہ سے ذہادہ کھانا یا نقصان پہنچانا نہیں چھوڑتا تو پھر اس مقام پر عام طور پر ابتدائی سطح پر جب تباہی یا زخم اتنا پھیلا نہیں ہوتا اور کوئی مناسب دوائی لے رہا ہوتا ہے تو اس مقام پر اس بیماری یا کیڑے سے درخواست کر سکتا ہوں یا اسے مجبور کر سکتا ہوں کہ وہ عضو کو چھوڑ دے پھر کوئی مزید نقصان نہیں ہوگا اور صحت یابی کے لئے لی جانے والی دوا بھی جلد اثر کرئے گی۔
Whenever I go inside anyone's body, means, when I communicate telepathically with that demons/pain and request or insist them to quit and leave. I have no clue what I will find out inside his or her body. For example, if someone calls or comes to me with a migraine or backbone pain or sore tooth, I don't have any clue at that moment if that person has any kind of cancer or a virus or liver damage or high blood pressure or any other kind of dangerous disease.	جب کبھی میں کسی جسم کے اندر جاتا ہوں یعنی کہ میں روحانی طور پر جنّات سے رابطہ کرتا ہوں تو انہیں جسم کو چھوڑنے اور ہار مارنے پر مجبور کرتا ہوں یا ایسا کرنے کی درخواست کرتا ہوں۔ مجھے اس بات کا قطعی اندازا نہیں ہوتا کہ مجھے اس کے جسم میں سے کیا ملے گا؟ مثال کے طور پر اگر کوئی مجھے اپنے پاس بلاتا ہے یا میرے پاس آدھے سر درد کے ساتھ یا ریڑھ کی ہڈی کے درد کے ساتھ یا سوجھے دانت کے ساتھ آتا ہے مجھے اس وقت قطعی اندازہ نہیں ہوتا کہ اس شخص کو کس قسم کا سرطان یا وائرس ہے یا جگر کی بیماری یا ہائی بلڈ پریشر ہے یا کوئی دوسرے خطرناک بیماری ہے۔ جب میں ایک دفعہ لوگوں کا علاج شروع کرتا ہوں تو مجھے ان کے اجسام کے تمام مسائل سے نبرد آزما ہونا پڑتا ہے۔ تدبیر کا انحصار اس بات پر ہوتا ہے کہ جسم اور اس کے اعضاہ پہلے سے کتنے نقصان ذدہ ہیں۔

Once I start treating people, I have to deal with all the problems they have with their body. Cures depend on how much of the body and its organs are already damaged.Most of the time, all new pains and diseases come straight into my body from that sick body. If that sickness is meeting with me for the second or third time, it does not come to me. Sometimes sicknesses leave that sick body really fast, and sometimes they leave that body even before I start my treatment.

جب میں ایک دفعہ لوگوں کا علاج شروع کر دیتا ہوں تو مجھے ان کے اجسام کے تمام مسائل سے نبرد آزما ہونا پڑتا ہے۔ تدبیر کا انحصار اس بات پر ہوتا ہے کہ جسم اور اس کے اعضاء پہلے سے کتنے نقصان زدہ ہیں۔ اکثر اوقات تمام نئی بیماریاں اور درد بیمار جسم سے بالکل سیدھا میرے جسم میں وارد ہوتا ہے۔ اگر یہ اس مرض کی مجھ سے دوسری یا تیسری ملاقات ہوتی ہے تو وہ مجھ تک نہیں آتا۔ بعض اوقات بیماری بہت ہی تیزی سے جسم سے نکل جاتی ہے اور بعض اوقات وہ اس جسم کو میرے علاج کرنے سے پہلے ہی چھوڑ جاتی ہے۔

Anyone can get sick. It is just bad luck, regardless of whether a creature is human or animal. But modern science and medication are very effective. To treat people, I usually add my magic to certain medications. I only perform this magic when I cannot fix any sickness or pain without medication. Most of the time, there is no need for any medication during treatment, but I always suggest people use medication to fix the symptoms.

کوئی بھی بیمار ہو سکتا ہے۔ یہ بیماری ایک بد قسمتی ہے چاہے وہ مخلوق جانور ہو یا انسان لیکن جدید سائنس اور ادویات بہت ہی پر اثر ہیں۔ لوگوں کا علاج کرنے کے لئے میں کچھ ادویات میں اپنا جادو شامل کر لیتا ہوں۔ میں یہ جادو صرف اس وقت استعمال کرتا ہوں جب میں مرض یا درد کا علاج دوا سے نہیں کر پاتا۔ اکثر اوقات علاج کے دوران دوا کی ضرورت نہیں ہوتی لیکن پھر بھی میں امراض کی علامات کو ختم کرنے کے لئے دوا ہی تجویز کرتا ہوں۔

Once I treat someone, I am usually able to move/remove all sickness, regardless of whether it is just a head pain or cancer or HIV or anything. After I cure him or her, it depends how someone takes care of fixing the sources and symptoms of his or her diseases.

جب میں کسی کا علاج کرتا ہوں تو میں عموماً تمام بیماریوں کو ہٹانے / ختم کرنے کے قابل ہوتا ہوں چاہے وہ صرف ایک سر درد ہو یا سرطان یا HIV یا کچھ اور۔ اسے صحت یاب کرنے کے بعد یہ اس انسان پر منحصر ہے کہ وہ آثارِ امراض اور اس کے ذرائع کو دور رکھنے میں کتنی احتیاط برتتا ہے۔

Twin, Angel, or Hamzad

جڑوا، فرشتہ یا ہم زاد

Twin angel, or hamzad, is not part of our bodies or spirits. It is a demon who has been around us since we were born. Usually, one demon really controls us completely-our emotions, dreams, thoughts, and other matters in our life. Usually, that demon stays around us to keep our bodies possessed all our life until a stronger demon decides to possess our bodies.

جڑوا، فرشتہ یا ہم زاد ہمارے جسموں کا حصہ نہیں ہوتے۔ یہ وہ جن ہے جو ہماری پیدائش سے لے کر ہمارے ساتھ رہتا ہے۔ عموماً ایک جن واقعی ہمیں، ہمارے جذبات، خواب، سوچ اور ہمارے زندگی کے تمام معاملات کو مکمل طور پر قابو کرتا ہے۔ عام طور پر ایک جن ہماری ساری زندگی ہمارے جسم پر قبضہ کئے ہمارے ارد گرد رہتا ہے جب تک کہ کوئی اور طاقتور جن ہمارے جسم پر قبضہ کرنے نا آجائے۔

Most of us are unaware of the control these demons have over us. Usually, the twin angel demon, or hamzad demon, thinks he/she is the owners of us. This is only oneway traffic. These demons know everything about us. They operate us however they want. On other hand, most of us are totally unaware of them, their actions, and their control on us.But a few people have faith and believe that hamzad is a shadow of their bodies or spirits. Some of them hold to some practices to control the hamzad.Most of the time, demons are more interested in controlling us instead of us controlling them. If a human is more powerful, he or she can control these demons after some practice, but if he or she fails, that hamzad will kill the person-or at least screw up his or her mind, which means those demons will have complete control of that person's mind. Usually, those kinds of people are considered mentally ill or sick. Nobody can control his or her demons or another's demons until someone is strong enough mentally and can control his or her mind. Otherwise, demons are pretty much invincible lions, and they do not give their control to someone else easily. This is part of their negative nature. You need to be somebody extremely strong mentally to play or mess with them.

ہم میں سے اکثریت اس بات سے ناواقف ہے کہ یہ جن ہم پر کس قدر حاوی ہیں۔عموماً جڑوا،فرشتہ، جن یاہم زاد جن یہ سمجھتے ہیں کہ وہ ہمارے مالک ہیں لیکن یہ صرف یکطرفہ سوچ ہے۔یہ جنّات ہمارے بارے میں سب کچھ جانتے ہیں۔وہ جیسا چاہتے ہیں ہم سے کام کرواتے ہیں۔دوسرے طرف ہم میں سے اکثر ان کی حرکات اور ان کے ہم پر قابو کے بارے میں بے خبر ہیں لیکن چند لوگوں کا ماننا ہے کہ ہم زاد ہمارے اجسام یا ارواح کا سایہ ہیں۔ان میں سے کچھ ہم زاد کو قابو کرنے کی مشق کرتے ہیں۔اکثر اوقات جنّات ہمیں اپنے قابو کرنے میں دلچسپی رکھتے ہیں نا کہ ہم انہیں اپنے قابو میں کریں۔اگر کوئی انسان کچھ مشق کے بعد بہت ہی طاقتور ہو جائے وہ ان جنّات پر قابو پا سکے گا۔لیکن اگر وہ جن سے ناکام ہو جائے تو وہ ہم زاد یا تو اس کو مار دے گا یا پھر کم از کم اس کے دماغ کو اپنے مطابق کام کرنے پر مجبور کرے گا یعنی کہ وہ جن اس شخص کے دماغ پر مکمل طور پر حاوی ہو جائے گا۔اس طرح کے لوگ اکثر دماغی طور پر بیمار مانے جاتے ہیں۔کوئی بھی شخص آپ کے جنّات کو یا جن کو اس وقت تک قابو نہیں کر سکتا جب تک وہ اتنا مضبوط نہیں ہو جاتا کہ اس کے دماغ کو قابو کر سکے۔اس کے علاوہ جنّات دماغی طور پر بہت ہی زبردست قسم کے شیر ہوتے ہیں کہ وہ آسانی سے خود کو قابو نہیں کرنے دیتے۔آپ کہ انہیں قابو کرنے کے لئے یا ان پر حاوی ہونے کے ئے بہت ہی طاقتور ہونا پڑے گا۔

Evil Eye: Causes, Reasons, and Effects

Around us, inside our house, around our house or work place, and everywhere, we have millions of different kind of demons around us. Demons exhibit pretty much the same kinds of qualities, habits, and temperaments that humans do-for example, good, bad, very bad, naughty, evil, extremist, harmless, harmful, jealous, angry, obedient, disobedient, etc. Usually noticeable effects of "Evil Eyes" are the following: loss of health, loss of beauty, sickness,

بُری نظر: اسباب، وجوہات اور اثرات

ہمارے اردگرد، ہمارے گھر کے اندر، ہمارے گھر یا کام کرنے کی جگہ کے اردگرد اور ہر جگہ اربوں مختلف قسم کے جنّات موجود ہیں۔جنّات بالکل انسانوں کی طرح کی خوبیاں، عادات اور مزاج رکھتے ہیں جیسا کہ اچھی، بُری، بہت بُری، شرارتی، شیطانی، انتہا پسند، نقصان دہ والی، نقصان نہ دینے والی، حسد، ناراض، فرمانبردار اور نافرمان وغیرہ۔عام طرح پر بُری نظر کے قابلِ غور اثرات یہ ہیں: دولت کا کھونا، خوبصورتی کا ماند پڑ جانا، بیماری، کاروبار میں نقصان، بدقسمتی، کامیابی کی راہ میں رکاوٹیں، میاں بیوی میں خراب تعلقات۔

loss of business, bad luck, a lot of obstacles in the way of success, bad relationships with spouses, etc.	
There are two ways of getting affected by "Evil Eyes":	بُری نظر دو طرح سے لگتی ہے۔
1. Automatically Evil Eye 2. Guided Evil Eye	ا۔ خود بخود بُری نظر لگنا ۲۔ راہ دکھائی گئی بُری نظر
1. Automatically Evil Eye	ا۔ خود بخود بُری نظر لگنا
As I described several times, demons-or a group or tribe of demons-operate together and use their extraordinary language power of hypnotism, or they possess a body and invite different kinds of invisible insects to create different kinds of pains or to damage different body organs. It doesn't matter if someone is very healthy or beautiful, is a successful business owner, or is very wealthy; this demon—or group or tribe of demons—can choose any person very easily.	جیسا کہ میں کئی دفعہ بیان کر چکا ہوں جنّات۔۔یا ان کا ایک گروہ یا جنّات کا قبیلہ مل کر کام کرتے ہیں اور علمِ نومیات کی اپنی غیر معمولی زبان کا استعمال کرتے ہیں یا وہ عمل کر کے جسم کو اپنی ملکیت میں رکھتے ہیں اور مختلف قسموں کا درد دینے اور جسم کے مختلف اعضاء کو نقصان پہنچانے کے لئے مختلف اقسام کے نظر نہ آنے والی کیڑوں کو دعوت دیتے ہیں۔ انہیں اس بات سے کوئی فرق نہین پڑتا چاہے کوئی بہت صحت مند یا خوبصورت ہے، کامیاب کاوربار کا مالک ہے یا بہت دولت مند ہے۔ یہ جن۔۔یا جنّات کا گروہ یا قبیلہ۔۔کسی بھی شخص کو بڑی آسانی سے منتخب کر لیتے ہیں۔
Very quickly, those demons can make that healthy person extremely sick; they can destroy someone's beauty in few days. These groups of demons can make a very wealthy person extremely poor by creating all kinds of problems in someone's business. These demons, by using hypnotism, can bring hate between a loving husband and wife, or any couple.	بہت تیزی سے یہ جنّات ایک صحت مند شخص کو بہت ذہادہ بیمار کر دیتے ہیں۔ وہ کسی کی خوبصورتی کو دنوں میں تباہ کر سکتے ہیں۔ جنّات کا یہ گروہ کسی کے کاروبار میں ہر طرح کے مسائل پیدا کر کے ایک بہت ہی دولت مند شخص کو بہت ہی ذہاد غریب کر سکتے ہیں۔ یہ جنّات علمِ نومیات کا استعمال کرتے ہوئے پیار کرنے والے میاں بیوی یا کسی بھی جوڑے کے درمیان نفرت لا سکتے ہیں۔
Why do demons do these kinds of things? The answer is this: by nature, they like negative activities, or sometimes we make them unhappy due to our actions or acts. I am 100 percent sure that most of the time they go against us and try to destroy our life or health or family or business because, maybe most of the time unintentionally, we	جنّات اس طرح کی حرکات کیوں کرتے ہیں؟ جواب یہ ہے: عادتاً وہ منفی سرگرمیوں کو پسند کرتے ہیں یا بعض اوقات ہم انہیں اپنے افعال یا اعمال سے ناخوش کر دیتے ہیں۔ مجھے سو فیصد یقین ہے کہ اکثر اوقات وہ ہمارے خلاف اس وجہ سے ہوجاتے ہیں کہ بعض اوقات انجانے میں ہم انہیں ناخوش یا ناراض کر دیتے ہیں اور وہ ہماری زندگی یا صحت یا خاندان یا کاروبار کو نقصان پہنچانے کی کوشش کرتے ہیں۔

make them unhappy or angry. Sometimes, if we feel too much pride or are proud about our health / beauty / wealth / business, these demons just go against us without any reason. Maybe they just do not like our arrogance. Demons are just like air. And who can fightcompletely with air everywhere? It is more difficult to fight with them because most of us are not even aware of their presence and activities.	بعض اوقات اگر ہم بہت زیادہ فخر یا اپنی صحت / خوبصورتی / دولت / کاروبار پر فخر کرتے ہیں تو یہ جنّات بغیر کسی وجہ کے ہمارے خلاف ہو جاتے ہیں۔ ہوسکتا ہے انہیں ہماری جہالت پسند نہ ہو۔ جنّات بالکل ہوا کی طرح ہوتے ہیں اور ہوا سے ہر جگہ مکمل طور پر کون لڑسکتا ہے۔؟ ان سے لڑنا اور مشکل ہے کیونکہ ہماری اکثریت تو ان کی موجودگی اور حرکات سے تو بالکل ہی ناواقف ہے۔
2. Guided Evil Eye	۲۔ راہ دکھائی گئی بُری نظر
Guided Evil Eyes can be divided in two parts:	راہ دکھائی گئی بری نظر کو دو حصوں میں تقسیم کیا جاسکتا ہے۔
a.) Controlled Guided Evil Eye b.) Uncontrolled Guided Evil Eye.	ا۔ تابع بری نظر ۲۔ غیر تابع بری نظر
a.) The Controlled Guided Evil Eye comes from any demon's doctor or any person who knows how to use or misuse demons under his control. That demon's doctor very easily can assign an assignment for a demon or for a group of demons to destroy the health or beauty or wealth of any person. This thing works for sure; sometimes it takes days or months or years, but it works.	ا۔ تابع بری نظر جنّات کے کسی عالم نے بھیجی ہوتی ہے یا وہ انسان لگا سکتا ہے جو کہ اپنے اختیار میں موجود جنّات کا درست یا غلط استعمال کرنا جانتا ہو۔ جنّات کا عالم بہت آسانی سے جنّات کے گروہ یا جن کسی کی صحت یا خوبصورتی یا دولت برباد کرنے کی ذمہ داری سونپ سکتا ہے۔ یہ کام یقینی طور پر ہو جاتا ہے۔ بعض اوقات اس کام میں دن، مہینے یا سال بھی لگ جاتے ہیں۔ یہ ہو کر رہتا ہے۔
b.) The second kind, the Uncontrolled Guided Evil Eye, comes from people around us—people who are jealous of us or are angry with us for any reason. Any demon or group of demons around them can just decide to destroy the health/beauty or wealth of one person because another person is feeling very jealous or is very unhappy with that person for some reason. That jealous or angry person is even unaware about the activities of those demons and definitely has no control over those demons. This is nothing, just bad luck	۲۔ دوسری قسم، غیر تابع بری نظر، ہمارے اردگرد موجود لوگ ہی لگاتے ہیں۔۔ وہ لوگ جو ہم سے حسد کرتے ہیں یا کسی وجہ سے ہم سے ناراض ہوتے ہیں۔ ان لوگوں کے اردگرد موجود جن یا اس کا گروہ دوسرے شخص کی صحت، خوبصورتی یا دولت تباہ کرنے کا ارادہ باندھ سکتا ہیں۔ کیونکہ دوسرا شخص اس شخص سے حسد کرتا ہے یا کسی بھی وجہ سے ناراض ہے۔ وہ حاسد یا ناراض شخص بھی ان جنّات کی ان حرکات سے آگاہ نہیں ہوتا اور ظاہری بات ہے کہ اس کا ان جنّات پر کوئی اختیار نہیں ہے۔ اس کا مطلب یہ اور کچھ نہیں صرف بدقسمتی ہے۔

How demons or invisible insects transfer from one body to another electronically:	جنّات یا غیر مرئی حشرات ایک جسم سے دوسرے جسم میں کیسے منتقل ہوتے ہیں:
1. Cell phones or regular land phones provide a very easy path or medium for demons/pains to travel from one body to another. Chances are reduced if people, instead of holding the phone up to their ear, use the speaker of the phone and keep the phone away from their ear.	۱۔سیل فون یا عام فون جنّات یا درد کا ایک جسم سے دوسرے جسم میں داخل ہونے کا بہت ہی آسان راستہ ہے۔اگر لوگ فون کو کان سے لگانے کی بجائے فون کا سپیکر استعمال کریں تو یہ امکانات کم ہوسکتے ہیں اور فون کو کان سے دور رکھیں۔
2. Live TV, live shows, live talk shows, live video conferencing, or live Internet conversation can very easily transfer demons/ pains electromagnetically from one body to another.	۲۔براہِ راست ٹی وی پروگرام، شو، گفتگو کے پراگرام، ویڈیو کانفرنس یا انٹرنیٹ پر بات چیت بہت ہی آسانی سے ان جنّات یا درد کو برقی مقناطیسی طور پر ایک جسم سے دوسرے جسم میں منتقل کر دیتے ہیں۔
3. Usually demons/pains use rules of heat travel from one point to a second point—like travel from hot to cold. In the same way, demons/pains travel from a sick body to a healthy body, or travel from a more sick body to a less sick body, electromagnetically.	۳۔عام طور پر جنّات یا درد حرارت کے اصول کے تحت ایک جگہ سے دوسرے جگہ سفر طے کرتے ہیں۔ یعنی کہ گرم سے سرد کی طرف۔ بالکل اسی طرح جنّات یا درد بیمار جسم سے صحت مند جسم کی طرف جاتے ہیں یا ایک ذیادہ بیمار جسم سے کم بیمار جسم کی طرف سفر کرتے ہیں۔
4. Demons/pains very easily travel from an insecure or scared body to a very secure and bold/brave body. But it does not mean they will never go back to the old body. They may, or they may not.	۴۔جنّات/درد بہت ہی آسانی سے غیر محفوظ یا خوفزدہ جسم سے برقی مقناطیسی انداز میں محفوظ اور بے خوف/بہادر جسم کی طرف جاتے ہیں۔لیکن اس کا یہ مطلب نہیں ہے کہ وہ پُرانے جسم کی طرف واپس نہیں آئیں گے۔وہ آ بھی سکتے ہیں اور نہیں بھی آسکتے۔
5. I am not sure if demons like it or if it is their traveling path, but when you stay in front of a weather heater too much, they will be inside your body, especially above the chest. I have not had any experiences of getting demons in my body when staying in front of an air conditioner.	۵۔ میں باوثوق انداز سے تو نہیں کہہ سکتا کہ یہ جنّات کا سفر کرنے کا طریقہ ہے یا وہ ایسا کرنا پسند کرتے ہیں لیکن جب ایک موسمی ہیٹر کے آگے ذہادہ دیر بیٹھتے ہیں تو وہ آپ کے جسم میں خاص طور پر آپ کی چھاتی کے اوپر آجائیں گے۔کبھی ائیر کنڈیشنر کے آگے بیٹھے ہوئے میں نے اپنے اندر جنّات کی منتقلی کا تجربہ نہیں کیا۔
6. We can very easily absorb demons or pains from very shorttempered or extreme behavior people, sick people, scared or drunk or angry people, or animals or trees. But	۶۔کسی بھی غصیلے یا انتہا پسند انسان سے، بیمار، خوفزدہ، یا شرابی یا ناراض شخص سے، جانوروں یا درختوں سے جنّات یا درد ہمارے اندر جذب ہوسکتے ہیں۔لیکن یہ تجازب دیرپا نہیں ہوتا۔جنّات ان اجسام کی

this absorption is usually not permanent. The demons may or may not go back to those bodies.

طرف واپس آ بھی سکتے ہیں اور نہیں بھی۔

Almost everybody is possessed by demons.
When do they come out from a body?

تقریباً ہر جسم میں جنّات ہوتے ہیں۔
یہ جسم سے باہر کب آتے ہیں؟

Demons are not walking creatures like us. They are not that big in shape or size. They do not look like what we see in movies or pictures with dark black color, big bodies, red eyes, long and sharp teeth, hairy skin, and big ears. No, they do not look like that. They are small, flying creatures with extraordinary, penetrating, expending, and hypnotizing powers. I can see millions of demons flying in the air everywhere. Demons live on trees. They live inside our bodies. They live inside the bodies they possess.

جنّات ہماری طرح چلتی پھرتی مخلوق نہیں ہیں۔ وہ بہت بڑی ہیت یا اجسام کے نہیں ہوتے۔ وہ فلموں میں دکھائے جانے والی گہرے گالے رنگ، بڑے اجسام، سرخ آنکھوں، لمبے اور نوکیلے دانتوں، بالوں والی جلد اور بڑے کانوں والوں کی طرح نہیں ہوتے۔ نہیں وہ بالکل بھی ایسے نہیں ہوتے۔ وہ غیر معمولی بڑھتی ہوئی، پھیلتی ہوئی اور علمِ نومیات کی طاقت کے ساتھ چھوٹی اڑنے والی مخلوقات ہیں۔ میں ہوا میں ہر جگہ اڑتے ہوئے لاکھوں جنّات کو دیکھ سکتا ہوں۔ جنّات درختوں میں رہتے ہیں۔ وہ ہمارے اجسام میں پناہ گزیر ہیں۔ وہ اپنی ملکیت میں لئے ہوئے جسم میں رہتے ہیں۔

1) If someone dies, the demon will come out of that body. Only invisible insects or diseases will stay inside that body to eat it, that organ or body completely. This means, demons do not like to live in dead bodies.

ا۔ جب کوئی مر جاتا ہے تو جنّات اس کے جسم سے نکل جاتے ہیں۔ صرف نظر نہ آنے والے حشرات یا بیماریاں ہی جسم کو کھانے یا اس عضو کو مکمل طور پر کھانے کے لئے جسم کے اندر رہ جاتی ہیں۔ اس کا مطلب یہ ہے کہ جنّات مردہ جسم میں رہنا پسند نہیں کرتے۔

2) If they don't feel secure that the body in which they are residing is going to be get hurt or damaged or die for example. Demons are different than insects. Demons do not stay inside or around an insecure body. Once they figure out someone is ready to hurt or kill that body, in which demons are living, demons will come out from that body real quickly, even before, that person, animal, will get hurt or killed. You can say, demons are coward or extra careful. No doubt, demons get upset and take revenge when someone especially killed that body, whatever they possessed or living.

۲۔ وہ اس جسم کو بھی خیر آباد کہہ دیتے ہیں جن میں وہ محفوظ محسوس نہیں کرتے۔ مثال کے طور پر وہ یہ جان لیں ان کی ملکیت میں موجود جسم کو نقصان پہنچنے والا ہے یا تباہ ہونے والا ہے۔ جنّات حشرات سے مختلف ہوتے ہیں۔ جنّات کسی غیر محفوظ جسم کے اندر یا اس کے آس پاس بھی نہیں رکتے۔ اگر جنّات یہ جان لیں کہ وہ جس جسم میں پناہ گزیر ہیں اسے کوئی نقصان پہنچانے والا ہے یا مارنے والا ہے تو وہ اس شخص یا جانور کے مارے جانے یا نقصان پہنچنے سے پہلے ہی چھوڑ دیتے ہیں۔ آپ جنّات کو بزدل یا بہت ہی احتیاط پسند کہہ سکتے ہیں۔ اس بات میں کوئی شک نہیں کہ جنّات اس بات پر افسردہ اور پریشان ہو جاتے ہیں جب کوئی ان کی ملکیت یا پناہ گاہ والے جسم کو خصوصاً مار دے۔

Whenever a rat passes by me or gets scared and runs away from me, demons immediately come out from that rat and jump into my body. It is so bad when you can sense very clearly a demon penetrating your body. I never feel like this. Several years ago, I may have felt this way when I was a normal person. But now I cannot relax until I convince/ insist demons leave my body. Usually, demons that come out of rats have some kind of bad smell. Even if I just say hish to cats, I can see a bunch of demons leave the cat's body and jump inside my body within seconds. During any of these penetrations by demons, I never felt hurt and never felt any kind of pain. Usually, they listen to me and find someone else within a few minutes. After I learned all this about myself, I decided not to kill things with demons anymore, not even a cockroach or any other insect sitting or walking in front of me, because I do not want an extra problem for no reason. I always suggest my sincere friends use someone else to kill insects inside the house. And I suggest that they stay away from home during that process.	جب کوئی چوہا میرے پاس سے گزرتا ہے یا مجھ سے ڈر کر بھاگ جاتا ہے تو جنّات فوراً چوہے کے جسم سے میرے جسم میں داخل ہو جاتے ہیں۔ جنّات کا اپنے جسم میں سرایت کرتے ہوئے صاف محسوس کرنا بہت ہی بُرا محسوس ہوتا ہے۔ میں نے پہلے ایسا کبھی نہیں محسوس کیا، بہت سال پہلے ایسا میں نے جب محسوس کیا تھا جب میں ایک عام انسان تھا۔ لیکن میں اب اس وقت تک چین سے نہیں رہ سکتا جب تک میں جن کو اپنے جسم سے نکلنے پر راضی یا مجبور نا کر دوں۔ عموماً چوہوں میں سے نکلنے والے جنّات میں کچھ خاص قسم کی گندی بو ہوتی ہے۔ یہاں تک کہ میں ایک بلی کو "شی" کرتا ہوں تو جنّات کا ایک گروہ لمحے بھر میں بلی سے نکل کر مجھ میں سما جاتا ہے۔ جنّات کی اس طرح کی منتقلی سے میں نے کبھی درد یا تکلیف محسوس نہیں کی۔ عام طور پر مجھے سنتے ہیں اور چند ہی منٹوں میں کسی اور کو تلاش کر لیتے ہیں۔ اپنے بارے میں یہ سب کچھ جان لینے کے بعد میں نے جنّات والی چیزوں کو آئندہ سے نا مارنے کا ارادہ کر لیا چاہے وہ لال بیگ ہو یا میرے سامنے پھرتا ہوا کوئی چھوٹا سا کیڑا کیونکہ میں بلا وجہ مسائل نہیں پیدا کرنا چاہتا۔ میں اپنے قریبی دوستوں کو گھر کے اندر کسی اور سے کیڑے مروانے کا کہتا ہوں اور مشورہ دیتا ہوں کہ وہ اس دوران گھر سے دور رہیں۔
Demons that come out from human bodies are more powerful and more aggressive. They are more controlling and have different kinds of problems. For example, once they are inside my body/mind, I can't sleep, or my legs and body have a mysterious kind of pain. My ears turn red, and my eyes burn. My neck will hurt and burn, and I can develop either low or high blood pressure. It is not always very easy to convince demons to come out from my body. In the end, I have to go through a procedure, and in few seconds, they leave my body!	انسانوں کے جسم سے نکلنے والے جنّات زیادہ طاقتور اور جنگجو ہوتے ہیں۔ یہ ذیادہ اختیار والے اور مختلف قسم کے مسائل رکھتے ہیں۔ مثال کے طور پر ایک دفعہ وہ میرے جسم میں سما جاتے ہیں تو میں نہ سو سکتا ہوں اور میرے جسم اور میری ٹانگوں میں پراسرار قسم کی درد رہتی ہے۔ میرے کان سرخ ہو جاتے ہیں اور آنکھیں جلنے لگتی ہیں۔ میرے گردن میں تکلیف اور جلن ہوتی ہے اور میرا بلڈ پریشر کم یا ذیادہ ہو جاتا ہے۔ جنّات کو جسم چھوڑ جانے کے لئے راضی کرنا کوئی آسان کام نہیں ہے۔ لیکن آخر کار ایک میں ایک طریقے سے چند منٹ میں باہر نکال سکتا ہوں۔

Are demons scared of something?

I can describe a few more incidents: One time, I ordered some fake animals and birds, but they looked so real. They included a cat, dog, horse, hen, eagle, rabbit, owl, and pigeon, among others. At that time, I had one real demon friend. He was living in my house. That night, when I came back home, I started opening those fake animal bones. It was a big order. Animals and birds were everywhere in the living room. Several times, I felt that demon continuously on my back. I asked several times that it come out of me, but it was not listening to me. Finally, I figured out that it had some problem with those animals and birds. I cleaned one side of the room and asked it to come out of me. It listened to me at that time. When I opened more boxes, I put those animals and birds again on the other side of the room.As soon as I put them on that side of room, the demon jumped on me again. I tried to convince it that these were not real animals, but it was not listening to me. Finally, I asked my wife if she could take all those boxes to our store. She flatly refused to do so. She just refused, and that demon immediately jumped on her. And she started yelling because of an extremely bad headache she had developed. I asked that demon to leave her alone immediately. It listened to me and came back to my body. After that, my wife was ready to take all the boxes to the store immediately. That happened at 2:00 a.m. in the morning. But the whole time, she was fussing about that demon. That was first time I learned that the demon had some problem with those animals.

Another time, I was watching a horror movie. At that time, I had a few demons around me, as usual. That time, I

کیاجنّات کسی چیز سے خوفزدہ ہوتے ہیں

میں کچھ مزید سانحے بیان کرسکتا ہوں۔ایک دفعہ میں نے کچھ نقلی جانوراور پرندے بنوائے جوکہ اصلی دکھائی دیتے تھے. ان میں بلی، کتا، گھوڑا، مرغی، اوقاب، خرگوش، اُلواور کبوتر شامل تھے۔اس وقت ایک جن میرا حقیق دوست تھا۔ وہ میرے گھر میں رہتا تھا۔ اس رات گھر واپس آ کر میں نے ان نقلی جانوروں کی ہڈیاں علیحدہ کرنا شروع کر دیں یہ بہت بڑی ترتیب تھی۔ کمرے میں ہرجگہ جانوراور پرندے بکھرے پڑے تھے۔کئی دفعہ جن کا وزن مجھے اپنی پشت پر محسوس ہوا۔میں نے بہت دفعہ اسے مجھے چھوڑنے ک کہالیکن اس نے میری ایک نہ سنی۔ آخر کار مجھے سمجھ آیا کہ اسے ان جانوروں اور پرندوں کے ساتھ کوئی مسئلہ ہے۔میں نے کمرے کے ایک کونے سے جانوروں اور پرندوں کی ہڈیاں ہٹائی اور جگہ صاف کی اور اسے مجھ سے نکل جانے کو کہا۔اب کی باراس نے میری بات مان لی۔ جب میں نے مزید ڈبے کھولے تو میں نے پھر دوسری جگہ جانوروں اور پرندوں کو رکھ دیا۔ جیسے جیسے میں کمرے میں ان کو رکھتا جاتا جن مجھ پر سوار ہوتا جاتا۔ میں نے اسے اس بات پر منانے کی کوشش کی کہ یہ اصلی جانور نہیں ہیں لیکن اس نے میری بات نا سنی۔ آخر کار میں نے اپنی بیوی سے تمام ڈبوں کو سٹور میں منتقل کرنے کو کہا۔اسے نے ٹکا سا جواب دے دیا۔ادھراس نے انکار کیا اُدھر وہ جن میری بیوی پر سوار ہوگیا اور اس نے اپنے سر میں اٹھنے والے درد سے کراہنا شروع کر دیا۔ میں نے جن کو اسے فوراً ہی چھوڑنے کو کہا۔اس نے میری بات مان لی اور واپس مجھ میں آ گیا۔ یہ صبح ۲ بجے کا واقعہ ہے۔لیکن سارا دن وہ اس جن کے خلاف شوروغل کرتی رہی۔ وہ پہلا موقعہ تھا کہ میں نے جانا کہ جن کو ان جانوروں سے کوئی مسئلہ تھا۔

ایک اور مرتبہ میں ایک ڈراؤنی فلم دیکھ رہا تھا۔اس وقت معمول کے مطابق میرے اردگرد کچھ جنّات تھے۔اس وقت میں انہیں گن نہیں سکتا تھا کیونکہ وہ بہت ذہادہ تھے اور وہ جن مجھ سے دور تھا اور میں

couldn't even count the demons, because I was dealing with so many. That demon was far away from me, and that was why I was not sensing it. But every time that horror movie had any scary scene or loud noise, that demonjumped on me. When this happened several times, I asked it, "What is your problem?"	اسے محسوس نہیں کرسکتا تھا لیکن ہر دفعہ جب بھی ڈراؤنی فلم میں کوئی خوفناک منظر ابھرتا یا اونچی آواز آتی وہ جن میرے اوپر سوار ہو جاتا۔ جب ایسا بہت بار ہوا تو میں نے اس سے پوچھا "تمہارے ساتھ کیا مسئلہ ہے"
It seemed to say, "I am getting scared from the ghost in the movie. That's why I am jumping."	اس کا جواب محسوس ہوا" مجھے فلم والے بھوت سے ڈر دلگ رہا ہے۔اس لئے میں اچھل رہا ہوں"
I asked it, "Why are you scared of that ghost in the movie?"	میں نے پوچھا تم فلم والے بھوت سے کیوں خوفزدہ ہو؟
It just happened today when I was coming back to home from work. I saw that someone had left the fence door open. I walked that way and tried to close that door, but one green lizard jumped from wall toward that gate. Because of the reptile, I jumped backward. But within a second, the demon from that lizard came out and jump inside my body. It might have been okay if I didn't feel anything, but I feel or sense them so clearly—like someone is hugging me. I hope you can imagine my situation. Something came out from that lizard, and now that demon penetrated my body. I cannot explain my feelings, but I started arguing with the demon to come out from my body and go back to that lizard. I think it took me minutes, and he left my body and went back to that lizard. So, I learned that they leave any body immediately when they figure out someone can hit or kill the insect or animal they're possessing.	آج بھی ایسا ہوا جب میں اپنے کام سے واپس آیا تو میں نے دیکھا کہ کسی نے باڑ کا دروازہ کھلا چھوڑ دیا ہے۔ میں اس طرف گیا اور دروازہ بند کرنے کی کوشش کی لیکن ایک سبز چھپکلی نے دیوار سے دروازے پر چھلانگ لگا دی۔اس رینگنے والے جانور کی وجہ سے میں پیچھے ہٹ گیا یہ کوئی اچھنبے کی بات نہیں ہوتی اگر مجھے کوئی افسوس نہ ہوتا لیکن میں انہیں بہت اچھی طرح محسوس کرسکتا ہوں جیسا کہ کوئی مجھے گلے لگا رہا ہے۔امید ہے کہ آپ میرے حالت کا تصور کر سکتے ہیں۔اس چھپکلی میں سے کوئی چیز نکلی اور میرے جسم میں سما گئی۔میں اپنے احساسات بیان نہیں کرسکتا۔لیکن میں نے اس جن کے ساتھ بحث کی کہ وہ میرے جسم سے واپس اس چھپکلی میں چلا جائے۔میرا خیال ہے چند ہی منٹ میں وہ جن میرے جسم سے اس چھپکلی میں واپس چلا گیا۔تب میں نے سیکھا کہ وہ اس جسم کو فوراً چھوڑ کر چلے جاتے ہیں جن کے بارے میں وہ یہ جان لیں کہ کوئی انکی ملکیت والے جانور یا کیڑے کو مارنے والا ہے۔

Do demons move from body to body or place to place frequently?

No, demons do not move easily. Some of them just live in our houses or business places or trees. Some of them permanently live inside our bodies. They live more comfortably in those areas like the house or workplace, areas that are not in use or mostly dark. I sometimes see them flying in one room in my house. I see them stuck on ceilings or walls. I rarely use that room. I go there twice a day only to put my shoes on. I saw a lot of them in the big restroom, too. Usually, I don't go there. I don't see any demons in the restroom I use or any of the other rooms in the house. It is funny, but several times, I saw a bunch flying around me, and when I walked, they moved as well. But they maintain a certain distance from me. I am always thankful for their care and sincerity. Sometimes they show me by doing stuff like that.

Anyway, demons do not move from that house they are living in, regardless of who lives in that house. They don't allow other demons to come to their place. If demons are living inside the body of a person—I am not talking about diseases but about demons—then they move and go everywhere with that body. Those demons are parts of our personalities. Basically, demons, regardless of how many there are, are at least sincere with us. Basically, they are negative energy. They like negative stuff. When you are doing something bad and you are conflicted, your mind or your spirit or your positive energy will try to stop you, but these demons insist that we do something negative all the time. Usually, what actually happens depends on who has more control. If the demons have more control over us, we listen to them and follow them. But if we are in control of our mind and spirit, we do not do bad or wrong stuff easily. Demons get nothing from this. This is just their hobby.

کیاجنّات ایک جسم سے دوسرے جسم یاایک جگہ سے دوسرے جگہ مسلسل حرکت کرتے رہتے ہیں؟

نہیں، جنّات آسانی سے حرکت نہیں کرتے۔ ان میں سے کچھ ہمارے گھروں، کاروباری جگہوں یا درختوں میں رہتے ہیں اور کچھ مستقل ہمارے جسموں میں ڈیرا جمائے ہیں۔ وہ ان گھروں اور کاروباری جگہوں پر آرام سے رہتے ہیں جو کسی کے استعمال میں نہ ہوں یا بہت اندھیرے والے ہوں۔ میں بعض اوقات انہیں اپنے گھر کے ایک کمرے میں اڑتا ہوا دیکھتا ہوں۔ میں انہیں چھت یا دیواروں میں جڑا ہوا دیکھتا ہوں۔ میں اس کمرے کو شاز و ناذر ہی استعمال میں لاتا ہوں۔ میں دن مے وہاں دو دفعہ اپنے جوتے پہننے جاتا ہوں۔ میں نے ان میں سے بہت ساوروں کو اپنے بڑے آرام کرنے والے کمرے میں بھی دیکھا ہے۔ عموماً میں وہاں نہیں جاتا۔ یہ مزاح کن ہے کہ میں نے ان کے گروہوں کو کئی دفعہ اپنے اردگرد اڑتے دیکھا ہے اور جب میں چلتا ہوں وہ بھی میرے ساتھ چلتے ہیں۔ لیکن وہ مجھ سے ایک خاص فاصلے پر رہتے ہیں۔ میں ان کے خلوص اور پرواہ کا بہت شکرگزار ہوں۔ بعض اوقات وہ مجھے کچھ ایسی حرکات کر کے دکھاتے ہیں۔

بحرحال، جنّات اس گھر سے نقل مکانی نہیں کرتے جہاں وہ رہ رہے ہوتے ہیں، وہ اس بات سے بے نیاز ہوتے ہیں کہ اس گھر میں کون رہ رہا ہے۔ وہ دوسرے جنّات کو اپنے گھر آنے کی اجازت نہیں دیتے۔ اگر جنّات نے کسی جسم میں بسیرا کیا ہو۔۔ میں جنّات کی بات کر رہا ہوں بیماریوں کی نہیں۔۔ تو وہ اس جسم کے ساتھ کہیں بھی حرکت اور جا سکتے ہیں۔ وہ جن ہماری شخصیت کا حصہ ہوتے ہیں۔ بنیادی طور پر جنّات چاہے تعداد میں جتنے بھی ہوں، کم از کم ہمارے ساتھ مخلص ہوتے ہیں۔ انہیں بری چیزیں پسند ہوتی ہیں۔ جب آپ کچھ برا کر رہے ہوتے ہیں تو آپ کے اندر ایک جنگ چل رہی ہوتی ہے۔ آپ کا دماغ، آپ کی روح یا آپ کی اچھی طاقت آپ کو روکنے کی کوشش کریں گے۔ لیکن یہ اس بات پر زور دیتے ہیں کہ ہم ہر وقت کچھ برا کریں۔ عموماً کچھ بھی ہونے کا انحصار اس بات پر ہوتا ہے کہ کون ذہادہ غالب ہے؟ اگر جنّات کا ہم پر ذہادہ اختیار ہے تو ہم ان کی سنتے ہوئے ان کی پیروی کرتے ہیں۔ لیکن اگر ہم اپنے دماغ یا روح کے قبضے میں ہیں تو ہم آسانی سے کچھ برا نہیں کر سکتے۔ جنّات کو ان سب سے کچھ حاصل نہیں ہوتا۔ یہ سب صرف ان کا مشغلہ ہے۔

Usually, demons inside our bodies will stay forever unless someone like me removes them from someone else's body, and in that case, the person's body will be neutral for a while. Then another demon will come and start living in that body. They may start helping the person sometimes, but most of the time, they will create problems. I can tell you about myself. I had few habits, I just wanted some things. I'll leave everything. I won't finish that work. But because I have control over myself, I am a different person. I'm not too active. I'm very slow, and I think a lot before I do something. I'm not dying to do crazy stuff. I'm a little bit more mature and more sensible nowadays. I have a group of people (friends and family). I clean their bodies every day, and their temperaments change as well. None of them act extremist anymore. But normal people are under the influence of the same negative energies and demons from their childhood, so their habits and temperaments are the same.	عموماًہمارے جسم کے جنّات ہمارے جسم میں ہمیشہ رہیں گے جب تک کہ کوئی میرے جیسا انسان انہیں وہاں سے بے دخل نہ کردے اوراس حالت میں اس فرد کا جسم کچھ لمحوں کے لئے بالکل بے غرض ہوجائے گا۔ پھرکوئی دوسر جن آئے گا اوراس جسم میں رہنا شروع کردے گا۔ وہ کبھی اس شخص کی مدد کرنا بھی شروع کر سکتے ہیں لیکن زیادہ تر وہ مسائل پیدا کریں گے۔ میں آپ کو اپنے بارے میں بتا سکتا ہوں۔ مجھ میں کچھ عادتیں تھی، کسی چیز کو حاصل کرنے کے لئے باضد ہوجانا، بالکل تنہا ہوجانا، کسی بھی کام کو مکمل نہ کرنا۔ لیکن کیونکہ مجھے خود پر قابو ہے اس لئے میں ایک مختلف انسان ہوں۔ میں ذیادہ چست نہیں ہوں۔ میں بہت سست اور میں کوئی بھی کام کرنے سے پہلے بہت سوچتا ہوں۔ میں کچھ احمقانہ کرنے کے لئے مرنہیں رہا۔ آج کل میں پہلے سے زیادہ پختہ اور سمجھدار ہوگیا ہوں۔ میرے ارد گردلوگوں کا گروہ ہے (دوست احباب، خاندان)۔ میں ہر روز ان کے جسم (جنّات) سے صاف کرتا ہوں اوراس کے ساتھ ان کا مزاج بدلتا ہے۔ ان میں سے کوئی بھی اب انتہا پسند نہیں رہا لیکن عام لوگ بچپن سے ہی منفی طاقتوں اور جنّات کے زیرِ اثر ہیں اس لئے ان کی عادت اور طبعیت ویسی ہی ہے۔
Shortcut demons like to live in the same place or same body. They do not move easily. If they are too much negative and human is mentally weak then you can see a lot of example of those people talk to themselves all the time and we consider those kinds of people crazy or mentally sick. Demons always try to control human mind 100 percent if someone has a positive personality, I am sure, that person will reject, most of the time, whatever wishes or ideas he will get from demons around him. But a negative minded person will love to adopt negative ideas and wishes/desires from demons. Same way, a weak minded person will give total control of his mind in the hand of a demon. Unconsciously, normal people argue with demons during the thinking. But a weak mind person will start talking to invisible demon, as we talk to other	کوتاہ راہی والے جنّات ایک ہی جگہ یا ایک جسم میں رہنا پسند کرتے ہیں۔ وہ آسانی سے جگہ نہیں بدلتے۔ اگر وہ بہت منفی سوچ رکھتے ہوں اور انسان دماغی طور پر بہت کمزور ہو تو آپ اپنے اردگرد ایسی بہت سی مثالیں دیکھ سکتے ہیں جہاں لوگ ہر وقت خود سے ہم کلام رہتے ہیں۔ اور ہم اس طرح کے لوگوں کو پاگل یا ذہنی طور پر بیمار سمجھتے ہیں۔ جنّات انسان کے دماغ کو سو فیصد اپنے اختیار میں کرنا چاہتے ہیں اگر کوئی انسان مثبت شخصیت کا مالک ہے تو میں یقین سے کہہ سکتا ہوں کہ وہ اپنے گردونواح کے جنّات کی طرف سے دیے جانے والے مشورے اور تجویزات کو اکثر رد کر دیا کرتا ہے۔ لیکن ایک شیطانی دماغ کا انسان ان جنّات کی خواہشات اور منفی تصورات کو باخوشی قبول کر لیتا ہے بالکل اسی طرح ایک کمزور ذہن کا انسان بڑی آسانی سے اپنے تمام اختیارات جنّات کو سونپ دیتا ہے۔ عام انسان غیر ارادی طور پر سوچتے ہوئے ان جنّات سے بحث کرتے ہیں لیکن ایک ذہنی طور پر کمزور انسان ان خفیہ جنّات سے بالکل ایسے گفتگو کرتا ہے جیسا کہ دو لوگ ہم کلام ہوں تو پھر ایسا انسان جب خود سے باتیں کرتا ہے تو ہم اسے دماغی طور پر بیمار سمجھ لیتے ہیں اور ہم ان لوگوں کا دماغی مریض یا پاگل کہتے ہیں۔ میں ان جنّات ان لوگوں کے دماغوں سے ہٹا سکتا ہوں لیکن وہ لوگ دماغی طور پر اتنے کمزور ہوتے ہیں کہ چند ہی دن بعد ان پر حاوی ہوجاتے ہیں اور بری حرکات کرنے لگتے ہیں۔

people. So, when that person will start talking to himself, we for sure consider that person, a mentally sick person. And we call those people crazy or mentally ill. I can move those demons from the head of those people, but those people are so weak mentally, so after few days, they will be influenced by other demons and keep bad habits.

I can change your temperament.

If you are a very short-tempered person, if you have anxiety attacks all the time, if you suffer from depression all the time, if you are thinking of committing suicide all the time, if you want to kill anyone, if you are unhappy all the time, if you feel jealous of anyone, or if you have any other negative habits, I can remove those demons from you, but it will not help until you decide to help yourself. How you can change your temperament? Whenever you become angry, depressed, or unhappy, try to convince yourself that your feelings are due to demons around you. Why are these demons doing this? This is their hobby—that's why. They have nothing else to do. You are their toy. So, when you get angry about small things, do not let the demons boost or amplify your anger. Start thinking, This is not a big deal. You need to defeat that demon. If you get more and more angry, you give your control to that demon. But even if I don't help you, you can help yourself by keeping in mind that the demon is playing with your mind and boosting or amplifying your anger more and more. If you decide that you will not let the demon influence your temperament, you will see that the demon will be very disappointed with you, because it will not be able to play with you. If you keep doing this practice for a few days, that demon will give up on you and will find someone else to play.

میں آپ کا مزاج بدل سکتا ہوں

اگر آپ تیز مزاج شخص ہیں، اگر آپ کو ہر وقت بے چینی رہتی ہے، اگر آپ ہر وقت پریشان رہتے ہیں، اگر آپ ہر وقت خودکشی کا سوچتے رہتے ہیں، اگر آپ کسی کو مارنا چاہتے ہیں، اگر آپ ہر وقت ناخوش رہتے ہیں، اگر آپ ہر ایک سے حسد کرتے ہیں، اگر آپ میں کوئی بری عادت ہے تو میں آپ میں سے وہ جنّات نکال سکتا ہوں لیکن یہ آپ کے تعاون کے بغیر ممکن نہیں۔ آپ اپنا مزاج کیسے بدل سکتے ہیں؟ جب کبھی آپ ناراض، پریشان یا ناخوش ہوں آپ اپنے آپ کو اس بات پر رضامند کریں کہ آپ کے جذبات آپ کے گرد موجود جنّات کی وجہ سے ہیں۔ وہ جنّات یہ سب کچھ کیوں کر رہے ہیں؟ وہ ایسا اس لئے کر رہے ہیں کیونکہ یہ ان کا مشغلہ ہے۔ ان کے پاس کرنے کو کچھ اور نہیں ہے۔ آپ ان کے لئے کھلونا ہیں۔ اس لئے جب بھی آپ چھوٹی سی چیز پر غصہ ہوں تو ان جنّات کو اپنے غصے کو بڑھاوا نہ دینے دیں۔ سوچئے کہ یہ کوئی اتنی بڑی بات نہیں ہے کہ جس پر غصہ کیا جائے۔ آپ کو ان جنّات کو مات دینی ہے۔ اگر آپ غصے پہ غصہ کیے جاتے ہیں تو آپ اپنا اختیار اس جن کو سونپ رہے ہوتے ہیں۔ لیکن اگر پھر بھی میں آپ کی مدد نہیں کر پاتا تو آپ اپنی مدد اس سوچ سے کر سکتے ہیں کہ وہ جن آپ کے دماغ کے ساتھ کھیل رہا ہے۔ اور آپ کے غصے کو زیادہ سے زیادہ ہوا دے رہا ہے۔ اگر آپ یہ ارادہ کرتے ہیں کہ آپ جن کو اپنے مزاج پر اثر انداز نہیں ہونے دیں گے تو آپ محسوس کریں گے کہ جن آپ سے بہت مایوس ہوگا کیونکہ وہ آپ سے کھیل نہیں پاتا۔ اگر آپ چند دن یہ مشق جاری رکھیں گے تو وہ جن آپ کو چھوڑ کر کسی اور کو اپنے کھلونے کے طور پر تلاش کر لے گا۔

The same goes for unhappy feelings and depression. I can move those demons from your body very easily, but before that, you need to practice a little bit to gain more control of your mind. That means you need to convince yourself that these unhappy, negative feelings are coming from that demon around you. You need to practice continuously to beat that depression and the unhappy feelings and consequently defeat that demon. This is not that easy because those demons hypnotize and control our minds, but if you have any intention of kicking that problem, I can take out that demon's force from your body; however, after that, it's your job if you want to keep the control over your life. Demons are pretty much like kids. They do not want to leave their toys.

پھراسی طرح آپ اپنی پریشانی اور ناخوش مزاج کے ساتھ نبردآزما ہو سکتے ہیں۔ میں ان جنّات کو آسانی سے آپ کے جسم سے سرکا سکتا ہوں۔لیکن اس سے پہلے آپ کو اپنے دماغ کو اپنے تابع کرنے کی تھوڑی سی مشق کرنے کی ضرورت ہے۔ مطلب یہ ہے کہ آپ کو خود کو باآور کروانا ہے کہ یہ ناخوش مزاج، بری سوچ آپ کے گرد موجود جنّات کی دین ہیں۔آپ نے مسلسل اس پریشانی اور ناخوش جذبات کو مات دینے کی کوشش کرنی ہے اور نتیجتاً ان جنّات کو شکست دینی ہے۔ یہ اتنا آسان نہیں ہے کیونکہ وہ جنّات ہمیں بے سُدھ کر کے ہمارے دماغ پر عبور حاصل کر لیتے ہیں لیکن اگر آپ نے اس مسئلے سے چھٹکارا حاصل کرنے کا ارادہ باندھ لیا ہے تو پھر میں وہ جنّاتی طاقت آپ سے دور کر سکتا ہوں ۔تاہم اس کے بعد کی ذمہ داری آپ کی ہے کہ آپ اپنی زندگی پر کتنا اختیار رکھتے ہیں۔ جنّات بہت حد تک بچوں کی طرح ہوتے ہیں۔ وہ اپنے کھلونوں کو چھوڑنا نہیں چاہتے۔

Can anyone control demons?

Can demons become friends?

کیا کوئی جنّات کو قابو کر سکتا ہے؟

کیا جنّات دوست بن سکتے ہیں؟

For both questions, the answer is yes and no. Anyone can control demons, but no human can control demons. If any human has control of demons, it is not because humans have powers. The only reason demons become friends with any human is just because of a relationship of friendship and sincerity. No human can put pressure on demons. Demons only stay around a human because of some extraordinary qualities or powers in that human being. Demons are as old as six hundred to a thousand years. Demons live in a group or tribe. Usually, one tribe or group has one leader demon, and all the demons follow instructions of that leader. Just like human beings, some demons are good, and some are bad. Some are religious and follow only the right path, and some are extremely evil and follow the path of the devil. Similarly, there are several ways to communicate with demons.

دونوں سوالوں کا جواب ہاں اور نا میں ہے۔ جنّات کو کوئی بھی قابو کر سکتا ہے اور ہر کوئی انسان جنّات کو قابو نہیں کر سکتا۔ اگر کسی انسان کے اختیار میں جنّات ہیں، ایسا اس لئے نہیں کہ انسان کے پاس طاقتیں ہیں۔ جنّات صرف ایک وجہ سے انسان کے دوست بن سکتے ہیں اور وہ وجہ یہ دوستی اور مخلصی کا تعلق ہے۔ کوئی انسان جن پر دباؤ ڈال نہیں سکتا۔ جنّات کسی انسان کے گرد اس کی غیر معمولی طاقتوں یا خاصیتوں کی وجہ سے رہتے ہیں۔ جنّات چھ سو تا ہزاروں سال کے ہوتے ہیں۔ جنّات گروہ یا قبیلے کی شکل میں رہتے ہیں۔ اکثر ایک قبیلے یا ایک گروہ کا ایک سردار ہوتا ہے اور تمام جن اس کی ہدایت پر عمل کرتے ہیں۔ بالکل انسان کی طرح کچھ جن اچھے ہوتے ہیں اور کچھ برے ہوتے ہیں۔ کچھ جن مذہبی ہوتے ہیں اور سیدھا راستہ چنتے ہیں اور کچھ جن انتہائی برے ہوتے ہیں اور شیطان کے راستے پر چلتے ہیں۔ اس طرح جنّات سے بات چیت کرنے کے بہت سے طریقے ہیں لیکن جنّات صرف علمِ نومیات کے اور دوسرے جانوروں یا کیڑوں کے ذریعے ہی انسانوں سے بات چیت کر سکتے ہیں۔ عموماً بہت ہی اچھے اور بہت ہی مذہبی انسان یا بہت برے یا بہت گندے انسان جنّات سے بات چیت کر کے یا علمِ نومیات کے ذریعے رابطہ قائم کرتے ہیں۔

But demons use only hypnotism to communicate with humans and other animals or insects. Usually, very good and extremely religious humans or extremely evil and dirty humans can communicate with demons by just talking or hypnotism.

A tribe of demons, or group of demons, does not have a mixed category. They are either a tribe of good and religious demons or a tribe of evil and dirty demons. As you know, evil and dirty powers are more powerful and dangerous. This is not like this that one person just do some work and have a group of demons under control or I will say achieve their sincerity and demons start following their commands. This is not easy for a common person to just practice few things and achieve incredible powers to have control on demons. People, they spend their whole lives in practicing and learning these kind of super natural powers. Sometimes, they achieve power, sometimes they lost the control of their mind. But, usually friendship or control on demons comes from struggle and effects of generations. These kinds of powers are transferable from one to another person. Demons usually listen to their master. And when old master died, as per instruction of old master, they start obeying new master. Usually, if someone has control of a group of demons, it is like a chain. For example, a thousand years ago, someone started communication with the leader of t he demons, regardless of t hem being good or evi l. When that person was dying, he transferred his relationship with demons to one of his students. This communication or sincerity comes from thousands of years, and humans keep dying and keep transferring the command of the leader of the demons to the next generation. Usually, leader demons handle and receive e commands with humans.

جنّات کا ایک قبیلہ یا گروہ ملی جلی اقسام پر مشتمل نہیں ہوتا۔ یا تو وہ اچھے اور مذہبی جنّات کا قبیلہ ہوتا ہے یا پھر برے یا گندے جنّات کا۔ آپ جانتے ہیں کہ بری اور شیطانی قوتیں زیادہ طاقتور اور خطرناک ہوتی ہیں۔ یہ بالکل ایسا نہیں ہے کہ ایک انسان کچھ کام کر کے جنّات کے ایک گروہ کو اپنے قابو میں کر لیتا ہے یا میں کہوں کہ ایک شخص جنّات کا خلوص حاصل کر لے تو جنّات اس کے کام کی پیروی کریں گے۔ یہ ایک عام انسان کے لئے آسان بات نہیں ہے کہ وہ چند چیزوں کی کچھ مشق کر لے اور جنّات پر قابو پانے کے لئے ناقابل یقین طاقت حاصل کر لے۔ لوگ اپنی تمام زندگیاں اس طرح کی انہونی طاقتوں پر قابو پانے کے لئے سیکھنے اور مشق کرنے میں صرف کر دیتے ہیں۔ بعض اوقات وہ طاقت حاصل کر لیتے ہیں اور بعض اوقات اپنی دماغی اختیار بھی کھو دیتے ہیں۔ لیکن عموماً جنّات کے ساتھ دوستی یا ان پر قابو محنت اور نسل در نسل اثرات کی وجہ سے پایا جاتا ہے۔ اس طرح کی طاقتیں ایک شخص سے دوسرے شخص میں منتقل کی جا سکتی ہیں۔ جنّات عموماً اپنے مالک کی بات مانتے ہیں اور جب پرانا مالک مر جاتا ہے تو اس کی ہدایات کے مطابق نئے مالک کی تابع فرمانی کرتے ہیں۔ اگر کوئی جنّات کے گروہ پر قابو پا لے عموماً یہ ایک سلسلہ چل نکلتا ہے۔ مثال کے طور پر ہزاروں سال پہلے جنّات کے اچھے یا برے ہونے سے بالاتر کسی نے ان کے لیڈر سے بات چیت شروع کی۔ جب وہ انسان موت کے کنارے آیا تو وہ جنّات سے قائم کئے گئے رشتے اپنے طلبا میں سے کسی ایک کو منتقل کر دیتا ہے۔ یہ رابطہ یا خلوص ہزاروں سال چلتا آتا ہے۔ اور انسان مرتے رہتے ہیں اور جنّات کے لیڈر کی طاقت اگلی نسلوں میں منتقل کرتے رہتے ہیں۔ عام طور پر لیڈر جنّات انسانوں کی طرف سے آنے والے احکام پر چلتے ہیں

Regular demons that have at least some wisdom are almost equal to a ten-years-old human boy. Now there are people who have good relationships with groups of demons, but there is no one who can say that he or she has control of any demon in any part of the world.	عام جنّات جن میں کم از کم عقل ہوتی ہے بالکل ایک دس سالہ لڑکے جیسے ہوتے ہیں۔اب ایسے لوگ بھی ہیں جن کے جنّات کے گروہوں کے ساتھ اچھے روابط ہیں۔لیکن دنیا کے کسی حصے میں کوئی بھی ایسا نہیں ہے جو یہ کہہ سکے کہ جنّات اس کے تابع ہیں۔
Given my research, I cannot find anyone who is really able to see demons or able to describe how demons look. I have never found anyone who could sense or feel demons. But I can. As much as I read, saw, and heard, most of those humans, regardless good or evil, are using their demon groups to help people achieve success in business or love, or if they are evil powers, then they may be hurting someone in some negative way. Usually, good and religious people bind good demons with holy books. Whenever humans want to use those demons, those humans pray those holy words, and good demons follow their commands. In the same way, evil humans do some evil work, and those evil demons follow those evil commands.	اپنی تحقیق کے دوران مجھے ایسا ایک شخص بھی نہیں ملا جو جنّات کو دیکھنے کے قابل ہوا ہو۔میں کسی ایسے شخص سے نہیں ملا جو جنّات کو محسوس کر سکے لیکن میں ایسا کر سکتا ہوں۔میں نے جتنا پڑھا ہے، دیکھا ہے اور سنا ہے بہت سے انسان چاہے اچھے ہوں یا برے، اپنے جنّات گروہوں کے ذریعے لوگوں کا کاروبار یا محبت میں کامیابی حاصل کرنے میں مدد کر رہے ہیں۔اور اگر ان کے پاس شیطانی طاقتیں ہین تو کسی کو غلط طریقے سے ایضا پہنچا رہے ہیں۔عام طور پر اچھے اور مذہبی لوگوں نے جنّات کو پاک کتابوں کے ذریعے خود سے باندھ رکھا ہے۔جب انسان ان جنّات کو استعمال کرنا چاہتے ہیں وہ مقدس الفاظ پڑھتے ہیں اور نیک جنّات ان کی ہدایت پر عمل کرتے ہیں بالکل اسی طرح برے انسان برے کام کرتے ہیں اور شیطانی جنّات ان کے احکام پر عمل پیرا ہوتے ہیں۔
As I said, good and religious demons follow holy books. In the same way, evil demons follow evil tricks; for example, an evil human may make fine knots in a rope, bury that rope in a cemetery, and command five evil demons to do something evil. And then those five evil demons and their coming generations will keep following those evil commands. Evil commands can compel them to destroy someone's business or family or health. It could be anything bad.	جیسا کہ میں نے کہا اچھے اور مذہبی جنّات مقدس کتابوں کی پیروی کرتے ہیں۔بالکل اسی طرح برے جنّات شیطانی ہتھکنڈے آزماتے ہیں۔مثال کے طور پر ایک فاسد انسان ایک رسی میں بہت نفیس گرہیں لگا کر اسے کسی قبرستان میں دفن کر دیتا ہے اور پھر پانچ جنّات کو فسد برپا کرنے کا حکم دیتا ہے۔پھر وہ پانچ شیطانی جنّات اور ان کی آنے والی نسلیں اس شیطانی راستے پر چلتے ہیں۔شیطانی ایک کام کسی کے کاروبار یا خاندان یا صحت کو تباہ کرنے پر مجبور کرتے ہیں۔یہ کچھ بھی بہت برا ہو سکتا ہے۔
Remember, out of 100 percent, 90 percent of people are fake. They have no command or control. They have no power, but they just make people fools. But 1 percent	یاد رکھیں سو میں سے نوے فیصد لوگ نقلی ہوتے ہیں۔ان کے پاس کوئی اختیار نہیں ہوتا۔ان کے پاس کوئی طاقت نہیں ہوتی بلکہ وہ لوگوں کو بے وقوف بناتے ہیں۔لیکن ایک فیصد لوگ اچھے یا برے جنّات

of people are good or bad with a proficient control of demons. I spoke to a few people in this field, but they have powers because their teachers transferred those powers to them, and their teachers taught them how to use the good and evil powers of demons. I have never found any people who could really say that they could feel or sense the touch of demons or they could really see demons. Even they have thousands or millions of demons around them, but they still do not have those senses or eyes that can sense or see demons.

I talked to several people who claimed that demons visit them and communicate with them in the shape of humans. I just asked them if this was really true and if the demons could reverse the process and change themselves from human to demon again. But nothing happened like that. Until today, when I am able to sense, feel, and see demons, I never saw any demon come to me in the shape of a human or communicate like a human. I deal with so many demons every day, some extremely nice, others extremely dangerous, but t hey are always in their real shape, namely small flying objects similar to flying insects. I communicate with demons twenty-four hours all seven days a week. I demand that anyone show me if these demons can change themselves in the shapes of any human or animal, but it never happens. As a result, I strongly feel that all those stories about demons wandering in the shape of humans are just stories. If there is any change in my knowledge or experience, I will notify you in my next book.

Demons are by nature very naughty and negative. Even if they are very sincere with any human being, they will still show nightmares to that human frequently. Regardless

of how much t hey are sincere with a particular human, that human is still just a toy for them. Demons are not less dangerous than lions, and they have way more power than lions. They can penetrate the bodies, and they have hypnotizing powers that they can use to control minds, temperaments, and feelings.	سرایت کر جاتے ہیں اور علمِ نومیات کے ذریعے انسان کے دماغ، مزاج اور احساسات پر قابو پا لیتے ہیں۔
In my case, I was able to make demons my friend because whenever I was sensing or feeling them, I surprised them by communicating with them and informing their actions. After the initial steps, demons test me again and again by coming from different direction toward my body, and every time, I inform them about their actions. When I was able to see them, I started pointing my fingers to them. Initially, they flew away from me, but slow and steady, they came in front of me and stayed for a while.	میرے معاملے میں، میں نے جنّات کو اپنا دوست بنایا کیونکہ جب بھی مجھ پر ان کا ادراک ہوتا یا میں انہیں محسوس کرتا تھا میں ان سے بات کر کے اور انہیں ان کی حرکات کے بارے میں آگاہ کر کے حیران کر دیا کرتا تھا۔ ابتدائی مراحل کے بعد، جنّات نے مختلف سمتوں سے میرے جسم کی طرف آ کر بار بار مجھے آزمایا لیکن میں نے ہر دفعہ انہیں ان کی حرکات کے بارے میں مطلع کیا۔ جب میں نے ان کو دیکھنا شروع کیا تو میں ان کی طرف انگلیوں سے اشارہ کیا کرتا تھا۔ شروع شروع میں وہ مجھ سے بھاگ جاتے لیکن آہستہ آہستہ وہ میرے سامنے آ جاتے اور کچھ دیر کے لئے رکتے۔
Third and last and a very important thing is that I do not ask demons to help me when I have to fix any sickness or pain in any human being. God gifted me with some powers, and they come from my mind. Most of the time, I communicate straight to pain and sickness in the body of a human being, regardless of where that human being is in the world. I prefer at least telephone communication to get an update on the reduction of pain or sickness.	تیسری اور آخری بہت اہم بات کہ میں نے کبھی جنّات سے کسی انسان کی بیماری یا درد دور کرنے کے لئے مدد طلب نہیں کی۔ اللہ نے مجھے طاقتوں سے نوازا ہے جن کو میں اپنے دماغ سے استعمال کرتا ہوں۔ اکثر اوقات میں کسی انسان کے جسم میں موجود درد یا بیماری سے براہ راست بات کرتا ہوں چاہے وہ انسان دنیا کے کسی بھی حصے میں رہتا ہو۔ میں درد یا بیماری کی کمی کے بارے میں نئی معلومات جاننے کے لئے کم از کم ٹیلی فون پر بات کرنے کو ترجیح دیتا ہوں۔
If anyone says anything about demons that are magic and can fulfill three wishes or can make us rich, my friends, they are just telling you stories. Real demons are very powerful but mostly use their negative powers. If I ever find a demon with qualities of the magical demon in stories, I will share my knowledge and experience with everyone. I wish they existed so that I could say, "Yes, try to make demons your friend." The best thing is to stay	اگر کوئی جنّات کے بارے میں یہ کہے کہ وہ جادہ سے آپ کی یا آپ کے کسی دوست کی تین خواہشات پوری کر سکتے ہیں یا امیر بنا سکتے ہیں تو وہ صرف آپ کو کہانی سنا رہا ہے۔ اصلی جن بہت طاقتور ہوتے ہیں لیکن وہ اپنی بری طاقتوں کو ذیادہ استعمال کرتے ہیں۔ اگر مجے کبھی کوئی ایسا جن ملا جس کے پاس کہانیوں والی جادوئی طاقت ہو تو میں یہ علم اور تجربہ سب کو ضرور بتاؤں گا۔ میری خواہش ہے کہ وہ ایسے ہی جادوئی طاقت والے ہوتے تو میں کہہ سکتا تھا "ہاں، جنّات سے دوستی کرو" ان سے دور رہنا ہی بہتر ہے۔ یہ آسان نہیں ہے لیکن ناممکن بھی نہیں ہے۔ جنّات سے لڑنا بالکل ہوا کے ساتھ لڑنے جیسا ہے۔

away from them. It is not easy but not impossible. Fighting with demons means fighting with air.

Can demons hear us?

کیاجنّات ہمیں سن سکتے ہیں

Yes, all demons can hear us, and they take full interest in our lives and discuss us with other demons. They know our family histories because of their age.

ہاں، تمام جنّات ہمیں سن سکتے ہیں اور ہماری زندگی میں بھرپور دلچسپی رکھتے ہیں اور ہمارے بارے میں دوسرے جنّات سے گفتگو کرتے ہیں۔ وہ اپنی عمر کی وجہ سے ہمارے خاندان کی تاریخ کو بھی جانتے ہیں۔

How do diseases travel?

بیماریاں کیسے سفر کرتی ہیں؟

Anyone can contract diseases, even through a telephone line connected to a sick person. We can even receive sicknesses if we are watching live TV. We can easily get any sickness from any sick animal or human being. The nature of these diseases is electromagnetic. They can travel with the speed to light from one body to another. The same thing is true for demons.

کوئی بھی انسان ایک بیمار شخص سے فون پر بات کر کے بیمار ہوسکتا ہے۔ ہم براہ راست ٹی وی دیکھ کر بھی بیمار ہو سکتے ہیں۔ ہم کسی بیمار انسان یا جانور سے بھی بیماری لگوا سکتے ہیں۔ یہ بیماریاں برقی مقناطیسی فطرت کی حامل ہوتی ہیں۔ یہ بجلی کی رفتار سے ایک جسم سے دوسرے جسم کی طرف حرکت کرتی ہیں۔

There is a judgment day for all living creature or not? So, demons/pain, does God has a judgment day for them?

تمام مخلوقات کا یومِ حساب ہوگا یا نہیں؟ تو کیا جنّات / درد کے لئے بھی اللہ کی طرف سے یوم حساب رکھا گیا ہے؟

This is very a complicated problem. Every day, I think about it, andevery day, new sickness and disease appear all around the world. I believe that sickness and disease are all physical but invisible insects with extraordinary, damaging powers. Sometimes, I think about how God manages these diseases and sickness. They are rapidly increasing, and their population is spreading more and more disease inside humans all around the world.

Sometimes, I think about what the logic of Almighty God is in case of disease and sickness.

یہ بہت ہی پیچیدہ مسئلہ ہے۔ ہر روز میں اس کے بارے میں سوچتا ہوں اور ہر روز نئی بیماریاں اور مرض پوری دنیا میں منظر عام پر آتے ہیں۔ میرا ماننا ہے کہ بیماری اور مرض تمام جسمانی ہیں لیکن غیر معمولی تباہ کن طاقتوں والے کیڑے ہیں۔ بعض اوقات میں سوچتا ہوں کہ اللہ کس طرح ان بیماریوں اور امراض کو سنبھالتا ہے۔ یہ تیزی سے بڑھ رہے ہیں اور ان کی آبادی پوری دنیا میں زیادہ سے زیادہ بیماریاں پھیلا رہی ہے۔ میں سوچتا ہوں کہ بیماری یا مرض میں اللہ ذوجل کی کیا مصلحت ہے۔

Given my conception of diseases, God has given us some directions and instructions. He has told us clearly what is good and what is bad. God has given us the concept of heaven and hell. As humans, we are pretty free to choose right and wrong paths. If we choose right path, we will make God happy, and we will get reward from God. And if we choose the wrong and bad path, then God will be unhappy, and we will be punished for that. This ethical paradigm is for human beings. So, I always think, what is God's management for these diseases and sicknesses? is there any punishment for these diseases and sicknesses? After all, they are just free to damage anyone, regardless of human or animal, and they will have no judgment day? Has God also given them two paths? Will these demons get punished if they choose the bad path?

بیماریوں کے مطلق میرے نظریے کے مطابق اللہ نے ہمیں اشارے اور ہدایات دی ہیں۔اس نے ہمیں اچھے اور برے کے متعلق بہت اچھی طرح بتایا ہے۔اللہ نے ہمیں جنّت اور دوزخ کا تصور دیا ہے۔انسان ہونے کے ناطے ہم درست یا غلط راستہ چننے میں بالکل آزاد ہیں۔اگر ہم سیدھا راستہ چنتے ہیں تو اللہ کی رضا حاصل کریں گے اگر ہم غلط راستہ منتخب کرتے ہیں تو اللہ ہم سے ناراض ہوگا اور ہمیں سزا دی جائے گی۔یہ اصولی تمثیل انسانوں کے لئے ہے اس لئے میں ہمیشہ سوچتا ہوں کہ اللہ کی ان بیماریوں اور امراض کے لئے کیا حکمتِ عملی ہے؟ کیا ان بیماریوں اور امراض کے لئے کوئی سزا ہے؟ بہر حال انسان ہو یا جانور وہ کسی کو بھی نقصان پہنچانے کے لئے آزاد ہیں اور ان کا کوئی یومِ حساب نہ ہوگا؟ کیا اللہ نے انہیں بھی دو راستے دکھائے ہیں؟ کیا وہ جنّات بھی غلط راستے کے انتخاب کے لئے سزا وار ہونگے؟

I am surprised these physical diseases, pains, and sicknesses do so much damage and give so much pain to humans or animals or trees. What will be their fate? I don't know what you think, but because I communicate with them and because they listen to me most of the time, I can manage them and insist that they leave a body. That means they have sense and wisdom. It means they know good and bad. With that said, what is God's management for them?

میں ان جسمانی بیماریوں، درد اور امراض کے انسانوں، جانوروں یا درختوں کو اس قدر نقصان پہنچانے اور درد دینے پر حیران ہوں۔ان کی کیا قسمت ہوگی؟ میں نہیں جانتا کہ آپ کیا سوچتے ہین لیکن میں ان سے بات کر سکتا ہوں کیونکہ وہ اکثر اوقات میری بات سنتے ہیں اور میں ان کہ سنبھال سکتا ہوں اور انہیں اُس جسم کو چھوڑنے کے لئے مجبور کر سکتا ہوں۔اس کا مطلب ہے کہ ان کے پاس عقل و شعور ہے مطلب ہے کہ وہ اچھے اور برے کے بارے میں جانتے ہیں۔

Can anyone kill demons, and how?

کیا کوئی جنّات کو مار سکتا ہے اور کیسے؟

I don't know if killing is right term to use in regards to management. A few people are capable of doing this, but not me. The people who are capable of kil ling demons suffer from t he revenge of demons, and the next generation inherits this feud as well. These people have control of several extremely powerful demons.

میں نہیں جانتا کہ جان سے مارنا حکمت عملی کے حوالے سے درست اصطلاح ہے۔چند لوگ ایسا کر سکتے ہیں لیکن میں نہیں کر سکتا۔جو لوگ جنّات کو جان سے مارتے ہیں وہ جنّات کے بدلے کا نشانہ بنتے ہیں اور یہ جانی دشمنی نسل در نسل چلتی ہے۔ان لوگوں کا بہت سے انتہائی جنّات پر اختیار رہوتا ہے۔پہلے وہ جنّات ایک خاص احاطے میں ایک دائرہ کھنچتے ہیں۔چند گھنٹوں یا دنوں کے لئے کوئی بھی جن اس دائرے میں آ سکتا ہے لیکن کوئی بھی جن اس دائرے سے باہر نہیں جا سکتا پھر یہ لوگ اپنے جنّات کے ذریعے عام جنّات کو بوتل میں دھکیلنے کے لئے استعمال کرتے ہیں۔ان طاقتور جنّات کی وجہ سے وہ عام

First, those demons make a circle around a certain area. For a few hours or days, any demon can come inside that circle, but no demon can go outside that circle. Then these people use their demons to compel regular demons to go inside bottles. Because of these powerful demons, regular demons go inside those bottles of water, and those regular demons are confined in those bottles of water for several hours. During that time, those people throw the bottles of water filled up with regular demons in any river or ocean. Once these bottles of water are filled up with hundreds of demons and are thrown the river or ocean, those demons are confined there until someone takes those bottles out of water and opens them. This is the only way to confine or kill demons. But be careful, because this is a very dangerous way of management. And demons always take their revenge on these kinds of people and their future generations.

جنّات کی وجہ سے وہ عام جنّات پانی کی بوتل میں چلے جاتے ہیں اور کئی گھنٹوں ان بوتلوں میں مقید رہتے ہیں اس دوران وہ لوگ ان جنّات والی بوتلوں کو دریا یا سمندر میں پھینک دیتے ہیں۔ ایک دفعہ وہ مقید جنّات والی بوتلیں دریا یا سمندر میں پھینک دی جائیں تو وہ جن اس قید سے تب تک آزاد نہیں ہو سکتے جب تک کہ کوئی ان بوتلوں کو پانی سے باہر نکال کر کھول نہ دے۔ یہ جنّات کو قتل کرنے یا قید کرنے کا ایک ہی طریقہ ہے لیکن احتیاط برتیئے کیونکہ یہ بہت ہی خطرناک حکمت عملی ہے اور جنّات ہمیشہ اس طرح کے لوگوں اور ان کی آئندہ آنے والی نسلوں سے بدلہ لے سکتے ہیں۔

Can demons make us suspicious?

کیا جنّات ہمیں پر تجسس کرتے ہیں؟

In a house or tree or workplace, there are uncountable demons. When they are flying in the air like regular insects, their actual size is very small. As I have said, they have extraordinary powers to expand themselves according to the available room in any human or animal body. I see them flying everywhere all the time. They cannot hypnotize us when they are outside of our bodies. To show us dreams or feed something into our minds, they have to go inside our bodies, and then they can feed our minds anything.

کسی گھر، درخت کا یا م کی جگہ پر لاتعداد جنّات ہوتے ہیں۔ جب وہ ایک عام کیڑے کی طرح ہوا میں اڑتے ہیں تو ان کی اصلی جسامت چھوٹی ہوتی ہے جیسا کہ میں نے پہلے کہا کہ وہ خود کو کسی انسان یا جانور کے جسم میں میسر جگہ کے مطابق پھیلانے کی طاقت رکھتے ہیں۔ میں ان کو ہر وقت ہر جگہ اڑتے دیکھتا ہوں۔ وہ ہمارے جسموں سے باہر رہ کر ہمیں بے سُدھ (ہپنو ٹائز) نہیں کر سکتے۔ ہمیں خواب دکھانے کے لئے یا ہمارے دماغ میں کچھ بھرنے کے لئے انہیں ہمارے جسم میں سمانا پڑتا ہے پھر وہ ہمارے دماغ میں کوئی بھی فتور بھر سکتے ہیں۔

Everyday examples include the following: forgetting about somethinglike wearing a watch or putting purses in our pockets or calling someone and much more.

گھڑی پہننا، اپنی جیب میں پرس رکھنا یا کسی کو بلانا اور بہت کچھ بھول جانا، دن بھر کی مثالیں ہیں اور جب ہم اپنی کھوئی ہوئی چیز کے متعلق بالکل نہیں سوچتے اور وہ اچانک ہمارے ذہن میں آجاتی ہیں یہ سب کچھ وہ جن کرتا ہے جو ہمارے اندر یا ارد گرد ہوتا ہے۔

And then when we are not thinking about the lost items, suddenly they come to our mind. This is done by the demon that is around or inside us. That demon will hypnotize us and will feed this kind of information into our mind all the time. Again, demons are different from diseases and sicknesses the same way humans are different from lions or snakes.	وہ جن ہمیں بے سُدھ (ہپنو ٹائز) کرتا ہے اور اس طرح کی معلومات ہر وقت ہمارے دماغ میں بھرتا رہتا ہے۔ دوبارہ ذکر کرتا چلوں کہ جنّات بیماریوں اور امراض سے مختلف ہوتے ہیں بالکل ویسے ہی جیسے انسان شیروں یا سانپوں سے مختلف ہوتے ہیں۔
Demons feed different thoughts into our minds all the time by hypnotizing us and making us aware of something and then making us suspicious so that we do not trust anyone. Consider the times when someone is trying to tell us something but our minds are not ready to accept what is being said and we show mistrust in some form as a result. Behind all those activities are demons.	جنّات ہر وقت ہمیں بے سُدھ کر کے ہمیں کچھ چیزوں کے بارے میں آگاہ کر کے اور پھر پر تجسس کر کے ہمارے دماغ میں مختلف سوچیں ابھارتے رہتے ہیں تا کہ ہم کسی پھر بھروسہ نہ کر سکیں۔ ذرا اس وقت کے بارے میں سوچیے جب کوئی ہمیں کچھ بات بتانے کی کوشش کرتا ہے لیکن ہمارا دماغ اس بات کو ماننے کو تیار نہیں ہوتا اور نتیجتاً ہم غیر یقینی پن کا مظاہرہ کرتے ہیں۔ ان تمام سرگرمیوں کے پیچھے جنّات کا ہاتھ ہوتا ہے۔
Three wishes Demon/Jin or lamp Demon There is no demon who can do a magic to fulfill even one wish through a magic. These are just stories. There is nothing like a Lamp demon	**تین خواہشات جن / بھوت یا چراغ والا جن کوئی بھی ایسا جن نہیں ہے جو کہ جادو کے ذریعے ایک خواہش کو بھی پورا کر سکے۔ یہ صرف کہانیاں ہیں۔ چراغ والے جن جیسی کوئی چیز نہیں ہے**
In the past several years, I have never seen any demons changing themselves to other shapes. The only quality they have is that they are able to expand themselves whenever they penetrate anyone's body. Whenever they penetrate the body, I can feel my whole body fill up with them within seconds. Demons are different than diseases. Their effect usually is not a sickness or pain. Whenever I would kill any insect or meet with someone possessed by demons or say hish to a cat or dog, demons from their bodies would immediately penetrate my body. I never felt any sickness or pain whenever demons from the air or another body decided to possess my body.	گزشتہ سالوں میں، میں نے کسی بھی جن کہ اپنی شکل بدلتے نہیں دیکھا۔ ان کی صرف ایک ہی خوبی ہے کہ وہ کسی جسم میں سرایت کرتے ہوئے خود کو پھیلا لیتے ہیں۔ جب وہ جسم میں سماتے ہیں تو میں پورے جسم کو چند ہی لمحوں میں بھرا ہوا محسوس کرتا ہوں۔ جنّات امراض سے مختلف ہوتے ہیں۔ ان کا اثر عموماً مرض یا درد نہیں ہوتا جب کبھی میں کسی کیڑے کو مارتا ہوں یا کسی جن کے بسیرے والے جسم سے ملتا ہوں یا کتے بلی کو ہش کرتا ہوں ان کے اجسام سے جنّات نکل کر فوراً میرے جسم میں سما جاتے ہیں۔ جب ہوا یا دوسرے جسم سے جنّات نے میرے جسم پر قبضہ کرنے کا فیصلہ کیا تو مجھے کبھی بھی کوئی مرض یا درد محسوس نہیں ہوا۔

I always felt their effects in my mind. They are extremely powerful when it comes to controlling any mind. I sometimes feel slow or sleepy when they try to control my mind. A few times, I had to deal with some extremely powerful demons, but whenever I started communicating with them and told them about their actions or point toward other flying demons, they change their behavior immediately. In the beginning, it was difficult. Usually, it would take two to three days to convince a demon to leave my body, but nowadays, I can make any demon my friend very easily and very quickly. Once they figure out that I sense them or see them no one, they start to behave. Simple Demons can do whatever they can do by using their powers of hypnotism or by using their powers of possessing any body. But by using magic powers, they cannot bring bunch of money for us or they cannot build palace or a home for us. Or they cannot do any of magical tricks, whatever we see in movies or read in story books associated to demons.	میں نے ان کے اثرات ہمیشہ اپنے دماغ پر محسوس کیئے ہیں۔ جب کسی دماغ کو قابو کرنے کی بات کی جائے تہ جنّات بہت طاقت ور ہوتے ہیں۔ جب وہ میرے دماغ کو اختیار میں کرنے کی کوشش کرتے ہیں تو میں خود کو خوابیدہ یا سست محسوس کرتا ہوں۔ بعض اوقات مجھے کچھ غیر معمولی طاقتوں والے جنّات سے نبرد آزما ہونا پڑا۔ لیکن جب میں نے ان سے بات چیت کی اور انہیں ان کی حرکات سے آگاہ کیا یا دوسرے اڑتے ہوئے جنّات کی طرف اشارہ کیا تو وہ فوراً اپنے رویے میں تبدیلی لے آئے۔ شروع میں یہ مشکل کام تھا۔ عموماً ایک جسم کہ اپنا جسم چھوڑ کر جانے پر آمادہ کرنے میں دہ یا تین دن لگتے ہیں۔ لیکن میں اب کسی بھی جن کو بہت جلد اور بہت آسانی سے اپنا دوست بنا سکتا ہوں۔ ایک فعہ جب وہ یہ جان لیں کہ میں ان کو دیکھ سکتا ہوں یا محسوس کر سکتا ہوں تو وہ اچھی طرح پیش آتے ہیں۔ عام جنّات اپنی علم نومیات کی طاقت یا کسی جسم کو اپنی ملکیت بنانے کی طاقت سے جو چاہیں کر سکتے ہیں۔ لیکن جادوئی طاقتیں استعمال کر کے وہ ہمارے لئے بوریاں بھر کے پیسے نہیں لا سکتے اور نہ ہی ہمارے لئے گھر یا محل تعمیر کر سکتے ہیں اور نہ ہی ایسے جادوئی کرتب کر سکتے ہیں جو کہ جنّات جادوئی کتابوں یا فلموں میں کرتے ہیں۔
A year ago, I selected eight demons. I asked them to wake me up at a certain time in the morning. And at exactly the same time, they would come and wake me up. Most of the time, I was not willing to wake up immediately, so I usually told them that I needed to sleep for thirty more minutes, and they would come back after thirty minutes and wake me up again. Usually, I told them which part of the body they needed to touch to wake me up. I could easily feel their touch when they tried to wake me up.	ایک سال پہلے میں نے آٹھ جن منتخب کئے۔ میں نے انہیں مجھے ہر صبح ایک خاص وقت پر جگانے کے لئے کہا اور بالکل اسی وقت پر وہ آتے اور مجھے اٹھا دیتے۔ اکثر اوقات جب میں صبح جلدی اٹھنا نہیں چاہتا تو میں انہیں عموماً بتا دیتا کہ میں نے مزید تیس منٹ سونا ہے تو وہ پھر تیس منٹ کے بعد واپس آتے اور مجھے دوبارہ جگا دیتے۔ عام طور پر میں انہیں بتا دیتا تھا کہ مجھے جگانے کے لئے انہیں میرے جسم کا کون سا حصہ چھونے کی ضرورت ہے۔ جب انہوں نے مجھے جگانے کی کوشش کی تو میں ان کا چھونا محسوس کر سکتا تھا۔
Once they become aware of me or once they become my friends, they do not come inside my body. Everyone has some special signals to inform me that they are around or want to communicate with me. Only new demons	جب ایک دفعہ وہ مجھے جان لیتے ہیں یا میرے دوست بن جاتے ہیں تو میرے جسم میں نہیں سماتے۔ ہر ایک کی اپنی ایک خاص علامت ہے جس سے مجھے میرے ارد گرد ہونے کی خبر دیتے ہیں یا مجھ سے بات کرنے کا ارادہ ظاہر کرتے ہیں۔ صرف نئے جنّات مجھ میں سماتے ہیں لیکن جب میں ایک دفعہ انہیں باہر آنے کا حکم دیتا ہوں تو وہ مجھ میں چند منٹ سے زیادہ نہیں ٹھہرتے۔ جب میں دنیا کے مختلف حصوں

penetrate my body, but once I ask them to come out, they do not stay inside me for more than a few minutes. When I am friendly with all kinds of demons from different parts of the world, I always ask them a few questions. I ask if they can convert themselves into human shape or any animal shape or if they can change themselves into bigger demons when they are in the air or if they can move anything physically. I never find out anything about this from them.

سے تعلق رکھنے والے تمام اقسام کے جنّات سے دوستانہ رویہ رکھتا ہوں تو میں ہمیشہ ان سے چند سوالات کرتا ہوں۔ میں ان سے پوچھتا ہوں کہ کیا وہ خود کو انسان یا جانور کے روپ میں بدل سکتے ہیں یا وہ خود کو ہوا میں رکھتے ہوئے بڑے جنّات میں تبدیل کر سکتے ہیں یا کیا وہ کوئی چیز جسمانی طور پر اپنی جگہ سے ہلا سکتے ہیں۔ مجھے ان کے بارے میں ایسی کوئی چیز نہیں ملتی۔

In my opinion, given the data I have collected, the lamp demon that supposedly grants three wishes is just a story, nothing real. Demons cannot change themselves to look more evil like the ones we see in pictures and movies. They do not look like big or ugly ghosts. They don't have big teeth or red eyes or big nails or long arms, and they are not twenty or thirty feet tall. They are just small, flying object with extraordinary powers.

اپنی ذخیرہ کردہ معلومات کے تحت، میرے رائے میں، چراغ والے جان کا تین خواہشات پوری کرنا صرف ایک کہانی ہے، حقیقت نہیں ہے۔ جنّات اپنے آپ کو اتنا نہیں بدل سکتے کہ وہ دکھائی دیں جیسا کہ ہم فلموں یا تصویروں میں انہیں اتنے شیطانی دیکھتے ہیں۔ وہ بڑے یا بدصورت جنّات کو ناپسند کرتے ہیں۔ ان کے بڑے دانت، سرخ آنکھیں، بڑے ناخن یا لمبے بازو نہیں ہوتے اور نہ ہی وہ بیس تیس فٹ لمبے ہوتے ہیں۔ وہ غیر معمولی طاقتوں والے چھوٹے اڑنے والے اجسام ہیں۔

Can I take any demon out of someone's body?

کیا میں کسی جسم سے جن کو باہر نکال سکتا ہوں

Yes, very easily, even if they are not around me or in front of me. Regardless of which part of the world people are in, I can move demons if I have seen them or have at least seen their picture. Otherwise, if I have never seen them, then I can do it over the telephone very easily. But I prefer at least to see a photo of people before I help them. The rest is very easy. The same process can be applied to different kind of pains. I can take out any pain from anybody very easily. Though I can help through the telephone, seeing them in person or at least seeing their photos will help a lot. I will fix their pains, but these pains, sicknesses, and diseases always leave some damages or

ہاں، بہت آسانی سے، یہاں تک کہ وہ نہ میرے سامنے ہوں اور نہ ہی میرے آس پاس۔ اس بات سے قطع نظر کہ لوگ دنیا کے کس حصے میں ہیں میں جنّات کو ہٹا سکتا ہوں اگر میں نے ایک دفعہ ان کو دیکھا ہو یا اُن کی تصویر۔ اگر میں نے ان کو کبھی بھی نہ دیکھا ہو تو میں یہ کام بہت آسانی سے فون پر بھی کر سکتا ہوں لیکن میں لوگوں کی مدد کرنے سے پہلے کم از کم اُن کی ایک دفعہ تصویر دیکھنے کو فوقیت دیتا ہوں۔ باقی کام تو بہت آسان ہے۔ بالکل اسی طریقے سے مختلف درد دور کئے جا سکتے ہیں۔ میں کسی بھی جسم سے کسی بھی طرح کا درد بہت آسانی سے دور کر سکتا ہوں۔ اگرچہ میں ٹیلی فون کے ذریعے لوگوں کی مدد کر سکتا ہوں پر ان سے ملنا یا ان کی تصویر دیکھنا زیادہ مددگار رہے۔ میں ان کے درد ختم کروں گا لیکن یہ درد، امراض اور بیماریاں ہمیشہ جسم میں کچھ تباہی اور علامتیں چھوڑ جاتی ہیں۔ نتیجتاً لوگوں کے امراض دور کرنے کے لئے ادویات لینی پڑتی ہیں اگر وہ بار بار اس درد سے نہیں گزرنا چاہتے ہیں تو۔

symptoms inside the body. Consequently, those people need to take some medication to fix symptoms if they do not want to suffer from that pain again and again.

When you are talking to yourself? How we talk to demons around/inside us?

Some people move their lips and actually talk aloud to themselves. Most people just talk to themselves without moving their lips. This is normal when we are arguing or fighting or trying to discuss something with ourselves. In all those cases, we are actually communicating with our demons. Demons feed a number of ideas and impressions into our minds, but most of the time, we do not agree with these. For example, consider the times when you are angry while driving. How many times do you think about running your car into a wall or pole or another car but suddenly control yourself and your mind? These kinds of feelings come out from demons through hypnotism. Weak-minded people give more control of their minds to demons, so they have no control of their lips during communication with demons.

آپ خود سے ہم کلام کب ہوتے ہیں؟ ہم اپنے اندر یا ارد گرد موجود جنّات سے کیسے بات چیت کرتے ہیں؟

کچھ لوگ اپنے ہونٹوں کو حرکت دیتے ہیں دراصل وہ خود سے اونچی آواز میں بات کر رہے ہوتے ہیں۔ کچھ لوگ ہونٹوں کو حرکت دیے بغیر ہی خود سے بات کر لیتے ہیں۔ جب ہم خود سے بحث کر رہے ہوں یا لڑ رہے ہوں یا کسی مسئلے پر بحث کر رہے ہوں تو یہ ایک معمول کی بات ہے۔ ان تمام حالات میں دراصل ہم اپنے جنّات سے رابطہ قائم کرتے ہیں۔ جنّات ہمارے دماغ میں بہت سے خیالات اور تصورات انڈیلتے ہیں لیکن اکثر اوقات ہم انہیں نہیں مانتے۔ مثال کے طور پر وہ وقت جب آپ گاڑی چلاتے ہوئے غصہ کرتے ہیں۔ کتنی بار آپ سوچتے ہیں کہ گاڑی کو کسی دیوار یا کسی اور گاڑی پر چڑھا دیں لیکن جلد ہی خود پر اور اپنے دماغ پر قابو پا لیتے ہیں؟ اس قسم کے خیالات، احساسات جنّات کی طرف سے ہپنوٹزم کے زریعّ تے ہیں۔ کمزور دماغ کے لوگ اپنا دماغی اختیار جنّات کو سونپ دیتے ہیں۔ اس لئے جنّات سے گفتگو کرتے ہوئے ان کا اپنے ہونٹوں پر کوئی اختیار نہیں ہوتا۔

Wild wishes, bad wishes in our mind. Demons generate/ feed wild and crazy desires/wishes in our mind all the time.

Demons are free creatures with a lot of time on their hands. They have nothing to do if they are not fighting with each other. If they are around us all the time, they will feed wild and bad wishes into our minds by hypnotizing us.
They will keep insisting that someone commit suicide, or they will create sexual desires or jealousy or hatred

ہمارے دماغ کی ناشائستہ، بُری خواہشات۔ جنّات ہر وقت ہمارے دماغ میں نازیبا اور پاگل خواہشات یا ارمان ابھارتے ہیں۔

ج نّات ایسی آزاد مخلوقات ہیں جن کے پاس بہت وقت ہوتا ہے اگر وہ ایک دوسرے سے جھگڑا نہ کریں تو ان کے پاس کرنے کو کچھ نہیں ہوتا۔ اگر وہ ہر وقت ہمارے آس پاس ہونگے تو وہ ہمیں بے سُدھ کر کے ہمارے دماغ میں ناشائستہ اور بری خواہشات پیدا کریں گے۔ وہ کسی کو خودکشی کرنے پر مجبور کریں گے یا وہ جنسی خواہشات یا حسد یا نفرت اور دوسری قسم کی منفی اور بری خواہشات پیدا کریں گے یہ سب ہمیشہ ہمارے گرد و نواح کے جنّات کی دین ہے۔ کبھی کبھار وہ ہمیں کسی کو بلاوجہ تھپڑ یا مُکا رسید کرنے پر اصرار کرتے ہیں۔ وہ بہت آسانی سے ہمارے غصے کو بڑھا سکتے ہیں، وہ آسانی سے ہمیں دُکھی کر سکتے ہیں

or other kinds of negative and bad wishes. These always come from demons around us. Sometimes they insist you slap someone or punch someone for no reason. They can easily amplify or boost our anger. They can easily make us sadder. They can keep us depressed for no reason. If you feel more negative qualities in yourself, then you need to start rejecting all those negative thoughts and wishes to reduce their control of your mind. If we follow them, they will enjoy more and will keep us in trouble all the time. Demons are responsible of feeding us all the crazy thoughts and wishes within our mind.

وہ ہمیں بلاوجہ پریشان کر سکتے ہیں اگر آپ خود میں زیادہ منفی خاصیتیں محسوس کریں تو آپ کو ان کے آپ کے دماغ پر اختیار کو کرم کرنے کے لئے ان تمام منفی خیالاتا اور خواہشات کو دور کرنا ہوگا۔ اگر ہم ان کی پیروی کریں گے تو وہ بہت لطف اندوز ہونگے اور ہمیں ہر وقت مشکل میں ڈالے رکھیں گے۔ ہمارے دماغ میں ابھرنے والے پاگل خیالات اور خواہشات کے ذمہ دار جنّات ہیں۔

Fortune or Past or Present tellers

Past tellers usually has at least one demon for their purpose

قسمت یا ماضی یا حال بتانے والے

ماضی بتانے والوں کے پاس اپنے مقصد کے لئے کم از کم ایک جن ہوتا ہے۔

How come few people are able to tell us about our past, present, or future affairs? Usually, those fortune-tellers have a few or one very sincere demon around them, and they can easily communicate with their demons. As I have said several times, there are always a few demons in every house or office and/or around any human or animal. Those demons are around us for generations. They know everything about us and our family affairs and our family problems. When someone goes to fortune-tellers of any kind, those fortune tellers ask their demons to communicate with other demons that are around us or around those people. A fortune-teller's demons find information from our demons and transfer it to the fortune teller. After that, the fortune-teller tells us about our past and current problems, affairs, and habits. And we are surprised when that fortune-teller knows everything about us. In this way, fortune tellers make

کیسے کچھ لوگ ہمیں ہماری ماضی، حال یا مستقبل کے حالات کے بارے میں آگاہ کرنے کے قابل ہوتے ہیں؟ عموماً ان نجومیوں کے آس پاس چند یا ایک بہت ہی مخلص جن ہوتا ہے اور وہ آسانی سے اپنے جنّات سے بات چیت کر سکتے ہیں۔ جیسا کہ میں کئی بار کہہ چکا ہوں کہ گھر یا دفتر اور باہر کسی بھی انسان یا جانور کے گرد ہر وقت چند جنّات موجود ہوتے ہیں۔ وہ جنّات ہمارے گرد نسل در نسل موجود ہوتے ہیں۔ وہ ہمارے خاندانی معاملات اور خاندانی مسائل کے بارے میں ہر چیز جانتے ہیں۔ جب کوئی بھی کسی بھی قسم کے نجومی کے پاس جاتا ہے تو وہ نجومی اپنے جنّات کو ہمارے اردگرد کے ان لوگوں کے گردونواح کے جنّات سے رابطہ قائم کرنے کو کہتے ہیں۔ نجومی کا جن ہمارے جنّات سے معلومات لے کر نجومی کو پہنچا دیتا ہے۔ اس کے بعد وہ نجومی ہمیں ہمارے ماضی اور موجودہ مسائل، معاملات اور عادات کے بارے میں آگاہ کرتا ہے اور جب وہ نجومی ہمارے بارے میں سب کچھ جان لیتا ہے تو ہم حیران ہو جاتے ہیں۔ اس طرح نجومی ہم سے پیسہ کماتے ہیں اور ان کے جنّات علم نومیات کا استعمال کرتے ہوئے تمام معلومات ان کے دماغ میں ڈال دیتے ہیں۔ یہ لوگ دوسرے لوگوں کے بارے میں اپنے جنّات کے ذریعے معلومات اکٹھی کرتے ہیں۔ بڑی ہی آسان بات ہے کہ نجومی کا جن ہمارے جن سے بات چیت کر کے ہمارے بارے میں معلومات جمع کر لیتا ہے اور ہپنوٹزم کے ذریعے وہ معلومات نجومی کے دماغ میں ڈال دیتا ہے اور نجومی ہمیں اس معلومات سے متاثر کرتا ہے۔

money from us their demons, and communicate information about any person through hypnotism in their mind. These people collect information about people by the use of their demon. So simple, fortune teller's demon, communicate with our demon to collect information about us. And by hypnotism feed that information in the mind of that fortune teller. And fortune teller, use those information to impress us.

Can demons make anyone an extremist?

Normal people are always nonextremist. Demons are helpful and sincere with many people; however, they are basically naughty, and their base is negativism. Demons do not spread positive energy.Demons are negative energy, so they will always amplify negative activity or negative energy. Demons are behind extremeness, regardless of the field or scope. Few people have extreme behavior about religion, and few are extremists in politics. Few are extremists because of race or language. Some have extreme behavior toward their spouse or beloved. Extreme behavior is a negative quality. And demons are behind this bad habit. Demons never give up. They boost and amplify extreme behavior by hypnotizing us. Usually, these kinds of people are under the influence of more than one demon. Even if we understand this point, even if we figure out that our extreme behavior is the result of a few powerful demons and those demons are controlling our mind by hypnotizing us, we still cannot do anything, because people who display extreme behaviors have weak minds. The only way to fix their problems is by resisting extreme behaviors. They need to practice a lot to control their emotions, intentions, and thoughts. And when they feel that they only have limited control of

کیاجنّات کسی کوانتہاپسند بناسکتے ہیں۔

نارمل لوگ ہمیشہ غیرانتہاپسند ہوتے ہیں۔جنّات بہت سے لوگوں کے ساتھ مخلص اوران کے حامی ہوتے ہیں تاہم وہ بنیادی طورپرشرارتی اورمنفی پہلوان کے بنیاد ہوتے ہیں۔جنّات مثبت طاقت نہیں بانٹتے۔جنّات منفی طاقت ہوتے ہیں اس لئے وہ ہمیشہ منفی سرگرمیوں یامنفی طاقتوں کو بڑھاوا دیتے ہیں۔کسی بھی قسم کی انتہاپسندی کے پیچھے جنّات کاہاتھ ہوتا ہے۔کچھ لوگ مذہب کے بارے میں انتہا پسند ہوتے ہیں اور کچھ لوگ سیاست میں انتہاپسند ہوتے ہیں، کچھ لوگ نسل یازبان کی وجہ سے انتہاپسند ہوتے ہیں، کچھ لوگ اپنے پیار یاہم سفر کے لئے انتہاپسند رویہ رکھتے ہیں۔انتہاپسند رویہ ایک منفی پہلو ہےاور بری عادت کے پیچھے جنّات ہی کارفرما ہوتے ہیں۔جنّات کبھی ہارنہیں مانتے وہ ہمیں ہپنوٹائز کرکے ہمارے انتہاپسند رویے کی ہمت بڑھاتے ہیں۔عموماً اس قسم کے لوگ ایک سے ذیادہ جنّات کے زیرِاثر ہوتے ہیں چاہے ہم اس بات کوسمجھ لیں یاہم یہ جان لیں کہ ہماراانتہاپسند رویہ ان طاقتور جنّات کی وجہ سے ہےاوروہ جنّات ہمارے دماغ کوہپنوٹائز کرکےاپنے تابع کرلیتے ہیں پھربھی ہم کچھ نہیں کرسکتے۔کیونکہ کمزورذہن کے مالک لوگ ہی انتہاپسند رویے کامظاہرہ کرتے ہیں۔انہیں اپنے جذبات، ارادوں اورسوچ کوقابوکرنے کے لئے بہت ذیادہ مشق کی ضرورت ہےاور جب وہ ایسا محسوس کرتے ہیں ان کااپنے اس انتہائی رویے پربہت ہی محدوداختیار ہوتا ہے۔انہیں مجھ جیسے کسی ایسے شخص کی ضرورت ہوتی ہے جوان جنّات کواُتارسکے۔ہرچیزممکن ہے۔انہیں مدد کے لئے صرف مزید طاقت کی ضرورت ہوتی ہے۔

that extreme behavior, they need to contact someone like me who can help them exorcize those demons. Everything is possible. They just need a little bit more power to help.

The soul/spirit is a positive energy.
Demons are negative energy.

روح ایک مثبت طاقت ہے۔ جنّات منفی طاقت ہیں۔

The soul or spirit is a permanent positive energy of a living body. Souls/spirits reside inside the body until the body is alive. Soul/spirit is completely positive energy. Soul/spirit has limited power to operate bodily functions. The soul/spirit keeps us alive. Soul/ spirit is a combination of thousands of smaller positive energies. The combination of all positive energies is a soul/spirit within the body. In a living body, thousands of positive energies are individually responsible for performing different bodily functions. Keep in mind that the combination of all these positive energies is the soul/spirit.

روح ایک زندہ جسم کی مستقل مثبت طاقت ہے۔ ارواح جسم کے اندر تب تک رہتی ہیں جب تک جسم زندہ ہوتا ہے۔ روح مکمل مثبت طاقت ہے۔ جسم کے افعال کو سرانجام دینے کے لئے روح کی طاقت محدود ہوتی ہے۔ روح ہمیں زندہ رکھتی ہے۔ روح ہزاروں چھوٹی مثبت طاقتوں کا مجموعہ ہوتی ہے۔ جسم کے اندر موجود روح تمام چھوٹی مثبت طاقتوں کا مجموعہ ہوتی ہے۔ ایک زندہ جسم کی ہزاروں مثبت طاقتیں جسم کے مختلف افعال کی کارکردگی کی انفرادی طور پر ذمہ دار ہوتی ہیں۔ یاد رکھئے کہ ان تمام مثبت طاقتوں کا ملاپ روح ہے۔

All these positive energies in the living body are responsible for doing individual functions or operations. If we have five hundred kinds of different hormones in our bodies, then a positive energy is individually responsible for the function and operation of that hormone. The same applies to each bone, each joint, each muscle, each organ, and even our blood. All parts of the body have a positive energy. That positive energy is responsible for bodily functions. Positive energy is confined inside our body and has limited powers. We can increase the powers of positive energy by using or by adopting healthy rules of life. We can eat healthy, keep our body strong and healthy, and avoid bad and unhealthy habits. Keep a positive approach and avoid negative thinking. This is the only thing we can control to make our all positive energies

ایک زندہ جسم کی یہ تمام مثبت طاقتیں انفرادی افعال یا عوامل انجام دینے کی ذمہ دار ہوتی ہیں اگر ہمارے جسم میں پانچ سو قسم کے مختلف ہارمونز ہیں تو ایک مثبت طاقت ایک ہارمون کے فعل اور کام کی انفرادی طور پر ذمہ دار ہے۔ یہی اصول ہر ہڈی، جوڑ، پٹھے، عضو یہاں تک کہ ہمارے خون پر لاگو ہوتا ہے۔ وہ مثبت طاقت جسم کے افعال کی ادائیگی کی ذمہ دار ہے۔ مثبت توانائی ہمارے جسم میں مقید ہوتی ہے اور محدود طاقتیں رکھتی ہے۔ ہم زندگی کے صحت مند، اچھے کارآمد اصولوں کہ اپنا کر یا استعمال کر کے مثبت قوت کی طاقتوں کہ بڑھا سکتے ہیں۔ ہم صحت بخش غذا کھا سکتے ہیں اپنے جسم کو مضبوط اور صحت مند رکھ سکتے ہیں اور بری اور غیر صحتمندانہ عادت سے بچ سکتے ہیں۔ اپنی سوچ کو مثبت رکھئے اور منفی سوچ سے دور رہیں۔ صرف ایک اسی چیز کو استعمال کر کے ہم اپنی مثبت قوتوں کو قابو کر کے طاقتور بنا سکتے ہیں جیسا کہ میں نے کہا کہ ایک عام شخص کی مثبت قوت یا قوتیں محدود طاقت کی مالک ہوتی ہیں اور وہ جسم کے اندر ہی کام کرتی ہیں جیسا کہ میں نے پہلے بیان کیا ہے کہ ہر ایک مثبت قوت ہمارے جسم میں انسولین کی پیداوار کی ذمہ دار ہے تو یہ اس کا کام ہے اور وہ یہ ہی کر سکتی ہے۔ یہ توانائی ہمارے گھٹنوں کے جوڑ تک نہیں جائے گی اور نہ ہی اسے اس کا عمل کرنے میں مدد کرے گی۔ بالکل اسی طرح ایک مثبت قوت گھٹنے کے جوڑ کے اعمال اور عوامل کہ چلانے کی ذمہ دار ہے او وہ قوت صرف یہی کام کر سکتی ہے۔ وہ قوت لبلبہ تک نہیں جائے گی اور نہ ہی انسولین کی پیداوار کو قابو کرے گی۔ مثبت قوتیں صرف ہمارے جسم کی اندرونی قوتیں ہیں۔ وہ ہمیں زندہ رکھتی ہیں ان کے پاس سونپے گئے افعال کو سرانجام دینے

stronger. As I said, the positive energy or energies of a normal person have limited powers, and they can function only within our living body. And as I explained earlier, each positive energy has a separate responsibility. For example, if a positive energy is responsible for producing insulin in our bodies, then this is its job, and that's all it can do. This energy will not go to our knee joints and help operate the knee. In the same way, a positive energy is responsible for controlling the function of knee joints and their operations, and that energy will do only that. That positive energy will not go to the pancreas and control the production of insulin. Positive energies are only our internal energies. They keep us alive, and they have limited strength just to do the work/functions assigned to them. As compared to positive energies, all negative energies all external energies. External energies are not part of the soul or spirit. Negative energies are not helpful to run any of our body's functions or operations. These negative energies mainly consist of diseases, sicknesses, and demons.	کے لئے محدود طاقت ہوتی ہے۔مثبت طاقتوں کے بالمقابل تمام منفی طاقتیں تمام بیرونی طاقتیں ہیں۔ بیرونی قوتیں روح کا حصہ نہیں ہیں۔منفی طاقتیں ہمارے جسم کے افعال یا عوامل کو چلانے میں مددگار نہیں ہیں۔یہ منفی طاقتیں بنیادی طور پر بیماریاں،امراض اور جنات ہیں۔
Positive medications like vitamins, pills, and syrups are not positive energies. These positive medications are only a help to strengthen our internal positive energies so that they can do a better job and fight against external negative energies. In the same way, good food, workouts, and healthy habits increase the strength of internal positive energies. Any negative external energy (like disease or sickness or pain or demons) cannot damage any organ, cannot make us sick, cannot control our mind, cannot make us extra angry, cannot make us depressed/sad, cannot give us pain, cannot stop production of i nsul i n hormone cannot damage k nee joi nts or any ot her joi nt, cannot damage function	مثبت ادویات جیسا کہ وٹامن، گولیاں اور شربت مثبت طاقتیں نہیں ہیں۔ یہ مثبت ادویات صرف ہماری اندرونی مثبت طاقتوں کو مضبوط کرنے میں مدد دیتی ہیں تا کہ وہ اپنا کام بخوبی کرسکیں اور بیرونی منفی طاقتوں سے لڑسکیں۔ بالکل اسی طرح اچھی خورات، کام کاروبار اور اچھی عادات اندرونی مثبت طاقتوں کو قوت بخشتی ہیں۔کوئی بھی بیرونی منفی قوت (جیسا کہ بیماری یا مرض یا درد یا جن) کوئی عضو تباہ نہیں کرسکتی، ہمارے دماغ کو تابع نہیں کرسکتی، مزید غصہ نہیں دلاسکتی، ہمیں پریشان یا اداس نہیں کرسکتی، ہمیں درد نہیں دے سکتی، انسولین یا ہارمون کی پیداوار نہیں روک سکتی، گھٹنے یا کسی اور جوڑ کو خراب نہیں کر سکتی، تھائی رائیڈ غدود کو خراب نہیں کرسکتی، صحت کے مسائل نہیں پیدا کرسکتی اور جگر اور گردوں کو خراب نہیں کرسکتیجب تک کہ وہ بیرونی منفی طاقتیں اندرونی مثبت طاقتوں سے ذیادہ طاقت ور نہ ہو جائیں۔

of thyroid glands, cannot create health problems, and cannot damage livers or kidneys unless the external negative energy is more powerful than internal/positive energies.

Internal positive energies are strong enough to do the regular operations of organs, and they are powerful enough to save us from the attack of external energies. But internal positive energies have limited powers and are only responsible for performing particular functions. However, negative external energies have unlimited powers. We only feel pain or experience sickness—including production of insulin hormone or any other hormone, heartburn or stomach ulcers, mental sickness, arthritis or any joint pain, liver damage or kidney function failure, infections etc., as well as shortness of temper, insomnia, extremism—when external negative energies beat our internal positive energies. internal/positive energy never gives up as long as we are alive. Positive energy or in scientific language i.e. body immunity. If internal positive energy i.e. immunity is strong enough to protect our body from the attack of external disease/pain, we will stay healthy. If positive energy or immunity power will decrease / reduce then all kind of external negative energy i.e. sickness/pain, will come to our body and will keep us sick and damaged. So, when we take painkillers or other medications, they increase the strength of our internal positive energies so that we can fight against external negative energies. But external negative energies have more strength and can work against our body for a long time and damage them completely. If the organs or parts of the body are completely damaged, then the only thing that will help internal positive energy is replacing those damaged

اندرونی مثبت طاقتیں اتنی مضبوط ہوتی ہیں کہ اعضاہ کے معمول کے عوامل سرانجام دے سکیں اور وہ اتنی طاقتور ہوتی ہیں کہ ہمیں بیرونی طاقتوں کے حملے سے بچا سکیں۔ لیکن اندرونی مثبت طاقتیں محدود قوت رکھتی ہیں اور صرف خاص افعال سرانجام دینے کی ذمہ دار ہوتی ہیں۔ جب کہ منفی بیرونی طاقتیں لا محدود قوت رکھتی ہیں۔ ہم صرف درد محسوس کرتے ہیں یا ہمیں کوئی مرض لاحق ہو جاتا ہے جیسا کہ انسولین ہارمون یا کسی اور ہارمون کا بننا، سینے میں جلن یا معدے کا السر، دماغی بیماری آرتھرائٹس یا جوڑوں کا درد، جگر کی خرابی یا گردے کا ناکارہ ہونا، متعدی مرض وغیرہ، مزاج کی تلخی، انتہا پسندی جب بیرونی منفی طاقتیں ہمارے اندرونی مثبت طاقتوں کو شکست دیتی ہیں۔ جب تک ہم زندہ رہتے ہیں اندرونی مثبت طاقت یونی کہ قوت مدافعت اتنی مضبوط ہو کہ وہ بیرونی بیماری یا درد کے حملے سے ہمارے جسم کی حفاظت کر سکے تو ہم ہمیشہ صحت مند رہیں گے۔ اگر مثبت طاقت یا قوت مدافعت گر جائے گی یا کم ہو جائے گی تو ہر قسم کی بیرونی منفی طاقت جیسا کہ مرض یا درد ہمارے جسم میں سما کر ہمیں بیمار اور تباہ کر دیں گے۔ اس لئے جب ہم درد کش ادویات یا دوسری ادویات کھاتے ہیں تو وہ ہماری اندرونی طاقتوں کو قوت بخشتی ہیں تا کہ ہم بیرونی منفی طاقت سے لڑ سکیں۔ لیکن بیرونی منفی طاقتوں کے پاس زیادہ قوت ہوتی ہے اور کافی عرصے تک ہمارے جسم کے ساتھ لڑتی رہتی ہیں اور انہیں مکمل تباہ کر دیتی ہیں۔ اگر اعضاہ یا جسم کے حصے مکمل طور پر تباہ ہو جائیں تو پھر صرف ان خراب اعضاہ یا حصوں کی تبدیلی ہی اندرونی مثبت طاقتوں کی مدد کرے گی اور ہمیں ادرونی مثبت طاقتوں کی قوت کو بڑھانے کے لئے متعلقہ دوا لیتے رہنا چاہیے۔

organs or parts. And we must keep taking the related medications to increase the powers of internal positive energies.

Every disease, sickness, and pain is fixable. But can anyone be sure about how long we can fix them? Internal positive energy has limited powers. If someone is using the right medication, then a person like me can help him or her by using powers to remove those external negative energies (demons) from his or her mind or body. I can only help to reduce the pressure of external negative energy, and I can easily remove that external negative energy; however, it is your responsibility to fix your organs and take proper medications to increase the strength of your positive internal energies so that they can function better.

ہر بیماری، مرض اور درد قابل علاج ہے۔ کیا کوئی یہ یقین کے ساتھ کہہ سکتا ہے کہ ہم اسے کتنے عرصے کے لئے ٹھیک کر سکتے ہیں؟ اندرونی مثبت طاقت محدود قوت کی حامل ہوتی ہے۔ اگر کوئی صحیح ادویات لے رہا ہے تو پھر میرے جیسا انسان اپنی طاقتوں کا استعمال کر کے ان منفی بیرونی طاقتوں کو اس کے دماغ یا جسم سے نکال سکتا ہے۔ میں صرف منفی طاقتوں کے دباؤ (جنّات) کو کم کرنے میں مدد کر سکتا ہوں اور میں آسانی سے ان بیرونی منفی طاقتوں کہ ہٹا سکتا ہوں تاہم یہ آپ کی ذمہ داری ہے کہ آپ اپنے اعضاہ کو بہتر کریں اور اپنی اندرونی مثبت طاقتوں کو مضبوط کرنے کے لئے مناسب دوالیں تا کہ وہ فعال کام کر سکیں۔

My powers can control external negative energies within and around your bodies, and I can help until you have enough time to fix your internal injuries by using proper medication. I can clear your body of external negative energy, but the rest is your responsibility. God has not given me powers to regenerate any organ or body part or heal their damage—not yet at least. By now, you should understand that your positive internal energy is inside you and that all you can control are your workouts, your healthy eating habits, and your medication; however, you cannot control external negative energy. I can help with that.

میری طاقتیں آپ کے جسم کے اندر اور گرد کی بیرونی منفی طاقتوں کو قابو کر سکتی ہیں اور آپ کی تب تک مدد کر سکتا ہوں جب تک کہ آپکے پاس مناسب ادویات سے اندرونی زخموں کو صحت یاب کرنے کا کافی وقت ہے۔ میں آپ کے جسم سے بیرونی منفی طاقت کو صاف کر سکتا ہوں لیکن باقی ذمہ داری آپ کی ہے۔ اللہ نے مجھے ابھی تک کسی عضو یا جسم کے حصے کو دوبارہ بنانے یا ان کی خرابی کو ٹھیک کرنے کی طاقت نہیں دی۔ ابھی تک آپ سمجھ چکے ہونگے کہ آپ کی مثبت اندرونی طاقت آپ کے اندر ہوتی ہے اور آپ اپنے کاروبار، اپنی صحتمندانہ کھانے کی عادات اور اپنی ادویات کو اپنے اختیار میں کر سکتے ہیں تاہم آپ اپنی بیرونی منفی طاقتوں کو اپنے تابع نہیں کر سکتے اس میں، میں آپ کی مدد کر سکتا ہوں۔

Do demons, disease, or pains have any restrictions?

This is a question that even I am confused about. Do these negative external energies have any restrictions or a particular schedule or list from God of the people whom they need to make sick? Or are they free to choose anyone anytime? God knows better.

Who is the boss of our minds?

We are the bosses of our minds. The only problem is that if we don't have strong minds, demons can easily hypnotize and use us however they like. Still, we are bosses of our minds, but demons amplify everything negative. If we are a little bit angry, they will make us angrier. If we are a little bit sad, they will make us more depressed and insist that we commit suicide, kill someone, or hurt someone. If we do not like someone, demons will increase that hate. Because of their nature of negativism, demons are compelled to take us on a negative path. Even though we are the bosses of our minds, we still follow their instructions unconsciously. Once we are aware that all extreme conditions are not coming from our minds but a demon playing with us, then we need to start practicing controlling our extreme behaviors. It is not easy for anyone to get rid of a demon from a body or mind, but once you figure out how to resist all extreme actions and temperaments, then you can at least attempt to fight these negative influences. If you try but still cannot control your mind and behavior, this is the time when you need someone like me who can move that demon away from you. Usually, demons have been around or inside you since your childhood, and these are tougher and resist a lot before they leave someone, because they think you are their property, toy, or residence. Once someone takes that demon away from

کیا جنّات، بیماریاں یا درد کسی چیز کے پابند ہیں؟

یہ وہ سوال ہے جس نے مجھے شش و پنج میں مبتلا کر دیا ہے۔ کیا ان بیرونی منفی طاقتوں پر کچھ پابندیاں عائد ہیں یا کوئی خاص جدول یا اللہ کی طرف سے انکولوگوں کی فہرست مہیا ہے جنہیں انہوں نے بیمار کرنا ہے؟ یا وہ کسی کو بھی کسی بھی وقت منتخب کرنے میں آزاد ہیں؟ اللہ بہتر جانتا ہے۔

ہمارے ذہنوں کا مالک کون ہے؟

ہم اپنے دماغ کے مالک ہیں۔ مسئلہ صرف یہ ہے کہ اگر ہمارے دماغ طاقتور نہیں ہیں تو جنآات ہمیں آسانی سے بے سدھ کر لیتے ہیں اور ہمیں اپنے مطابق استعمال کرتے ہیں پھر بھی ہم اپنے ذہنوں کے مالک ہیں لیکن جنّات ہر منفی چیز کو بڑھاوا دیتے ہیں۔ اگر ہم تھوڑے سے خفا ہوتے ہیں تو وہ ہمیں بہت خفا کر دیتے ہیں، اگر ہم تھوڑے سے اداس ہوتے ہیں تو وہ ہمیں مزید پریشان کر دیں گے اور ہمیں خود کشی کرنے یا کسی کو قتل کرنے پر یا کسی کو تکلیف دینے پر مجبور کریں گے۔ اگر ہم کسی کو پسند نہیں کرتے تو جنآات اس نفرت کو بڑھا دیں گے۔ ان کی منفی طبعیت کی وجہ سے جنّات ہمیں غلط راستے پر لے جانے پر مجبور ہیں۔ حالانکہ ہم اپنے دماغ (سوچ) کے مالک ہیں ہم پر بھی لاشعوری طور پر ان کی پیروی کرتے ہین۔ ایک دفعہ ہم یہ جان لیں کہ تمام بیرونی حالات ہمارے دماغ کی خرافات نہیں ہیں بلکہ جنّات ہم سے کھیل رہے ہیں تو ہمیں اپنے انتہائی رویوں کو قابو پانا سیکھنا ہوگا۔ کسی کے لئے بھی اپنے دماغ یا جسم میں موجود جن سے چھٹکارا پانا آسان نہیں ہے لیکن ایک دفعہ آپ تمام انتہائی حرکات یا مزاج کی مخالفت کرنا سیکھ لیں تو آپ کم از کم ان منفی اثرات سے لڑنے کی کوشش کر سکیں گے اگر آپ کوشش کرتے ہیں لیکن پھر بھی اپنے دماغ اور رویے کو قابو نہیں کر پاتے تو پھر اس وقت آپ کو مجھ جیسے کسی کی ضرورت ہے جو آپ سے اس جن کو دور کر سکے۔ عموماً آپ کے بچپن ہی سے جنّات آپ کے اندر یا ارد گرد ہوتے ہیں وہ مشکل ہوتے ہین اور کسی کو چھوڑنے سے پہلے بہت مزاحمت کرتے ہیں کیونکہ وہ آپ کہ اپنی جائیداد، کھلونا یا رہائش گاہ سمجھتے ہیں۔ ایک دفعہ جب کوئی اس جن کو آپ سے دور لے جاتا ہے تو آپ کسی دوسرے جن کے لئے خالی جگہ یا دستیاب آسامی ہیں۔ لیکن کسی کو بھی آپ پر مضبوط اختیار نہیں ہوگا اگر آپ منفی رویوں کو کم کرنا اور ان پر قابو پان، غصے کو کم کرنا اور ٹھنڈا مزاج رکھنا سیکھتے رہیں گے۔ میں یا مجھ جیسا کوئی اور ان جنّات کو آپ میں سے ہٹا کر آپ کو اپنے دماغ پر اختیار کو برقرار رکھنے کا وقت مہیا کرتے ہیں۔ جب آپ ایک دفعہ جنّات کو سننے اور ان کی ماننے سے انکاری ہو جاتے ہیں تو وہ آپ پر اپنا وقت ضائع نہیں کرتے وہ اپنے لئے آپ سے زیادہ دلچسپ کوئی اور ڈھونڈھ لیں گے آخر کار آپ پھر سے اپنے دماغ کے مالک بن سکتے ہیں۔

you, you will have an empty place or a vacancy available for a new demon. But no one will have strong control on you if you keep practicing to control and reduce negative behaviors, lessen anger, and keep a cool temperament. I or someone like me can remove those demons from you to give you enough time to maintain control of your mind. Once you quit listening and quit following demons, they will not waste their time with you. They will find someone else more interesting for them. Finally, you can become the boss of your mind again!

How can you stop them so they do not enter your body?

آپ انہیں اپنے جسم میں سمانے سے کیسے روک سکتے ہیں؟

This is impossible to stop them from entering a body. Even though I have good control, if a new demon comes around me, it still goes inside my body immediately. Usually, it is not hurtful or painful like diseases or sickness when a demon penetrates our bodies. Still, few people may experience a condition like low or high blood pressure, depending upon the power, size, and aggression of the demons. My senses developed differently than the normal person's. I can feel a demon's presence like you can touch or hug of another person. They way you don't feel comfortable if someone keeps holding your body, I can tolerate any demon inside or around me. It makes me really uncomfortable. There are several ways you can try to keep them away from you. But they penetrate inside the body so quietly even you will feel nothing. Slowly and steadily, you will experience some aggression and extremism.

ان کو کسی جسم میں گھسنے سے روکنا ناممکن ہے۔ مانا کہ میرا ان پر بہت اچھا اختیار ہے لیکن پھر بھی کوئی نیا جن میرے اردگرد منڈلاتا ہے تو وہ فوراً میرے جسم میں گھس جاتا ہے۔ عموماً جنّات کا ہمارے جسم میں سمانا بیماریوں یا امراض کی طرح درد بھرا یا تکلیف دہ نہیں ہے لیکن پھر بھی کچھ لوگ ذیادہ یا کم بلڈ پریشر جیس کسی حالات کا شکار ہو جاتے ہیں اس بات کا انحصار اس جن کی طاقت، جسامت اور حملہ پر ہے۔ میرے احساسات ایک عام انسان کی نسبت مختلف انداز سے پروان چڑھے ہیں۔ میں کسی جن کی موجودگی بالکل ایسے محسوس کر سکتا ہوں جیسے آپ کسی کے چھونے یا گلے لگنے کو محسوس کرتے ہیں۔ اگر کوئی آپ کے جسم کو پکڑے رکھے تو آپ آرام محسوس نہیں کرتے بالکل اسی طرح میں ایک جن کو اپنے ادر یا اردگرد برداشت کر سکتا ہوں۔ یہ واقعی میرے لیے غیر آرام دہ ہے۔ آپ انہین بہت سے طریقوں سے خود سے دور رکھ سکتے ہیں لیکن وہ اتنی خاموشی سے جسم میں سما جاتے ہیں کہ آپ کہ کچھ محسوس نہیں ہوگا۔ آپ آہستہ آہستہ اور مسلسل غصہ اور انتہاپسندی محسوس کریں گے۔

Normal people cannot sense demons. Once you will be able to sense/feel them, you will not be able to tolerate

عام لوگ جنّات کو محسوس نہیں کر سکتے۔ جب ایک دفعہ آپ کو ان کا احساس ہوگا آپ انہیں برداشت نہیں کر پائیں گے۔ آپ اُس وقت تک بے آرام اور پریشان رہیں گے جب تک کہ وہ آپ کے جسم کو چھوڑ

them. You will be uncomfortable and disturbed until they leave your body. So, thank God that normal people have no clue or feelings when demons start residing inside their bodies. Trust me—it is not easy to get rid of any demon from your body. I went through so many problems. Finally, I gained a little bit of control over them, and they now listen to me most of the time. Otherwise, I am able to insist that they listen to me. Usually, they create some problems for me; however, once we have been introduced, they trust me, and they become better friends than human. They behave better than humans. They are less harmful than humans and animals. This is only true in my case. This is not true for everyone. So, remember that no one can stop demons from coming into our homes or our bodies, but by controlling our behaviors and minds, we can reduce their influence in our bodies and lives.

نہ دیں۔اس لئے اللہ کا شکر ہے کہ عام انسان کو اس بات کا اندازہ یا احساس نہیں ہوتا جب جنّات ان کے جسموں میں بسنا شروع کرتے ہیں۔یقین کریں کہ اپنے جسم میں سے کسی جن کو نکالنا اتنا آسان نہیں ہے۔مجھے بہت سی مشکلات کا سامنا کرنا پڑا۔آخر کار میں نے ان پر تھوڑا سا اختیار حاصل کیا اور اب اکثر اوقات وہ میری بات مان لیتے ہیں وگرنہ میں اس قابل تو ہوں کہ ان سے اپنی بات منوا سکوں۔عموماً وہ میرے لئے مشکلات پیدا کرتے ہیں لیکن جب ایک دفعہ ہمارا تعارف ہو جاتا ہے تو وہ میرا بھروسہ کرتے ہیں اور انسانوں سے بہتر دوست بن جاتے ہین اور انسانوں سے بہتر سلوک کرتے ہیں۔وہ انسانوں اور جانوروں سے کم نقصان دہ ہوتے ہیں۔یہ صرف میرے معاملے میں سچ ہے یہ بات ہر ایک پر لاگو نہیں ہوتی اس لئے یاد رکھیں کہ کوئی بھی جنّات کہ ہمارے گھروں یا ہمارے جسموں میں گھسنے سے نہیں روک سکتا لیکن اپنے مزاج اور دماغ (سوچ) کو قابو کر کے ہم ان کا اپنی زندگیوں اور جسم پر اثر کم کر سکتے ہیں۔

The simple rule is the following: We need to make ourselves less interesting for them. They like extremism, anger, depression, negativism, and bad habits like drinking and drugs. Quit the bad stuff and curb your bad temperament and they will be less interested in us and will look for someone more interesting for them.

آسان اصول یہ ہے کہ ہمیں خود کہ ان کے لئے غیر دلچسپ چیز بنانا ہے۔انہیں انتہا پسندی، غصہ، پریشانی، منفیت اور بری عادات جیسا کہ شراب نوشی اور نشہ بازی پسند ہے۔بری چیزوں کو چھوڑ دیں اور اپنے برہم مزاج کو ضبط کریں تو وہ ہم میں کم دلچسپی لیں گے اور اپنے لئے کسی اور دلچسپ ترین کی تلاش میں نکل جائیں گے۔

Are animals a big cause of diseases?

کیا جانور بیماریوں کی بڑی وجہ ہیں؟

The animals around us are an especially big cause of the spread of diseases. Given my knowledge and experience, I believe that demons do not favor any particular body to live in or damage. For them, all humans, insects, and reptiles are the same. They definitely don't want to struggle too much. That's why most of them prefer already damaged or sick bodies or organs, regardless if they belong to humans or other animals.

ہمارے اردگرد موجود جانور بیماریوں کے پھیلاؤ کی ایک خاص بڑی وجہ ہیں۔میرے علم اور تجربات کی بناء پر میرا یقین ہے کہ جنّات کسی خاص جسم کو رہنے یا تباہ کرنے کے لئے نہیں پسند کرتے۔ان کے لئے تمام انسان، حشرات اور رینگنے والے جانور ایک جیسے ہیں۔دراصل وہ زیادہ جدوجہد نہیں کرنا چاہتے اس لئے ان میں اکثر پہلے سے خراب یا بیمار جسم یا عضو کو ترجیح دیتے ہیں چاہے وہ انسان کے ہوں یا دوسرے جانوروں کے۔

These days, we are finding and learning more and more about new diseases, pains, and sicknesses. The reason for this is because the population of everything is increasing. Most people are moving and traveling from one part of the world to another. And animal health is not as important in most areas of the world. One animal may get sick and die. After a few days, diseases come out from them. Demons in their bodies come out from them, and they do not go too far. Wherever they find damaged organs, they penetrate that body and start damaging them even more. If they do not find a damaged or sick body, they just go inside a healthy body and start damaging it.	آج کل ہم نئی بیماریوں، درد اور امراض کے بارے میں جان اور سیکھ رہے ہیں۔ اس کی وجہ ہر چیز کی آبادی کا بڑھنا ہے۔ اکثر لوگ دنیا کے ایک حصے سے دوسرے حصے میں نقل مکانی اور سفر کر رہے ہیں۔ ایک جانور بیمار ہوسکتا ہے اور مر سکتا ہے۔ کچھ دنوں بعد ان میں سے بیماریاں نکل آتی ہیں۔ ان کے اجسام سے جنّات باہر نکل آتے ہیں اور وہ زیادہ دور نہیں جاتے جب کبھی انہیں تباہ کن جسم میلتا ہے وہ اس جسم میں سما جاتے ہیں اور انہیں مزید خراب کرنا شروع کر دیتے ہیں اگر انہیں خراب یا بیمار جسم نہ ملے تو وہ ایک صحت مند جسم میں داخل ہو کر انہیں تباہ کرنے لگتے ہیں۔
I used to kill insects and reptiles frequently, but since I started sensing these demons, I have developed a lot of problem killing them, because I do not want their demons or diseases to visit my body. In my case, I argue with them or insist that they go back to original body, or if that body is dead, I ask them to find something similar but not me. I am able to do it, but in normal people's cases, the best thing is to keep houses and workplaces insect-free and stay away from animals,especially sick animals. Or if you still want to keep animals, then take care of their health. I do not know if this is easy or possible for everyone. These insects, reptiles, rats, and other animals go everywhere and bring all kind of dirty and dangerous diseases to our homes and our bodies. This is a cycle, and someone needs to think about how to fix it. But sick animals of all kinds can easily spread diseases and sicknesses everywhere. I do not have any knowledge about the reproduction system of disease or demons; however, it is my assumption that they grow really fast, and as the growth increases, they need	میں اکثر ہی حشرات اور رینگنے والے جانوروں کو مارا کرتا تھا لیکن جب سے مجھ پر جنّات کا ادراک ہوا ہے مجھے ان کو مارنے میں بہت مسئلہ ہوتا ہے کیونکہ میں نہیں چاہتا کہ ان کے جنّات یا بیماریاں میرے جسم میں داخل ہوں۔ اپنے معاملے میں، میں ان سے بحث کرتا ہوں یا نہیں مجبور کرتا ہوں کہ وہ اصلی جسم میں واپس چلے جائیں اور اگر وہ جسم مر چکا ہے تو میں انہیں میرے علاوہ ایسا ہی کوئی اور جسم تلاش کرنے کا کہتا ہوں۔ میں ایسا کر سکتا ہوں لیکن عام لوگوں کے معاملے میں بہتر ہے کہ گھروں اور کاروبار کی جگہوں کو حشرات سے پاک رکھا جائے اور جانوروں خاص طور پر بیمار جانوروں سے دور رہا جائے یا پھر بھی آپ جانور پالنا چاہتے ہیں تو پھر ان کی صحت کا خیال رکھیں۔ میں نہیں جانتا کہ یہ ہر کسی کے لئے آسان یا ممکن ہے یہ حشرات، رینگنے والے جانور، جوہے اور دوسرے جانور ہر جگہ آتے ہیں اور تمام اقسام کی گندی اور خطرناک بیماریاں ہمارے گھروں اور جسموں کے لئے لاتے ہیں۔ یہ ایک چکر ہے اور کسی کو اس چکر سے باہر نکلنے کا طریقہ سوچنا پڑے گا۔ لیکن تمام اقسام کے جانور ہر جگہ آسانی سے بیماریاں اور امراض پھیلا سکتے ہیں۔ مجھے جنّات یا بیماریوں کے پیداواری نظام کا علم تو نہیں ہے تاہم میرا مفروضہ ہے کہ وہ بہت تیزی سے بڑھتے ہیں اور جیسے جیسے پیداوار بڑھتی ہے انہیں زیادہ اجسام کی ضرورت ہوتی ہے جس کا مطلب یہ ہے کہ مزید لوگ بیمار ہونگے مجھے یقین ہے کہ آپ سمجھتے ہیں کہ جنّات اور بیماریاں طبعی دنیا کی پوشیدہ چیزیں ہیں اور وہ آسانی سے نہیں مرتی ان کی عمر سینکڑوں سال ہوتی ہے اور وہ ایک مقصد پر نکلے ہوتے ہیں۔ ایک شخص کو مارنے کے بعد وہ کسی دوسرے کو منتخب کرتے ہیں اور اس دوران وہ اپنی نسل اور تعداد بڑھاتے ہیں۔

more bodies, which means more people will get sick. I am sure you understand that demons and diseases are all invisible things in the physical world and that they do not die easily. They are hundreds of years old. They are on a mission. After they kill one person, they choose someone else. And when they are in a body, they are damaging that body and its organs, and during that time, they are reproducing and increasing their numbers.

How do diseases and demons operate?

Disease and demons are different from each other in the way human and wild animals or poisonous reptiles are different from each other. When a lion kills a deer, that lion eats first. Once that lion is finished eating the deer, the second strongest animal will come and start eating the leftover meat of deer from lion. After that, the third strongest animal will eat the leftover meat. In this way, all these animals will eat. And lastly, all the small animals or insects will attack the leftover meat of the hunted deer. In the same way, once a disease attacks us, it comes with a group and keeps attacking our bodies until it has damaged us completely. In regards to damaged organs, we have to deal with a line of diseases, sicknesses, and pains. No one can kill them. Only with luck, if we fix the symptoms and stay away from the source of the disease, we will be able to become 100 percent normal. Otherwise, once they make room in our bodies again, they can reinfect us. This is a lifetime problem like ulcers, migraines, liver damage, diabetes, kidney failure, hemorrhoid infections, other infections, and different kinds of cancers. Our sick bodies and damaged organs are their food. They eat our bodies and organs and damage them more and more every day. In modern science, we have very good healing

بیماریاں اور جنّات کیسے عمل کرتے ہیں؟

بیماریاں اور جنّات ایک دوسرے سے بالکل اس طرح مختلف ہیں جس طرح انسان اور جنگلی جانور یا زہریلے رینگنے والے کیڑے ایک دوسرے سے مختلف ہیں۔ جب ایک شیر ایک ہرن کو مارتا ہے تو پہلے وہ شیر اسے کھاتا ہے جب وہ شیر ہرن کا طعام ختم کر دیتا ہے تو کوئی دوسرا ذیادہ طاقتور جانور شیر کے بچے ہوئے گوشت کو کھائے گا۔ اس طرح یہ تمام جانور کھائیں گے اور آخر میں تمام چھوٹے جانور یا حشرات شکار کئے گئے ہرن کے بچے ہوئے گوشت پر حملہ کر دیں گے۔ بالکل اسی طرح جب بیماری ایک دفعہ ہم پر حملہ کر دیتی ہے پھر وہ گروہوں کی صورت میں آتی ہے اور ہمارے اجسام پر تب حملہ کرتی رہیت ہے جب تک کہ اسے مکمل خراب نہ کر دے۔ خراب اعضاہ کے حوالے سے ہمیں بیماریاں، امراض اور درد سے نبرد آزما ہونا پڑتا ہے۔ کوئی انہیں مار نہیں سکتا۔ خوش قسمتی ہے اگر ہم آثارِ امراض سے چھٹکارا پا لیں اور بیماریوں کے ذرائع سے دور رہیں تو ہم سو فیصد عام انسان بن سکتے ہیں۔ وگرنہ ایک دفعہ وہ دعبارہ ہمارے جسم میں جگہ بنا لیں تو وہ ہیمٰن دھوبارہ متعدی مرض میں مبتلا کر سکتے ہیں۔ یہ السر، شقیقہ، جگر کی خرابی، ذیابطیس، گردوں کا ناکارہ ہونے کا مرض، دوسرے متعدی امراض اور مختلف اقسام کے سرطان جیسا عمر بھر کا مسئلہ ہے۔ ہمارے بیمار جسم اور خراب اعضاہ ان کی خوراک ہیں۔ وہ ہمارے اجسام اور اعضاہ کو کھاتے ہیں اور ہر روع مزید سے مزید انہیں تباہ کرتے ہیں۔ جدید سائنس کے مطابق ہمارے پاس ان بیماریوں کی وجہ سے پیدا ہونے والی خرابیوں کا بہترین علاج اور ادویات ہیں لیکن ان ذخم بھرنے والی ادویات کے لئے ان بیماریوں کو جسم کے زخمی یا خراب حصے سے باہر نکالنا بہت مشکل ہے وہ چھوڑتی ہی نہیں ہیں۔ ہم درد کش ادویات، جراثیم کش ادویات اور زخم مندمل کرنے والی ادویات کا استعمال کرتے ہیں لیکن جنّات پھر ہمیں نقصان پہنچاتے ہیں۔ اس موقع پر اگر کوئی زخموں کو بھرنے والی بہت اچھی ادویات استعمال کر رہا ہے تو میں یا مجھ جیسا کوئی شخص خراب جسم سے ان بیماریوں کو دور کرنے میں مدد کر سکتا ہے۔ اس کے بعد کسی کو خرابیوں کو دور کرنے کے لئے صحیح قسم کی زخموں کو مندمل کرنے والی دوا کا استعمال کرنا ہوگا۔

medication to heal the damages caused by these diseases. But it is very difficult for that healing medication to move these diseases away from the wounded or damaged parts of the body. They do not leave. We take painkillers, antibiotic, and healing medication, but the demons damage us again. At this point, if someone is using very good healing medication, I can or a person like me can help them to remove those diseases from the damage body. After that, someone needs to use the right kind of healing medication to fix the damages.

Even if a demon or disease is a friend, why does it still hurt?

کوئی جن یا بیماری چاہے دوست ہو پھر بھی کیوں تکلیف دیتی ہے؟

I had this crazy and unbelievable experience several times. Pains and a myriad of sicknesses have become my friends. But problem is that they are just like a fire, and fire burns. Diseases, pains, and sickness can stay out of the body. So, even they are acting or behaving like a friend. So, they can reduce the effects but still, their effect is pain, once they will go to a body, or part of that body, that part will feel the pain. This is all crazy, but I deal with this world all the time. And only those people who experience my power firsthand actually believe me. It is not difficult for me to prove anything. Almost every day, I find several people with different problems and help them by taking their pains away from them.

میں نے یہ پاگل اور ناقابل یقین تجربہ کئی بار کیا ہے۔ درد اور ہزاروں بیماریاں میری دوست بن چکی ہیں لیکن مسئلہ یہ ہے کہ وہ بالکل آگ جیسے ہیں اور آگ جلا دیتی ہے۔ بیماریاں، امراض اور درد جسم سے باہر رہ سکتے ہیں اس طرح وہ ایک دوست کی طرح عمل یا رویہ اختیار کرتے ہیں اور ان کا اثر کم ہو جاتا ہے لیکن پھر بھی وہ درد دیتے ہیں۔ ایک دفعہ وہ جسم یا اس کے کسی حصے میں سمائیں گے وہ حصہ درد محسوس کرے گا۔ یہ سب پاگل پن ہے لیکن میں اس دنیا سے ہر وقت نمٹتا ہوں اور صرف وہ لوگ جو پہلی ہی دفعہ میرے طاقت کا اثر دیکھ لیتے ہیں مجھ پہ یقین رکھتے ہیں۔ میرے لئے کسی چیز کو ثابت کرنا مشکل نہیں ہے۔ ہر دور میں مختلف مسائل میں مبتلا لوگوں سے ملتا ہوں اور ان کے درد کو ان سے دور کر کے ان کی مدد کرتا ہوں۔

Where do demons live?

جنّات کہاں رہتے ہیں؟

Surely, they do not live in water, because their basic configuration is fire. That's why they do not like water. We are only talking about demons right now. They are everywhere, and they have extraordinary powers.

یقیناً وہ پانی میں نہیں رہتے لیکن ان کا بنیادی جزو آگ ہے اس لئے وہ پانی میں نہیں رہتے۔ ہم اب صرف جنّات کی بات کر رہے ہیں۔ وہ ہر جگہ ہیں اور ان کے پاس غیر معمولی طاقتیں ہیں۔ کونکہ میں ان کا ادراک یا انہیں محسوس کر سکتا ہوں اس لئے میں جانتا ہوں کہ وہ ہوا میں رہتے ہیں۔ بعض اوقات جب وہ ہوا میں نہیں اڑ رہے ہوتے تو وہ چھت کے نزدیک رہ رہے ہوتے ہیں۔ میں یہ بھی جانتا ہوں

Because I sense them and feel them, I know they live in the air. Sometimes they are very close to walls and ceiling if they are not flying in air. I also know that they live inside or on trees. Those kinds of demons are like vegetarians. I know that they can live inside any living body, regardless human, animal, insect, bird, or reptile. All these bodies are the same for them. They can choose any body and can switch whenever they want. But remember that though they live in the air, trees, and bodies, their qualities are still the same. If they are flying in air, they can easily go into any animal's body or start living inside it. This is true for all of them.

کہ وہ درختوں میں یا ان کے اندر رہتے ہیں اس قسم کے جنّات سبزی خوروں کی طرح کے ہوتے ہیں۔ میں جانتا ہوں کہ وہ کسی بھی زندہ جسم میں رہ سکتے ہیں اس بات کی پرواہ کئے بغیر کہ وہ جسم انسان، جانور، کیڑے، پرندے یا رینگنے والے جانور کا ہے۔ یہ تمام اجسام ان کے لئے ایک جیسے ہیں۔ وہ کوئی بھی جسم منتخب کر سکتے ہیں اور کبھی بھی چاہیں بدل سکتے ہین لیکن یاد رکھیں کہ چاہے وہ ہوا میں، درختوں میں اور اجسام میں رہتے ہیں ان کی خاصیتیں ایک جیسی ہی رہتی ہیں اگر وہ ہوا میں رہ رہے ہوں تو وہ کسی بھی جانور کے جسم میں آسانی سے جا سکتے ہیں یا اس کے اندر رہ سکتے ہیں۔ یہ بات ان سب کے لئے سچ ثابت ہوتی ہے۔

Can anyone communicate with demons?

کیا کوئی جنّات سے بات چیت کر سکتا ہے؟

Only demons need a language to communicate with us or other animals. And for all of them, they just have one language, and that language is hypnotism. On other hand, we do not need any special language to communicate with them. They listen to us all the time. They are very nosy. They keep information about us. If they are new to us, they can dig inside our memory and easily find out a lot of information about us. So, they listen to us, and they understand our language, regardless of whether we speak English or another language; however, that does not mean they will obey us when they can hear us. Most of the time, they do not obey us. But if they become sincere with us, they will do much for us. And once they decide to go against us, then they will bring many obstacle.

صرف جنّات کو ہم سے یا دوسرے جانوروں سے بات چیت کرنے کے لئے زبان کی ضرورت ہوتی ہے اور ان سب کے لئے وہ ایک زبان استعمال کرتے ہیں وہ زبان ہے علمِ نومیات (ہپنوٹزم)۔ دوسری طرف ہمیں ان سے گفتگو کرنے کے لئے کوئی خاص زبان کی ضرورت نہیں ہے۔ وہ ہمیں ہر وقت سن سکتے ہیں۔ ان کی سونگھنے کی حس بہت تیزی ہوتی ہے۔ ان کے پاس ہماری معلومات ہوتی ہیں۔ اگر وہ ہمارے لئے نئے ہیں تو ہماری یادداشت میں گھس کر ہمارے بارے میں بہت کچھ جان سکتے ہیں۔ اس لئے وہ ہمیں سنتے ہیں چاہے ہم انگلش یا کوئی دوسری زبان بولیں وہ ہمیں سمجھ سکتے ہیں تاہم اس کا یہ مطلب نہیں ہے کہ وہ ہمیں سن سکتے ہیں تو وہ ہماری فرمانبرداری کریں گے۔ اکثر اوقات وہ ہماری بات نہیں مانتے لیکن اگر وہ ہمارے ساتھ مخلص ہو جائیں تو ہمارے لئے بہت کچھ کریں گے اور اگر ایک دفعہ وہ ہمارے خلاف ہو گئے ہمارے لئے بہت سی مشکلات کھڑی کریں گے۔

How do demons create obstacles for us?
How do demons resolve our problems?

Demons do not have as many liabilities as we do. I am talking about money, jobs, houses, insurance, among others. As far as problems and fights, demons have more fights and wars between themselves. The demon's language is hypnotism. If you understand hypnotism a little bit, then you know it is a trick. If someone uses it on you, then you do not necessarily know that someone is communicating with you or trying to influence you. If someone hypnotizes you, you will see whatever they want you to see. You will think only whatever they feed your mind. And if demons are hypnotizing you, you will not be able to beat them. We think only whatever they want us to think. We see whatever they want us to see.

If demons are all around us and they are our enemies, then what they can do? They can keep us misguided all the time by hypnotizing us. These demons can reach wherever we go before us and misguide other people by hypnotizing them. Wherever you go, whatever you do, you will face problems everywhere. If demons are friends of someone, then they clean up their paths everywhere. Those people have good luck everywhere. These groups of demons reach wherever they're going before them and hypnotize everyone and keep the person's path clear of all problems.

جنّات ہمارے لئے مشکلات کیسے کھڑی کرتے ہیں؟ جنّات ہمارے مسائل کیسے حل کرتے ہیں؟

جنّات کی ہمارے طرح ذمہ داریاں نہیں ہوتی۔ میں پیسہ، نوکری، گھر، بیمہ اور بہت سی دوسری چیزوں کی بات کر رہا ہوں۔ جہاں تک مسائل اور لڑائی کا سوال جنّات کے آپس کے بہت سے جھگڑے ہوتے ہیں۔ جن کی زبان علمِ نومیات (ہپنوٹزم) ہے۔ اگر آپ تھوڑا سا بھی علمِ نومیات کے بارے میں سمجھتے ہیں تو جانتے ہوں گے کہ یہ ایک کرتب ہے۔ اگر کوئی اسے آپ پر استعمال کرتا ہے تو ضروری نہیں کہ آپ کو پتا چلتا ہے کہ کوئی آپ سے بات چیت کرنے یا آپ کو زیرِاثر کرنے کی کوشش کر رہا ہے۔ اگر کوئی آپ کو بے سدھ کرتا ہے تو آپ وہی دیکھیں گے جو وہ چاہتا ہے آپ دیکھیں۔ آپ صرف وہی سوچیں گے جو وہ آپ کے دماغ میں ڈالے گا۔ اور اگر جنّات آپ کو ہپنو ٹائز کر رہے ہیں تو آپ انہیں شکست نہیں دے سکتے۔ ہم وہی سوچتے ہیں جو وہ ہم سے چاہتے ہیں کہ ہم سوچیں۔ ہم وہی دیکھتے ہیں جو وہ ہم سے چاہتے ہیں کہ ہم دیکھیں۔

اگر ہمارے ہر طرف جنّات ہیں اور وہ ہمارے دشمن ہیں تو وہ کیا کر سکتے ہیں؟ وہ ہمیں بے سدھ کر کے ہر وقت ہمیں بھٹکا سکتے ہیں۔ جہاں بھی ہم جاتے ہیں یہ جنّات ہم سے پہلے وہاں پہنچ جاتے ہیں اور دوسروں کو بے سدھ کر کے ہمارے خلاف کر دیتے ہیں۔ آپ جہاں بھی جاتے ہیں، جو بھی کرتے ہیں آپ کو ہر جگہ مشکلات کا سامنا کرنا پڑے گا۔ اگر جنّات کسی کے دوست ہیں تو وہ ہر جگہ ان کا راستہ صاف کریں گے وہ لوگ ہر جگہ خوش قسمت ہوتے ہیں۔ جنّات کے یہ گروہ ان کے پہنچنے سے پہلے ہر جگہ پہنچ جاتے ہیں اور ہر کسی کو ہپنو ٹائز کرتے ہیں اور اس کا ہر راستہ مسائل سے صاف کر دیتے ہیں۔

How do we see demons? Can dream tell us the location and/or the nature of a demon?

ہم جنّات کو کیسے دیکھتے ہیں؟ کیا خواب ہمیں جگہ یا جن کی فطرت بتا سکتے ہیں؟

Almost all demons do not change their places. If they are living in a house, office, or shop, they live there for generations. They do not easily allow demons or other than their family in their particular places. A few live in our house, office, or shop, and a few travel with us. Demons are very nosy and take full interest in our affairs. I am sorry to say that we are total ly under t heir control most of t he time and that we usually do what they want us to do. Regardless of the sincerity of demons, they are basically naughty and full of negativism. Demons use the power of hypnotism. They can show us anything while we are sleeping or while we are awake. When they show us something that isn't really there, we will call that a "trick of the eyes." And they can show us anything during sleep, and we call those "dreams."

تقریباً تمام جنّات اپنی جگہ نہیں بدلتے اگر وہ کسی گھر، دفت یا دکان میں رہ رہے ہوتے ہیں تو نسل در نسل وہیں رہتے ہیں وہ آسانی سے دوسرے جنّات یا اپنے خاندان کے علاوہ کسی کو اپنی خاص جگہوں میں رہنے کی اجازت نہیں دیتے۔ کچھ ہمارے گھر، دفتر یا دکان میں رہتے ہیں اور کچھ ہمارے ساتھ سفر کرتے ہیں۔ جنّات بہت ذیادہ مداخلت پسند ہوتے ہیں اور ہمارے معاملات میں پوری دلچپسی رکھتے ہیں۔ مجھے یہ کہتے ہوئے افسوس ہے کہ ہم اکثر اوقات مکمل طور پر ان کے تابع ہوتے ہیں اور ہم اکثر وہی کرتے ہیں جو وہ ہم سے کروانا چاہتے ہین۔ جنّات کے خلوص سے بالاتر، وہ بنیادی طور پر شرارتی اور منفیت سے بھرے ہوتے ہیں۔ جنّات ہپنوٹزم کی طاقت کا استعمال کرتے ہیں چاہے ہم سو رہے ہوں یا جاگ رہے ہوں وہ ہمیں کچھ بھی دکھا سکتے ہیں جب وہ ہمیں کچھ دکھاتے ہیں تو وہ چیز واقعی وہاں نہیں ہوتی ہم اسے آنکھ کا دھوکہ کہتے ہیں اور وہ ہمیں سوتے ہوئے کوئی بھی چیز دکھا سکتے ہین اور ہم انہیں خواب کہتے ہیں۔

We think we see whatever we recently had on our minds in our dreams. This is totally wrong. We see only whatever demons around us show us in dreams. Sometimes it happens, and we see whatever we had on our minds, but that's because demons are so much involved in our affairs and lives. Consequently, we think that those dreams are coming from our own minds, but in actuality, the demons around us are totally responsible for that. Usually, one dream does not come from two demons. One demon shows us one dream. If we have more than one demon around us, these demons usually take turns, depending on which is more powerful.

ہم سوچتے ہیں کہ جو بھی ہم خواب میں دیکھتے ہیں ہمارے دماغ میں ہوتا ہے یہ بالکل غلط ہے ہم صرف وہی دیکھتے ہیں جو ہمارے گرد موجود جنّات ہمیں دکھاتے ہیں۔ بعض اوقات ایسا ہوتا ہے کہ ہم وہ دیکھتے ہیں جو ہمارے دماغ میں ہوتا ہے لیکن ایسا اس لئے ہوتا ہے کیونکہ ان جنّات کی ہمارے معاملات اور زندگیوں میں بہت مداخلت ہوتی ہے۔ نتیجے کے طور پر ہم سوچتے ہیں کہ وہ خواب ہمارے دماغ کی مرہونِ منت ہوتے ہیں لیکن درحقیقت ہمارے اردگرد کے جنّات اس کے لئے مکمل ذمہ دار ہوتے ہیں۔ عموماً ایک خواب دو جنّات کی وجہ سے نہیں آتا۔ ایک جن ہمیں ایک خواب دکھاتا ہے۔ اگر ہمارے گرد ایک سے ذیادہ جنّات موجود ہوں تو وہ جنّات عموماً بدلتے رہتے ہیں جس کا انحصار اس بات پر ہوتا ہے کہ کون ذیادہ طاقتور ہے۔

Demons usually show us dreams about our family

جنّات عموماً ہمیں ہمارے خاندانی مسائل، معاملات، کاروباری مسائل اور دوسری چیزوں کے بارے

problems, affairs, business problems, among others. If they are watching movies with us, they can show us the whole movie again. If we are around a jungle or wild animals or if we have poisonous reptiles inside or around our homes and demons come out from them and penetrate our bodies, our dreams will just be nightmares. These demons are not our regular demons that are usually involved in our lives or our affairs. These new demons usual ly come from other animals, and t hey do not have much material other than nightmares or scary dreams.	میں خواب دکھاتے ہیں۔ اگر وہ ہمارے ساتھ فلم دیکھ رہے ہوں تو وہ ہمیں ساری فلم دوبارہ دکھا سکتے ہیں۔ اگر ہم کسی جنگل یا جنگلی جانور کے گرد ہوں یا اگر ہمارے گھر کے اندر یا اردگرد کوئی زہریلے رینگنے والے جانور ہوں اور جنات ان میں سے نکل کر ہم میں سما جائیں تو ہمارے خواب بہت بھیانک ہونگے۔ یہ جنات ہمارے معمول کے وہ جنات نہیں ہوتے جو کہ عموماً ہماری زندگی یا ہمارے معاملات میں مداخلت کرتے ہیں یہ نئے جنات عموماً دوسرے جانوروں میں سے آتے ہیں اور ان کے پاس بھیانک ڈراؤنے خوابوں کے علاوہ کچھ نہیں ہوتا۔
Always remember that if you want to really judge which kind of demon you have around you or from where a demon came, you need to analysis your dreams. If you have too many demons inside or around your house, then you will experience different dreams every night, especially if you have a lot of trees around your house, which could mean a significant population of demons. If you are completely possessed by a single demon, then that demon will have complete control, and it will be only one that shows you your dreams. But if you are a strong-minded person, then no single or permanent demon will be around you. You will be dealing with different demons all the time.	ہمیشہ یاد رکھیں اگر آپ واقعی جاننا چاہتے ہیں کہ کس قسم کے جنات آپ کے گرد رہتے ہیں یا جن کہاں سے آتا ہے آپ کو اپنے خوابوں کا تجزیہ کرنا ہوگا۔ اگر آپ کے اندر یا اردگرد بہت سے جنات ہیں تو ہر رات آپ مختلف خواب دیکھیں گے۔ خاص طور پر اگر آپ کے گھر کے گرد بہت سے درخت ہیں تو یہ جنات کی بہت زیادہ آبادکاری کا عندیہ ہوسکتا ہے۔ اگر آپ ایک ہی جن کی مکمل ملکیت ہیں تو وہ جن آپ پر مکمل اختیار رکھتا ہے اور یہی وہ تنہا جن ہے جو آپ کو خواب دکھاتا ہے لیکن اگر آپ ایک قوی ذہن کے انسان ہیں تو پھر کوئی ایک یا مستقل جن بھی آپ کے نزدیک نہ ہوگا۔ آپ ہر وقت مختلف قسم کے جنات سے نبردآزما ہو رہے ہونگے۔
Anyway, if you are seeing dreams totally different than your thoughts and you are seeing dreams about lizards or cats or dog, that means the demon was likely inside those animals for long time and that's all it knows. That's why they are showing you these dreams. If your friend in a different country talks to you over the phone, that demon may choose you to visit you for some reason. This new demon will mostly show you dreams related to your	بہرحال، اگر آپ اپنی سوچ سے مختلف خواب دیکھ رہے ہیں اور آپ چھپکلیوں، بلیوں یا کتوں کے بارے میں خواب دیکھتے ہیں تو اس کا مطلب ہے کہ وہ جن کافی عرصے سے ان جانوروں میں رہائش پذیر تھا اور یہ سب ہی وہ جانتا تھا اس لئے وہ آپ کو یہ خواب دکھا رہا ہے۔ اگر کسی دوسرے ملک سے آپ کا دوست آپ سے فون پر بات کرتا ہے تو وہ جن کسی وجہ سے آپ میں آنے کا انتخاب کرتا ہے وہ جن زیادہ تر آپکو آپکے دوست یا اس کے ملک کے متعلق خواب دکھائے گا اور وہ آپکو آپکے دوست کے معاملات کے بارے میں خواب دکھائے گا۔ مختصراً جنات ہمیں وہ نہیں دکھاتے جو ہم دیکھنا چاہتے ہیں۔ وہ ہمیں ہمیشہ وہ دکھاتے ہیں جو وہ ہمیں دکھانا چاہتے ہیں۔ یہ ان کا مشغلہ ہے۔ وہ یہ سب اپنے لئے کرتے ہیں ہمارے لئے نہیں۔

friend or your friend's country, and it will show you dreams about your friend's affairs. In short, demons do not show us whatever we want to see. They always show us whatever they want to show us. This is their hobby. They do that for themselves, not for us.

You may not be able to, but I can ask demons around me to show me some particular dreams. I have different demons that visit every day or sometimes every hour, and that's why my dreams are different all the time. Sometimes, I have some complicated dreams, but you would be surprised, because sometimes I do not recognize any of the people in those dreams. I just assume that because I remove demons from different people in different part of the world, those demons come around me and show me dreams about the lives or affairs of their previous hosts.

آپ اس قابل نہیں ہیں لیکن میں اپنے اردگرد کے جنّات کو خاص قسم کے خواب دکھانے کا کہہ سکتا ہوں۔ میرے پاس مختلف جنّات ہیں جو کہ ہر روز اور بعض اوقات ہر گھنٹے مجھ سے ملنے آتے ہیں اس لئے ہر وقت میرے خواب مختلف ہوتے ہیں بعض اوقات مجھے کچھ پیچیدہ خواب آتے ہیں لیکن آپ حیران ہونگے کیونکہ ان خوابوں میں دکھائی دیئنے والے لوگوں کو میں پہچانتا ہی نہیں۔ میں صرف یہ مانتا ہوں کیونکہ میں دنیا کے مختلف حصوں کے مختلف لوگوں کے جنّات دور کرتا ہوں اس لئے وہ جنّات میرے اردگرد آجاتے ہیں اور مجھے اپنے گزشتہ میز بانوں کی زندگیاں اور معاملات کے بارے میں خواب دکھاتے ہیں۔

Anyone can use these practices in regards to dreams. If you are experiencing and seeing really dangerous and scary dreams and you want them to stop, I can guide you in how to stop them. These nightmares do not come from our sincere demons. They usual ly come from demons we get from wild animals or reptiles. Showing us scary dreams is their hobby, and they really enjoy it when they scare us and see our reactions to those scary dreams.

کوئی بھی خوابوں کے حوالے سے اس چیز کی مشق کر سکتا ہے۔ اگر آپ بہت ہی خطرناک یا ڈراؤنے خواب دیکھ رہے ہیں اور آپ انہیں روکنا چاہتے ہیں تو میں ان کو روکنے میں آپ کی رہنمائی کر سکتا ہوں۔ یہ خوفناک خواب ہمارے مخلص جنّات کی وجہ سے نہیں ہوتے یہ عموماً جنگلی جانوروں یا رینگنے والے جانوروں کے جنّات کی طرف سے آتے ہیں۔ ہمیں ڈراؤنے خواب دکھانا ان کا مشغلہ ہے اور جب وہ ہمیں ڈراتے ہیں تو بہت لطف اندوز ہوتے ہیں۔

When you have a scary dream, just remember that these demons are playing with you. Do not act like you are scared at all. Once you wake up from the nightmare, do not yell or act scared. Just look toward your left shoulder and say to the demon, "You are wasting your time. I am not scared of that dream, so please quit wasting your time with me and find someone else." However, you cannot lie

جب آپ کوئی ڈراؤنا خواب دیکھتے ہیں تو یاد رکھین کہ وہ جنّات آپ سے کھیل رہے ہیں۔ کوئی ایسا فعل نہ کریں جس سے ظاہر ہو کہ آپ خوفزدہ ہیں۔ جب آپ ڈراؤنے خواب سے جاگیں تو مت چلائیں اور نہ ہی خوفزدہ ہوں۔ صرف اپنے بائیں کندھے کی طرف دیکھیں اور شیطان سے کہیں "تم اپنا وقت ضائع کر رہے ہو میں اس خواب سے نہیں ڈرا اس لئے مجھ پر اپنا وقت ضائع کرنے کی بجائے کسی دوسرے کو ڈھونڈو" تاہم آپ جن سے جھوٹ نہیں بول سکتے کیونکہ وہ آپ کے دماغ کو اندر سے پڑھ سکتے ہیں۔ اگر آپ واقعی کوئی ڈراؤنا خواب نہیں دیکھنا چاہتے تو آپ کو اپنے احساسات اور خوف کو قابو کرنا ہوگا۔ ایک بار آپ نے اپنے احساسات کو قابو کر لیا تو آپ اپنے گرد موجود جن سے زیادہ اعتماد

to demons, because they can read deep inside our mind. If you really do not want to keep having nightmares, you need to control your feelings and fears. Once you are more in control of your feelings, you will display more confidence about whatever you are saying to the demons around you, namely you are not scared of the dreams and that they need to quit wasting their time and find someone else. Once the demons figure out that you are not really scared of their dreams, they will leave you alone, because they will essentially lose interest. And if you are not getting scared anymore, they will leave you alone and find someone else.

سے کہہ سکیں گے کہ آپ خوابوں سے خوفزدہ نہیں ہیں اور انہیں اپنا وقت آپ پر ضائع کرنے کی بجائے کسی اور کو ڈھونڈنا چاہیے۔ ایک بار جب جن یہ جان لیں کہ آپ اس کے دکھائے گئے خوابوں سے بالکل بھی خوفزدہ نہیں ہیں تو وہ آپ کو تنہا چھوڑ دیں گے کیونکہ اُن کی دلچسپی بالکل ختم ہو جائے گی اور اگر آپ مزید خوفزدہ نہیں ہونگے وہ آپ کو تنہا چھوڑ کر کسی اور کو ڈھونڈ ح لیں گے۔

Can demons show us any photos or movies in mirrors, by hypnotizing us?

کیا جنّات ہمیں بے سُدھ (ہپنو ٹائز) کر کے شیشے میں کوئی فلم یا تصویر دکھا سکتے ہیں؟

Usually, some demon's doctor uses their demons to hypnotize someone and show them any photo or movie, whatever they want to show us. Usually, people go to these kinds of people to find out if someone wants to kill them or kill their business. Those fortune tellers usually use their demons to show us a few photos or films from our mind. This happens when we are awake. This is not a surprise, because when demons hypnotize us during sleep in order to show us our dreams, then this is not difficult for demons to show a few photos or a film in a mirror by hypnotizing us. We always want to know, if there is someone behind our bad luck or our problems. Usually people go to demon's doctor (not me) to resolve their problems and issues. Or at least they want to know, who is their enemy. Those demons' doctors take advantage of the situation. They use their demons. Their demon read the mind of those people by hypnotism. And then, those demons' doctors keep a mirror in front of that person.

عموماً جنّات کے عالم اپنے جنّات کو کسی کو ہپنو ٹائز کرنے کے لئے استعمال کرتے ہین اور انہیں وہ تصویر یا فلم دکھاتے ہیں جو وہ ہمیں دکھانا چاہتے ہیں۔ عموماً لوگ اس قسم کے لوگوں کے پاس یہ جاننے کے لئے جاتے ہیں کہ اگر کوئی ان کو یا ان کے کاروبار کو ختم کرنا چاہتا ہے۔ وہ نجومی عموماً اپنے جنّات کی مدد سے ہمیں ہمارے دماغ کی چند تصاویر یا فلم دکھاتے ہیں۔ ایسا تب ہوتا ہے جب ہم جاگ رہے ہوتے ہیں۔ یہ حیران کن بات نہیں ہے کیونکہ وہ جنّات خواب دکھانے کے لئے نیند کے دوران جب ہمیں بے سُدھ کرتے ہیں پھر ان کے لئے ہمیں بے سُدھ کر کے شیشے میں چند خواب، تصاویر یا خواب دکھانا ان کے لئے مشکل کام نہیں ہے۔ ہم ہمیشہ جاننا چاہتے ہیں کہ ہماری بدقسمتی یا مسائل کے پیچھے کس کا ہاتھ ہے۔ عموماً لوگ جنّات کے عالم (میں نہیں) کے پاس اپنے مسائل اور پریشانیوں کے حل کے لئے جاتے ہیں یا کم از کم وہ یہ جاننا چاہتے ہیں کہ ان کا دشمن کون ہے۔ وہ جنّات کے عالم اس صورتحال کا فائدہ اٹھاتے ہیں وہ اپنے جنّات کا استعمال کرتے ہیں۔ وہ جنّات ہپنوٹزم کے ذریعے ان لوگوں کا دماغ پڑھ لیتے ہیں۔ پھر وہ جنّات کے عالم ان لوگوں کے سامنے شیشہ رکھ دیتے ہیں اور اس موقع پر وہ جن اس شخص کو پھر سے ہپنو ٹائز کرتے ہیں اور اسے کچھ مشتبہ دشمنوں کی تصاویر دکھاتے ہیں اس لئے یہ جنّات کے عالم کا استعمال کئے جانے والا بہت ہی تابع ہپنوٹزم کا طریقہ ہوتا ہے۔

At that point those demons hypnotize that person again and show him the picture of few suspected enemies of that person in mirror. So, this is a very controlled hypnotism procedure by a demon doctor.

Are demons spirits or souls?

جنّات ارواح ہیں یا آسیب؟

Demons are not positive energy. Demons are not responsible for keeping us alive and performing bodily functions and operations. The soul/spirit is a positive energy that is limited and confined inside our bodies with a fixed strength. Demons and diseases are uninvited guests in our house (i.e., our body and environment). They are not a problem when they are outside of our house or our body, but they are a burden when they are inside our house or inside our body.

جنّات مثبت قوتیں نہیں ہوتی۔ جنّات ہمیں زندہ رکھنے یا ہمارے جسم کے افعال یا عوامل ادا کرنے کے ذمہ دار نہیں ہوتے۔ روح، آسیب ایک مثبت طاقت ہے جو کہ ہمارے اجسام میں مقید اور محدود ایک متعین قوت ہے۔ جنّات اور بیماریاں ہمارے گھر (یعنی کہ ہمارے جیسا اور ماحول) میں بن بلائے مہمان ہوتے ہیں اگر وہ ہمارے گھر یا جسم کے باہر رہیں وہ کوئی مسئلہ نہیں ہیں لیکن جب وہ ہمارے گھر یا ہمارے جسم میں آجائیں تو ایک بوجھ ہیں۔

Demons and diseases are external negative energies t hat can go inside our bodies easily. And once they go inside our body, our soul/spirit or positive energy protects us from demon's negative actions. But positive energy is limited, and it works individually for separate parts of the body. Negative energy is external, and they can increase their power by using it or by inviting more demons or diseases into our bodies. Demons have no limits on their powers. They can increase their strength to defeat internal positive energy. Once negative energy beats the positive internal energy (i.e., our immunity system), we get sick and suffer pains like infections, heart attacks, paralysis, hemorrhages, and even organ failure. Doctors and medication are external influences that can help increase the powers of our internal positive energy to protect us from the actions of external negative energies (i.e., demons or diseases).

جنّات اور بیماریاں وہ بیرونی منفی طاقتیں ہین جو آسانی سے ہمارے اجسام میں داخل ہوسکتی ہیں اور ایک بر جب وہ ہمارے جسم میں سما جاتے ہیں تو ہماری روح یا مثبت طاقت ان جنّات کے منفی افعال سے ہماری حفاظت کرتی ہے۔ لیکن مثبت طاقت محدود ہے اور وہ جسم کے الگ حصوں کے لئے انفرادی طور پر کام کرتی ہے۔ منفی طاقت بیرنی ہے اور وہ (جنّات) اسے استعمال کر کے یا باہر سے دوسرے جنّات یا بیماریوں کو ہمارے جسم میں بلا کر اپنی طاقت بڑھاتے ہیں۔ جنّات کی طاقت کی کوئی حد نہیں ہوتی وہ اپنی طاقت اندرونی مثبت طاقت کو شکست دے کر بڑھا سکتے ہیں۔ ایک بار منفی طاقت اندرونی مثبت طاقت (ہماری قوتِ مدافعت) کو ہرا دے تو ہم بیمار ہو جاتے ہیں اور متعدی امراض دل کا دورہ، فالج اور اعضاہ کا کام نہ کرنا جیسے درد میں مبتلا ہو جاتے ہیں۔ ڈاکٹر اور ادویات بیرونی محرک ہیں جو ہماری اندرونی مثبت طاقت کو بڑھانے میں مدد کر سکتے ہیں تا کہ وہ بیرونی منفی طاقتوں (یعنی کہ جنّات اور بیماریوں) کے عوامل سے ہماری حفاظت کر سکیں۔

We are like trees. Our bodies and their damages are like nests for birds. And diseases are like birds in those nests.

ہم درختوں کی طرح ہیں۔ ہمارے اجسام اوران کی خرابی پرندوں کے گھونسلوں کیطرح ہیں اور بیماریاں ان گھونسلوں میں پرندوں کی مانند ہیں۔

Trees are alive like us. When birds use their sharp beaks to make holes in t he stem of a tree or make a hole in any branch of the tree, they can set up a nest in those holes. When birds make a hole in any part of the tree, birds don't care how much their actions will hurt a tree. We are exactly like trees, and these demons are like birds. These demons damage parts of our bodies so that they can eat. They do not care how much pain we must endure because of their actions. They do not care; they just make wounds/injuries in order to eat them or to live their lives. In the same way, if you go to that tree and clean the nest from the tree and remove the bird from the nest, what will happen after that? There will be no nest in that hole in the stem or branch of the tree. There will be no bird around that hole in the tree.

درخت ہماری طرح جاندار ہیں۔ جب پرندے اپنی تیز چونچ سے درخت کی شاخ یا تنے میں سوراخ کرتے ہیں تو وہ ان سوراخوں میں گھونسلہ بناتے ہیں۔ جب پرندے درخت کے کسی حصے میں سوراخ کرتے ہیں تو وہ پرندے اس بات کی پرواہ نہیں کرتے کہ ان کے اس فعل سے درخت کو کتنی تکلیف ہو رہی ہے۔ ہم بالکل درختوں جیسے ہیں اور یہ جنّات پرندوں جیسے ہیں۔ یہ جنّات ہمارے جسم کے حصوں کوخراب کرتے ہیں تا کہ وہ کھاسکیں۔ وہ اس بات کی پرواہ نہیں کرتے کہ ان کے ان افعال کی وجہ سے ہم کتنا درد برداشت کرتے ہیں۔ وہ پرواہ نہیں کرتے وہ صرف انہیں کھانے یا زندہ رہنے کے لئے زخم دیتے ہیں۔ بالکل اسی طرح آپ اس درخت کے پاس جائیں اس درخت سے گھونسلہ ہٹا دیں اور گھونسلے سے پرندہ ہٹا دیں تو اس کے بعد کیا ہوگا؟ اس درخت کے سوراخ میں کوئی گھونسلہ نہیں ہوگا۔ درخت میں اس سوراخ کے گرد کوئی پرندہ نہیں ہوگا۔

But if the hole is there in the stem or branch of the tree, another bird will find the hole, and this new bird will try to make a nest in that hole. And if new bird is bigger in size than the old bird was, then the new bird may try to make the hole even bigger, and that action will create more pain for the tree. But birds do not care about the tree. If tree is not going to fix that hole in the stem or branch, new birds will keep coming and hurting the tree. Similarly, our body will not be fixed by taking proper medication and surgery. New demons and diseases will keep coming and attacking our injured organs.

لیکن اگر درخت کے تنے یا شاخ میں سوراخ وہاں پر ہی رہے گا تو کوئی دوسرا پرندہ اس سوراخ کو تلاش کرے گا اور وہ نیا پرندہ اس سوراخ میں گھونسلہ بنانے کی کوشش کرے گا اور اگر نیا پرندہ جسامت میں پچھلے پرندے سے بڑا ہوا تو پھر وہ عمل درخت کے لئے زیادہ درد پیدا کرے گا لیکن پرندے درخت کی پرواہ نہیں کرتے۔ اگر درخت اپنی شاخ یا تنے میں وہ سوراخ نہیں بھرے گا تو نئے پرندے آ کر درخت کو تکلیف دیتے رہیں گے بالکل اسی طرح اگر مناسب دوا اور جراحی سے ہمارا علاج نہیں کیا جائے گا تو نئے جنّات اور بیماریاں آ کر ہمارے زخمی اعضاء پر حملہ کرتے رہیں گے۔

I can remove a pain, sickness, or disease from a person,

میں کسی شخص کا درد، مرض یا بیماری دور کرسکتا ہوں لیکن اگر آثارِ مرض برقرار رہیں اور کوئی ان آثارِ مرض

but if symptoms persist and nobody takes care of those symptoms, another disease will come pretty quickly. But there is another thing, and we call that thing "bad luck." You may not have symptoms, but by bad luck—maybe you have to deal with someone or live with someone who is sick— these diseases will transfer to your body very easily. Maybe you do not feel any pain for few days, weeks, or months, but eventually, those diseases will damage part of our body by defeating your positive energies. And then a cycle of problems and sickness will start.

کی پرواہ نہ کرے تو دوسری بیماری بہت جلد ہی لگ جائے گی۔ لیکن ایک اور چیز بھی ہے جسے ہم بدقسمتی کہتے ہیں۔ ہوسکتا ہے کہ آپ میں آثارِ مرض نہ ہوں لیکن بدقسمتی سے آپ کا کسی ایسے سے پالا پڑا ہو یا رہنا پڑ رہا ہو جو بیمار ہو تو وہ بیماریاں بڑی آسانی سے آپ کے جسم میں منتقل ہو جائیں گی۔ ہوسکتا ہے کہ چند دن، ہفتے یا مہینے آپ درد محسوس نہ کریں لیکن آخرکار وہ بیماریاں آپ کی مثبت طاقتوں کو شکست دے کر آپ کے جسم کو خراب کریں گی اور پھر مسائل اور بیماریوں کا چکر شروع ہو جائے گا۔

We do not need to be sick people or have wounds or injuries to invite demons inside or around us. Demons are always around us. Demons do not hurt like disease, but because of their negativism, everyone feels some mental sickness or extreme temperament.

ہمیں اپنے اندر یا اردگرد جنّات کو بلانے کے لئے بیمار لوگوں یا زخمی یا چوٹ زدہ ہونے کی ضرورت نہیں ہے۔ جنّات ہمیشہ ہمارے اردگرد ہیں۔ جنّات بیماری کی طرح تکلیف نہیں دیتے لیکن اُن کے منفی ہونے کی وجہ سے ہر کوئی دماغی بیماری یا مزاج میں انتہاپسندی محسوس کرتا ہے۔

When I work on someone on a regular basis, I create a vacuum in his or her body.

جب میں معمول کے مطابق کسی پر عمل کرتا ہوں تو میں اس کے جسم میں خلا پیدا کر دیتا ہوں۔

We are not designed to have any demon or a disease inside our bodies. In a neutral condition, when no demons or diseases are inside our bodies, we feel extremely relaxed and comfortable. If I am not working on someone for a few days, I experience that relaxed and comfortable condition. But that is not possible for me all the time, because I am always busy helping someone, regardless of whether they are aware of that help or not. "Vacuum condition" means that the person is like a vacant house. We are not designed to have a demon or disease in our body. We live better without them, but demons are designed to find a medium where they can penetrate

ہمیں جنّات یا بیماریوں کو پناہ دینے کے لئے نہیں تشکیل دیا گیا۔ ایک معتدل حالت میں جب کوئی جنّات یا بیماری ہمارے جسم میں نہیں ہوتی ہم بہت پرسکون اور آرام محسوس کرتے ہیں۔ اگر میں چند دن کسی پر عمل نہ کروں تو میں بھی وہ سکون اور آرام کی کیفیت محسوس کرتا ہوں لیکن میرے لئے ہر وقت یہ ممکن نہیں ہے کیونکہ میں ہر وقت کسی نا کسی کی مدد میں مصروف رہتا ہوں چاہے وہ اس مدد سے آگاہ ہو یا نا ہو۔ خلا کی حالت کا مطلب یہ ہے کہ انسان ایک خالی گھر کی طرح ہے۔ ہمیں اس طرح نہیں بنایا گیا کہ ہم کسی جن یا بیماری کو اپنے اردگرد جگہ دیں۔ ہم ان کے بغیر بہتر زندگی بسر کرتے ہیں لیکن جنّات کو اس طرح بنایا گیا ہے کہ وہ ایسا واسطہ تلاش کریں جہاں وہ سما سکیں، خود کو پھیلا سکیں اور رہنا شروع کر سکیں۔ جنّات برے ہوتے ہیں اور وہ طبعی اجسام رکھتے ہیں تاہم وہ صرف ہوا کی طرح کے ہوتے ہیں اور ایک واسطہ ڈھونڈنے کے لئے وہ کسی جسم کا انتخاب کرتے ہیں چاہے وہ انسان ہوں یا دوسرے جانور وہ اس چیز کی پرواہ نہیں کرتے کہ وہ اس واسطے یا جسم کو کتنی تکلیف یا نقصان پہنچا رہے ہیں۔ کسی جسم پر عمل کرنے اور اس کے جسم کو ان جنّات اور بیماریوں سے صاف کرنے کے بعد وہ جسم ایک خالی جگہ ہے جس کا مطلب ہے کہ جنّات اور بیماریاں آسانی سے خالی جسم میں سما سکتے ہیں تو احتیاط

expand, and start living. Demon are mean, and they are physical bodies; however, they are just like air, and to secure a medium, they choose anybody, regardless if they are human or another animal. They don't care how much they hurt/damage the medium or that body. After I work on someone and clean his or her body of these demons and disease, after that, his or her body has an empty space, which means demons and diseases can easily penetrate that clean body. So be careful and stay away from sick bodies.

کریں اور بیمار اجسام سے دور رہیں۔

People with any kind of mental sickness are being controlled by demons.

کسی بھی قسم کے دماغی مرض میں مبتلا لوگ جنّات کے قابو میں ہوتے ہیں

God has gifted demons with lots of powers to control minds through hypnotism. In rare cases, they act differently. Otherwise, they have no sympathy for human beings. They will generate all kinds of negative qualities in us, such as jealousy, greed, anger, intolerance, impatience, suspicion, mistrust, and sickness. I have a little control over them with help from God. I use different procedures to disrupt their control. I don't think this is possible for a normal person. Someone like me can reduce the pressure from a demon. The rest is in your hands, namely how easily and quickly you adapt and move toward a positive approach and way of thinking. If you train yourself to behave and think positively, you will make it difficult for a demon to make you mentally sick person.

اللہ نے جنّات کو ہپنوٹزم کے ذریعے انسان کے دماغ کو تابع کرنے کی بہت سی طاقتیں بخشی ہیں۔ بہت نایاب حالات میں وہ مختلف رویہ اختیار کرتے ہیں وگرنہ وہ انسان کے لئے کوئی ہمدردی نہیں رکھتے وہ ہم میں ہر طرح کی منفی خاصیتیں پیدا کریں گے جیسا کہ حسد، لالچ، غصہ، برداشت میں کمی، بے صبری، تجسس، بے یقنی اور بیماری۔ اللہ کی مدد سے میرا ان پر تھوڑا بہت قابو ہے۔ میں ان کے قابو کو توڑنے کے لئے مختلف طریقے استعمال کرتا ہوں۔ میرا نہیں خیال کہ عام انسان کے لئے یہ ممکن ہے۔ میرے جیسا کوئی جن کے دباؤ کو کم کر سکتا ہے۔ باقی آپ کے ہاتھ میں ہے یعنی کہ کتنی آسانی اور جلدی سے آپ اسے اپناتے ہیں اور مثبت سوچ اختیار کرتے ہیں اگر آپ خود کو مثبت سوچنا اور مثبت رویہ رکھنا سکھا لیں تو آپ جن کا آپ کو دماغی مریض بنانا مشکل بنا سکتے ہیں۔

We always have positive and negative thoughts. Good thoughts come from our mind, bad thoughts fed by demons.

If you still have a choice to differentiate between good and bad, positive and negative, true and false, right and wrong, then you still have time to defeat a demon. If you are a normal person, all positive and good thoughts are coming from your mind. All negative and bad thoughts are coming from a demon around you. So, if you still want to beat a demon and regain your control, you need to start practicing right now. Start rejecting all bad and negative thinking. Stop getting too suspicious. Reduce jealousy. Try to reduce negative competition. Always be sure about positive decisions. This is a possible way to train a demon around you to be less negative. I am sure demons will not like this behavior, but this is your decision—whether you want to give your control to a demon and act crazy or keep your control and compel that demon to help you in your positive path. You will need a lot of practice. Simple, we reject bad thoughts means, we have more control over our mind. And if we accept bad thoughts means demons have more control of our mind.

I Demons can find extremism even in positive activities like studies/business, or they try to make us irresponsible and lazy, whatever work for demons.

Consider our responsibilities like going to job and making money, going to school and behaving like a responsible student, or caring and loving our families. All these responsible behaviors come from our mind. Demons are not helping us become more and more responsible. If you do not want to go to school or work, I'm lazy. I'm not doing a good job. I'm not doing homework. All these irresponsible behaviors occur when we listen to demons instead of our own minds.

ہم ہمیشہ مثبت اور منفی سوچتے ہیں۔ اچھی سوچ ہمارے دماغ سے آتی ہے اور بُری سوچ جنّات ہمارے دماغ میں ڈالتے ہیں۔

اگر پھر بھی آپ کے پاس صحیح اور غلط، چھے اور برے، مثبت اور منفی، سچ اور جھوٹ کے درمیان تمیز کا انتخاب ہے تو پھر آپ کے پاس ایک جن کو شکست دینے کا وقت ہے۔ اگر آپ ایک عام انسان ہیں تو تمام اچھی اور مثبت سوچ آپ کے دماغ سے آرہی ہے۔ تمام منفی اور بری سوچیں آپ کے گرد موجود جنّات کی طرف سے آرہی ہیں۔ اس لئے اگر آپ ابھی بھی جن کو مار دینا چاہتے ہیں اور اپنا قابو دوبارہ پانا چاہتے ہیں تو آپ کو ابھی سے مشق شروع کر دینی چاہیے۔ تمام بری اور منفی سوچوں کو جھٹکنا شروع کریں۔ بہت متجسس ہونا چھوڑ دیں۔ حسد کم کریں۔ منفی مقابلے بازی کم کریں۔ مثبت فیصلوں پر ثابت قدم رہیں یہ آپ کے گرد موجود جن کو کم منفی سوچنے والا بنانے کے لئے تربیت دینے کا ایک ممکن راستہ ہے۔ مجھے یقین ہے کہ جنّات اس رویے کو پسند نہیں کریں گے لیکن یہ آپ کا فیصلہ ہے کہ یا تو ایک جن کو اختیار سونپنا چاہتے ہیں اور پاگل پن کرنا چاہتے ہیں یا اپنے آپ پر قابو رکھنا چاہتے ہیں اور اس جن کو آپ کی سیدھی راہ میں مدد کرنے پر مجبور کرنا چاہتے ہیں۔ آپ کو بہت ذیادہ مشق کرنے کی ضرورت ہے۔ بری سوچ کو رد کرنے کا مطلب ہے کہ ہمارا ذہن پر قابو ہے اور اگر ہم بری سوچ کو قبول کر لیتے ہیں تو اس کا مطلب ہے کہ جنّات کا ہمارے ذہنوں پر ذیادہ قابو ہے۔

جنّات مثبت سرگرمیاں جیسا کہ تعلیم یا کاروبار مین بھی انتہا پسندی تلاش کر لیتے ہیں یا وہ ہمیں غیر ذمہ دار یا سست بنانے کی کوشش کرتے ہیں، جو کچھ بھی جنّات کو مل جائے۔

ذرا سوچئے اپنی ذمہ داریوں جیسا کہ نوکری کے لئے جانا اور پیسے کمانا، سکول جانا اور ایک ذمہ دار طالب علم کا رویہ اپنانا یا اپنے خاندان کا خیال رکھنا اور انہیں پیار کرنے کے بارے میں سوچیں۔ یہ تمام ذمے دار رویے ہمارے ذہنوں سے ُتے ہیں۔ جنّات ہمیں زیادہ سے ذیادہ ذمہ دار بننے میں مدد نہیں کرتے۔ اگر آپ سکول یا کام پر نہیں جانا چاہتے ہیں، میں سستی محسوس کر رہا ہوں، میں ایک اچھی نوکری نہیں کر رہا۔ میں گھر کا کام نہیں کر رہا۔ یہ تمام غیر ذمہ دار رویہ تب سامنے آتا ہے جب ہم اپنے ذہنوں کی سننے کی بجائے ان جنّات کی بات مانتے ہیں۔

When there is healthy competition, regardless of the type, these come from our minds. But when competition crosses the line, when you feel hatred for your competitors and you're ready to kill them, demons are in charge of you at that point. When demons cannot stop us from doing good, they try to bring us to extremely negative competition. We can control this by acting more positive.

جب ہم کسی چیز کا اچھی طرح موازنہ کرتے ہیں تو یہ ہمارے دماغ کی سوچ ہوتی ہے لیکن جب مقابلہ اپنی حد پار کرتا ہے جب ہم اپنے حریف کے لئے نفرت محسوس کرتے ہیں اور آپ انہیں مارنے کے لئے تیار ہوتے ہیں اس وقت جن آپ کے سربراہ ہوتے ہیں۔ جب جنّات ہمیں اچھا کام کرنے سے نہیں روک پاتے تو وہ ہمیں انتہائی منفی مقابلے کی طرف لانے کی کوشش کرتے ہیں۔ ہم مزید مثبت رویہ اختیار کر کے اس پر قابو کر سکتے ہیں۔

We can control and reduce any extreme passion, habit, or desire just by remembering we are being pushed by demons.

ہم یہ یاد رکھ کے کہ جنّات ہمیں دھکیل رہے ہیں، اپنے کسی بھی انتہائی جذبے، عادت یا خواہش کو کم یا قابو کر سکتے ہیں۔

Demons are not busy people. They do not have to go to work. They do not have to cook. But competition for them is pretty similar to ours. We are their main hobby. Demons are not going to just stay around us and waste their time by letting us just do good stuff and act like a positive person. Demons are very pushy. They push us all the time to do negative stuff. The only way we can try to reduce their presence is by controlling our immediate desires. Sometimes you desire to do something, and you feel you need to do it immediately. But all these desires come from demons. If we slow down and do not fuel our extreme desires, we can reduce a demon's control on us, though it can be very difficult.

جنّات مصروف لوگ نہیں ہوتے۔ انہوں نے کام پر نہیں جانا ہوگا۔ انہوں نے کھانا نہیں پکانا ہوتا لیکن ان کے لئے مقابلہ تقریباً ہمارے جیسا ہوتا ہے۔ ہم ان کا بنیادہ مشغلہ ہیں۔ جنّات ہمارے گرد رہ کر ہمیں اچھا کام کرنے اور مثبت انسان کی طرح عمل کرنے دے کر، اپنا وقت ضائع نہیں کرنا چاہتے۔ وہ ہر وقت ہمیں منفی کام کرنے پر اکساتے رہتے ہیں۔ ان کی موجودگی کو کم کرنے کا ایک ہی طریقہ ہے ہم اپنی فوراً پیدا ہونے والی خواہشات پر قابو پائیں۔ بعض اوقات آپ کچھ کرنے کی خواہش کرتے ہیں اور آپ محسوس کرتے ہیں کہ آپ کو اسے فوراً کر لینا چاہیے۔ لیکن یہ تمام خواہشات جنّات کی وجہ سے ہیں۔ اگر اگر ہم اپنی خواہشات کو کم کر لیں اور اپنی انتہائی خواہشات کو بڑھاوا نہ دیں تو ہم خود پہ ایک جن کے اختیار کو کم کر سکتے ہیں۔ اگرچہ یہ بہت مشکل ہو سکتا ہے۔

A love for any profession, hobby, or habit signals an extreme condition.

کسی پیشے یا عادت سے محبت انتہائی صورتِ حال کی طرف اشارہ ہے۔

Demons want us to do whatever they want all the time, and their pressure never reduces. But in some ways, they are very helpful because they push us to some positive extreme levels. Like poets, demons push us to extreme

جنّات چاہتے ہیں کہ ہم وہ کریں جو کہ وہ ہر وقت چاہتے ہیں اور ان کا دباؤ کبھی کم نہیں ہوتا لیکن کئی طریقوں سے وہ بہت مددگار ہوتے ہیں کیونکہ وہ ہمیں کچھ مثبت انتہائی پہلوؤں کی طرف مائل کرتے ہیں۔ شعراء کی طرح جنّات ہمیں انتہائی محبت، دکھ اور غم کی طرف مائل کرتے ہیں۔ یہ انتہائی صورت حال عظیم شاعری اور فن تخلیق کرتے ہیں۔ کوئی بھی یہ خطرناک سرگرمیاں جنّات سے اثر انداز ہوئے

love, grief, and sadness. These extreme conditions create great poetry and art. No one could do these dangerous activities with a mind unaffected by demons. But demons make us fearless and increase our courage by hypnotizing us. And we do incredible and extreme activities without fear of death or injury. Behind all extraordinary achievements, there is an extreme behavior and extreme effort. Demons are able to push us to that level. In a normal condition for a normal person, these behaviors and accomplishments can seem like impossible things.

Extra Passion about anything is external.

Extreme passion about anything, including politics or a love interest, is the result of demons. Passion is a craze and a push from one or more demons around us. It is a good behavior to love someone too much, but it is not when you love someone with extremely jealousy and make their life hell. That is a negative behavior. Indeed, to control this is to reduce pressure of demons around us. Extreme passion is the result of demons controlling us.

Love or hate or similar feelings of an extreme nature means demons are there.

Love is a positive behavior, but demons can turn this positive behavior to an extreme behavior when we become too much possessive about something we love. We have no tolerance if our mother or father loves our other brothers or sisters more. We have no tolerance if our boyfriend or girlfriend talks or mixes with someone else. We cannot tolerate it if our husband or wife is getting a little friendly with someone else. Love is a positive

بغیر نہیں کر سکتا لیکن جن ہمیں ہپنو ٹائز کر کے ہمیں بے خوف بناتے ہیں اور ہمارا حوصلہ بڑھاتے ہیں اور ہم موت یا چوٹ کے خوف کے بغیر نا قابل یقین اور انتہائی افعال سرانجام دے لیتے ہیں۔ تمام غیر معمولی کامیابیوں کے پیچھے ایک انتہائی رویہ اور انتہائی کوشش ہوتی ہے۔ جنّات ہمیں اس انتہائی سطح تک لے جاتے ہیں۔ عام حالت میں انسان کے لئے یہ رویے اور کامیابیان ناممکن دکھائی دیتے ہیں۔

کسی چیز کے لئے زائد جذبات بیرونی (عوامل) ہیں۔

کسی بھی چیز کے لئے انتہائی جذبہ بشمول سیاست یا ایک محبت میں دلچسپی جنّات کی وجہ سے ہوتی ہے۔ جوش ایک پاگل پن ہے اور ہمارے اردگرد کے جنّات کی طرف سے ایک محرک ہے۔ کسی کہ بہت زیادہ محبت کرنا ایک اچھا رویہ ہے۔ لیکن اس وقت نہیں جب آپ کسی کو انتہائی حسد سے چاہو اور اُس کی زندگی انتہائی جہنم بنا دیں۔ یہ ایک منفی رویہ ہے۔ دراصل اس پر قابو پانے کا مطلب جنّات کا ہمارے گرد قابو کم کرنا ہے۔ انتہائی جوش جنّات کے ہم پر اختیار کا نتیجہ ہے۔

نفرت یا محبت یا اس قسم کے انتہائی احساسات کا مطلب ہے کہ جنّات اردگرد موجود ہیں۔

محبت ایک مثبت رویہ ہے لیکن جنّات اس مثبت رویے کو ایک انتہائی رویے میں تبدیل کر سکتے ہیں جب ہم اس چیز کے بارے میں بہت ہی قابض فطرت ظاہر کرتے ہیں جس سے ہم پیار کرتے ہیں۔ ہم بالکل برداشت نہیں کرتے اگر ہماری ماں یا باپ ہماری بہن یا بھائی کو زیادہ پیار کریں یا کسی اور سے گلے ملے۔ ہم برداشت نہیں کر سکتے اگر مارا شوہر یا ہماری بیوی کسی اور سے زیادہ دوستانہ رویہ اختیار کرے۔ محبت ایک مثبت رویہ ہے لیکن جنّات بڑی خاموشی سے اس محبت میں انتہا پسندی شامل کر دیتے ہیں۔ اس کے بعد بہت سی منفی بحث، برائیاں اور نقصان ہوتے ہیں۔ اس لئے احتیاط کریں اور زیادہ برداشت اور مثبت رویے سے اپنا قابو برقرار رکھیں۔

behavior, but very quietly, demons bring extremism to love. And after that, a lot of negative arguments, fights, and damages happen. So, be careful and keep your control by acting more tolerant and positive.

Sometimes, I feel that a demon's control on me keeps my life full of desires and that this is the attraction of life, for life without any desires doesn't seem worth living.

بعض اوقات میں محسوس کرتا ہوں کہ مجھ پر جن کا اختیار میری زندگی کو خواہشات سے بھرپور رکھتا ہے اور یہ زندگی کی کشش ہے کیونکہ خواہشات کے بغیر زندگی جینے کے قابل نہیں ہے۔

This may sound crazy, but sometimes I feel that these extreme desires that demons feed our minds make up the very attraction and beauty of life. I am not talking about terrorist activities. I am not talking about damaging or killing someone. I am talking a passion for things, ideas, and other people. When I was a normal person, I was running after my desires like crazy. But when no demon pushes me too much for any particular desire or person, I feel just like a dull person. With no desire, I have no ambition, and consequently, I can give up on anything.

یہ شاید پاگل پن لگتا ہے لیکن بعض اوقات میں محسوس کرتا ہوں کہ یہ شدید خواہشات جو کہ میرے ذہن میں جنّات کی پیدا کردہ ہیں زندگی کو پرکشش اور خوبصورت بناتی ہیں۔ میں دہشت گرد سرگرمیوں کی بات نہیں کر رہا۔ میں کسی کو نقصان پہنچانے یا مارنے کی بات نہیں کر رہا۔ میں چیزوں، خیالات اور دوسرے لوگوں کے لئے جنون کی بات کر رہا ہوں۔ جب میں ایک عام انسان تھا میں پاگلوں کی طرح خواہشات کے پیچھے دوڑتا تھا لیکن جب کوئی جن مجھے کسی خاص خواہش یا شخص کے لئے مجبور نہیں کرتا میں ایک سست انسان کی طرح محسوس کرتا ہوں۔ کسی خواہش کے بغیر میرا کوئی مقصد نہیں ہے اور نتیجے کے طور پر میں کوئی بھی چیز چھوڑ سکتا ہوں۔

Extra or over shy and extra or over bold is due to external demon's pressure.

زیادہ یا بہت زیادہ شرمیلا پن اور زیادہ یا بہت زیادہ بہادری بیرونی جنّات کے دباؤ کی وجہ سے ہیں۔

Extra shy, extra bold, extra hate, extra love—all of these are extreme conditions, and we are compelled by demons through hypnotism. Feeling drunk when someone uses alcohol or drugs come from external sources. It will be very difficult for me to explain this to you, but whenever I work to remove the demons from someone's mind or body, if those people are under the influence of sleeping pills, alcohol, or other drugs at that time, regardless of whether they are in front of me or in another part of the world, I always feel extremely sleepy. Most of the time,

زائد شرمیلا، زائد بہادر، زائد محبت ۔۔ یہ تمام انتہائی صورتِ حال ہے اور ہمیں جنّات ہپنوٹزم کے ذریعے مجبور کرتے ہیں۔ جب کوئی نشہ آور یا شراب پیتا ہے تو وہ نشے میں ہوتا ہے۔ یہ تمام کیفیت بیرونی ذرائع سے پیدا ہتی ہے۔ میرے لئے آپ کو یہ بیان کرنا بہت مشکل ہوگا لیکن جب کبھی میں کسی کے جسم یا ذہن سے جن نکالنے کا عمل کرتا ہوں اور وہ لوگ اس وقت نیند کی گولیوں، شراب یا کسی دوسری نشہ آور چیز کے زیر اثر ہوں تو مجھے بھی بہت نیند آتی ہے چاہے وہ لوگ میرے سامنے ہوں یا دنیا کے کسی بھی حصے میں ہوں۔ اکثر اوقات ان حالات میں میرے لئے کھڑے رہنا یا جاگے رہنا بہت مشکل ہوتا ہے۔ اس لئے جب مجھے کسی شرابی یا نشے کے عادی سے نبرد آزما ہونا ہوتا ہے میں بہت احتیاط برتتا ہوں۔

it is very difficult for me to stand up and stay awake during these cases. That's why I am always careful when I have to work with someone who may be alcoholic or addicted to drugs.

Sexual desires are similar to hunger, fever, depression, happiness, sadness, anger, among other feelings.

جنسی خواہشات، بھوک، بخار، پریشانی، خوشی، دکھ، غصہ اور ایسے دوسرے احساسات جیسی ہوتی ہیں۔

Eye twitching is a very naughty habit that demons use to harass us. Whenever your eye is twitching, keep your finger on that eye and say, "I know you are doing this, Mr. Demon, to harass me. Quit doing it. If you are alerting me about a danger by twitching my eye, then go and fix that problem for me. But quit harassing me." If you talk like this and your eyes stop twitching, it means that the demon is listening to you, but in regards to how long and how many times it will listen, I cannot give you any guarantee. You cannot just control demons. Demons listen to you only when you are somebody who can put pressure on them. In ordinary conditions from normal people, they hear us but do not listen to us. Even if we are busy doing something very important and have no time to think about anything else, demons will be the first ones to remind us that we are hungry and we need to eat something immediately.

آنکھ کا بھڑکنا جنّات کا ہمیں ہراساں کرنے کے لئے انتہائی شرارتی فعل ہے۔ جب کبھی آپ کی آنکھ بھڑکتی ہے اپنی انگلی آنکھ پہ رکھئے اور کہیے "میں جانتا ہوں مسٹر جن کہ آپ مجھے یہ ڈرانے کے لئے کر رہے ہیں ایسا کرنا بند کریں۔ اگر آپ میری آنکھ بھڑکا کر مجھے تنبیہ دے رہے ہیں تو جائیے اور جا کر میرے لئے وہ مسئلہ حل کریں۔ لیکن مجھے ہراساں کرنا بند کریں" اگر آپ اس طرح بات کرتے ہیں اور آپ کی آنکھ بھڑکنا بند کر دیتی ہے اس کا مطلب ہے کہ جنّات آپ کو سن رہے ہیں لیکن میں اس بات کا یقین نہیں دلا سکتا کہ وہ کب تک اور کتنی بار آپ کی بات سنیں گے۔ آپ صرف انہیں قابو نہیں کر سکتے۔ جنّات آپ کی بات تب مانتے ہیں جب آپ وہ شخص ہیں جو کو جنّات پہ دباؤ ڈال سکتا ہے۔ عام حالات میں عام لوگوں میں سے وہ ہمیں سنتے ہیں۔ لیکن ہماری بات نہیں مانتے چاہے ہم کوئی بہت ہی ضروری کام کرنے میں مصروف ہوں اور ہمارے پاس اور چیز کو سوچنے کا وقت ہی نہ ہو۔ جنّات ہمیں یہ بتانے مین پہل کرئیں گے کہ ہم بھوکے ہیں اور ہمیں جلد ہی کچھ کھا لینا چاہیۓ۔

Description of different inner feelings, or kaifiyat.

مختلف اندرونی احساسات یا کیفیات کی تفصیل

Kaifiyat is an Urdu word. I cannot find similar word in English, but I would say it is much like "inner feelings." Demons give us two things: extreme behaviors and different inner feelings. Different inner feelings include

کیفیت اردو زبان کا لفظ ہے۔ مجھے انگریزی زبان میں اس سے ملتا جلتا لفظ نہیں ملا لیکن میں کہہ سکتا ہوں کہ یہ اندرونی احساسات جیسا ہے۔ جنّات ہمیں دو چیزیں دیتے ہیں، انتہائی رویہ اور مختلف اندرونی احساسات۔ بہت زیادہ غرور کے جذبات، خود پرستی، خود کو اہمیت دینا، احساسِ برتری اور خود پسندی مختلف اندرونی احساسات ہیں۔ یہ تمام کیفیات جنّات کے اثرات ہیں۔ میں نے ان اندرونی

feelings of too much pride, self-praise, selfimportance, superiority, and self-love. All of these conditions are brought from the influence of demons. I learned about these inner feelings because a demon from someone I was working on was inside me for at least twenty-four hours, during which time I was under influence of that demon. I thought that the whole world was thinking about me and watching me. After those twenty-four hours, I figured out what was going on with me. Usually these qualities/demons come out from women. Once I figured out that I was under influence of a demon, that demon left me immediately, I am sure the reason it left was because I was not a very suitable person for that demon or that kind of behavior.

احساسات کے بارے میں سیکھا ہے کیونکہ ایک دفعہ جب میں کسی پر عمل کر رہا تھا تو ایک جن چوبیس گھنٹے میرے اندر رہا اور اس دوران میں اس جن کے زیر اثر تھا۔ میں نے سوچا کہ پوری دنیا میرے بارے میں سوچ رہی ہے اور مجھے دیکھ رہی ہے۔ ان چوبیس گھنٹوں کے بعد میں نے جانا کہ میرے ساتھ کیا ہو رہا تھا۔ عموماً یہ خاصیتیں یا جنّات خواتین میں سے آتے ہیں۔ ایک بار جب میں یہ جان لوں کہ میں کسی جن کے زیر اثر ہوں وہ جن مجھے فوراً چھوڑ دیتا ہے۔ مجھے یقین ہے کہ وہ مجھے اس وجہ سے چھوڑتا ہے کیونکہ میں اس جن یا اس قسم کے رویہ کے لئے بہت ہی مناسب شخص نہیں ہوں۔

Smoking, drinking, and using drugs have external sources.

تمباکو نوشی، شراب نوشی اور نشہ آور چیزوں کا استعمال ان سب کے پیچھے بیرونی ذرائع ہیں۔

Because of our limited knowledge, we often think that we are addicted to smoking, drinking, or using drugs. But from my experience, I have learned that a few demons like the smell or taste of tobacco, alcohol, and drugs. This is extremely strange theory, but I can prove it to anyone very easily. Demons can hypnotize us and show us dreams, both good and bad. Demons can bring us to any extreme condition, and in the same way, demons can insist that we use a few things they like. But why would we smoke or drink or use drugs for them? Maybe we these make us more relaxed and comfortable. So, demons are capable of giving us relaxed and comfortable feelings, but they do this only when they want something. And demons want us to smoke, drink, and use drugs for them so that they feel good. They do not care if those things are bad for our health. They give us relaxed and soothing feelings as a

ہمارے محدود علم کے مطابق ہم سمجھتے ہیں کہ ہم تمباکو نوشی، شراب نوشی یا نشہ آور اشیاء کے استعمال کرنے کے عادی ہیں لیکن میرے تجربے کی روح سے میں نے سیکھا ہے کہ چند جنّات کو تمباکو، شراب اور نشے کی خوشبو اور ذائقہ پسند ہے۔ یہ انتہائی عجیب نظریہ ہے لیکن میں یہ کسی پہ بھی بہت آسانی سے ثابت کر سکتا ہوں۔ جنّات ہمیں ہپنو ٹائز کر سکتے ہیں اور ہمیں اچھے اور برے دونوں طرح کے خواب دکھا سکتے ہیں۔ جنّات ہمیں کسی بھی انتہائی صورت حال میں گھیر سکتے ہیں اور بالکل اسی طرح وہ ہمیں چند ایسی اشیاء کے استعمال پر مجبور کر سکتے ہیں جو انہیں پسند ہیں۔ لیکن ہم ان کے لئے تمباکو نوشی یا نشے کا استعمال کیوں کریں گے؟ ہوسکتا ہے کہ یہ ہمیں ذیادہ آرام یا سکون مہیا کریں اس لئے جنّات ہمیں آرام دہ اور پرسکون احساس دے سکتے ہیں۔ لیکن وہ ایسا کب کرتے ہیں جب انہیں کچھ چاہیے ہوتا ہے اور جنّات چاہتے ہیں کہ ہم سگریٹ پیئے، شراب پیئے اور ان کے لئے نشہ آور چیزیں استعمال کریں تا کہ وہ اچھا محسوس کریں۔ انہیں اس بات کی پرواہ نہیں ہے کہ یہ چیزیں ہماری صحت کے لئے نقصان دہ ہیں۔ وہ ہمیں رشوت کے طور پر آرام دہ اور پرسکون احساسات دیتے ہیں تا کہ ہم وہ غیر صحتمندانہ اور خطرناک چیزیں مسلسل استعمال کریں۔ اگر کوئی یہ جان لے کہ تمباکو نوشی کرنا یا شراب پینا یا نشہ استعمال کرنا صحتمندانہ عادت نہیں ہے اور ان عادات کو چھوڑنا چاہیے۔ تو جنّات انہیں شکست خوردآثار دے کر سزا دیتے ہیں یہاں تک کہ وہ انسان دوبارہ تمباکو نوشی یا شراب نوشی یا نشہ کرنے کا ارادہ نہ کرلے

bribe so that we use those unhealthy and dangerous things frequently. In case someone realize that smoking tobacco or drinking alcohol or using drugs are not healthy habits and try to quit those habits, demons punish those people by giving them "withdraw symptoms" until that person decide to start smoking/ drinking or drugs again.

I can sit in front of a smoker, alcoholic, and a drug addict, and whenever those people start feeling that withdraw from their demons, I can take those pains away. And after, I am sure they will feel 100 percent normal again. If you want to quit any of these bad habits, you can use my ideas wherever you are. If someone claims that he or she can communicate with demons or control them even a little, that person can remove the demon that is compelling you to smoke, use drugs, or drink alcohol, and if you do not listen to that demon, that demon will make your life hell by giving you all kind of pains. Willpower is another solution if you cannot find a person like me.

میں کسی سگریٹ پینے والے، شرابی یا نشے کے عادی کے سامنے بیٹھ سکتا ہوں اور جب کبھی وہ لوگ اپنے جنّات کی طرف سے شکستہ احساسات محسوس کرنا شروع کر دیتے ہیں میں وہ درد ان سے دور لے جا سکتا ہوں۔ اس کے بعد مجھے یقین ہے کہ وہ پھر سے بالکل سو فیصد عام شخص کی طرح محسوس کریں گے۔ اگر آپ ان میں سے کسی بھی ایک عادت سے چھٹکارا پانا چاہتے ہیں تو آپ کیسے بھی ہیں میرے خیالات کا استعمال کر سکتے ہیں۔ اگر وہ یہ دعوٰی کرتا ہے کہ وہ جنّا سے بات کر سکتا ہے یا کر سکتی ہے یا انہیں تھوڑا سا بھی قابو کر سکتا ہے یا کر سکتی ہے تو وہ شخص اس جن کو باہر نکال سکتا ہے جو کہ آپ کو تمبا کو نوشی، شراب نوشی یا نشے کا عادی بننے پر مجبور کر رہا ہے اور اگر آپ اس جن کی بات نہیں مانتے تو وہ جن آپ کو ہر طرح کا درد دے کر آپ کی زندگی کو جہنم بنا دے گا۔ اگر آپ کہ میرے جیسا کوئی انسان نہیں ملتا تو قوتِ ارادی ایک دوسرا حل ہے۔

If you are experiencing any problem with your left ear, such as heavy feelings or whistling noises or deafness, it means that demons are using this path to reach our mind.

اگر آپ کے بائیں کان کے ساتھ کوئی مسئلہ ہے جیسا کہ بھاری پن یا سیٹیاں بجنا یا بہرا پن تو اس کا مطلب ہے کہ جن اس راسطے سے آپ کے دماغ میں داخل ہو رہے ہیں۔

Outside our bodies, demons are really small flying objects. They are similar to visible insects! They are not like what we have seen in horror movies or scary pictures. They are totally harmless when they are flying in air around us. Sometimes I have seen several hundred demons flying around me in a very small room. Until now, I have never seen any of demons expanding their bodies when they are flying in the air, but demons can easily compressed and

ہمارے جسم کے باہر جنّات واقعی اڑتے ہوئے چھوٹے اجسام ہیں۔ وہ بالکل مرئی حشرات کی طرح کے ہوتے ہیں۔ وہ ڈراؤنی فلموں یا خوفناک تصویروں جیسے نہیں دکھائی دیتے۔ جب وہ ہمارے ارد گرد ہو میں اڑ رہے ہوتے ہیں وہ بے ضرر ہوتے ہیں۔ بعض اوقات میں نے ایک بہت ہی چھوٹے کمرے میں سینکڑوں جنّات کو اڑتے دیکھا ہے۔ ابھی تک میں نے کسی بھی جن کو ہوا میں اڑتے ہوئے اپنا جسم پھیلاتے نہیں دیکھا لیکن جنّات آسانی سے خود کو اپنی ملکیت والے جسم کی جسامت کے مطابق پھیلا یا سکیڑ سکتے ہیں۔ وہ کسی بھی عضو یا عصب کو آسانی سے خراب کر سکتے ہیں۔ وہ کسی بھی شریان، آرٹری یا نالی میں آسانی سے جا سکتے ہیں اور خود کو پھیلانے اور سکیڑنے کی خوبی کو استعمال کرتے ہوئے انہیں بند کر سکتے ہیں۔ جنّات کے لئے الٹا کان ہمارے ذہنوں میں جانے کا ایک راستہ ہے۔ کسی کے بھی الٹے

expend their sizes according to the body they penetrate or possess. They can very easily damage any nerve or organ of a body. They can easily go into any vein, artery, or tube and use their compressing/expanding qualities to block it. For demons, the left ear is the path toward our brains. Demons reach into our minds to hypnotize us by using our left ear. Anybody who has problems with his or her left ear could be under the influence of a demon.

Demons are the ones that discourage us from visiting doctors or religious people.

Demons are main cause of mental sickness within humans. Demons and diseases cause a lot of physical and mental disorders in our brains and our bodies. The mentally sick person is pretty much under the control of one or more demons. We can see if someone is acting crazy around us. Doctors and other normal people can easily judge that a particular person is exhibiting a mental illness, but that mentally sick person never realizes that he or she is talking and acting crazy. That is because that crazy person is under the control of a demon's hypnotism. Demons continuously convince that crazy and mentally ill person that he or she is not sick, that he or she is perfectly okay. This mentally ill person may believe that everybody else around him or her is wrong, crazy, or mentally sick. If you have experience around a mentally sick person, you know how they do not want to take any medication, how they do not like doctors, and how they do not like the company of religious people. The reason is demons. Demons do not let this person take medication or go to doctors or religious people easily so that the individual stays sick for a long time.

کان میں اگر کوئی مسئلہ ہے تو وہ جن کے زیر اثر ہے۔

جنّات وہ ہیں جو ہمیں ڈاکٹر یا مذہبی لوگوں کے پاس جانے سے روکتے ہیں۔

انسانوں میں دماغی بیماری کی وجہ جنّات ہیں۔جنّات اور بیماریاں ہمارے دماغوں اور جسموں میں بہت ہی طبی اور دماغی خلل پیدا کرتی ہیں۔دماغی طور پر بیمار انسان ایک یا ایک سے زائد جنّات کے زیر اثر ہوتا ہے۔ہم اردگرد پاگل پن کرتے ہوئے لوگوں کو دیکھ سکتے ہیں۔ڈاکٹر یا دوسرے لوگ اس بات کو آسانی سے جان سکتے ہیں کہ وہ خاص شخص دماغی بیماری میں مبتلا ہے لیکن دماغی بیمار انسان کبھی بھی نہیں جانے گا کہ وہ پاگل باتیں اور حرکتیں کر رہا ہے کا کر رہی ہے۔ایسا اس لئے ہے کہ پاگل شخص ایک جن کے ہپنوٹزم کے زیر اثر ہے۔جن مسلسل اس پاگل اور دماغی طور پر بیمار شخص کو یہ باآور کروانے کی کوشش کرتے ہیں کہ وہ بیمار نہیں ہے۔وہ بالکل ٹھیک ٹھاک ہے۔وہ دماغی طور پر بیمار انسان یقین کر لیتا ہے کہ اس کے علاوہ ہر شخص غلط، پاگل اور ذہنی مریض ہے اگر آپ اپنے اردگرد کسی بیمار شخص کو دیکھیں تو آپ جانتے ہیں کہ کیسے وہ کوئی دوا لینے سے انکار کرتے ہیں۔کیسے وہ ڈاکٹروں کو پسند نہیں کرتے اور کیسے وہ مذہبی لوگوں کی محبت کو پسند نہیں کرتے۔وجہ جنّات ہیں۔جنّات اس شخص کو دوا نہیں لینے دیتے۔ ڈاکٹر کے پاس آسانی سے نہیں جانے دیتے تاکہ وہ شخص زیادہ دیر کے لئے بیمار رہے۔

Demons have a lot of resistance to medication and doctors, but demons cannot resist religious people and religious practices for a long time.

There is no perfect medication that can bring an abnormal or mentally sick person back to a normal mental condition. Doctors feed or inject sedatives into mentally sick people. Once the mentally ill person goes to sleep, the pressure from demons is usually reduced for a few days. This is the reason doctors regularly suggest those medications for the treatment of mentally ill people. Those medications keep mentally ill people relaxed and down most of the time. In that condition, demons cannot use that person completely. Do not think that those medications can remove that demon from the person. A slow or sleepy person is simply less useful to demons. That's why demons continuously hypnotize that person and insist that mentally ill person not take any medications. All of them resist taking medications because of the influence of demons. No medication has any effect on demons. Demons are completely resistance to medications. Medications are totally ineffective against demons. Only truly religious people can control the problems created by demons, not any medication.

جنّات دوائیوں اور ڈاکٹروں کے خلاف بہت مزاحمت رکھتے ہیں لیکن جنّات مذہبی لوگوں اور مذہبی عوامل کے خلاف بہت عرصے تک مزاحمت نہیں کرسکتے۔

ایسی کوئی بھی بہترین دوا نہیں ہے جو کہ دماغی یا ذہنی مریض کو دوبارہ عام ذہنی حالت میں واپس لے آئے۔ ڈاکٹر دماغی مریض کے اندر درد سے نجات دلانے والی ادویات ٹیکہ کے ذریعے یا کھلا کر داخل کرتے ہیں۔ جب ایک دفعہ دماغی مریض سو جاتا ہے تو چند دن کے لئے جنّات کا اثر کم ہو جاتا ہے اس لئے ڈاکٹر دماغی طور پر بیمار لوگوں کے علاج کے لئے مسلسل ان ادویات کے استعمال کا مشورہ دیتے ہیں۔ وہ ادویات دماغی مریض لوگوں کو زیادہ تر پرسکون اور آرام میں رکھتی ہیں۔ اس حالت میں جنّات ان لوگوں کو مکمل طور پر استعمال نہیں کرسکتے۔ یہ مت سوچیں کہ وہ ادویات اس شخص میں سے جنّات کو نکال سکتی ہیں۔ ایک سست یا سویا ہوا انسان جنّات کے لئے کم فائدہ مند یا مددگار ہے۔ اس لئے جنّات مسلسل اس شخص کو ہپنوٹائز رکھتے ہیں اور مجبور کرتے ہیں کہ دماغی مریض کوئی دوائی نہ لے۔ ایسے تمام لوگ جنّات کے اثر کی وجہ سے دوا سے منہ موڑتے ہیں۔ کسی بھی دوا کا جنّات پر کوئی اثر نہیں۔ جنّات ادویات کی راہ میں رکاوٹ ہیں۔ ادویات جنّات کے خلاف مکمل غیر موثر ہیں۔ صرف سچے مذہبی لوگ ہی جنّات کی تخلیق کی گئی مشکلات کو قابو کرسکتے ہیں نہ کہ کوئی دوا۔

Demons do not give up command of a human to another demon easily. It never happens without a fight?

جنات دوسرے جن کے حق میں کسی انسان کی حکمرانی سے دستبردار نہیں ہوتے۔ ایسا بغیر جھگڑے کے نہیں ہوتا۔

We are not aware of this, but demons act like we are their property. Demons treat us as their toys. Demon use us however they want by hypnotizing us. But one demon will never let another demon take over the animal they possess unless the new demon is more powerful. Some people are under the influence of more than one demon. The person who is under the influence of more than one powerful demon will become an extremely ill person with extreme behavior problems. Demons do not like cool, sensible, and normal people. Demons usually prefer possessing the body of short-tempered, stubborn, and extreme people. It is easy for demons to exploit these kinds of people. Honesty, it is not difficult for demons to make anyone crazy, but abnormally short-tempered individuals and people prone extreme behavior are an easy task for them. Demons usually have total control and command of that person. If another demon wants to take command of that person, those demons have to fight with each other to change the command.

ہم اس بات سے باخبر نہیں ہیں لیکن جنات بالکل ایسا رویہ اختیار کرتے ہیں جیسا کہ ہم اپنی جائیداد کے لئے کرتے ہیں۔ جنات ہمیں اپنے کھلونے کے طور پر استعمال کرتے ہیں۔ جنات جب چاہیں ہمیں بے سُدھ کر کے استعمال کرتے ہیں۔ لیکن ایک جن کسی دوسرے جن کو اپنی ملکیت والے جانور پر قبضہ نہیں کرنے دیتے جب تک کہ نیا جن زیادہ طاقتور نہ ہو۔ کچھ لوگ ایک سے زیادہ جنات کے زیر اثر ہوتے ہیں۔ وہ انسان جو ایک سے زیادہ طاقتور جنات کے زیر اثر ہوتا ہے وہ ایک بیمار اور انتہائی رویے کے مسائل کا شکار انسان بن جاتا ہے۔ جنات ٹھنڈے مزاج، سمجھدار اور عام انسانوں کو پسند نہیں کرتے۔ جنات اس جسم کو ملکیت بنانا چاہتے ہیں جو اکھڑ مزاج، ضدی اور انتہا پسند ہو۔ ایسے لوگوں کو خراب کرنا جنات کے لئے آسان ہے۔ ایمانداری سے، جنات کے لئے کسی بھی انسان کو پاگل بنان مشکل بات نہیں ہے لیکن عام طور پر یہ اکھڑ مزاج انسان یا لوگ اور انتہائی رویے والے لوگ ان کے لیے ایک آسان کام ہے۔ جنات عموماً ان لوگوں پر مکمل عبور اور حکومت رکھتے ہیں اگر کوئی دوسرا جن اس کی حکومت حاصل کرنا چاہے تو جنات حکم کے تبادلے کے لئے ایک دوسرے سے جھگڑا کرتے ہیں۔

Demons inside and around us continuously generate desires in our minds?

ہمارے اندر اور ارد گرد موجود جنات مسلسل ہمارے ذہن میں خواہشات ابھارتے ہیں۔

Demons cannot leave us in peace. Demons keep us disturbed all the time, but not because they are our enemies. The reason is that we are their hobby. They want us to entertain them. Demons continuously create desires and wishes in our minds. After that, demons continuously push us to run after those wishes and desires. Demons keep us very unhappy and angry when we cannot get whatever we desire. They feel better when they have control over us.

جنات ہمیں سکون میں نہیں رہنے دیتے۔ جنات ہر وقت ہمیں پریشان کرتے رہتے ہیں لیکن اس لئے نہیں کہ وہ ہمارے دشمن ہیں وجہ یہ ہے کہ ہم ان کا مشغلہ ہیں۔ وہ چاہتے ہیں کہ ہم ان کی تفریح کا سامان بنیں۔ جنات مسلسل ہمارے ذہن میں خواہشات اور ارمان جگاتے رہتے ہیں۔ اس کے بعد جنات مسلسل ہمیں ان ارمان اور خواہشات کے پیچھے دوڑتے رہنے پر مجبور کرتے ہیں۔ جنات ہمیں ناخوش اور غصہ دلاتے ہیں جب ہم اپنی خواہش کے مطابق چیز حاصل نہیں کر پاتے۔ ان کو ہمیں تابع کر کے اچھا محسوس ہوتا ہے۔

Once incident with me, when I was unable to feel the touch of demon but I was only able to smell it.

This is one of the worst incidents to happen to me. The refrigerator in my house was out of order one time. We started using a second unit. Nobody bothered to clean up the broken refrigeration. We had four packets of ground chicken in that refrigerator for almost a month. After one month, a technician came to fix that refrigerator, and before he fixed it, he cleaned it first. Along with some other stuff, he left three plastic-wrapped chicken packets in the backyard. When I came back to the house, I saw three chicken packets in the backyard. For some reason, I decided to unwrap those chicken packets and feed the cats in my front yard. Once I opened those packets of ground chicken, I had to deal with an extremely bad smell. I picked up those packets and set them down in the far corner of the front yard. I washed my hand several times, but that smell moved with me. And within few minutes, something was inside my body. I cannot explain what happened to me in the next thirty minutes and how I handle that difficult problem. But somehow, I handled that problem. What I am trying to tell you is how that bad smell came from the ground chicken and how that demon became my friend after it tried to kill me for thirty minutes. After that day, that bad smell visited me at least seven to eight times as a friend without hurting me and without going inside my body. Usually, after two or three days, I ask everyone to leave my house. That smell was not the demon itself. After three days, that smell left my house. Since then, it had never visited me again.

ایک ایسا واقعہ جب میں جن کے احساس کو محسوس نہ کر سکا لیکن میں اسے صرف سونگھ سکتا تھا۔

یہ میرے ساتھ پیش آنے والا بدترین واقعہ ہے۔ ایک دفعہ میرے گھر کا فریج خراب ہوگیا۔ ہم نے کوئی دوسرا استعمال کرنا شروع کر دیا۔ کسی نے بھی خراب فریج کو صاف کرنے کی کوشش نہ کی۔ اس فریج میں ایک مہینے تک ذبح مرغ کی چار تھیلیاں پڑی رہیں۔ ایک مہینے کے بعد ٹیکنیشن اسکو ٹھیک کرنے آیا تو اسے ٹھیک کرنے سے پہلے اس نے اسے صاف کیا اور چیزوں کے ساتھ اس نے گوشت کی تین تھیلیاں پچھلے صحن میں رکھ دیں۔ جب میں گھر واپس آیا تو میں نے پچھلے صحن میں گوشت کی تین تھیلیاں دیکھیں۔ میں نے ان تھیلیوں میں سے گوشت باہر نکال کر اسے اپنے اگلے صحن میں بلیوں کو کھلانے کا سوچا۔ جب میں نے ذبح مرغ کی گوشت کی تھیلیوں کو کھولا تو مجھے انتہائی بری بو سے نبرد آزما ہونا پڑا۔ میں نے ان تھیلیوں کا اٹھایا اور اگلے صحن کے آخری کونے میں پھینک دیا۔ میں نے ہاتھوں کو کئی بار دھویا لیکن وہ بو میرے ساتھ ہی رہی۔ اور چند منٹ بعد میرے جسم میں کچھ تھا۔ میں بیان نہیں کر سکتا کہ اگلے تیس منٹ میں میرے ساتھ کیا ہوا اور میں نے اس مشکل کو کیسے حل کیا۔ لیکن کسی نہ کسی طرح میں نے مسئلے کو حل کر لیا۔ جو میں آپ کو بتانے کی کوشش کر رہا ہوں وہ یہ ہے کہ کیسے ذبح مرغ کے گوشت سے بو آئی اور کیسے وہ جن میرا دوست بنا اور اس نے اگلے تیس منٹ مجھے مارنے کی کوشش کی۔ اس دن کے بعد وہ بری روح میری دوست بن کر مجھے تکلیف دیے بنا سات آٹھ بار مجھ تک آئی۔ عموماً ہر دو تین دن بعد میں ہر ایک کو کہتا کہ میرے گھر اور میرے اندر گھسے بنا نکل جاؤ۔ بو جن کی اپنی نہیں تھی۔ تین دن بعد وہ میرے گھر سے چلے گئی اور اس کے بعد دوبارہ کبھی مجھ تک نہیں آئی۔

Few people, their pain/sickness go away in seconds. And few very difficult? Why do people recover from pain at different rate?

کچھ لوگ، ان کا درد / بیماری کچھ سیکنڈز میں ہی ختم ہو جاتی ہے۔ اور کچھ کی بہت مشکل سے۔ کیوں لوگوں کے درد ختم ہونے کی شرح مختلف ہے؟

The fact that people recover from sickness and pain at a different rate has always been a mystery to me. Sometimes I feel that the pain is not difficult and will leave that body easily, but during other times, I have to insist that the demons leave the body. Sometimes people have pains for several years, and it takes more time for the demon to leave that particular body. But most of the time, pain leaves the body immediately without too much struggle. God knows better about this mystery. Most of the time, I just feel, I am just a reason in many cases otherwise may be Go d already decided to take their pain away from t hose people. People suffering from arthritis pains and taking six or seven kinds of prescription pills to kill the pain for several years come around me, and then their pain leave their bodies and finds some other place to dwell. On a few times, the task is very easy, but it can consume a lot of time. I have two steps to communicate with pains. First, I convince them to leave—if they listen to me. Otherwise, I insist these pains leave the body. Ninety-nine percent of the time, I am successful in my efforts.

لوگوں کے بیمار اور درد سے ٹھیک ہونے کی مختلف شرح کی حقیقت میرے لئے ہمیشہ ایک معمہ ہے۔ بعض اوقات میں محسوس کرتا ہوں کہ درد کو دور کرنا مشکل نہیں ہے اور اس جسم کو آسانی سے چھوڑ دے گا لیکن بعض اوقات مجھے جنّات کو جسم چھوڑ جانے پر مجبور کرنا پڑتا ہے۔ بعض اوقات لوگ کئی سال درد میں رہتے ہیں۔ اور جن اس خاص جسم سے نکلنے میں بہت وقت لیتا ہے۔ لیکن بعض اوقات درد کسی بھی مزید جدوجہد کے بغیر فوراً ہی نکل جاتا ہے۔ اللہ اس معمہ کے بارے میں بہتر جانتا ہے۔ اکثر اوقات میں محسوس کرتا ہوں کہ بہت سے معاملات میں، میں صرف ایک بہانہ ہوں وگرنہ اللہ نے تو پہلے ہی ان لوگوں ے درد دور کرنے کا فیصلہ پہلے ہی کیا ہوا ہے۔ جوڑوں کے درد میں مبتلا لوگ چھ سات قسم کی تجویز کی گئی گولیاں کھانے والے کئی سالوں سے درد کو ختم کرنے کے لئے میرے ارد گرد آتے ہیں پھر ان کا درد ان کے جسم کو چھوڑ کر رہنے کے لئے کوئی اور جگہ ڈھونڈ ھ لیتا ہے۔ بعض اوقات یہ بہت کم وقت لیتا ہے اور بعض اوقات بہت ذیادہ۔ دردوں سے بات کرنے کے لئے میرے پاس دو مراحل ہیں۔ پہلا، میں انہیں چھوڑنے پر آمادہ کرتا ہوں۔۔ اگر وہ مجھے سنتے ہیں تو۔ وگرنہ، میں اندر دردوں کو جسم چھوڑ جانے کے لئے مجبوراً اصرار کرتا ہوں۔ ننانوے فیصد میں اپنی کوششوں میں کامیاب ہو جاتا ہوں۔

Why do people recover from pain at different rates? Reasons for that maybe because

لوگوں کے درد ٹھیک ہونے کی شرح مختلف کیوں ہے؟ مندرجہ ذیل وجوہات ہو سکتی ہیں:

1) They have more damaged body or joint or organ so that pain is over their body.

2) Pain is more powerful demon/insect and giving a lot

ا۔ ان کے جسم، عضو یا جوڑ اتنے خراب ہو چکے ہوتے ہیں کہ درد پورے جسم میں پھیل چکا ہوتا ہے۔

۲۔ درد بہت طاقتور جن / کیڑا ہے اور بہت مزاحمت کرتا ہے اور چھوڑنے کے لئے تیار نہیں ہوتا جیسا کہ سرطان کے مریض ہر روز ذیادہ سے ذیادہ ادویات کھاتے ہیں لیکن وہ کیڑے جسم کے حصے کو نہیں

of resistance and not ready to leave. Like cancer, patients use more and more medications everyday but those insect never leave that part of the body and finally completely destroy the health of that person. My point I can move that insect from there but for how long, no idea.

چھوڑتے اورآخرکاراس انسان کی صحت کوتباہ کرکے چھوڑ جاتے ہیں۔میں اس کیڑے کووہاں سے تو دور کرسکتا ہوں لیکن اس بات کا اندازہ نہیں ہے کہ کتنے عرصے تک۔

Cold and flu are difficult viruses.

نزلہ اور زکام مشکل وائرس ہیں۔

The flu and colds both are a little bit difficult and time-consuming to fix. The flu can completely come back within few minutes after I remove it from a body. Usually, I give up with flu easily. But if insist several times, it gets better, but it's not easy. Honestly, flu is not impossible for me, but it is very hard job. Colds are difficult jobs too. They come back again and again several times. But they are not impossible. I strongly feel that the flu is not a single thing. I feel that the flu is a group of diseases that operates together. These days, I suggest everyone start medication for the flu and colds immediately. During that time, I can help them reduce the pressure quickly. I've had to suffer the flu whenever I've helped someone to beat it, but not all the time.

نزلہ اور زکام مشکل وائرس ہیں اور ٹھیک ہونے میں وقت لیتے ہیں۔جب میں ایک جسم سے زکام ختم کرتا ہوں تو اس کے بعد چند منٹوں میں یہ واپس آجاتا ہے۔عموماً میں زکام کو آسانی سے چھوڑ دیتا ہوں۔لیکن اگر کئی بار اصرار کروں تو یہ بہتر ہونے لگتا ہے لیکن یہ آسان نہیں ہے۔ایمانداری سے، زکام ختم کرنا میرے لئے ناممکن نہیں ہے لیکن یہ بہت مشکل کام ہے۔نزلہ کے وائرس بھی ختم کرنا مشکل کام ہے۔وہ متعدد بار واپس آجاتے ہیں لیکن وہ ناممکن نہیں ہیں۔میں محسوس کرتا ہوں کہ زکام ایک اکیلی چیز نہیں ہے۔میں محسوس کرتا ہوں کہ زکام بیماریوں کا ایک گروہ ہے جو مل کر عمل کرتی ہیں۔آج کل میں ہر کسی کو تجویز کرتا ہوں کہ وہ فوراً ہی نزلہ اور زکام کی دوا لینا شروع کردے۔اس کے دوران میں انہیں مستعدی سے دوا کم کرنے میں مدد کرسکتا ہوں۔جب میں کسی کی اسکو ہرانے میں مدد کرتا ہوں تو مجھے بھی زکام ہوجاتا ہے لیکن ہمیشہ نہیں ہوتا۔

One time, when I was already suffering from some pains and sickness take out I decided to go underneath of a big tree.

ایک دفعہ جب میں کچھ درد اور امراض کو نکالنے میں مبتلا تھا میں نے ایک بڑے درخت کے نیچے جانے کا فیصلہ کیا۔

We know that big fish eats small fish in seas and oceans. This is only my experience. I never tried to experience it again, either. In the beginning when I was trying to learn more about demons and the world of diseases, I was very bold and less careful. Day by day, I learned more and more, and I became more and more careful about demons and diseases. In the beginning, I frequently went

ہم جانتے ہیں کہ بڑے سمندروں اور بحیروں میں بڑی مچھلیاں چھوٹی مچھلیوں کو کھا جاتی ہیں۔یہ صرف میرا تجربہ ہے مگر میں نے اسکا دوبارہ تجربہ کرنے کی کوشش نہیں کی ہے۔شروعات میں جب میں نے جنّات اور بیماری کی دنیا کے بارے میں سیکھنا شروع کیا تو میں بہت بہادر اور کم احتیاط پسند تھا۔دن بدن میں مزید سیکھتا رہا۔اور میں جنّات اور بیماریوں کے بارے میں مزید محتاط ہوتا رہا۔شروعات میں بےخوف ہر کر بڑے درخت کے نیچے مسلسل چلا جاتا تھا۔میں ابھی بھی آدھی رات کو بڑے درخت کے نیچے جانے سے خوف محسوس نہیں کرتا لیکن بعد میں میرا حوصلہ کم ہوتا گیا۔میں مسئلے کے بارے میں تفصیلات جانے بغیر کسی بھی قسم کی بیماری یا درد پر کام کرنا شروع کر دیتا تھا لیکن آج کل میں کم بہادر

underneath big trees at night without any fear. I still don't feel any fear going under the big trees in middle of night, but lately, I have had less courage. I used to start working on any kind of pain or disease in anyone without knowing any of the details about the problem. But these days, I am less bold and more careful. One time when I had different diseases and pains in my body, I went close to one big tree. Immediately, one demon jumped on me from that tree. I sensed that demon all around and inside my body for at least two or three minutes. After a few minutes, when that demon came out of my body, I felt perfectly all right. All the pains and sick feelings I had felt before just disappeared from my body. When I left that tree, I had no pain or sick feelings at all. But still, I will not recommend this to anyone, reason: How they will get rid of demons from trees in their bodies.

اورزیادہ محتاط ہوں۔ایک دفعہ جب میرے جسم میں مختلف بیماریاں اوردرد تھے میں ایک بڑے درخت کے نزدیک چلا گیا۔فوراً ہی اس درخت سے ایک جن مجھ پر سوار ہوگیا۔کم از کم دو تین منٹ میں اس جن کا ادراک میرے گرد اور میرے جسم میں ہوگیا۔چند منٹ بعد جب وہ جن میرے جسم سے باہر آیا مجھے بالکل اچھا محسوس ہونے لگا۔تمام درد اور بیماری کے احساسات جو میں پہلے محسوس کر رہا تھا میرے جسم سے غائب ہوگئے۔جب میں نے وہ درخت چھوڑا مجھے بالکل بھی درد یا بیماری کا احساس نہیں تھا۔ لیکن پھر بھی میں کسی اور کو یہ مشورہ نہیں دونگا۔وجہ یہ ہے کہ: وہ اپنے اجسام میں سے ان جنّات سے کیسے چھٹکارا حاصل کریں گے۔

If you sometimes feel your cell phone vibrating in your pocket or hear it ringing but nothing is actually happening, this is not a problem.

اگر بعض اوقات آپ اپنے موبائل فون کو اپنی جیب میں وائبریٹ کرتا محسوس کرتے ہیں یا اس کو بجتا ہوا سنتے ہیں لیکن ایسا کچھ نہیں ہوتا تو یہ کوئی مسئلہ نہیں ہے۔

This happens to everyone. Few people notice it, and many just ignore it. You may have your cell phone in your pocket and suddenly feel it vibrating only to find that you have no missed calls. Similarly, you may have your cell phone and suddenly hear it ringing but then find that it was dead silent the whole time. So what is this? These are demons around us. These demons are capable of showing us anything whenever they want. By hypnotizing us, demons can make us hear any noise or feel any sensation, even a ringing phone or a vibration. They have a lot of time to play with us all the time. This is fun for them. But we feel that we may be going crazy.

یہ ہر کسی کے ساتھ ہوتا ہے۔چند لوگ اس پر غور کرتے ہیں اور بہت سے نظر انداز کر دیتے ہیں۔آپ کے پاس آپ کی جیب میں آپ کا سیل فون ہوسکتا ہے اور اچانک آپ اس کی وائبریشن محسوس کرتے ہیں لیکن جاننے پر پتا چلتا ہے کہ کوئی مسڈ کال ہی نہیں ہے۔بالکل اسی طرح آپ کے پاس آپ کا سیل فون ہے اور اچانک آپ بجتی بیل سنتے ہیں لیکن جاننے پر پتا چلتا ہے کہ وہ تو سارا وقت بالکل خاموش تھا۔پھر یہ کیا ہے؟ یہ ہمارے گرد جنّات ہیں۔یہ جنّات جہاں چاہیں ہمیں کچھ بھی دکھانے کی قابلیت رکھتے ہیں۔جنّات ہمیں ہپنوٹائز کر کے کوئی بھی شور سنوا سکتے ہیں یا کوئی اضطراب محسوس کروا سکتے ہیں یہاں تک کہ فون کا بجنا یا اس میں ارتعاش پیدا ہونا۔ان کے پاس ہر وقت ہم سے کھیلنے کا وقت ہوتا ہے۔ان کے لئے یہ مزا ہے۔لیکن ہم سوچتے ہیں کہ ہم پاگل ہو رہے ہیں۔

I do not find a single person without liver or stomach and intestine problems.

My senses and my body are programmed to be more sensitive to pains. That's why, even if I have any minor pains or sicknesses around or inside me, I start feeling them immediately. Usually, a normal person does not feel pain or sickness until their body has been sufficiently damaged. But I start feeling these immediately, and I must endure much more pain as compared to a normal person. Whenever I work on my family members and close friends, I usually cover each and every part of their bodies. Even if they feel nothing wrong in their livers, stomachs, or intestines, I always receive so many problems from those organs. I ask people if they are feeling much pain before I work on them, and most of the time, they say they were okay and don't feel any pain right now. Only God knows why some pains are not hurtful for them but extremely hurtful for me.

I don't need to go to someone to release them from demons.

In this world, only God knows about his system. I strongly feel that I am just a medium, but there is also the will of God. Even a photo or picture is enough for me to help a person. I am able to fix their pain over phone and sometimes without even contacting them. All I ask for is an update about their conditions. Sometimes it is so easy to fix major problems, but other times, it is very difficult to fix really minor problems. But I still try my best to help people; however, if God wants to punish someone,

مجھے آج تک ایک بھی ایسا انسان نہیں ملا ہے جسے جگر، معدہ یا انتڑیوں کا مسئلہ نہ ہو۔

میری حسیات اور میرا جسم درد کے لئے بہت حساس ہے۔ اس لئے چاہے میرے گرد یا اندر چھوٹی سی بھی درد یا مرض ہو مجھے فوراً محسوس ہو جاتا ہے۔ عموماً ایک عام انسان درد یا بیماری اس وقت محسوس نہیں کرتا جب تک کہ اس کا جسم ایک خاص حد تک خراب نہ ہو جائے۔ لیکن میں نے یہ فوراً ہی محسوس کرنا شروع کر دیا ہے اور میں ایک عام انسان سے بہت ذیادہ درد برداشت کر سکتا ہوں۔ جب کبھی میں اپنے خاندان یا قریبی دوستوں پر عمل کرتا ہوں میں عموماً ان کے جسم کے ہر حصے کو محفوظ کر دیتا ہوں۔ حتیٰ کہ وہ اپنے جگر، معدہ یا انتڑیوں میں کچھ خرابی محسوس نہیں کرتے۔ پھر بھی میں ہمیشہ ان اعضاء میں بہت سے مسائل دیکھتا ہوں۔ میں لوگوں سے ان پر عمل کرنے سے پہلے پوچھتا ہوں کہ کیا وہ بہت درد محسوس کرر ہے ہیں، ذیادہ تر وہ کہتے ہیں کہ وہ ٹھیک ہیں اور ابھی کوئی درد محسوس نہیں کرر ہے۔ اللہ جانتا ہے کہ کیوں کچھ درد ان کے لئے بالکل تکلیف دہ نہیں ہیں اور میرے لئے بہت تکلیف دہ ہیں۔

مجھے کسی کو جنات سے آزادی دلانے کے لئے ان کے پاس جانے کی ضرورت نہیں ہے۔

اس دنیا میں صرف اللہ ہی اس نظام کے بارے میں جانتا ہے۔ میں محسوس کرتا ہوں کہ میں صرف ایک وسیلہ ہوں اور اللہ کی خواہش بھی شامل ہے۔ صرف یہاں تک کہ ایک تصویر یا خاکہ بھی کسی انسان کی مدد کے لئے کافی ہے۔ میں فون پر ہی ان کا علاج کر سکتا ہوں اور بعض اوقات اُن سے رابطہ کئے بغیر بھی۔ مجھے صرف ان کی حالت کی موجودہ صورتِ حال جاننے کی ضرورت ہوتی ہے۔ بعض اوقات بڑی مشکلات کو حل کرنا بہت آسان ہے لیکن بعض اوقات چھوٹی سی مصیبت سے نکالنا بہت مشکل ہوتا ہے۔ لیکن میں پھر بھی لوگوں کی مدد کرنے کی بھرپور کوشش کرتا ہوں۔ اگر اللہ کسی کو سزا دینا چاہتا ہے تو کوئی اس کی مدد نہیں کر سکتا۔ 99.9 فیصد معاملات میں مجھے کسی کے پاس جانے کی ضرورت پیش نہیں آتی۔ میں صرف اپنے گھر یا دفتر میں بیٹھے بیٹھے مثبت سرگرمیوں سے لوگوں کی مدد کر سکتا ہوں چاہے وہ شخص دنیا کے کسی بھی حصے سے ہو۔

no one can help that person. In 99.9 percent of cases, I do not need to go to anyone. I can do a lot of positive activities to help people just by sitting in my office or home, regardless of where that person is in the world.

Demons and disease are better friends than human beings, if they become your friend.

It's true. It is not easy to communicate with them. Demons and diseases have only one direction, what they want from us. They do not care what we want. Most of us don't have any clue about the invisible world or what is happening within it. Once demons or diseases become friends, nobody can be better friends than they can be to you. Their sincerity is pure, not fake like some humans'. But it is not easy to become friends with them. It may be a little less difficult to become friends with a demon, but it is almost impossible to become friends with a disease. In my case, it is not difficult to become the friend of a demon or disease. Demons definitely listen to me more. In the case of diseases, they give me a hard time when they come out of a body. Sometimes I convince them to leave, and other times, I have to insist that they leave. But after this meeting, they are very easygoing with me. They listen to me immediately after the first time. A lot of times, they just figure out my intention and come out of that person, or they do not choose anyone around me or close to me. Anyway, demons and diseases are like fire, and even when fire is your friend, you cannot keep it close to you, because it burns.

اگر جنّات یا بیماریاں آپ کی دوست بن جائیں تو انسانوں سے بہتر دوست ہوتے ہیں۔

یہ سچ ہے کہ ان سے رابطہ قائم کرنا آسان نہیں ہے۔ جنّات اور بیماریاں ایک ہی سمت میں چلتی ہیں۔ وہ اس بات کی پرواہ نہیں کرتے کہ ہم کیا چاہتے ہیں۔ ہم میں سے بہت سے لوگوں کو پوشیدہ دنیا یا اس کے اندر جو بھی ہو رہا ہے اس کا اندازہ نہیں ہے۔ ایک دفعہ جنّات یا بیماریاں دوست بن جائیں ان سے بہتر کوئی دوست نہیں ہو سکتا۔ ان کا خلوص اصلی ہے انسانوں کی طرح جھوٹا نہیں ہے لیکن ان کا دوست بننا آسان نہیں ہے۔ جن کے ساتھ دوستی کرنا تھوڑا مشکل کام ہے لیکن بیماری سے دوستی کرنا بالکل ناممکن ہے۔ میرے معاملے میں جنّات یا بیماریوں سے دوستی کرنا مشکل نہیں ہے۔ جنّات یقیناً میری بات زیادہ مانتے ہیں۔ بیماریوں کے معاملے میں، جب وہ کسی جسم سے باہر نکلتی ہیں تو وہ میرے لئے مشکل وقت ہوتا ہے۔ بعض اوقات میں انہیں چھوڑ کر جانے کے لئے راضی کرتا ہوں، دوسری صورت مجھے انہیں چھوڑ کر چلے جانے کے لئے مجبور کرنا پڑتا ہے۔ لیکن اس ملاقات کے بعد وہ میرے ساتھ آسانی سے گھل مل جاتے ہیں۔ وہ پہلی ہی بار میں میری بات فوراً مان لیتے ہیں۔ بہت دفعہ وہ صرف میرا ارادہ بھانپ لیتے ہیں اور اس انسان میں سے نکل آتے ہیں یا وہ میرے گرد یا میرے نزدیک کسی شخص کا انتخاب نہیں کرتے۔ بہر حال جنّات اور بیماریاں آگ کی طرح ہیں اور چاہے آگ آپ کی دوست ہی ہو آپ اسے اپنے قریب نہیں رکھ سکتے کیونکہ وہ جلا دیتی ہے۔

Cutting or trimming a tree is very annoying to demons. Demons really get upset.

درختوں کی کٹائی یا کانٹ چھانٹ جنات کو غصہ دلاتی ہے۔جنات واقعی پریشان ہوجاتے ہیں۔

Green trees are just a house for demons. They live on trees for years. Hundreds or more just live on one tree. As we don't like anyone to destroy our houses, they do not like if someone messes with their tree. Cutting or trimming a tree is very annoying to demons. As I said, they are like us mentally, but they have better ways to hurt us and take revenge on us. A demon's revenge is not limited to one person.

سبز درخت جنات کا گھر ہوتے ہیں۔وہ درختوں پر سالہا سال رہتے ہیں۔سینکڑوں یا اس سے زیادہ صرف ایک درخت پر رہتے ہیں۔جیسے ہم پسند نہیں کرتے کہ کوئی ہمارا گھر تباہ نہ کرے وہ بھی پسند نہیں کرتے کہ اگر کوئی ان کے درخت کو چھیڑے۔درختوں کی کٹائی یا کانٹ چھانٹ جنات کو غصہ دلاتی ہے۔جیسا کہ میں نے کہا ہے کہ وہ ذہنی طور پر ہمارے جیسے ہوتے ہیں لیکن ان کے پاس ہمیں تکلیف دینے اور ہم سے بدلا لینے کے بہتر طریقے ہیں۔جن کا بدلا ایک انسان تک محدود نہیں ہوتا۔

Demons take revenge from generations. This may be sound crazy to you, but it may be helpful to reduce their anger just in case you need to cut or trim a tree. Before you cut any tree, just go close talk to tree: "Whoever lives on this tree, I need their permission to cut this tree." Just tell them your excuse of cutting that tree and tell them to move to another place. Give them at least fifteen days before you cut that tree down. Usually, they do not get too upset when we ask permission from them.

جنات نسلوں سے بدلہ لیتے ہیں۔یہ آپ کو پاگل پن محسوس ہوگا۔لیکن یہ جنات کو درخت کاٹنے اور اس کی کانٹ چھانٹ کے نتیجے میں آگے آنے والے غصے کو کم کرنے میں مددگار رہیگا۔درخت کاٹنے سے پہلے صرف اس درخت کے نزدیک جا کر اس سے بات کریں۔"جو کوئی بھی اس درخت میں رہتا ہے میں اس درخت کو کاٹنے کے لئے اس کی اجازت چاہتا ہوں" انہیں اس درخت کو کاٹنے کا عذر بیان کریں اور انہیں کہیں اور منتقل ہونے کا کہیں۔اس درخت کو کاٹنے سے پہلے انہیں کم از کم پندرہ دن دیں۔عموماً جب تم ان سے اجازت طلب کرتے ہو تو وہ زیادہ پریشان نہیں ہوتے۔

Demons are a mystery to everyone. I am sure I am a mystery to them!

جنات ہر ایک کے لئے معمہ ہیں۔مجھے یقین ہے کہ میں ان کے لئے ایک معمہ ہوں۔

I believe most people in this world do not believe in the concept of demons. Most people do not believe that there is a parallel world and that the population of that invisible world is much higher than the population of the visible world. Most people have no clue that this invisible world is involved in our lives and our affairs. Maybe after they have read this book, a few people will gain a concept of this

میں یقین رکھتا ہوں کہ اس دنیا میں بہت سے لوگ جنات کے نظریے کو نہیں مانتے۔بہت سے لوگ یقین نہیں کرتے کہ ایک متوازی دنیا بھی ہے اور نظر نہ آنے والی دنیا کی آبادی اس نظر آنے والی دنیا کی آبادی سے کہیں زیادہ ہے۔بہت سے لوگوں کو اس بات کا اندازہ نہیں ہے کہ ہماری زندگی اور ہمارے معاملات میں اس پوشیدہ دنیا کی مداخلت ہے۔ہوسکتا ہے کہ اس کتاب کو پڑھنے کے بعد کچھ لوگوں کو اس چھپی ہوئی دنیا کا تصور سمجھ میں آجائے۔لیکن بہت سے لوگوں کے لئے میرا کامل یقین ہے کہ اگرچہ جنات اور بیماریاں انسانوں کے لئے معمہ ہیں۔میں ان جنات اور بیماریوں کے لئے ایک معمہ

invisible world. But for most of the people, this invisible world will remain an unsolved mystery. But on other hand, I strongly feel that though all demons and diseases are a mystery to human beings, I am a mystery to demons and diseases. I surprise them by informing them when they come close to me. I surprise them when I point my finger at them as they are flying in air. And I surprise them when I keep my eyes pointed straight at them.

ہوں۔ جب وہ ہوا میں اڑ رہے ہوتے ہیں تو میں ان کی طرف انگلی کا اشارہ کر کے انہیں حیران کر دیتا ہوں اور میں آنکھیں ان میں گاڑھ کر انہیں حیران کر دیتا ہوں۔

I can easily invite any demon into me from any person in any part of the world. But trust me, it is not a fun at least first 24 hours.

میں دنیا کے کسی بھی حصے سے کسی بھی انسان میں سے جن اپنے اندر بلا سکتا ہوں لیکن میرا یقین کریں کہ پہلے چوبیس گھنٹے یہ کوئی مزے کی بات نہیں ہے۔

This is a very strange concept but, it is possible to ask any demon possessing any human body in any part of the world to leave. I can convince them to leave that body, but sometimes I need to insist. Insisting is a procedure, and it takes some time. But during the process of taking out a demon from a person, most of them come to me first once they decide to leave that person. They are usually very unhappy and angry with me during our first meeting. After twentyfour hours or less, they forgive me and become my friend. I usually ask everyone to leave my house on the second or third day, and they listen most of the time.

یہ بہت ہی عجیب تصور ہے لیکن دنیا کے کسی بھی حصے میں کسی بھی انسان میں سے جن نکالنا ممکن ہے۔ میں انہیں اس جسم چھوڑنے کے لئے آمادہ کر سکتا ہوں لیکن بعض اوقات مجھے اصرار کرنا پڑتا ہے۔ مجبور کرنا ایک طریقہ ہے اور میں کچھ وقت لگتا ہے۔ لیکن ایک جن کو ایک شخص میں سے نکالنے کے عمل کے دوران، اُن میں سے ذیادہ تر پہلے میرے پاس آتے ہیں، جب وہ ایک دفعہ اس شخص کو چھوڑنے کا فیصلہ کر لیتے ہیں۔ وہ عموماً مجھ سے ہماری پہلی ملاقات کے دوران بہت ناخوش اور غصہ ہوتے ہیں۔ چوبیس گھنٹوں یا کم کے بعد وہ مجھے معاف کر دیتے ہیں اور میرے دوست بن جاتے ہیں۔ میں دوسرے یا تیسرے دن ہر ایک کو میرا گھر چھوڑ جانے کے لئے کہتا ہوں اور اکثر اوقات وہ میری بات مان لیتے ہیں۔

It is possible to move demons from a particular house or area, but usually, I avoid it.

کسی خاص گھر یا جگہ سے جنّات کو ہٹانا ممکن ہے لیکن میں عموماً ایسا کرنے سے اجتناب کرتا ہوں۔

Instead of a person, if I chose a particular house or a particular area, I was able to move all the demons in that house or area. I ask them to go to some other place, and most of them come to me. Not knowing how many

ایک شخص کی بجائے اگر میں ایک خاص شخص یا ایک خاص رقبے کو منتخب کرتا ہوں تو میں اس قابل ہوں کہ تمام جنّات کو اس گھر یا رقبے میں منتقل کر سکوں۔ میں انہیں کسی اور جگہ جانے کے لئے کہتا ہوں اور اکثر اوقات وہ مجھ تک آجاتے ہیں یہ ناجانتے ہوئے کہ ایک خاص رقبے میں کتنے جن ہیں یا ان میں کس قسم کی طاقتیں ہیں میرے لئے مسئلہ بن سکتی ہیں اور لاتعداد جنّات سے نمٹنا واقعی مشکل ہے۔ وہ اکثر

demons are in that particular area or what kind of powers they have can be a problem for me, and handling numerous demons is really difficult. They are usually surprised, and I am surprised, too. And I need at least twenty-four hours so that they understand and learn about me before they leave. I performed this experiment several times, and the only thing I learned was that it is not a good idea to get involved or mess with so many demons at one time.

حیران ہو جاتے ہیں اور میں بھی حیران ہو جاتا ہوں اور مجھے کم از کم چوبیس گھنٹے چاہیے تا کہ وہ مجھے چھوڑنے سے پہلے مجھے سمجھ لیں اور میرے بارے میں جان لیں۔ میں نے یہ تجربہ کئی بار کیا ہے اور وہ چیز جو میں نے سیکھی ہے وہ یہ ہے کہ ایک ہی وقت میں بہت سارے جنّات سے نمٹنا یا ان میں مداخلت کرنا اچھا خیال نہیں ہے۔

I don't think that one demon is around me more than once day.

میرا نہیں خیال کہ ایک جن میرے اردگرد ایک دن سے زیادہ رہتا ہے۔

Demons are the only ones that can show us dreams. Dreams do not come from our minds. Demons can easily read our minds and even find information deep inside our brains. Demons are the one that show us dreams by hypnotizing us. Normal people are usually under the influence of at least one demon. And that demon shows them dreams, sometimes to scare them, sometimes to harass them, and sometimes to reveal affairs around them. This is the hobby of demons, and our minds are just like toys for them.

جنّات ہی وہ ہیں جو ہمیں خواب دکھا سکتے ہیں۔ خواب ہمارے دماغ سے نہیں آتے۔ جنّات بہت آسانی سے ہمارا ذہن پڑھ سکتے ہیں یہاں تک کہ ذہن کی انتہائی گہرائی سے معلومات حاصل کر لیتے ہیں۔ جنّات ہی وہ ہیں جو ہمیں بے سُدھ کر کے ہمیں خواب دکھاتے ہیں۔ عام لوگ کم از کم ایک جن کے زیر اثر ہوتے ہیں۔ اور وہ جن انہیں بعض اوقات خوفزدہ کرنے کے لئے، بعض اوقات ہراساں کرنے کے لئے اور بعض اوقات ان کے اردگرد ہونے والے واقعات سے پردہ اٹھانے کے لئے، خواب دکھاتا ہے۔ یہ جنّات کا مشغلہ ہے اور ہمارے دماغ صرف ان کے لئے کھلونے ہیں۔

If you are not seeing a dream, no demon is around you, or they are not playing with your mind when you are sleeping. These days, I have to deal with new demons. New demons treat me as a regular and normal person at first instead of digging up information from my mind. They try to show me dreams about the person, family, or area I pulled them out of. As a result, I see strange people, strange houses, and strange problems in my dreams. This is crazy, but it happens every day. By the time that demon learns about me, they do not bother to

اگر سوتے وقت آپ خواب نہیں دیکھ رہے تو آپ کے گرد کوئی جن نہیں ہے یا وہ آپ کے ذہن کے ساتھ کھیل نہیں رہے ہیں۔ آج کل مجھے نئے جنّات سے ڈیل کرنا پڑتا ہے۔ نئے جنّات میرے دماغ سے معلومات حاصل کرنے کی بجائے مجھ سے معمول اور عام لوگوں کی طرح سلوک کرتے ہیں۔ وہ مجھے اس شخص، خاندان یا جگہ کے بارے میں خواب دکھانا شروع کرتے ہیں جہاں سے میں نے انہیں نکالا ہوتا ہے۔ نتیجے کے طور پر، میں عجیب لوگوں، عجیب گھروں اور عجیب مسائل کو اپنے خوابوں میں دیکھتا ہوں۔ یہ پاگل پن ہے اور ایسا ہر روز ہوتا ہے۔ وقت کے ساتھ ساتھ جنّات میرے بارے میں سیکھ جاتے ہیں۔ وہ مجھے مزید خواب دکھا کر اپنا وقت ضائع نہیں کرنا چاہتے۔ پھر بھی تاہم میرے اردگرد کئی دوسرے جنّات منڈلاتے رہتے ہیں۔

waste time with me by showing me more dreams. By then, however, I will have someone else's demon hanging around me.

A few diseases act individually, and a few act in groups.

کچھ بیماریاں انفرادی طور پر اثر کرتی ہیں اور چند گروہوں کی شکل میں اثر کرتی ہیں ۔

A few animals live, hunt, and eat by themselves, but a few animals like to stay in big groups. And wherever these animals go, they go together. It's the same way in the invisible world, and the same rule applies to diseases. A few diseases stay and act by themselves, and a few stay and act together in a group. Individuals can often suffer from a great deal of symptoms. Moreover, if one person in a family is suffering, that pain can be easily transferred to a second person; however, it still hurts one person at one time. But a few diseases stay and act in a group. Sometimes a whole family, neighborhood, or community can suffer from the same disease at same time. All of these diseases are invisible to the naked eye, and they are not regular demons.

کچھ جانور خود ہی کھاتے، شکار کرتے اور رہتے ہیں لیکن چند جانور بڑے گروہوں میں رہنا پسند کرتے ہیں اور جب کبھی وہ جانور کہیں جاتے ہیں وہ گروہوں میں اکٹھے ہو کر جاتے ہیں بالکل اسی طرح پوشیدہ (نظر نہ آنے والی دنیا) میں ہوتا ہے اور یہی اصول بیماریوں پر لاگو ہوتا ہے۔ کچھ بیماریاں رہنے اور عمل کرنے پر خود پر انحصار کرتی ہیں اور کچھ بیماریاں اکٹھی رہتی اور عمل کرتی ہیں۔ بعض اوقات ایک پورا خاندان، ہمسائے یا معاشرہ ایک ہی وقت میں ایک جیسی بیماری میں مبتلا ہو سکتا ہے۔ یہ تمام بیماریاں عام آنکھ کے لئے پوشیدہ ہوتی ہیں۔ وہ یہ معمول کے جنّات نہیں ہیں ۔

Pills and medications usually work on those areas that are affected or controlled by demons? In few cases, tastes and smells can be effective against pains and sicknesses

گولیاں یا ادویات عموماً ان علاقوں پر اثر کرتی ہیں جن پر جنّات کا اثر یا قابو ہوتا ہے؟ چند معاملات میں ذائقے اور خوشبوئیں درد اور امراض کے خلاف پر اثر ہو سکتے ہیں ۔

Our nerves are very sensitive. Demons and diseases usually choose nerves in different areas of our body to give us pain. Usually, painkillers make those nerves relaxed or numb to reduce the pressure inflicted on us by demons.

ہمارے اعصاب بہت حساس ہوتے ہیں۔ جنّات اور بیماریاں ہمیں درد دینے کے لئے ہمارے جسم کے مختلف حصوں سے اعصاب کا انتخاب کرتی ہیں۔ عموماً درد کش ادویات ان اعصاب کو پرسکون یا بے حس یا جنّات کے ہم پر دباؤ کو کم کرتی ہیں۔

Infections are the damaged sections of the body, both internal and external. Small insects (i.e., disease) stay around that infected part of the body. Usually, antibiotics and other medications have tastes or smells that those diseases do not like. Within few days, all the diseases leave that wound. During this process, the positive energy of the body and the protective system of the body help in healing that wound.

انفیکشن جسم کے دونوں اندرونی اور بیرونی نقصان زدہ حصے ہوتے ہیں۔ چھوٹے کیڑے (جیسا کہ بیماری) جسم کے اس متاثر حصے کے اردگرد رہتے ہیں۔ عام طور پر جراثیم کش اور دوسری ادویات وہ خوشبو اور ذائقہ رکھتی ہیں جو کہ وہ بیماریاں پسند نہیں کرتی۔ چند دنوں میں تمام بیماریاں اس جسم کو چھوڑ دیتی ہیں۔ اس عمل کے دوران جسم کی مثبت طاقتیں اور محافظ نظام اس زخم کو بھرنے میں مدد کرتے ہیں۔

Red meat carries more problems.

سرخ گوشت میں بہت سے مسائل ہوتے ہیں۔

It is an experimental truth, a belief held by all spiritual people, that any kind of demon, or any kind of disease, always goes behind red meat.

یہ ایک تجرباتی سچ ہے، تمام روحانی لوگوں کا عقیدہ ہے، کہ کسی بھی طرح کا جن، یا کسی بھی طرح کی بیماری، ہمیشہ سرخ گوشت کے پیچھے جاتے ہیں۔

Usually, red meat belongs to the cow or bull. Honestly, I do not have any problem with any kind of meat or any kind of food, but I am an abnormal person. I do not have any problem with demons. They listen to me, and they usually do not hurt me. But a normal person needs to avoid inviting demons or diseases, and demons and diseases live inside red meat and follow red meat, so be careful.

عام طور پر، سرخ گوشت گائے یا بیل کا ہوتا ہے۔ ایمانداری سے، مجھے کسی قسم کے گوشت یا خوراک سے کوئی مسئلہ نہیں ہے لیکن میں ایک عام انسان نہیں ہوں۔ مجھے جنّات سے کوئی مسئلہ نہیں ہے۔ وہ مجھے سنتے ہیں اور وہ عام طور پر مجھے نقصان نہیں پہنچاتے۔ لیکن ایک عام انسان کو جنّات اور بیماریوں کو دعوت دینے سے بچنے کی ضرورت ہے اور جنّات اور بیماریاں سرخ گوشت کے اندر رہتی ہیں اور سرخ گوشت کی پیروی کرتی ہیں، اس لئے احتیاط کریں۔

A migraine is fixable.

شقیقے کا علاج ممکن ہے

To me, the flu is the most difficult task, because it is not one disease or invisible insect. Flu is a combination attack. To fix this, one must fix all the individual symptoms several times. On the other hand, a migraine is the action of one demon. The migraine is not an invisible insect or disease. The migraine is a very powerful demon. Usually, migraine demons make their homes in particular places in the brain.

میرے لئے زکام سب سے مشکل کام ہے کیونکہ یہ ایک بیماری یا پوشیدہ کیڑا نہیں ہے۔ زکام ایک مجموعی حملہ ہے۔ اس کے علاج کے لئے کسی کو بھی کئی بار انفرادی آثارِ امراض کا علاج کرنا پڑے گا۔ دوسری طرف شقیقہ ایک جن کا عمل ہے۔ شقیقہ ایک پوشیدہ کیڑا یا بیماری نہیں ہے۔ شقیقہ بہت ہی طاقت ور جن ہے۔ عموماً شقیقہ کے جنّات دماغ میں خاص جگہوں پر اپنا گھر بناتے ہیں۔ ایک شقیقے کا علاج ثابت کرنا بہت آسان ہے۔ لیکن شقیقے کے جنّات ہمیشہ اپنے پیچھے کچھ خرابیاں چھوڑ جاتے ہیں۔ جب کبھی کوئی دوسرا شقیقے کا جن اس شخص کے پاس آتا ہے تو اسے بہت زیادہ طاقت صرف کرنے کی ضرورت نہیں ہوتی کیونکہ اس کے دماغ میں پہلے سے ہی نئے شقیقے کے جن کے لئے جگہ موجود ہوتی ہے۔ شقیقے کا

It is very easy to fix a migraine. But migraine demons always leave some damages behind. Whenever another migraine demon comes close to that person, it doesn't have to expend as much energy, because there is already room for the new migraine demon in that brain. The migraine is easily fixable, but after that, I need to take proper medication to heal the damages to avoid migraines in the future.

آسانی سے علاج کیا جاسکتا ہے لیکن اس کے بعد مستقبل میں شقیقے سے بچاؤ کے لئے خرابیوں کو مناسب ادویات سے ٹھیک کرنے کی ضرورت ہوتی ہے۔

How do contagious diseases spread?

وبائی بیماریاں کیسے پھیلتی ہیں؟

If these diseases leave one body, they immediately go to second body and then third and then fourth, which can make life hell. Contagious diseases are usually stubborn insects. These diseases do not leave particular areas or locations easily. A very simple example is the flu. The flu is not a demon. It is a combination of bunch of different invisible diseases. Flu has all kinds of sicknesses. Flu is not an action of one kind of invisible insects. It is a combination of a group of invisible insects with different effects. Plus, these insects come out from one body and go to another body immediately to make the next person sick. Why am I saying that this is the action of more than one invisible insect? Because when a sickness usually comes as the result of an action of one demon or one insect, it is easy to take it out, but when more than one or a bunch of invisible insects or diseases act together to create a sickness like the flu, it is difficult to take them out at one time. Even in this different kind of invisible insects or diseases, same kind of insects or disease also come as a group. It means: Few insects has effect of cold, few has effect of fever, some has effect of pain, etc. My point is that Flu disease has a group action of cold-fever-pain-insects together. But, I feel still they come

اگر یہ بیماریاں ایک جسم کو چھوڑتی ہیں تو وہ فوراً دوسرے پھر تیسرے اور پھر چوتھے انسان کی طرف جاتی ہیں۔اور زندگی اجیرن کر دیتی ہیں۔وبائی بیماریاں عموماً ضدی کیڑے ہوتے ہیں۔ یہ بیماریاں آسانی سے خاص جگہ یا حصہ نہیں چھوڑتیں۔ بہت ہی آسان مثال ہے۔زکام ایک جن نہیں ہے۔ یہ مختلف پوشیدہ بیماریوں کے گروہ کا ایک ملاپ ہے۔زکام میں تمام طرح کی بیماریاں ہوتی ہیں۔زکام کسی ایک قسم کے پوشیدہ کیڑوں کا عمل نہیں ہے۔ یہ مختلف اثرات والے پوشیدہ حشرات کے ایک گروہ کا ملاپ ہے۔مزید یہ ہے کہ یہ حشرات ایک جسم سے نکلتے ہیں اور دوسرے انسان کو بیمار کرنے کے لئے فوراً دوسرے جسم میں داخل ہو جاتے ہیں۔ میں یہ کیوں کہہ رہا ہوں کہ یہ ایک سے زائد پوشیدہ کیڑوں کا عمل ہے؟ کیونکہ جب وہ کوئی بیماری کسی ایک جن یا کسی ایک کیڑے کے عمل کا نتیجہ ہوتی ہے تو اسے دور کرنا آسان ہوتا ہے لیکن جب ایک سے زیادہ پوشیدہ کیڑے یا بیماریوں کا دستہ مل کر زکام جیسی بیماریاں پیدا کرنے کے لئے عمل کرتے ہیں انہیں ایک ہی بار میں باہر نکالنا مشکل ہے۔ یہاں تک کہ ان مختلف اقسام کے پوشیدہ حشرات اور بیماریوں میں ایک ہی طرح کے حشرات اور بیماریاں گروہ کی صورت میں سامنے آتی ہیں۔اس کا مطلب ہے کہ چند حشرات کے اثر کے طور پر بخار ہوتا ہے اور کچھ کے اثر کے طور پر درد ہوتا ہے وغیرہ۔ میرا نقطہ نظر ہے کہ زکام کی بیماری، نزلہ، بخار اور درد حشرات کا اکٹھے ہو کر ایک گروہی عمل ہے۔لیکن میں پھر بھی محسوس کرتا ہوں کہ وہ زکام کے حشرات، بخار کے حشرات اور درد کے حشرات کے گروہ کی صورت میں آتے ہیں۔اس لئے وہ ایک ہی وقت میں مختلف اجسام کو زکام میں مبتلا کرنے کے لئے انفرادی طور پر حملہ کرتے ہیں۔ یہی وجہ ہے کہ وہ تیزی سے ایک سے ذیادہ انسانوں پر حملہ کرتے ہیں۔زکام کے حوالے سے بلاشک ان کا مجموعی اثر بہت طاقت ور ہوتا ہے لیکن پھر بھی یہ گروہ طبعی لیکن پوشیدہ حشرات پر مشتمل ہوتا ہے۔ان کے عمل پر قابو پایا جاسکتا ہے۔ لیکن ان کو قابو کرنے کے لئے بہت وقت درکار ہوتا ہے۔ چوٹ کے علاوہ بعض اوقات مجھے زکام اور کھانسی کا علاج کرنے میں پریشانی کا سامنا کرنا پڑتا ہے۔ یہ وبائی بیماری ہے کیونکہ کیڑوں کا گروہ ایک ہی وقت میں کئی اشخاص پر حملہ کرتا ہے۔

in a group of cold insects, fever insects, and pain insects also. So, at same time they attack individually on several bodies to give them flu. This is the reason that they quickly attack more than one person. In regards to the flu, no doubt, their combined action is very powerful, but this group is still composed of physical but invisible insects. Their action is controllable as well, but it takes a longer time to control them. Other than injuries, I sometimes face difficulties in fixing the flu and bad coughs immediately. It is contagious because each group of insects attacks several persons at the same time.

The causes of fevers and flus are physical creature that are similar to demons.

بخاراورزکام کے اسباب طبعی مخلوقات ہیں جو کہ جنّات جیسی ہوتی ہیں۔

Flu is a combination of bunch of diseases. This is the reason that flu is a difficult task for me. But compared to the flu, a fever is a very easy task and easily fixable. A fever is not a demon. A fever is not an invisible insect or disease. A fever is a kaifiyat or deep inner feeling. It is easily fixable.

زکام بیماریوں کے دستے کا ایک ملاپ ہے۔ یہ ہی وجہ ہے کہ زکام میرے لئے ایک مشکل کام ہے۔ لیکن زکام کے مقابلے میں بخار ایک آسان کام ہے اور جلد ہی ٹھیک کیا جا سکتا ہے۔ بخار ایک جن نہیں ہے۔ بخار ایک پوشیدہ کیڑا یا بیماری نہیں ہے۔ بخار ایک کیفیت یا گہرا اندرونی احساس ہے۔ اسکا علاج آسانی سے کیا جا سکتا ہے۔

Almost everyone experiences pressure on the chest during sleep and cannot yell or wake up?

تقریباً ہر کوئی سوتے وقت سینے پر دباؤ محسوس کرتا ہے اور چیخ یا جاگ نہیں سکتا؟

Almost everyone experiences at least one of these actions by demons. You can sometimes feel a lot of pressure on your chest when you sleep, but the demon is controlling you by hypnotizing your mind. During all that drama, demons are completely controlling your body. Even if you want to move, you can't. Even if you want to yell, you have no control over yourself. With a strong willpower,

تقریباً ہر کوئی جنّات کے ان عوامل میں سے کوئی ایک ضرور محسوس کرتا ہے۔ بعض اوقات آپ سوتے ہوئے اپنے سینے پر بہت دباؤ محسوس کرتے ہیں لیکن جن آپ کے دماغ کو ہپنو ٹائز کر کے آپ کو قابو کر رہے ہوتے ہیں۔ یہاں تک کہ آپ حرکت کرنا چاہتے ہیں لیکن کر نہیں پاتے۔ یہاں تک کہ آپ چلانا چاہتے ہیں لیکن آپ کا خود پہ اختیار نہیں ہوتا۔ ایک مضبوط قوتِ ارادی کی مدد سے بہت سے لوگ چند منٹوں میں اس چنگل سے آزاد ہو جاتے ہیں لیکن بعض اوقات کچھ لوگوں کو دل کا دورہ پڑ جاتا ہے اگر وہ بہت زیادہ شراب پینے کے بعد سو جائیں۔ وہ شراب جنّات کے عوامل کے خلاف ان کی طاقت کو کم کر دیتی ہے۔ جس کا نتیجہ بعض اوقات دل کے دورے کی صورت میں نکلتا ہے۔

most people can conquer this trap in few minutes. But sometimes a few people suffer heart attacks if they go to sleep after they have been heavily drinking alcohol. That alcohol can reduce their strength against that demon's actions, which can sometimes result in heart attacks.

Demons and diseases are physical.

جنّات اور بیماریاں طبعی ہوتی ہیں۔

Both demons and diseases are physical bodies but invisible to most of us. Both demons and diseases are similar to air. We cannot see air, but we can feel air. We cannot see demons and diseases, and most of us cannot feel them either; however, they are physical bodies like air. But almost all of us can feel their effects in shape of sickness or sick feelings or pains. Only physical bodies can create impact like this.

جنّات اور بیماریاں دونوں طبعی اجسام ہیں لیکن ہم میں سے زیادہ تر لوگوں کو نظر نہیں آتیں۔ جنّات اور بیماریاں دونوں ہوا کی طرح کے ہیں۔ ہم ہوا کو دیکھ نہیں سکتے لیکن محسوس کر سکتے ہیں۔ ہم جنّات اور بیماریوں کو دیکھ نہیں سکتے اور ہم میں سے زیادہ تر لوگ انہیں محسوس بھی نہیں کر سکتے تاہم وہ ہوا کی طرح طبعی اجسام ہیں لیکن تقریباً ہم سب بیماری یا بیماری کے احساسات یا درد کی صورت میں ان کے اثرات کو محسوس کر سکتے ہیں۔ صرف طبعی اجسام ہی اس طرح کا اثر مرتب کر سکتے ہیں۔

Genetic diseases: Why kids get the same disease as their parents

پیدائشی بیماریاں: بچوں کو اپنے والدین جیسی بیماریاں کیوں ہوتی ہیں؟

In the invisible world, we mainly have two things we have to deal with: demons and diseases. Demons are less responsible for damaging organs or blocking of hormones. Diseases are mainly responsible for all organ damage, organ failure, and hormonal problems. Diseases are totally negative and damage our body and health. As compared to us, the reproduction of these diseases is faster than humans can reproduce. During the birth of a child, or even after the birth of child, this reproduction process of diseases is responsible for genetic disease.One invisible insect or disease is responsible for stopping or blocking the production or extraction of insulin inside the body. The pancreas is situated by the liver. When there is no production of insulin, that person becomes diabetic. When this disease is creating the diabetic problem inside

دکھائی نہ دینے والی دنیا میں ہمارے پاس بنیادی طور پر دو ہی چیزیں ہیں۔ ہمیں جنّات اور بیماریوں کے ساتھ تدبیر کرنی پڑتی ہے۔ اعضاء کو نقصان پہنچانے اور غدودوں کی رکاوٹ میں جنّات بہت کم ذمہ دار ہیں۔ اعضاء کے نقصان، اعضاء کے کام کرنے کے قابل نہ ہونا اور غدودوں کے مسائل میں بنیادی طور پر بیماریاں ذمہ دار ہیں۔ بیماریاں مکمل طور پر برا اثر رکھتی ہیں اور ہمارے جسم اور صحت کو نقصان پہنچاتی ہیں۔ ہمارے مقابلے میں بیماریوں کی افزائش انسانوں کی افزائش سے زیادہ ہے۔ بچے کی پیدائش کے دوران یا حتیٰ کہ بچے کی پیدائش کے بعد بیماریوں کی افزائش کا عمل پیدائشی بیماریوں کے لئے ذمہ دار ہے۔ ایک نہ نظر آنے والا کیڑا یا بیماری جسم کے اندر انسولین رک جانے یا بننے یا کشید کرنے کو روکنے کے ضامن ہیں۔ لبلبہ جگر کے ساتھ واقعہ ہے۔ جب انسولین کی افزائش نہیں ہوتی تو انسان ضیابطیس کا مریض بن جاتا ہے۔ جب یہ بیماری اس شخص کے اندر ضیابطیس کے مسائل کو جنم دیتی ہے تو ساتھ ہی یہ افزائش کے عمل سے بھی گزرتی ہے۔ میں فرض کرتا ہوں یا میرا خیال ہے کہ وہ (کیڑے) ساتھ ہی اپنے انڈے بھی دیتے ہیں۔ اور جب وہ عورت حاملہ ہوتی ہے تو یہ انڈے ضیابطیس کی بیماری بچے کے جسم میں بیماری کو منتقل کر دیتے ہیں اس طرح ہمیں اپنے والدین سے بیماری ملتی ہے۔ بعض اوقات ہمیں وہ حمل کے دوران وراثت میں ملتی ہے لیکن زیادہ تر بیماریاں جو بھی وہ ہمارے جسم میں لا رہے ہوتے ہیں ہمیں آسانی سے لگ جاتی ہیں کیونکہ ہم ہمیشہ اپنے والدین کے پاس ہوتے ہیں۔ اس طرح بچے پیدائشی بیماریوں اپنے والدین سے حاصل کرتے ہیں۔ یہ قسمت

that person, it is also undergoing reproduction as well. I assume they leave their eggs inside that body as well. And when that woman becomes pregnant, those eggs with the diabetic disease transfer the disease to the body of the child. In this way, we receive diseases from our parents. Sometimes we inherit them during the pregnancy, but most of the time, we easily contract whatever diseases they are carrying inside their bodies because we are always around our parents. In this way, kids get genetic diseases from their parents. This is not fate. We can try to change it by using healthy rules and help from someone like me.

نہیں ہے۔ہم اسکو بدلنے کی کوشش کر سکتے ہیں صحت کے اصول استعمال کر کے اور مجھ جیسے کسی انسان سے مدد لے کر۔

How do you know that you are under the influence a demon?

آپ کو کیسے پتا چلتا ہے کہ آپ ایک جن کے زیرِ اثر ہیں؟

How can you know if you have any demon around you? It is very simple. If you are not dreaming during sleep, no demons are around you, but if you are dreaming during sleep, you have demon around you. If you are experiencing different kinds of dreams every night, then you are under influence of more than one demon. I strongly feel that anyone who is under the influence of more than one demon will become mentally sick sooner or later.

آپ کو کیسے پتا چل سکتا ہے اگر کوئی جن آپ کے ارد گرد ہو؟ یہ بہت آسان ہے۔اگر آپ سونے کے دوران خواب نہیں دیکھ رہے ہیں۔کوئی جن آپ کے ارد گرد نہیں ہے۔اگر آپ کو ہر رات مختلف خواب آ رہے ہیں تو آپ ایک سے زائد جن کے زیر اثر ہیں۔میں زیادہ تر محسوس کرتا ہوں کہ کوئی بھی جو ایک سے زائد جن کے اثر میں ہے جلد یا بادیر ذہنی طور پر بیمار ہو جائے گا۔

Demons are not like diseases. They are more interested in controlling our minds.

جنّات بیماریوں کی طرح نہیں ہوتے۔وہ ہمارے دماغ کو قابو کرنے میں دلچسپی رکھتے ہیں یا ان کو ہمارے دماغوں کو قابو کرنے میں زیادہ دلچسپی ہوتی ہے۔

Diseases are mainly hungry and invisible insects. What can we expect from dangerous insects? They just eat our bodies and organs. Within a few days, they make wounds or injuries anywhere, including the stomach, liver, kidneys,

بیماریاں زیادہ تر بھوکے اور نا نظر آنے والے حشرات ہوتے ہیں۔ہم خطرناک حشرات سے کیا توقع کر سکتے ہیں؟ وہ صرف ہمارے جسموں اور اعضاء کو کھاتے ہیں۔کچھ ہی دنوں میں وہ زخم بناتے ہیں یا کہیں بھی زخم کرتے ہیں۔جن میں معدہ، جگر، گردے، آنتیں یا حتیٰ کہ دماغ بھی شامل ہے۔اندرونی

intestines, or even the brain. Internal injuries and wounds do not heal easily, not even if we take medication regularly. Those invisible insects or diseases never leave us alone until they completely damage our organs and kill us.	چوٹیں اور زخم آسانی سے نہیں بھرتے ہیں یہاں تک کہ اگر باقاعدگی سے دوائی لی جائے۔ وہ نظر نہ آنے والے حشرات یا بیماریاں ہمیں کبھی بھی اکیلا نہیں چھوڑتے ہیں۔ یہاں تک کہ وہ مکمل طور پر ہمارے اعضاء کو نقصان پہنچائیں اور ہمیں مار دیں۔
On the other hand, demons are very sensible like us, but they are totally negative. They will keep or at least try to keep control of our minds. Demons will get more and more control of our minds. We will get closer to mental sickness. Once our minds are under the control of demons, we become mentally ill.	دوسری طرف جنّات ہماری طرح حساس ہوتے ہیں۔ لیکن وہ مکمل طور پر برے ہوتے ہیں۔ وہ ہمارے دماغوں پر قابو کر لیتے ہیں یا کم از کم کوشش کرتے ہیں۔ جنّات ہمارے دماغوں پر زیادہ سے زیادہ قبضہ کرتے ہیں۔ ہم ذہنی بیماری کے قریب ہوتے ہیں۔ ایک دفعہ ہمارا دماغ جنّات کے قبضے میں آجائے ہم ذہنی مریض بن جاتے ہیں۔
Usually, I pull any demon or disease related to my topic of interest and keep it around for few days. After at least twenty-four hours, they helped me write this book by providing information to my mind through hypnotism.	**عام طور پر، میں کسی جن یا بیماری کو اپنے عنوان کے دلچسپی کے مطابق کھینچتا ہوں اور اس کو کچھ دن پاس رکھتا ہوں۔ کم از کم چوبیس گھنٹے بعد وہ ہپنوٹزم کے ذریعے میرے دماغ کو معلومات فراہم کر کے مجھے کتاب لکھنے میں مدد کرتے ہیں۔**
In writing this book, I got a lot of help from different demons feeding my brain at different times.	اس کتاب کو لکھنے میں مختلف جنّات نے مختلف اوقات میں میرے دماغ کو معلومات فراہم کر کے میری مدد کی ہے۔
My life is mostly neutral these days, because I am not controlled by any demon all of the time.	**میری زندگی ان دنوں زیادہ تر معتدل ہے کیونکہ میں ہر وقت کسی جن کے قبضے میں نہیں ہوں۔**
I used to be different. I used to exhibit many extreme behaviors. But because demons cannot stay around me for a long time, I feel neutral most of the time. Nowadays, I can easily withdraw from many things. I do not feel too much hate or love for anything or anyone. Overall, I am more responsible, but my extreme behaviors are reducing.	میں مختلف رہنے کا عادی ہوں۔ مجھے میں بہت سے انتہائی رویے نظر آتے ہیں۔ لیکن کیونکہ جنّات ایک لمبے عرصے کے لئے میرے پاس قیام نہیں کر سکتے میں زیادہ تر معتدل رہتا ہوں۔ آج کل میں آسانی سے کسی بھی چیز سے علیحدہ ہو سکتا ہوں۔ میں کسی بھی چیز یا کسی کے لئے بھی بہت ذیادہ نفرت یا محبت محسوس نہیں کرتا۔ مجموعی طور پر میں بہت ذمہ دار ہوں لیکن میرے انتہائی رویے کم ہو رہے ہیں۔ یہ جنّات ہمارے انتہائی رویوں میں تسلسل رکھتے ہیں جب وہ مجبور کرتے ہیں کہ ہم ہر وقت عادتیں، پسند، ناپسند، مقابلے بازی اور خواہشات قائم رکھیں۔ ایک طرف جن کی منفیت ہمارے لئے انتہائی

demons keep us going when they insist that we have hobbies, likes, dislikes, competitions, and desires all the time. On the one hand, a demon's negativism is extremely bad for us, but somehow, they keep us active and keep us running behind our wishes and desires, and I think that is the attraction of life.

بری ہے لیکن کسی نہ کسی طرح وہ ہمیں چست رکھتے ہیں اور ہمیں ہماری خواہشات اور جستجات کے پیچھے بھگاتے ہیں اور میرے خیال میں یہی زندگی کی وہ کشش ہے۔

Demon can make us hate or love someone.

جن کسی کے لئے ہماری نفرت یا محبت کو پیدا کرسکتا ہے۔

Trust me, hypnosis is a very strong tool, and demons have this tool. They add different kinds of negative and positive thoughts toward people. Demons continuously convinced us about feelings for people through hypnosis. Sometimes it takes a long time, but eventually, a normal person will be convinced easily. By using hypnotism, demons can make us hate someone or love someone very easily.

میرا یقین کریں، ہپنوسس (مصنوئی طریقے سے لائی گئی نیند) ایک بہت مضبوط ہتھیار ہے اور جنّات کے پاس یہ ہتھیار ہے۔ وہ لوگوں کی سوچوں میں مختلف قسم کی مثبت اور منفی سوچوں کا اضافہ کرتے ہیں۔ جنّات ہپنوسس کے ذریعے ہمیں مسلسل لوگوں کے لئے احساسات کے لئے قائل کرتے ہیں۔ بعض اوقات اس کو ذیادہ وقت لگتا ہے لیکن آخرکار ایک عام انسان آسانی سے قائل ہو جاتا ہے۔ ہپنوٹزم کے ذریعے جنّات آسانی سے ہمیں کسی سے نفرت کرنا یا کسی سے محبت کرنا پیدا کر سکتے ہیں۔

Why do some people have pain in their calves once they go to bed to sleep?

کیوں کچھ لوگوں کو ان کے بیانہ میں درد ہوتا ہے جب وہ بستر پر سونے کے لئے جاتے ہیں؟

Leg pain is a very common complaint from a bunch of people. In this way, demons or diseases torture people. Many people feel no pain during the whole day, but as soon as they go to bed, they start feeling pain in their calves. And that unbearable pain in their calves keeps them up the whole night. This is not the action of a regular demon. This is the action of a demon that's between the demon and disease classes. Some pains and problems are similar to this pain. These demons just do not rely on controlling us, but they want to keep us in pain either during certain parts of the day or the whole day. Examples of these torturous demons are migraines, high and low blood pressure, pains in calves, backbone and

بہت سے لوگوں کی ٹانگوں میں درد ایک عام شکایت ہے۔ اس طرح جنّات اور بیماریاں لوگوں کو تکلیف دیتے ہیں۔ بہت سے لوگ سارا دن کوئی درد محسوس نہیں کرتے لیکن جیسے ہی وہ بستر پر جاتے ہیں وہ اپنے بیانوں میں درد محسوس کرنا شروع کرتے ہیں۔ اور ان کے بیانوں میں یہ ناقابلِ برداشت درد ان کو ساری رات جگائے رکھتا ہے۔ یہ ایک عام جن کا کام نہیں ہے یہ ایک ایسے جن کا کام ہے جو جن اور بیماری کی درجہ بندی کے درمیان ہوتا ہے۔ کچھ دردیں اور بیماریاں اس درد کی طرح ہوتے ہیں۔ یہ جنّات صرف ہمیں قابو کرنے پر ہی اکتفا نہیں کرتے ہیں لیکن وہ دن کے کچھ حصے میں یا پھر سارا دن درد میں رکھنا چاہتے ہیں۔ ان دردوں کی مثالیں مائی گرینز، ہائی بلڈ پریشر، بیانوں مین درد، ریڑھ کی ہڈی اور کولہے کی ہڈی میں درد، نامناسب نیند اور حتٰی کہ برداشت نہ ہونا ہیں۔ میں ان جنّات کو بیماری کی فہرست میں رکھوں گا۔

hipbone pains, sleep disorders, and even intolerance. I will keep these demons in the disease category.

Do you have a sleep disorder? Are you tired but cannot go to sleep?

کیا آپکو ٹھیک سے نیند نہیں آتی؟ کیا آپ تھکے ہیں پھر بھی نہیں سو سکتے؟

This is a very common problem when someone is tired and wants to go to sleep, but these demons keep them up by hypnotizing them. As I have already described, demons like the smell or taste of certain things like cigarettes, tobacco, tea, coffee, beer, wine, alcohol, drugs, and some sleeping aids. This is a very simple practice of demons. Either they keep us in pain or keep us hyper so that we use drugs, alcohol, cigarettes, or sleeping aids. Demons like these things, and they enjoy them. They keep us in pain if we try to quit any of these bad habits. All these habits are external and easily fixable.

یہ بہت عام مسئلہ ہے جب کوئی تھکا ہوتا ہے اور سونا چاہتا ہے لیکن یہ جنّات انہیں ہپنو ٹائز کر کے جگائے رکھتے ہیں۔ جیسا کہ میں نے پہلے بیان کیا ہے کہ جنّات کو کچھ خاص خوشبوئیں یا ذائقہ پسند ہوتا ہے جیسا کہ سگریٹ، تمباکو، چائے، کافی، جو کی شراب، پھل کی شراب، الکوحل، ادویات یا نیند لانے والی اشیا۔ یہ جنّات کا بہت آسان عمل ہے یا تو وہ ہمیں درد میں رکھتے ہیں یا غصے میں رکھتے ہیں تا کہ ہم ادویات، شراب، سگریٹ یا نیند کی گولیاں استعمال کریں۔ جنّات کو یہ اشیا پسند ہیں اور وہ ان سے لطف اندوز ہوتے ہیں۔ وہ ہمیں درد میں رکھتے ہیں اگر ہم ان بری عادتوں میں سے کسی کو بھی چھوڑنے کی کوشش کرتے ہیں۔ یہ تمام عادات بیرونی ہیں اور آسانی سے روکی جا سکتی ہیں۔

Demons and diseases do not die. They just move from body to body.

جنّات اور بیماریاں مرتے نہیں ہیں۔ وہ صرف ایک جسم سے دوسرے جسم میں منتقل ہوتے ہیں۔

Demons and diseases both live for several hundreds of years. Usually, they do not leave a body or person until the person struggles against them. During that struggle, they do not die. They just move to anot her body.

جنّات اور بیماریاں سالوں تک زندہ رہتے ہیں۔ عام طور پر وہ ایک جسم یا شخص کو نہیں چھوڑتے جب تک وہ شخص ان کے خلاف کوشش نہیں کرتا۔ اس جدہ جہد کے دوران وہ مرتے نہیں ہیں وہ ایک جسم سے دوسرے جسم میں منتقل ہو جاتے ہیں۔

Demons do not like water.

جنّات پانی کو پسند نہیں کرتے

Demons and diseases are basically fire. Their basic configuration is fire. Naturally, they do not have too much resistance to water. Usually, most demons are around or in our body. In that case, water is a trouble for them; however, if they penetrate our bodies like most diseases penetrate our bodies to damage our organs, they are out

جنّات اور بیماریاں بنیادی طور پر آگ ہیں۔ ان کی بنیادی تشکیل آگ سے ہے۔ فطرتاً وہ پانی کے لئے زیادہ مزاحمت نہیں رکھتے ہیں۔ عام طور پر وہ زیادہ تر جنّات ہمارے جسم کے اردگرد یا اندر ہوتے ہیں۔ اس صورتِ حال میں پانی ان کے لئے تکلیف بن جاتا ہے۔ تاہم اگر وہ ہمارے جسموں میں گھس جائیں جیسا کہ بیماریاں ہمارے جسموں میں داخل ہو کر ہمارے اعضاء کو نقصان پہنچاتی ہیں وہ ہماری پہنچ سے باہر ہو جاتے ہیں اور پانی کا استعمال کم اثر رکھتا ہے۔ مجھے غلط مت سمجھیے گا۔ میں یہ نہیں کہہ رہا کہ پانی ان کو مار سکتا ہے۔ میں صرف کہہ رہا ہوں کہ وہ پانی کو پسند نہیں کرتے۔ اگر آپ پانی کا چھڑکاؤ

of our reach, and the use of water is less effective. Do not misunderstand me. I am not saying water can kill them. I am only saying that they do not like water. If you keep spraying water around and inside your house, it will keep them uncomfortable all the time. And they will not stay in or around those houses or people for a long time.

Religious waters will definitely be more effective.

اپنے گھر کے اردگرد اور اندر کرتے رہتے ہیں یہ تمام اوقات ان کو بے سکون رکھے گا۔ اور وہ ان گھروں اور لوگوں کے پاس یا اندر قیام نہیں کرسکیں گے۔ مذہبی پانی زیادہ اثر دہ ہوگا۔

The travelling speed of demons or diseases is like the speed of light or sound.

جنّات یا بیماریوں کی سفر طے کرنے کی رفتار روشنی یا آواز کی سفر طے کرنے کی رفتار جیسی ہے۔

I strongly feel that ignorance is a blessing. When I was not aware of all this crazy stuff, life was okay; however, now, even if I do not want to, I get more and more involved in the invisible world, and I'm learning more and more every day.

میں زیادہ تر محسوس کرتا ہوں کہ نظر انداز کرنا ایک رحمت ہے۔ جب میں ان تمام جنونی چیزوں سے باخبر نہیں تھا، زندگی بالکل ٹھیک تھی۔ تاہم اب اگر میں نہیں بھی چاہتا، میں نظر نہ آنے والی دنیا میں زیادہ سے زیادہ ملوث ہو جاتا ہوں اور میں ہر دن زیادہ سے زیادہ سیکھ رہا ہوں۔

I can give you some examples of few things, and then you can decide about their traveling speed. Remember that some demons and diseases come out of us very easily, but some take some time. Whenever I communicate with the demons of a person on the telephone, those demons jump on me within a few seconds. What is their traveling speed? Can you guess?

میں آپ کو کچھ اشیا کی تھوڑی مثالیں دے سکتا ہوں اور پھر آپ ان کی سفر کرنے کی رفتار کے بارے میں فیصلہ کر سکتے ہیں۔ یاد رکھیں کچھ جنّات اور بیماریاں ہمارے اندر سے بہت آسانی سے باہر آجاتی ہیں لیکن کچھ تھوڑا وقت لیتی ہیں۔ جب بھی میں کسی شخص کے جنّات سے ٹیلی فون پر بات کرتا ہوں وہ جنّات کچھ ہی سیکنڈوں میں مجھ پر چھلانگ لگا دیتے ہیں۔ ان کی سفر طے کرنے کی کیا رفتار ہے؟ کیا آپ اندازہ لگا سکتے ہیں؟

Demons and disease are similar to electromagnetic fields.

جنّات اور بیماریاں برقی مقناطیسی میدان کی طرح ہیں۔

Demons or diseases can easily travel through phone lines. If you want to perform an experiment, you can call someone who's sick or someone who at least has a cold or a headache problem. Make sure you are not sick at that time. Talk to any sick person, and you will likely receive

جنّات اور بیماریاں آسانی سے ٹیلی فون کی تاروں سے سفر طے کر سکتی ہیں۔ اگر آپ ایک تجربہ کرنا چاہتے ہیں تو آپ کسی ایک ایسے شخص کو فون کریں جو بیمار ہے یا جس کو کم از کم زکام ہے یا سر درد کا مسئلہ ہے۔ اس بات کی یقین دہانی کر لیں کہ اس وقت آپ بیمار نہ ہوں۔ کسی بیمار سے بات کریں اور آپ کو یہ بیماریاں لگنے کا خدشہ ہوگا۔ بہرا پن، سر درد، زکام، دل کے مسائل، کم یا زیادہ بلڈ پریشر، آنکھوں کا جلنا یا گلے کا خراب ہونا کسی پہلے سے بیمار شخص سے رابطے میں رہنے سے منتقل ہوتے ہیں۔ تاہم میں

the following sicknesses. Deafness, headaches, colds, heart problems, high or low blood pressure, burning eyes, or sore throats are transferred from being in contact with someone already sick. However, I feel that kidney, liver, stomach, hormone, and thyroid problems do not easily transfer from one person to another. The left ear is just like a transmitter and sucks or transfers a lot of diseases from one end to another. I cannot prove this to everyone; however, all these demons and diseases have some kind of field for traveling, and it acts similar to an electromagnetic field.

محسوس کرتا ہوں کہ گردے، جگر، معدہ، غدودوں اور تھائی رائیڈ کے مسائل ایک شخص سے دوسرے شخص کو آسانی سے منتقل نہیں ہوتے۔ بایاں کان بالکل ایک ٹرانسمیٹر کی طرح ہے اور بہت سی بیماریوں کو ایک سرے سے دوسرے سرے تک کھینچتا ہے یا منتقل کرتا ہے۔ میں ہر کسی کو یہ ثابت نہیں کرسکتا ہوں تاہم یہ جنّات اور بیماریں سفر کرنے کے لئے کسی قسم کا میدان استعمال کرتے ہیں اور یہ بالکل ایک برقی مقناطیسی میدان کی طرح ہے۔

Gravity has a lot of influence on them.

ان پر کشش ثقل کا بڑا عمل دخل ہے۔

Maybe demons and diseases do not follow exactly all rules of electromagnetic field, but they have something very similar to electromagnetic field. And I strongly feel that this electromagnetic field is responsible of their traveling through the phone lines and transferring from one place to another in seconds, regardless of the distance.

ہوسکتا ہے کہ جنّات اور بیماریاں برقی مقناطیسی میدان کے تمام اصولوں پر عمل نہ کرتے ہوں لیکن ان میں کوئی چیز بہت زیادہ برقی مقناطیسی میدان جیسی ہے۔ اور میں بہت محسوس کرتا ہوں کہ یہ برقی مقناطیسی میدان ان کے ٹیلی فون کی تاروں کے ذریعے سفر کرنے کا اور ایک جگہ سے دوسری جگہ منتقلی کا ذمہ دار ہے، فاصلے کو بالائے طاق رکھ کر۔

In the beginning, I faced a lot of pain and sickness because whenever I communicated with any pain or sickness inside another person, every demon or disease coming out of those people was stored inside my body. Instead of storing all these demons and disease inside my body, I did a few experiments. And after those experiments, I learned that during the process of taking out demons or disease from someone, if I was holding any metal or if I was keeping my bare feet on a concrete floor or if I was touching a brick wall, those demons and disease were not stored in my body. They were like a current passing from my body and going inside those metals, walls, cements, or ceramic floors. After that,

آغاز میں مجھے بہت زیادہ درد اور تکلیف کا سامنا کرنا پڑا جب کبھی میں نے کسی شخص کے اندر موجود درد یا تکلیف سے بات کی۔ ان لوگوں سے باہر نکلنے والا ہر جن اور بیماری میرے جسم میں چلے جاتے۔ اپنے جسم میں ان تمام جنّات اور بیماریوں کو جمع کرنے کی بجائے میں نے کچھ تجربات کئے اور ان تجربات کے بعد میں نے سیکھا کہ کسی کے اندر سے جنّات یا بیماری کو باہر نکالنے کے عمل کے دوران اگر میں کسی دھات کو پکڑ کے رکھتا تھا یا میں ننگے پاؤں کنکریٹ کے فرش پر تھا یا میں کسی اینٹوں کو دیوار کو چھو رہا تھا، وہ جنّات اور بیماریاں میرے جسم میں جمع نہیں ہوئے۔ وہ ایک کرنٹ کی طرح میرے جسم سے گزرتی اور ان دھاتوں، دیواروں، سیمنٹوں یا سرامکس کے فرش میں داخل ہو جاتی۔ اس کے بعد میں نے سیکھا کہ ان جنّات اور بیماریوں میں کوئی چیز کشش ثقل جیسی ہے۔ اگر وہ ایک جسم سے دوسرے جسم میں ٹیلی فون کی تاروں یا برقی مقناطیسی میدانوں کے ذریعے سفر کرتی ہیں اور اگر وہ ایک جسم سے آتی ہیں اور مجھ میں داخل ہو جاتی ہیں تو پھر وہ میرے جسم میں جمع ہونگی۔ لیکن اس سارے عمل کے دوران میں زمین سے مناسب طریقے سے جڑا ہونگا تو جنّات اور بیماریاں میرے جسم سے گزر جائیں گی۔ ان میں سے زیادہ تر کشش ثقل کے نتیجے کے طور پر زمین میں چلی جائیں گی۔ اس کے بعد میں نے لوگوں کو رائے دینا

I learned that these demons and diseases had something very similar to gravity. If they are traveling from one body to another body through telephone lines or through electromagnetic fields and if they come from one body and enter mine, then they will be stored inside my body. But during that whole process, if I am grounded properly, demons and diseases will pass from my body. Most of them will go into the ground as a result of the principle of gravity. After that, I started suggesting that people keep their feet or hands on any brick walls, the cement of ceramic floor, or various metals. This way, any demon or disease will go to ground. Try it several times a day, and you'll find that it helps.

شروع کی کہ لوگ اپنے پاؤں یا ہاتھ کسی اینٹوں کی دیوار پر، سرامکس سے بنے فرش پر یا مختلف قسم کی دھاتوں پر رکھیں۔ اس طرح کوئی بھی جن یا بیماری سیدھی زمین میں چلے جائے گی۔ اس کو دن میں کئی دفعہ آزمائیں اور آپ کو معلوم ہوگا کہ یہ مددگار ہے۔

Usually, the same diseases attack the same organs or parts of the body when they transfer from one to another.

عام طور پر ایک جیسی بیماریاں ایک جیسے اعضاء یا جسم کے حصوں پر حملہ کرتی ہیں جب وہ ایک سے دوسرے میں منتقل ہوتی ہیں۔

If we like something or if we have expertise in any field, we usually do the same thing again and again. I learn that whenever I communicated with any disease inside any person, that disease traveled from that person and almost always hit the same part of my body, the party from where I pulled it out from the other person. In the beginning, the pressure was great, but with time, it reduced.

اگر ہمیں کوئی چیز پسند ہے یا اگر ہم کسی میدان میں ماہر ہیں۔ تو ہم عام طور پر ایک جیسی چیز بار بار کریں گے۔ میں نے سیکھا ہے کہ جب کبھی میں نے کسی شخص کے اندر موجود بیماری سے بات کی تو اُس بیماری نے اس شخص سے سفر کیا اور تقریباً ہمیشہ میرے جسم کے اُسی حصے کو آ کر لگی جس شخص کے اندر سے میں نے اسکو باہر نکالا۔ شروع میں دباؤ بہت زیادہ تھا لیکن وقت کے ساتھ ساتھ یہ کم ہوگیا۔

If I was fixing someone's pain and they were in front of me, their pain or disease almost never hurt me. The demons still came inside my body, but their effects were very friendly. And they never stayed inside or around me for too long. But whenever I fixed someone's pain over the phone or from a distance, I almost always had to face their demons' anger. Usual ly, after t wenty-four hours, t hey went away without hurting me badly. Sometimes, though,

اگر میں کسی کے درد کو ختم کر رہا ہوتا اور وہ میرے پاس موجود ہوتا تو اُن کے درد یا بیماری نے مجھے کبھی تکلیف نہیں دی۔ جنّات پھر بھی میرے جسم میں داخل ہو جاتے لیکن ان کے اثرات کافی دوستانہ ہوتے تھے۔ اور انہوں نے کبھی میرے اندر یا اردگرد زیادہ دیر قیام نہیں کیا۔ لیکن جب کبھی میں نے کسی کا درد فون پر یا فاصلے سے کم کیا ہے تو مجھے زیادہ تر ان کے جنّات کے غصے کا سامنا کرنا پڑا۔ عام طور پر چوبیس گھنٹے کے بعد وہ مجھے بری طرح نقصان پہنچائے بغیر چلے جاتے۔ بعض اوقات اس بات سے بے نیاز ہو کر کہ وہ جنّات جسم کے کس حصے سے آئے ہیں اگر وہ حصہ یا عضو پہلے سے نقصان میں ہو تو جسم کے اس حصے یا عضو میں داخل ہو جائینگے اور نقصان پہنچائیں گے بجائے کسی صحت مند حصے کو منتخب کریں اور نقصان پہنچائیں۔

regardless of from which part of the body the demons came, if any part or organ is already damaged, they will jump into that damaged part or organ of the body instead of choosing the healthy part and damaging that.

The treatment against demons is a continuous process.

The population of demons and diseases is several hundred times greater than ours. The actual size of demons and diseases is much smaller than the size of humans. Sometimes, maybe two or three people live in a house, but in same house, you can easily find millions of demons and diseases. With so many demons and diseases around us, how come someone thinks that only one treatment will be enough? This is a continuous struggle and fight.

جنّات کے خلاف علاج ایک مسلسل (جاری رہنے والا) عمل ہے۔

جنّات اور بیماریوں کی آبادی ہمارے سے کئی سو گنا زیادہ ہے۔ جنّات اور بیماریوں کا اصل حجم انسان کے حجم سے کافی زیادہ چھوٹا ہے۔ بعض اوقات ہوسکتا ہے کہ دو یا تین لوگ ایک گھر میں رہتے ہوں لیکن اسی گھر میں آپ سینکڑوں جنّات اور بیماریوں کو آسانی سے پا سکتے ہیں۔ ہمارے آس پاس بہت سے جنّات اور بیماریوں کے ہونے سے کوئی کیسے سوچ سکتا ہے کہ ایک دفعہ علاج کرنا کافی ہوگا۔ یہ ایک مسلسل کی جانے والی جد جہد اور لڑائی ہے۔

My body is programmed to feel more pain compared to the normal person.

To, me, it makes no difference if someone has just a headache, a fever, cancer, or HIV. All these diseases or sicknesses are same for me. Once I start working on someone, there are no restrictions or limits. I cannot limit myself to someone's headache. I will disturb all sicknesses and diseases inside the body. I will be able to move them out of that person, but after that, if that person does not want to contract new diseases, he or she needs to fix the damages by taking the proper medication or undergoing the correct surgeries. I can help keep the negative energies of demons and diseases away from that person, but the symptoms still need to be fixed as soon as possible to avoid continuous invitations to diseases,

میرا جسم ایک عام صحت مند جسم کے مقابلے میں زیادہ درد کو محسوس کرنے کے قابل ہے۔

مجھے اس میں کوئی فرق نہیں اگر کسی کو صرف سر درد، بخار، کنسر یا HIV ہے۔ یہ تمام بیماریاں اور کمزوریاں میرے لئے ایک جیسی ہیں۔ ایک دفعہ میں کسی پر کام کرنا شروع کرتا ہوں پھر کوئی رکاوٹ یا حد نہیں ہوتی۔ میں اپنے آپ کو کسی کے سر درد تک محدود نہیں کرسکتا ہوں۔ میں جسم کے اندر تمام بیماریوں اور کمزوریوں کو تنگ کرونگا۔ میں اس شخص کے جسم سے انہیں باہر نکالنے کے قابل ہو جاؤں گا لیکن اس کے بعد اگر وہ شخص کسی نئی بیماری کے قبضے میں نہیں آنا چاہتا ہے تو اس کو مناسب ادویات یا ٹھیک طرح سے سرجری کے عمل سے گزر کر نقصان ذدہ حصے کو بچانا چاہیے۔ میں اس شخص کی جنّات اور بیماریوں کی منفی توانائیوں سے دور رکھنے میں مدد کرسکتا ہوں۔ لیکن بیماری، متعدی امراض اور کمزوریوں کے مسلسل حملے سے بچاؤ کے لئے جتنی جلد ہو سکے علامات کو ٹھیک کرنے کی ضرورت ہے۔

infections, and sicknesses.

Diabetes and several other internal diseases are pain-free. Usually, people do not feel any pain from those diseases until they damage the organs badly. But in my case, my body is extremely sensitive to all these diseases. Whenever diseases, sicknesses, or demons come around me, they keep me in pain and very uncomfortable until they leave or I compel them to leave my body. I can feel or sense demons as clearly as I can feel a touch from a human being. When demons come close to normal people, these individuals do not feel anything. That is why they feel no problems. But because of my extra sensitivity, I stay very uncomfortable until demons and diseases leave my body.

ضیابطیس اور بہت سی اندرونی بیماریاں درد سے پاک ہوتی ہیں۔ عام طور پر لوگ ان بیماریوں سے کوئی درد محسوس نہیں کرتے ہیں حتٰی کہ وہ اعضاء کو بری طرح سے نقصان دیتی ہیں۔لیکن میری صورت حال میں میرا جسم ان بیماریوں کے بارے میں انتہائی حساس ہے۔جب کبھی بیماریاں، کمزوری یا جنّات میرے پاس آتے ہیں وہ مجھے درد میں اور بہت زیادہ بے سکونی میں رکھتے ہیں یہاں تک کہ وہ چھوڑ جاتے ہیں یا میں انکو اپنا جسم چھوڑنے پر مجبور کر دیتا ہوں۔میں جنّات کو اتنی ہی وضاحت سے محسوس کر سکتا ہوں جتنی وضاحت سے کسی انسان کو چھو سکتا ہوں۔جب جنّات کسی صحت مند انسان کے پاس آتے ہیں وہ افراد کچھ بھی محسوس نہیں کرتے ہیں۔اس وجہ سے کوئی مسئلہ نہیں ہوتا۔لیکن میری بہت زیادہ حساس فطرت کی وجہ سے جب تک جنّات یا بیماریاں میرا جسم نہ چھوڑ دیں میں بہت بے سکون رہتا ہوں۔

That noisy whistling sound in the ear is fixable?

کان کو سنائی دینے والی بے ہنگم سیٹی کی آواز ٹھیک کی جاسکتی ہے؟

A whistling sound or a continuous noisy sound in the ear is a very common sickness. As far as I know, no medication can fix that. From the blessing of God, it is very easy for me to fix this problem in few minutes. But this whistling sound is also a damaging disease. Usually, people get this problem during middle age. When someone is suffering from this disease for many years, it may cause serious damages deep inside the ears. It is very easy for me to take this whistling sound away from any person, but that person needs to use proper medications to heal the damages caused by that disease. Otherwise, that person will get something new with the same symptoms pretty quickly. I hope you now understand that an injured body without treatment invites new sicknesses and diseases all the time.

کان میں سنائی دینے والی ایک سیٹی کی آواز یا مسلسل شور عام بیماری ہے۔جہاں تک میں جانتا ہوں اس کو ختم کرنے کے لئے کوئی دوا نہیں ہے۔اللہ کی رحمت سے اس طرح کے مسائل کو ختم کرنا میرے لئے بہت آسان بات ہے۔لیکن اس سیٹی کی آواز بھی نقصان پہنچانے والی بیماری ہے۔عام طور پر لوگ درمیانی عمر میں اس بیماری میں پکڑے جاتے ہیں۔جب کوئی بھی سالوں تک اس بیماری میں مبتلا رہتا ہے تو یہ کان کے اندر بہت گہرا نقصان دیتی ہے۔میرے لئے کسی بھی شخص کے لئے اس سیٹی کی آواز کو دور لے جانا بہت آسان ہے لیکن اس شخص کے لئے اس بیماری کی وجہ سے نقصان کو بھرنے کے لئے مناسب دوائی بہت ضروری ہے۔ورنہ وہ شخص اس طرح کی علامات کے ساتھ نئی بیماری میں جکڑا جائے گا۔میں امید کرتا ہوں کہ اب آپ سمجھ گئے ہیں ایک زخمی جسم بغیر علاج ہر وقت نئی بیماریوں اور کمزوریوں کو دعوت دیتا رہتا ہے۔

Slow, calm, and even-tempered people are less likely to be under the influence of demons.

سست، پرسکون اور کم غصے والے لوگ، بہت کم جنّات کے اثر میں آتے ہیں۔

Negativism, violence, and extremism are the main qualities of demons. Basically, we are the bosses of our minds. Demons cannot change us easily. That's why people who already exhibit violence, short tempers, dishonesty, negativism, and extreme behavior are more popular among demons. Demons can easily use these people for negative activities. Most demons do not like even-tempered, slow, and calm people. But that still does not mean that these people are not under the influence of demons, but those demons may be less dangerous. It is a very good practice to keep calm and quiet. Stay cool and patient and nonviolent and non-aggressive to make yourself less interesting for demons.

منفی اثرات، تشدد اور شدت پسندی جنّات کی بنیادی خصوصیات ہیں۔ بنیادی طور پر ہم اپنے دماغوں کے مالک ہیں۔ جنّات ہمیں آسانی سے بدل نہیں سکتے ہیں۔ اسی وجہ سے ایسے لوگ جو پہلے سے ہی شدت پسندی، جلد غصے میں آنا، بددیانتی، منفی پن اور انتہائی رویے والے جنّات میں بہت مشہور ہیں۔ جنّات ایسے لوگوں کو بڑی آسانی سے منفی عوامل میں استعمال کر سکتے ہیں۔ زیادہ تر جنّات غصہ نہ کرنا، سست اور پرسکون لوگوں کو پسند نہیں کرتے۔ لیکن اس کا مطلب یہ نہیں ہے کہ یہ لوگ جنّات کے اثر میں نہیں آتے۔ لیکن یہ جنّات کم خطرناک ہو سکتے ہیں۔ پرسکون اور خاموش رہنا بہت اچھا عمل ہے۔ پرسکون اور متحمل رہنا اور تشدد پن اور جنونی نہ ہونا جنّات کے لئے کم کشش کا باعث ہے۔

Face redness is fixable.

چہرے کی لالی ٹھیک کی جا سکتی ہے۔

Many people have extra redness in their face as compared to other parts of the body. This redness in the face is moveable. This problem is not easy to remove. With time, it can become part of the skin itself. It can do a lot of damages to face skin. It is fixable, but it can definitely be very time-consuming, and it can become a continuous struggle.

بہت سے لوگوں کے چہروں پر ان کے جسم کے دوسرے حصوں کی نسبت زیادہ لالی ہوتی ہے۔ یہ لالی حرکت کرنے کے قابل ہے۔ یہ مسئلہ آسانی سے ختم کیا جا سکتا ہے۔ وقت کے ساتھ یہ خود ہی جلد کا حصہ بن سکتی ہے۔ یہ چہرے کی جلد کو بہت زیادہ نقصان دے سکتی ہے۔ یہ ٹھیک کی جا سکتی ہے لیکن لازماً اس پر بہت وقت لگ سکتا ہے اور یہ مسلسل کوشش بھی بن سکتی ہے۔

How did demon doctors treat people with demon problem?

کس طرح جنّات کے ڈاکٹر لوگوں کے جنّات مسائل کا علاج کرتے ہیں؟

You can find demon doctors everywhere, but most of them

آپ کو جنّات کا ڈاکٹر ہر جگہ ملے گا لیکن ان میں سے زیادہ تر لوگوں سے فائدہ اٹھاتے ہیں۔ ان میں

just take advantage of people. Most of them are fakes, but some have limited expertise. These doctors usually have a few demons that listen to them. Those demon doctors use their demons to control other demons. I have only one dispute with t hem. Demon doctors use demons to treat humans for diseases or sickness, but eventually, new demons will do the same thing with that human. My system is different. God gifted me to keep demons away from human as much as possible.

سے زیادہ ترنقلی ہوتے ہیں۔لیکن کچھ کے پاس محدود تجربہ ہوتا ہے۔ان ڈاکٹروں کے پاس چند جنّات ہوتے ہیں جوانہیں سنیں۔جنّات کے وہ ڈاکٹر اپنے جنّات سے دوسرے جنّات کو قابو کرنے کے لئے استعمال کرتے ہیں۔ مجھے ان سے صرف ایک اعتراض ہے۔جنّات کے وہ ڈاکٹر بیماریوں اور کمزوریوں کا علاج کرنے کے لئے جنّات کا استعمال کرتے ہیں لیکن آخر میں نئے جنّات انسانوں کے ساتھ وہی سلوک کریں گے۔میرا طریقہ مختلف ہے۔اللہ نے مجھے لوگوں سے جتنا ممکن ہوسکے جنّات کو دور رکھنا نوازہ ہے۔

My point is: The nature of demon, you can change it completely. When a demon doctor traet or make his demon, the body guard of a human to save that human from other evil demons, then who can give you guarantee that, for how long that body guard demon will not be acting as an evil demon? So, that is why, this way of treatment is not a solution against demons to secure a human body from demons. I do not use any demons to treat any human. That is why, I am insisting medical Science to learn my way of treating people scientifically and invent machine similar to laser machine to treat and keep all invisible insects away from human body.

میرا نقطہ نظر یہ ہے کہ جنّات کی فطرتاً آپ مکمل طور پر بدل سکتے ہیں۔جب جنّات کا ڈاکٹر اپنے جن کو انسان کا محافظ بناتا ہے اس کو دوسرے برے جنّات سے بچانے کے لئے، تو کون آپ کو اس بات کی ضمانت دے سکتا ہے کہ وہ محافظ جن کب تک ایک برے جن کی طرح حرکت نہیں کرئے گا؟ تو اس طرح کا علاج انسانوں کو جنّات سے بچانے کے لئے حل نہیں ہے۔میں کسی انسان کا علاج کرنے کے لئے کوئی جن استعمال نہیں کرتا۔اس لئے میڈیکل سائنس کو میرے طریقے سے لوگوں کا سائنسی علاج کرنے کا سیکھنے کو کہہ رہا ہوں اور انسانی جسم کا علاج کرنے اور تمام پوشیدہ حشرات سے دور رکھنے کے لئے لیزر مشین کی طرح ایک مشین ایجاد کریں۔

My observation of demons inside the body of cat and a lizard during hunting.

بلی اور چھپکلی کے جسم کے اندر موجود جنّات پر دورانِ شکار میرا مشاہدہ

I was in my backyard when a cat started hunting a lizard. The demons in the cat and the lizard both jumped on me. The demon from the lizard escaping made sense to me because the lizard was dying, but why did the demon from cat's body leave its home? I feel demons gets scared easily and sometimes feel insecure, so whenever anything unusual happens, all demons leave those bodies. Both demons left their bodies because they felt insecure

میں اپنے پیچھے کے صحن میں تھا جب بلی نے ایک چھپکلی کا شکار کرنا شروع کیا۔بلی اور چھپکلی دونوں کے اندر موجود جنّات نے مجھ پر چھلانگ لگادی۔چھپکلی سے جن کے بھاگنے کی وجہ یہ تھی کہ چھپکلی مررہی تھی۔ لیکن بلی کے جن نے کیوں اپنا گھر چھوڑا؟ میرا خیال ہے کہ جنّات آسانی سے ڈر جاتے ہیں اور بعض اوقات غیر محفوظ محسوس کرتے ہیں۔اس لئے جب کبھی کوئی نیا واقع ہوتا ہے تمام جنّات اپنے اجسام چھوڑ دیتے ہیں۔دونوں جنّات نے اپنے اجسام کو چھوڑ دیا کیونکہ وہ غیر محفوظ اور ڈرے ہوئے تھے لیکن وہ شکار کے مکمل ہونے تک ہوا میں کچھ لمحات کیوں ٹھہر گئے؟ ان جنّات نے کیوں اپنے اجسام کو چھوڑ دیا اور مجھ پر کود پڑے؟ اس واقعہ کے بعد میں نے ایسے جنّات کو اکٹھا کیا جن کو ہر وقت جسموں کی ضرورت ہوتی ہے۔بہرحال یہ مجھے تکلیف دیتا ہے جب کوئی جن ان جانوروں سے میرے جسم میں داخل ہوتا

or scared, but why didn't they stay in the air for a few minutes until the hunting process was done completely? Why did those demons leave those two bodies and jump on mine? From this incident, I gathered that those kinds of demons need bodies all the time. Anyway, it kills me when a demoncomes inside my body from these animals. I have always thought that ignorance is a blessing.

ہے۔میری ہمیشہ سوچ رہی ہے کہ نظر انداز کر دینا ایک رحمت ہے۔

Vibrations or shaking fingers is a demon's action.

انگلیوں کا تھرتھرانا جنّات کا کام ہے۔

Vibration and the shaking of muscles or fingers are the acts of demons or diseases. Demons control a person's nerves to create this disorder inside the body. It is very easy to control, but patients may need some medication to reduce the external pressure from demons. Instead of going for surgery, I prefer to help these people, but only if they are ready to help themselves by taking medication. I learn this because, sometimes demons are so powerful and their presence in our body creates this kind of problems. I experience these kinds of problems once in a while.

پٹھوں اور انگلیوں کی کپکپی جنّات یا بیماریوں کا عمل ہے۔جنّات انسان کے جسم میں بے ترتیبی پیدا کرنے کے لئے اسکی رگوں کو قابو میں کر لیتے ہیں۔اس پر قابو پانا آسان ہے لیکن مریضوں کو ان جنّات کے بیرونی دباؤ کو کم کرنے کے لئے ادویات کی ضرورت ہوتی ہے۔سرجری کی طرف جانے کی بجائے میں لوگوں کی مدد کرنے کو ترجیح دیتا ہوں لیکن صرف اس بنیاد پر کہ وہ دوا لے کر اپنی مدد کرنے کے لئے تیار ہوں۔میں نے یہ سیکھا ہے، کیونکہ بعض اوقات جنّات بہت طاقتور ہوتے ہیں اور ان کی ہمارے جسم میں موجودگی اس طرح کے مسائل پیدا کرتی ہے۔میں نے اس طرح کے مسائل کا ایک دفعہ تجربہ کیا ہے۔

Rudeness, short tempers, and greed are all extreme conditions that are controlled by demons.

غیر مہذبانہ رویہ، جلدی غصے میں آنا اور لالچ تمام وہ انتہائی حالات ہیں جو کہ جنّات قابو کرتے ہیں۔

Rudeness, arrogance, pride, short tempers, greed, jealousy, and competition are all extreme conditions and come from external sources. With the proper planning and the adoption of positive outlook, we can be reduced these behaviors before we are controlled by them.

غیر مہذبانہ رویہ، غرور، فخر، لالچ، حسد اور مقابلے بازی تمام انتہائی حالات ہیں اور بیرونی ذرائع سے آتے ہیں۔مناسب منصوبہ بندی اور مثبت رویے کہ اپنا کر ہم ان رویوں میں کمی لا سکتے ہیں اس سے پہلے کہ جنّات ہمیں قابو کریں۔

All demons are capable of penetrating, expanding, and hypnotizing, regardless of where they live.

تمام جنّات گھس جانے، پھیل جانے اور بے سُدھ کرنے کے قابل ہیں اس بات کا بالائے طاق رکھ کے کہ وہ کہاں رہتے ہیں۔

All demons are different. Some have a few powers, and others have different powers; however, a few things are common between all demons. All of them are capable of penetrating bodies. All of them able to expand themselves as much they want. All of demons are capable of hypnotism.

تمام جنّات مختلف ہوتے ہیں۔ کچھ کے پاس تھوڑی طاقت ہوتی ہے اور کچھ کے پاس مختلف طاقت ہوتی ہے تاہم کچھ چیزیں تمام جنّات میں ایک جیسی ہیں۔ یہ تمام جسم میں داخل ہونے کی قابل ہیں۔ یہ تمام جتنا چاہیں خود کو پھیلانے کے قابل ہیں۔ تمام جنّات بے سُدھ (ہیپنو ٹائز) کرنے کے قابل ہیں۔

What else the possible effect of a demon other than pain, sickness and controlling mind in our body.

جنّات کا ہمارے ہمارے جسم میں درد، تکلیف اور دماغ کو قابو کرنے کے علاوہ کیا ممکنہ اثرات ہیں۔

When demons are controlling minds, they create all kind of mental illnesses and violent behaviors. Diseases create all kind of sicknesses, pains, and illnesses. There is another thing. This third thing is an inner feeling. I cannot find a single word to explain it. Consider a sleep disorder when you are tired but unable to fall asleep. This is not a disease but some deep problem created by a demon. Intolerance is not a disease, but demons keep us impatient and intolerant all the time. They keep us away from our studies, and they keep us lazy. All these are not diseases but, we suffer all of these because of the control demons have over us.

جب جنّات ذہنوں کو قابو کرتے ہیں وہ ہر طرح کی ذہنی بیماریوں اور شدید رویوں کو جنم دیتے ہیں۔ بیماری تمام قسم کی کمزوریوں، درد اور علالت پیدا کرتی ہے۔ ایک اور چیز بھی ہے۔ تیسری چیز اندرونی احساس ہے۔ اسکی وضاحت کے لئے میرے پاس ایک لفظ بھی نہیں ہے۔ نیند کے خراب توازن کا سوچیں جب آپ تھکے ہوں لیکن سو نہ سکیں۔ یہ بیماری نہیں ہے لیکن ایک جن کا پیدا کردہ گہرا مسئلہ ہے۔ برداشت نہ کرنا ایک بیماری نہیں ہے لیکن جنّات ہمیں ہر وقت بے صبر اور برداشت نہ کرنے والا بنا دیتے ہیں۔ وہ ہمیں ہماری تعلیم سے دور رکھتے ہیں اور وہ ہمیں سست بھی رکھتے ہیں۔ یہ تمام بیماریاں نہیں ہیں لیکن ہم ان تمام کو جنّات کے ہمارے اوپر قابو کی وجہ سے برداشت کرتے ہیں۔

Life is much better when demons are not around.

زندگی اس وقت قدرے اچھی ہوتی ہے جب جنّات اردگرد نہ ہوں۔

We will have less wild and crazy desires in our minds when demons are not around us. No one can hypnotize

ہمارے دماغ میں جنگلی اور جنونی خواہشات کم ہونگی جب جنّات ہمارے آس پاس نہیں ہونگے۔ ہمیں کوئی بھی بے سدھ نہیں کرسکتا جب وہ نہ موجود ہوں۔ مزید یہ کہ کوئی کمزوری یا ٹینشن نہیں ہوتی جب

us when they are gone. Plus, there is no sickness or tension if demons are not around. I strongly feel that life would be very peaceful without demons.

جنّات اردگرد نہ ہوں۔ میرا مضبوطی سے یقین ہے کہ جنّات کے بغیر زندگی بہت امن دہ ہوتی ہے۔

Self-praise is an inner feelings, and it is controlled through hypnotism by demons.

خودتعریفی ایک اندرونی احساس ہے اور جنّات اس کو ہپنوٹزم کے ذریعے قابو کرتے ہیں

I learned this when I got these feelings during my procedures on the sick. I always feel when a person is in love with him or herself. When I fix other diseases and sicknesses, I pull that inner feeling of self praising from the person as well. That day, I end up thinking that I am the most important person in the world. It usually takes a whole day for me to figure out that I am under the influence of something pushing me to think like this. Once I figure this out, the demons leave my body immediately.

مجھے اس کا اس وقت پتا چلا جب میں نے بیماری پر اپنے مراحل کے دوران ان احساسات کو پایا۔ میں ہمیشہ محسوس کرتا ہوں جب ایک شخص خود سے یا کسی لڑکی سے محبت کرتا ہے۔ جب میں دوسری بیماریاں اور کمزوریاں ٹھیک کرتا ہوں تو میں ساتھ ساتھ خودتعریفی کا وہ اندرونی احساس کھینچ لیتا ہوں۔ اُس دن میں یہ سوچنا بند کر دیتا ہوں کہ میں دنیا کا انتہائی اہم انسان ہوں۔ عام طور پر مجھے اس کو سمجھنے میں ایک دن لگ جاتا ہے کہ میں کسی ایسی چیز کے اثر میں ہوں جو مجھے اس طرح سوچنے کے لئے مجبور کر رہی ہے۔ ایک دفعہ جب میں یہ جان لیتا ہوں تو فوراً جنّات میرے جسم کو چھوڑ دیتے ہیں۔

Usually, I am not easily shocked.

عام طور پر میں آسانی سے حیران نہیں ہوتا

I have always felt that I have a strong mind. I do not startle easily, not even at sudden noises. But during the process of fixing someone's pain, I can get an unusual feeling inside me. At least four days I encounter this feeling, I become jumpy and get scared by minor things. After five days with the feeling, I return to normal. i can become impatient and intolerant. This happens same way. When I am fixing heart problem, I can absorb that problem from someone else. I was extremely impatient for two days straight. I rudely hung up the telephone on people at least twenty times during those two days. Fortunately, those demons leave me as soon as I realize their effects.

مجھے ہمیشہ محسوس ہوتا ہے کہ میرا دماغ مضبوط ہے۔ میں آسانی سے چونکنا نہیں ہوتا حتٰی کہ اچانک پیدا ہونے والے شور سے بھی۔ لیکن کسی کا درد ٹھیک کرنے کے دوران مجھے خود میں ایک غیر معمولی محسوسات ہوسکتی ہیں۔ کم از کم چار دن میں ان محسوسات سے لڑتا ہوں۔ میں اچھلتا ہوں اور چھوٹی چیزوں سے ڈر جاتا ہوں۔ اس احساس کے پانچ دنوں بعد میں دوبارہ ٹھیک ہو جاتا ہوں۔ میں بے صبر اور برداشت نہ کرنے والا بن سکتا ہوں۔ یہ اسی طرح ہوتا ہے جب میں کسی کے دل کا مسئلہ حل کرتا ہوں۔ میں کسی کے مسئلے کو خود میں جذب کر سکتا ہوں۔ میں لگاتار دو دن بہت بے صبر رہا اور ان دو دنوں میں کم از کم بیس دفعہ لوگوں سے ٹیلی فون پر بدتمیزی سے بات کی۔ خوش قسمتی سے وہ جنّات مجھے اس وقت چھوڑ جاتے ہیں جیسے ہم میں ان کے اثرات محسوس کرتا ہوں۔

How do kidney failure, heart attacks, and brain damage happen?

Two kinds of sicknesses or diseases can affect the kidneys. The first is a disease that eats organs. It can damage and create infections in the kidneys, and this is painful. The second disease does not eat organs or damage the kidneys. This disease just blocks all the tubes from the kidneys, and after some time, it completely impacts all kidney function. The heart is a very strong muscle. It is difficult to damage heart muscles. Diseases usually attack the heart just to try to block arteries and disrupt blood circulation. These demons and diseases are very good at expanding themselves. These diseases go inside the heart tubes and valves and expand themselves to block the tubes and stop blood circulation. The same thing can happen in the brain. These diseases can easily block tubes in the brain tubes to give someone an aneurysm.

گردے کیسے فیل ہوتے ہیں؟ دل کیسے بند ہو جاتا ہے اور دماغ کو کیسے نقصان پہنچتا ہے؟

دوطرح کی علالتیں یا بیماریاں گردوں پر اثر انداز ہو سکتی ہیں۔ پہلی وہ بیماری ہے جو کہ اعضاء کو کھاتی ہے۔ یہ گردوں کو نقصان اور ان میں انفیکشن پیدا کر سکتی ہے اور یہ تکلیف دہ ہے۔ دوسری بیماری اعضاء کو نہ تو کھاتی ہے اور نہ ہی نقصان دیتے ہے۔ یہ بیماری گردوں کی تمام نالیوں کو بند کر دیتی ہے اور کچھ عرصے بعد یہ گردے کے تمام افعال کو متاثر کر دیتی ہے۔ دل ایک بہت مضبوط حصہ ہے۔ دل کے پٹھوں کو نقصان پہنچانا مشکل کام ہے۔ بیماریاں عام طور پر شریانوں کو روکنے اور خون کی گردش میں بے ترتیبی کے لئے دل پر حملہ کرتی ہیں۔ یہ جنّات اور بیماریاں خود کو بہت اچھے طریقے سے پھیلا لیتے ہیں۔ یہ بیماریاں دل کی نالیوں اور سوراخوں کے اندر جاتی ہیں اور نالیوں اور خون کی گردش میں رکاوٹ پیدا کرنے کے لئے خود کو پھیلا لیتی ہیں۔ بالکل اسی طرح دماغ کے ساتھ بھی ہو سکتا ہے۔ یہ بیماریاں کسی کی بھی شریانوں کو پھیلانے کے لئے اس کے دماغ کی نالیوں کو روک سکتی ہیں۔

Demons hear you all the time, but making them listen to you is not easy.

Demons and diseases around us are able to hear us all the time. We cannot hear them. To convey their wishes, they hypnotize our minds. They know our problems. They know they are responsible for our pains and sicknesses, but they do not care. It is very difficult to stop their negative activities. But you are capable of compelling then to cease their influence and stop their wrongdoing. Other than that, it is really difficult to control their activities.

جنّات آپ کو ہر وقت سنتے ہیں لیکن ان کو آپ کی بات سننے کے لئے راضی کرنا اتنا آسان نہیں ہے۔

ہمارے اردگرد موجود جنّات اور بیماریاں ہمیں ہر وقت سننے کے قابل ہیں۔ ہم انہیں نہیں سن سکتے۔ اپنی خواہشات ہم تک پہنچانے کے لئے وہ ہمارے دماغوں کو بے سدھ کرتے ہیں۔ وہ ہمارے مسائل جانتے ہیں وہ جانتے ہیں کہ وہ ہمارے درد اور کمزوریوں کے ذمہ دار ہیں لیکن وہ پرواہ نہیں کرتے۔ ان کی منفی حرکات کو روکنا بہت مشکل ہے۔ لیکن آپ ان کے اثر اور غلط حرکات کو روکنے کے لئے انہیں دھکیلنے کے قابل ہیں۔ اس کے علاوہ ان کی حرکات کو قابو کرنا واقعی بہت مشکل ہے۔

Can you try to reduce their control?

If you want to reduce the control they have over your mind, the only thing you can do is make yourself less interesting to them. And how you can do it? You can reduce the negativism, violence, and extremism in your personality. Avoid short temperaments and do not become impatient. Do not get angry too easily. Avoid competition as well. If you control your negative qualities, they will definitely be less interested in you. They will look for someone else.

کیا آپ ان کے قابو کو کم کرنے کی کوشش کر سکتے ہیں؟

اگر آپ جنات کے آپکے دماغ پر قابو کو کم کرنا چاہتے ہیں، ایک ہی چیز ہے جو آپ کر سکتے ہیں کہ خود کو ان کے لئے کم دلچسپی والا بنالیں۔ اور یہ آپ کس طرح کر سکتے ہیں؟ آپ اپنی شخصیت سے منفی سوچنا، تشدد اور انتہا پسندی کو کم کر کے کر سکتے ہیں۔ جلدی غصے میں مت آئیں اور بے صبرے ہونا چھوڑ دیں۔ بڑی آسانی کے ساتھ غصہ میں مت آئیں۔ مقابلے بازی سے بچیں۔ اگر آپ اپنی منفی چیزوں پر قابو کرتے ہیں تو وہ واقعی آپ میں کم دلچسپی لیں گے اور کسی دوسرے کی تلاش کریں گے۔

Sincere demons remind us if we forget things. They feed different feelings into our mind to make us suspicious about other people.

اگر ہم چیزیں بھولتے ہیں تو مخلص جنّات ہمیں یاد دلاتے ہیں۔ وہ ہمیں دوسرے لوگوں کے بارے میں متجسس کرنے کے لئے ہمارے دماغ میں مختلف احساسات بھرتے ہیں۔

Many times, we forget things. Then suddenly, whatever we forgot comes to our minds, but who reminds us of all this forgotten stuff? The demons that feed suspicious things in our minds can make us suspect other peoples.

بہت دفعہ ہم چیزیں بھول جاتے ہیں۔ پھر اچانک ہم جو کچھ بھی بھول جاتے ہیں ہمارے دماغ میں آجاتا ہے۔ لیکن کون ہمیں یہ سب بھولا ہوا یاد دلاتا ہے؟ جنّات جو متجسس چیزیں ہمارے دماغوں میں ڈالتے ہیں ہمیں دوسرے لوگوں کے بارے میں شبہ میں ڈال سکتے ہیں۔

Is there any way for a normal person to take a demon out of his or her body?

کیا کسی عام انسان کے پاس اپنے جسم سے جن نکالنے کا کوئی طریقہ ہے؟

No, it is practically impossible, but if you contact your religious leaders, they should be able to guide you on how to reduce the pressure of demons. They can easily guide you in ways to prevent problems from demons. In this system created by God, everything is possible. It is not difficult for me to keep demons away from anyone.

نہیں، یہ عملی طور پر ناممکن ہے لیکن اگر آپ اپنے مذہبی عالم سے رابطہ کرتے ہیں وہ آپ کی رہنمائی کر سکتے ہیں کہ کس طرح جنّات کے دباؤ کو کم کیا جا سکتا ہے۔ وہ آپ کو آسانی سے جنّات سے پیدا ہونے والے مسائل سے بچنے کے رستے میں رہنمائی کر سکتے ہیں۔ اللہ کے اس بنائے ہوئے اس نظام میں ہر چیز ممکن ہے۔ میرے لئے یہ مشکل نہیں ہے کسی سے جنّات کو دور رکھنا۔

Impatience is an inner feelings and it has an external source.

بے صبری ایک اندرونی احساس ہے اور اس کا ماخذ بیرونی ہے۔

Impatience is not an internal quality. Demons make us impatient. It is almost impossible for a normal person to control this bad quality. If you have a strong willpower, then I am sure everything is possible for you. Just keep convincing yourself that if you are getting angry all the time or showing impatience, it means that you are giving your control to a demon. Maybe this kind of thinking will change your temperament, and then you regain your control from a demon.

بے صبری اندرونی خوبی نہیں ہے۔ جنّات ہمیں بے صبرہ بنا دیتے ہیں۔ ایک عام انسان کے لئے اس بری عادت کو قابو کرنا تقریباً ناممکن ہے۔ اگر آپ میں مضبوط قوتِ ارادی ہے تو مجھے یقین ہے کہ آپ کے لئے ہر چیز ممکن ہے۔ صرف اپنے آپ کو اس بات پر قائل کرتے رہیں اگر آپ ہر وقت غصہ کرتے رہیں گے اور بے صبری کا مظاہرہ کریں گے تو اس کا مطلب ہے کہ آپ اپنا قابو جن کو دے رہے ہیں۔ ہوسکتا ہے اس طرح کی سوچ آپکے رویے کو بدل دے اور اس طرح آپ جنّات سے دوبارہ اپنا قابو حاصل کرلیں گے۔

I am not sure, but I believe the demons that bring us sexual desires come from women's bodies.

میں اس کو یقین سے نہیں کہہ سکتا لیکن میرا ایمان ہے کہ جنّات جو جنسی خواہشات ابھارتے ہیں عورتوں کے اجسام میں سے آتے ہیں۔

Do not take this explanation very seriously, because I cannot explain this theory to anyone. I do not want to. It is a difficult topic for me, but just read it and keep an open mind. The demons that bring extreme sexual desire are not residing inside us. They are residing inside women's bodies. This is why we do not feel the same way about all women. I strongly feel the demons that bring extreme sexual desire usually come from women and convince us that we want particular women. You can reverse this theory to understand how a woman feels about a man.

اس وضاحت کو سنجیدگی سے مت لیں کیونکہ میں اس نظریے کو ہر کسی سے بیان نہیں کرسکتا۔ اور نہ ہی میں چاہتا ہوں۔ یہ میرے لئے ایک مشکل عنوان ہے لیکن صرف اس کو پڑھیں اور اپنا دماغ کھلا رکھیں۔ جنّات جو کہ انتہائی جنسی خواہشات ابھارتے ہیں ہمارے اندر قیام پذیر نہیں ہوتے۔ وہ عورتوں کے اجسام میں رہ رہے ہوتے ہیں۔ اس لئے ہم ہر عورت کے متعلق ایک جیسا نہیں محسوس کرتے۔ میرا مضبوطی سے یقین ہے کہ جنّات جو کہ انتہائی جنسی خواہشات ابھارتے ہیں عورتوں میں سے آتے ہیں اور ہمیں قائل کرتے ہیں کہ ہم ایک مخصوص عورت کو چاہیں۔ آپ اس نظریے کو الٹا کرسکتے ہیں یہ جاننے کے لئے ایک عورت ایک مرد کے بارے میں کیا محسوس کرتی ہے۔

Some people have extremely strong personalities. In their cases, instead of controlling them, demons follow them.

کچھ لوگ بہت مضبوط شخصیات رکھتے ہیں۔ ایسے حالات میں ان کو قابو کرنے کی بجائے جنّات ان کی پیروی کرتے ہیں۔

Demons are very smart and intelligent. For most of them, their level of intelligence is equal to a twelve-years-old kid's. However, they aremore innocent than we are. The only problem is that they are naughty and promote negativism, violence, and extremism. Otherwise, they are better friends than humans, and they are very easygoing. But a few human are extremely intelligent with very strong minds. Their intentions and goals are strong. In the case of these people, I strongly feel that demons just follow them. When this happens, demons help those people in their endeavors. But I am sure you can count those few examples on your fingers.

جنّات بہت تیز اور ذہین ہوتے ہیں۔ان میں سے ذیادہ تر کا ذہانت کا درجہ بارہ سال کے بچے کے برابر ہوتا ہے۔تاہم وہ ہم سے ذیادہ معصوم ہیں۔مسئلہ صرف یہ ہے کہ وہ شرارتی ہیں اور منفیت ،تشدد اور انتہا پسندی کو فروغ دیتے ہیں۔وگرنہ وہ انسانوں سے اچھے دوست ثابت ہوتے ہیں اور وہ بہت آرام سے بات مان لیتے ہیں۔لیکن کچھ انسان بہت مضبوط دماغوں کے ساتھ بہت ذہین ہوتے ہیں۔ان کی توجہ اور منازل مضبوط ہوتی ہیں۔ایسے لوگوں کے معاملے میں میرا پختہ یقین ہے کہ جنّات ان کی پیروی کرتے ہیں۔جب ایسا ہوتا ہے جنّات ان لوگوں کی جدوجہد میں مدد کرتے ہیں۔لیکن میرا یقین ہے کہ آپ ایسی چند مثالوں کو اپنی انگلیوں پر گن سکتے ہیں۔

The help I give to people is useless if they do not fix the symptoms or if the physical damages are not fixable.

ودمدد جو میں لوگوں کی کرتا ہوں ناکارہ ہے اگر وہ اپنی علامات کو ٹھیک نہیں کرتے یا پھر جسمانی نقصانات ٹھیک نہیں کئے جاسکتے۔

Regardless of the sickness or disease, doctors always try to treat patients. All demons and diseases are external things. Any pains or sicknesses can be removed easily, but if an organ or part of the body is extremely damaged and medication or surgery is not an option, my help will be useless, because significant symptoms or damages will only invite new diseases and pains into the body. But nobody should be hopeless. Never give up. Only God knows what he has written for us, so do not give up, keep trying.

کمزوری اور بیماری کو بالائے طاق رکھ کر ڈاکٹر ہمیشہ مریضوں کے علاج کی کوشش کرتے ہیں۔تمام جنّات اور بیماریاں بیرونی چیزیں ہیں۔کوئی بھی درد یا کمزوری آسانی سے مٹائی جاسکتی ہے لیکن اگر جسم کا ایک عضو یا ایک حصہ انتہائی نقصان زدہ ہے اور ادویات یا سرجری سے علاج ممکن نہیں تو میری مدد ناکارہ ہوگی کیونکہا ہمعلامات یا نقصانات صرف نئی بیماریوں اور دردوں کو جسم میں بلائیں گے۔لیکن کسی کو بھی نا اُمید نہیں ہونا چاہیے۔کبھی ہار نا مانو۔صرف اللہ جانتا ہے کہ اُس نے ہمارے لئے کیا لکھا ہے اس لئے کبھی ہار نا مانو اور کوشش کرتے رہو۔

When your eyes twitch, this is a demon's action.

جب آپ کی آنکھیں خود ہی پھڑکتی ہیں یہ جن کے عمل کی وجہ سے ہے

When your eye twitches, a demon is likely harassing you. By hypnotizing us, demons feed into our minds portents of bad things, and that's when eyes usually start twitching.

آپ کی آنکھ کا پھڑکنا ایک جن کا آپ کو ہراساں کرنے کی طرح ہے۔ہمیں بے سدھ کرکے جنّات بری چیزوں کی علامتیں ہمارے دماغ میں بھر دیتے ہیں اور اسی وقت عام طور پر آنکھ پھڑکنا شروع کرتی ہے۔جنّات ہمیں ہر وقت ہراساں کرنے کی کوشش کرتے ہیں۔وہ یہ کام کسی واضح وجہ سے نہیں کرتے

Demons harass us all the time. They do this for no apparent reason. You can harass yourself for rest of your life for nothing. Demons are naughty, and they will keep harassing you by twitching your eyes until you completely ignore it. Whenever your eye starts twitching, keep your finger on that eye and talk to the demon. Tell it to quit harassing you, or tell it to fix the coming problem it is trying to warn you about. You need to be very confident whenever you talk to a demon. Demons can read your mind. Your confidence will compel that demon to listen to you.

آپ اپنے آپ کو باقی زندگی بلا کسی وجہ کے ہراساں کر سکتے ہیں۔ جنّات شرارتی ہوتے ہیں اور وہ آپ کی آنکھوں کو پھڑکا کر آپ کو ہراساں کرتے رہیں گے جب تک آپ مکمل طور پر انہیں نظر انداز نہ کر دیں۔ جب آپ کی آنکھ پھڑکنا شروع کرے اپنی انگلی اُس آنکھ کے اوپر رکھیں اور جن سے با کریں۔ اس کو کہیں کہ آپ کو ہراساں کرنا بند کرے یا پھر اس رونما ہونے والے مسئلے کو ٹھیک کرنے کہ کہیں جس کے بارے میں وہ آپ کو خبردار کر رہا ہے۔ آپ کو بہت پر اعتماد ہونے کی ضرورت ہے جب بھی آپ کسی جن سے بات کریں۔ جنّات آپ کا دماغ پڑھ سکتے ہیں۔ آپ کا اعتماد اس جن کو آپ کی بات سننے کے لئے دھکیلے گا۔

Demons can be like us. They can be very aggressive or less aggressive. They can be very negative or less negative. Usually, we behave like our parents or randparents because the same demons penetrate our bodies.

جنّات ہماری طرح کے ہو سکتے ہیں۔ وہ بہت جنونی یا کم جنونی ہو سکتے ہیں۔ وہ بہت زیادہ منفی یا مثبت ہو سکتے ہیں۔ عام طور پر، ہم اپنے والدین کی طرح پیش آتے ہیں کیونکہ وہی جنّات ہمارے اجسام میں داخل ہو جاتے ہیں۔

The chemistry of humans and demons are the same. Many human have different temperaments, different levels of aggression, and different levels of negativity, but you can expect at least some positive behavior from most humans. In the case of demons, it would not be easy to find a positive demon, at least not one who's positive toward everyone. Maybe many demons are positive with me, but I am sure they will not be positive with everyone. Human beings usually live under a hundred years, but demons live more than several hundred years. These demons that possess us were with our grandparents, and they were with our parents. They are with us now, and these demons will be with our kids and grandkids. This is one reason people from one family usually have similar

انسانوں اور جنّات کی کیمسٹری ایک جیسی ہے۔ بہت سے انسان مختلف مزاج، رعب کا مختلف درجہ اور منفیت کے مختلف درجات رکھتے ہیں لیکن آپ زیادہ تر لوگوں سے مثبت رویے کی امید کر سکتے ہیں۔ جنّات کے معاملے میں ایک مثبت جن کو پانا اتنا آسان نہیں ہوگا کم از کم ایسا ایک بھی نہیں جو ہر ایک سے مثبت رویہ رکھے۔ ہو سکتا ہے بہت سے جنّات مجھ سے مثبت ہوں لیکن مجھے یقین ہے کہ وہ ہر ایک سے مثبت نہیں ہونگے۔ انسان عام طور پر سو سال سے کم جیتا ہے لیکن جنّات کئی سو سال تک زندہ رہتے ہیں۔ یہ جنّات جن کا ہم پر قبضہ ہے ہمارے آباؤ اجداد کے ساتھ تھے اور ہمارے والدین کے ساتھ۔ اب وہ ہمارے ساتھ ہیں اور یہ جنّات ہمارے بچوں اور بچوں کے بچوں کے ساتھ ہونگے۔ یہی ایک وجہ ہے کہ ایک ہی خاندان کے لوگ ایک جیسے مزاج، مسائل اور مسئلے رکھتے ہیں۔

temperaments, problems, and issues.

Diseases are either painful or painless.

We can describe disease in two categories:

1) Painful diseases: Invisible insects that eat body parts and organs damage the body parts and organs continuously. Regardless how many painkillers and medications we take, these invisible insects can kill. They can easily be moved from one body, but they do not die. They will find another body and start damaging that body.

2) Painless diseases: These invisible insects also create a lot of sickness in our body, but they do not eat our body or our organs. They share our food. But they block or stop different hormones in our bodies. If they block insulin, they create diabetes. If these invisible insects block tubes in the kidneys, heart, or brain, they can cause kidney failure, heart attacks, or aneurysms.

بیماریاں یا تو دردناک یا درد کے بغیر ہوتی ہیں۔

ہم بیماریوں کو دو گروہوں میں بیان کر سکتے ہیں:

ا۔ درد دینے والی بیماریاں: نظر نہ آنے والے حشرات جو کہ جسم کے اعضاء اور حصوں کو کھاتے ہیں جسم کے اعضاء اور حصوں کو مسلسل نقصان دیتے ہیں۔ اس چیز کی پروہ کئے بغیر کہ ہم کتنی درد مٹانے والی گولیاں یا ادویات لیتے ہیں، یہ نظر نہ آنے والے کیڑے مار سکتے ہیں۔ یہ آسانی سے ایک جسم سے منتقل ہو جاتے ہیں لیکن یہ مرتے نہیں۔ وہ دوسرا جسم تلاش کر لیں گے اور اور اس کو نقصان دینا شروع کر دینگے۔

۲۔ بغیر درد کے بیماریاں: یہ نظر نہ آنے والی کیڑے ہمارے جسم میں بہت سی کمزوریاں بھی پیدا کرتے ہیں لیکن وہ ہمارے جسم یا ہمارے اعضاء کو نہیں کھاتے۔ وہ ہماری خوراک کھاتے ہیں۔ لیکن وہ ہمارے اجسام میں مختلف ہارمونز کو روکتے ہیں۔ اگر وہ انسولین روک دیں تو وہ ضیابطیس پیدا کرتے ہیں۔ اگر یہ نظر نہ آنے والے کیڑے گردوں، دل یا دماغ میں نالیوں کو روک دیں تو یہ گردوں کا فیل ہونا، دل کا بند ہونا یا پھر شریانی پھیلاؤ کا سبب بن سکتے ہیں۔

What is telepathy and hypnotism?

Telepathy and hypnotism are not the same. Telepathy is a form of communication that allows you to privately talk with someone who is not in front of you. You can mentally communicate with anyone in any part of the world. Our soul/spirit is a positive energy that keeps us alive and operates our bodily functions. No one can communicate by using telepathy to access souls. We always communicate with the demon or demons around that person. By using telepathy techniques, we can give instructions to their demons, which can then cause their hosts to think something in particular. Demons do not use

ٹیلی پیتھی اور ہپنوٹزم کیا ہے؟

ٹیلی پیتھی اور ہپنوٹزم ایک جیسے نہیں ہیں۔ ٹیلی پیتھی گفتگو کی ایک قسم ہے جو آپ کو کسی ایسے سے بات چیت کی اجازت دیتی ہے جو آپ کے سامنے نہ ہو۔ آپ دنیا کے کسی بھی حصے میں کسی سے بھی دماغی طور پر بات چیت کر سکتے ہیں۔ ہماری روح ایک مثبت طاقت ہے جو ہمیں زندہ رکھتی ہے اور ہمارے جسم کے افعال سرانجام دیتی ہے۔ کوئی بھی ارواح تک پہنچنے کے لئے ٹیلی پیتھی کا استعمال کرتے ہوئے گفتگو نہیں کر سکتا۔ ہم ہمیشہ اس شخص کے گرد جن یا جنّات سے گفتگو کرتے ہیں۔ ٹیلی پیتھی کی تکنیک استعمال کرتے ہوئے ہم اُن کے جنّات کو ہدایات دے سکتے ہیں جو کہ ان کے میزبانوں کو کچھ خاص سوچنے کا سبب بن سکتے ہیں۔ جنّات انسانوں یا جانوروں پر ٹیلی پیتھی استعمال نہیں کرتے لیکن جنّات ایک دوسرے سے بات چیت کرنے کے لئے ٹیلی پیتھی کا استعمال کرتے ہیں۔ انسان ٹیلی پیتھی کو دوسرے انسانوں سے بات چیت کرنے کے لئے استعمال کرتے ہیں لیکن ہم براہِ راست دماغ سے بات چیت نہیں کر سکتے۔ ہم ان کے جنّات سے بات چیت کرتے ہیں اور ان کو ہدایات دیتے ہیں۔ اس کے بعد جنّات ہماری مثبت توانائی اور دماغوں کو قابو کرنے کے لئے ہپنوٹزم کا استعمال کرتے

telepathy on humans or animals, but demons use telepathy to communicate with each other. Humans use telepathy to communicate with other humans. But we are not communicating with their minds directly. We are communicating with their demons and giving them instructions. After that, demons use hypnotism to control our positive energy and our minds. Hypnotism is a language that demons use to communicate with humans, animals, and insects. By using hypnotism, demons can show us whatever they want in our dreams. Demons are so good at using hypnotism that they can show us anything they want in the real world, too. This quality of controlling someone's mind and feeding him or her different thoughts, dreams, and/or emotions is hypnotism.

ہیں۔ ہپنوٹزم ایک زبان ہے جو کہ جنّات انسانوں، جانوروں اور حشرات سے بات چیت کرنے کے لئے استعمال کرتے ہیں۔ ہپنوٹزم کا استعمال کرتے ہوئے جنّات ہمیں وہ دکھا سکتے ہیں جو کچھ بھی وہ ہمارے خوابوں میں لانا چاہتے ہیں۔ جنّات ہپنوٹزم کا استعمال اتنا اچھا کرتے ہیں کہ وہ میں کوئی بھی چیز دکھا سکتے ہیں جو کہ وہ حقیقی دنیا میں بھی چاہتے ہیں۔ کسی کے دماغ کو قابو کرنے اور اس کے دماغ میں مختلف سوچیں، خواب اور جذبات بھرنے کی یہ خاصیت ہپنوٹزم ہے۔

How do telepathy and hypnotism work? What are the easy and difficult parts?

ٹیلی پیتھی اور ہپنوٹزم کس طرح کام کرتے ہیں؟ اس کے آسان اور مشکل حصے کون سے ہیں؟

Hypnotism is a procedure that demons use to feed something into the minds of living creatures. Think of the way we can play a DVD and then change disc and watch another movie. Hypnotism works in a similar way. The DVD could be considered our dreams, or demons can show us anything they want. The more we are under their control, the more we will observe whatever they want.

ہپنوٹزم ایک طریقہ کار ہے جو کہ جنّات زندہ مخلوقات کے دماغوں میں کچھ بھرنے کے لئے استعمال کرتے ہیں۔ ذرا سوچیں جس طرح ہم DVD چلا سکتے ہیں اور پھر ڈسک تبدیل کرتے ہیں اور دوسرے فلم دیکھتے ہیں۔ ہپنوٹزم بھی اسی طرح کام کرتی ہے۔ DVD کو ہمارے خوابوں سے مشابہت دی جا سکتی ہے اور جنّات ہمیں کچھ بھی دکھا سکتے ہیں جو وہ چاہتے ہیں۔ جتنا ہم ان کے قابو میں ہونگے اتنا ہی ہم وہ دیکھیں گے جو وہ چاہتے ہیں۔

No man can perform hypnosis. Usually, hypnotism experts have very strong demons with them, and they just ask those demons to perform those operations. Telepathy is a normal mode of communication with demons. But when demons are around us, we do not need to use the powers of telepathy to communicate with them. We can

کوئی بھی انسان ہپنوسس کر سکتا ہے۔ عام طور پر ہپنوٹزم کے تجربہ کار اپنے ساتھ بہت مضبوط جنّات رکھتے ہیں اور وہ ان جنّات سے صرف وہ افعال سرانجام دینے کا کہتے ہیں۔ ٹیلی پیتھی جنّات کے ساتھ بات چیت کرنے کا ایک عام طریقہ ہے۔ لیکن جب جنّات ہمارے اردگرد ہوتے ہیں تو ہمیں ٹیلی ان سے بات چیت کرنے کے لئے پیتھی کی طاقتوں کا استعمال کرنے کی ضرورت نہیں ہوتی۔ ہم عام طریقے سے بھی ان سے بات چیت کر سکتے ہیں اور وہ ہمیں آسانی سے سن سکتے ہیں۔ لیکن جب ہمیں کسی ایسے سے بات چیت کرنے کی ضرورت ہوتی ہے جو ہمارے سامنے نہیں ہوتا تو ہمیں اس بات

just talk normally, and they can hear us easily. But when we need to communicate with someone who is not in front of us, we will need this communication skill. I have learned that telepathy is an effective way of communicating with demons, diseases, and pains. I am able to use this skill in any part of the world without any previous friendship with those demons, but normal people need to have more connection with those demons.

چیت کرنے کے طریقے میں مہارت چاہیے ہوگی۔ میں نے جنّات، بیماریوں اور دردوں کے ساتھ بات چیت کرنے کے لئے ایک اچھے طریقے سے ٹیلی پیتھی سیکھی ہے۔ میں دنیا کے کسی بھی حصے میں جنّات سے بغیر کسی پرانی دوستی کے اس فن کو استعمال کرنے کے قابل ہوں لیکن عام لوگوں کو ان جنّات سے زیادہ تعلق کی ضرورت ہوتی ہے۔

Can we communicate with demons without telepathy?

کیا ہم ٹیلی پیتھی کے بغیر جنّات سے بات چیت کر سکتے ہیں؟

Yes , we can communicate with demons ,diseases and pains in a normal way, but they usually do not pay attention to normal conversation. For remote communication, one needs to practice telepathy. Usually, people never reveal how to really practice telepathy. I am not sure how many people are really capable of this form of communication. Normal people always think they are practicing communicating the mind of another human, but in actuality, they communicate with the demons of that person. Most telepathy experts usually send their demons around those people with whom they need to communicate, and those demons start hypnotizing the people according to their host's instructions.

ہاں، ہم جنّات، بیماریوں اور دردوں کے ساتھ ایک عام طریقے سے بات چیت کر سکتے ہیں لیکن وہ عام گفتگو کی طرف توجہ نہیں دیتے۔ دور سے بات چیت کرنے کے لئے ایک شخص کو ٹیلی پیتھی کی مشق کرنے کی ضرورت ہے۔ عام طور پر لوگ یہ ظاہر نہیں کرتے کہ کس طرح طریقے سے ٹیلی پیتھی کی مشق کرتے ہیں۔ مجھے نہیں یقین کہ کتنے لوگ واقعی اس طرح کی گفتگو کرنے کے قابل ہیں۔ عام لوگ ہمیشہ سوچتے ہیں کہ وہ دوسرے شخص کے دماغ کے ساتھ بات چیت کرنے کی مشق کر رہے ہیں مگر حقیقت میں وہ اس شخص کے جنّات سے بات چیت کرتے ہیں۔ ٹیلی پیتھی کے زیادہ تر تجربہ کاران لوگوں کے گرد اپنے جنّات بھیجتے ہیں جن سے ان کو گفتگو کرنے کی ضرورت ہوتی ہے اور یہ جنّات لوگوں کو ان کے میزبان کی ہدایات کے مطابق بے سدھ کرنا شروع کر دیتے ہیں

You do not need two demons to screws you up? Demon's action is so powerful to our mind. So even one is enough to screws you up.

آپ کو کسنے کے لئے دو جنات کی ضرورت نہیں ہوتی۔ جنّات کا ہمارے دماغ پر عمل بہت طاقتور ہوتا ہے۔ اس لئے حتیٰ کہ آپ کو کسنے کے لئے ایک ہی کافی ہے۔

When you are reading this book, everything may sound very easy, but be careful. Demons are not a joke. They are very powerful, and they do not give their control to

جب آپ یہ کتاب پڑھ رہے ہونگے تو آپ کو ہر چیز بہت آسان لگ رہی ہوگی مگر محتاط رہیں۔ جنّات مزاق نہیں ہیں۔ وہ بہت طاقتور ہیں اور وہ اتنی آسانی سے کسی کو اپنا کنٹرول نہیں دیتے۔ جب زیادہ تر لوگ ہپنوٹزم یا ٹیلی پیتھی کی مشق کرتے ہیں اس کا عام طور پر یہ مطلب ہے کہ وہ اپنا دماغ جنّات کے

anyone that easily. When most people practice telepathy or hypnotism, it usually means that they open their minds to those demons. This all depends on how strong your mind is. Most of the time, instead of a demon listening to our instructions, the opposite happens. These people usually either die because of some accident or they become extremely mentally ill. And remember that we are a favorite hobby for demons. I deal with thousands of demons all the time, but to a normal person, a single demon is enough to make that person mentally ill or crazy. When you decide to practice any of dangerous skills like telepathy or hypnotism, make sure you know about the side effects.

لئے کھول دیتے ہیں۔اس تمام کا انحصار اس پر ہے کہ آپ کا دماغ کتنا طاقت ور ہے۔ذیادہ تر جنّات ہماری ہدایات سننے کی بجائے الٹا عمل ہو جاتا ہے۔یہ لوگ عام طور پر کسی حادثے میں مر جاتے ہیں یا دماغی طور پر بہت بیمار ہو جاتے ہیں۔اور یاد رکھیں ہم جنّات کا پسندیدہ مشغلہ ہیں۔میں ہر وقت ہزاروں جنّات کو ڈیل کرتا ہوں لیکن ایک عام انسان کے لئے اس کو دماغی طور پر بیمار بنانے یا پاگل کرنے کے لئے ایک ہی جن کافی ہے۔جب آپ خطرناک فن جیسا کہ ٹیلی پیتھی یا ہپنوٹزم کی مشق کرنے کا فیصلہ کرتے ہیں تو اس بات کو یقینی بنائیں کہ آپ کو اس کے مضر اثرات کا پتا ہے۔

My theory and process of moving or detaching demons/pains

جنّات/دردوں کو ہٹانے یا علیحدہ کرنے کا میرا نظریہ اور عمل۔

My theory for medical Science is simple. I will sit in front of any person who has headache or any kind of pain. I will do my action without touching that person to fix the pain in his body. Medical Science just needs to observe my mind/eyes and the area of pain of that patient, technically. And discover the connection between my mind and that pain i.e. some kind of rays, once they discover that, Science need to use those rays like laser machine and use that machine against demons and pains.

میڈیکل سائنس کے لئے میرا نظریہ سادہ ہے۔میں کسی بھی ایسے شخص کے سامنے بیٹھوں گا جس کو سر درد یا کسی بھی طرح کا درد ہے۔میں اس شخص کو بغیر چھوئے اس کے جسم کا درد دور کرنے کے لئے اپنا عمل کروں گا۔میڈیکل سائنس کو تکنیکی طور پر صرف میرا دماغ/آنکھیں اور اس شخص کے درد والے حصے کا مشاہدہ کرنے کی ضرورت ہے۔اور میرے دماغ اور اس درد کے درمیان تعلق کا دریافت کریں جیسا کہ کسی طرح کی شعائیں جب ایک دفعہ وہ دریافت کر لیں، سائنس کو وہ شعائیں لیزر مشین کی طرح استعمال کرنے کی ضرورت ہے اور اس مشین کو جنّات اور دردوں کے خلاف استعمال کریں۔

Are there any side effects to practicing hypnotism and telepathy?

کیا ہپنوٹزم اور ٹیلی پیتھی کی مشق کرنے کے کوئی مضر اثرات ہیں؟

If these techniques were easy, almost everybody would be using them. Personally, I avoid using these techniques whenever they are unnecessary. When I usually use them, I am cleansing someone of diseases and pains.

اگر یہ تکنیکیں آسان ہوتی تو تقریباً ہر شخص ان کو استعمال کر رہا ہوتا۔میں ان تکنیکوں کو استعمال کرنے سے پرہیز کرتا ہوں جب بھی یہ غیر ضروری ہوتی ہیں۔جب میں عام طور پر انہیں استعمال کرتا ہوں تو میں کسی کی بیماریوں اور دردوں کو صاف کر رہا ہوتا ہوں۔بس صرف اتنا ہی۔میں مکمل طور پر ان کے دوسرے استعمالات سے پرہیز کرتا ہوں۔جنّات کو بم کی طرح سمجھیں۔ان تکنیکوں کو استعمال کرتے

That's all. I totally avoid their other applications. Think of demons as bombs. Using these techniques just to hypnotize someone means you are sending a guided missile into their mind. You may need few things from that mind, but what that demon does next with that mind is anyone's guess. My procedure is very simple. I usually do not use these techniques to control anyone's mind, because I do not need anyone to do anything for me.

ہوئے کسی کو ہیپنو ٹائز کرنے کا مطلب ہے کہ آپ ان کے دماغ میں رہنما مزائل بھیج رہے ہیں۔ آپ کو اس دماغ سے چند چیزوں کی ضرورت ہوسکتی ہے لیکن آگے وہ جن اس دماغ کے ساتھ کیا کرتا ہے، کیا کوئی اندازہ لگا سکتا ہے؟ میرا طریقہ بہت سادہ ہے۔ میں عام طور پر کسی کے دماغ کو کنٹرول کرنے کے لئے یہ تکنیکیں استعمال نہیں کرتا کیونکہ مجھے کسی کی ضرورت نہیں کہ وہ میرے لئے کچھ کرے۔

Use of metal dumbbells and rods during workout without wearing gloves and stay barefooted on metal floor, cement floor or marble or concrete floor is very effective.

کام کے دوران بغیر دستانے پہنے دھات کے ڈمبلز اور راڈ کا استعمال اور دھات کے فرش، سیمنٹ کے فرش یا ماربل یا کنکریٹ کے فرش پر ننگے پاؤں کھڑے ہونا بہت اثر دہ ہے۔

Demons, diseases, and pains travel with a force very similar to electromagnetism. Technical term grounding is effective in case of demons and pains also. How we can get grounded if we are touching/ holding any metal, or standing on a concrete floor bare footed. We receive demons pains and sickness all the time from atmosphere or from other bodies. So these demons/pain use a medium or a traveling path to live or reside. So if we are grounded properly and talking to someone on phone. If by chance we attract a demon/pain towards us through phone line. That demon/pain will go straight to ground instead of storing inside our body, if we are properly grounded at the moment. But during this process, if we are wearing an insulated shoe or sandal, then they do not go into the ground. They are stored in our bodies. And once demons and diseases are stored in our bodies, it is difficult to get rid of them. So, grounding is a healthy habit. So, it is healthy to slay bare footed on clean floor and use metal dumbles and rods without using gloves

جنّات، بیماریاں اور درد برقی مقناطیسی جیسی ایک طاقت کے ساتھ سفر کرتے ہیں۔ تکنیکی اصطلاح گراؤنڈنگ جنّات اور درد کے معاملے میں بہت اثر دہ ہے۔ ہم گراؤنڈڈ کس طرح ہو سکتے ہیں جب ہم کسی دھات کو پکڑے ہوتے ہیں یا کنکریٹ کے فرش پر ننگے پاؤں کھڑے ہوتے ہیں۔ ہم ہر وقت جنّات / درد اور کمزوریاں ماحول سے یا دوسرے اجسام سے حاصل کر رہے ہوتے ہیں۔ اس لئے یہ جنّات / درد ہمارے اندر رہنے یا رہائش کرنے کے لئے ایک واسطے کا استعمال کرتے ہیں۔ چنانچہ اگر ہم مناسب طریقے سے گراؤنڈڈ ہیں اور کسی سے فون پر بات کر رہے ہیں اور اگر اچانک فون کی تار کے ذریعے کوئی جن / درد ہماری طرف آتا ہے۔ وہ جن / درد ہمارے جسم میں ذخیرہ ہونے کی بجائے سیدھا زمین میں جائے گا اگر ہم مناسب طریقے سے گراؤنڈڈ ہوتے ہیں تو۔ لیکن اگر اس عمل کے دوران اگر ہم اگر ہم کوئی انسولیٹڈ جوتا یا سینڈل پہنے ہوتے ہیں تو پھر یہ زمین میں نہیں جاتے۔ یہ ہمارے جسم میں ذخیرہ ہو جاتے ہیں۔ اور ایک دفعہ جنّات اور بیماریاں ہمارے جسم میں ذخیرہ ہو جاتے ہیں ان سے چھٹکارا پانا بہت مشکل ہوتا ہے۔ چنانچہ گراؤنڈنگ ایک صحتمندانہ عادت ہے۔ چنانچہ صاف فرش پر ننگے پاؤں کھڑے ہونا اور دستانے پہنے بغیر دھات کے ڈمبلز اور راڈ کا استعمال صحتمندانہ ہے۔

When it comes to liver, kidney, and intestinal diseases, do not wait for any symptoms, because almost everyone has these problems. There should be some medications for regular use.

جب جگر، گردے اور آنتوں کی بیماری کی بات ہوتی ہے تو کسی علامات کا انتظار مت کریں کیونکہ ہر کسی کو یہ مسائل ہوتے ہیں۔ باقاعدہ استعمال کے لئے کچھ ادویات ہونی چاہیے۔

According to my theories, modern medications and surgeries are secondary treatments. Modern scientists should be able to invent a machine that emits rays that will insist that demons, diseases, and pains leave people's bodies. This should be a priority. Modern science might also be able to create the perfect grounding solution. These rules can be used very easily to detached or separate a demon, disease, or pain from a body. After we remove all these demons, diseases, and pains from a body, we will need modern medications and surgeries to heal the damages. We may not even feel pain or problems until these diseases have already damaged our organs. For that reason, there should be medication for regular use to avoid these damages from diseases, and everybody should be able to use those medications, whether they are sick or not.

میرے نظریات کے مطابق، جدید ادویات اور سرجری ثانوی علاج ہیں۔ جدید سائنسدانوں کو ایک مشین ایجاد کرنے کے قابل ہونا چاہیے جو کہ شعائیں خارج کرے جو ان جنّات، بیماریوں اور درد کو لوگوں کے اجسام چھوڑنے پر مجبور کریں۔ یہ فوقیت پر کیا جانا چاہیے۔ جدید سائنس گراؤنڈنگ کا مکمل حل نکالنے کے قابل ہو سکتی ہے۔ یہ اصول ایک جسم سے جن، بیماری یا درد علیحدہ کرنے کے لئے استعمال کئے جا سکتے ہیں۔ ایک جسم سے جب ہم تمام جنات، بیماریاں اور درد ختم کر دیں تو ہمیں نقصانات کو بھرنے کے لئے جدید علاج اور سرجری کی ضرورت پڑے گی۔ ہم حتٰی کہ درد یا مسائل بھی محسوس نہیں کرتے جب تک یہ بیماریاں پہلے ہی ہمارے اعضاء کو نقصان نہ پہنچا چکی ہوں۔ اس وجہ سے بیماریوں کے ان نقصانات سے بچنے کے لئے باقاعدگی سے علاج ہونا چاہیے اور ہر شخص کو وہ ادویات استعمال کرنی چاہیے چاہے وہ بیمار ہو یا نہ ہو۔

I think demons enjoy their lives by using or residing inside or around us. Most of the time, we obey them without the slightest clue.

میرا خیال ہے کہ جنّات ہمیں استعمال کر کے یا ہمارے اندر یا ارد گرد رہنے سے اپنی زندگیوں سے لطف اندوز ہوتے ہیں۔ زیادہ تر ہم بغیر کسی ہلکے سے اشارے کے ان کی تابع فرمانی کرتے ہیں۔

We are just toys or mediums for demons. They live and enjoy their lives inside us. We have to adopt their temperaments. We have to follow their instructions. We have to smoke cigarettes for them. We have to drink beer or wine for them. We have to have sex for them. We have

ہم جنّات کے لئے کھلونے یا واسطے ہوتے ہیں۔ وہ ہمارے اندر رہتے اور اپنی زندگیوں سے لطف اندوز ہوتے ہیں۔ ہمیں ان کے مزاجوں کو اپنانا پڑتا ہے۔ ہمیں ان کی ہدایات کی پیروی کرنی پڑتی ہے۔ ہمیں ان کے لئے سگریٹ پینے پڑتے ہیں۔ ہمیں ان کے لئے شراب پینی پڑتی ہے۔ ہمیں ان کے لئے جنسی تعلق کو استوار کرنا پڑتا ہے۔ ہمیں ان کو خوش کرنے کے لئے انتہائی غصے میں آنا پڑتا ہے۔ ہمیں ان کو خوش کرنے کے لئے اداس اور پریشان رہنا پڑتا ہے۔ ہمیں انتہا پسند بننا پڑتا ہے تا کہ وہ

to get extremely angry to please them. We have to stay sad and depressed to please them. We have to become extremists so that they feel good. We have to act in negative ways so that they feel better. We have to use drugs and tobacco because they like it. We have to do a lot of crazy stuff because demons want us to. They just hypnotize us, and we do whatever they want; however, before we act in any negative way, if we just convince ourselves that we are giving more and more control to these demons, we can start resisting their influence. It is difficult, but we are the bosses of our own minds. We can do anything.

اچھا محسوس کریں۔ ہمیں منفی رویہ اپنانا پڑتا ہے تاکہ وہ بہتر محسوس کریں۔ ہمیں نشہ آور ادویات اور تمبا کو استعمال کرنا پڑتا ہے کیونکہ وہ اس کو پسند کرتے ہیں۔ ہمیں بہت سی جنونی چیزیں کرنی پڑتی ہیں کیونکہ جنّات ہم سے یہ چاہتے ہیں۔ وہ ہمیں صرف ہپنو ٹائز کرتے ہیں اور ہم وہ کرتے ہیں جو کچھ وہ چاہتے ہیں۔ تاہم اس سے پہلے ہم کوئی منفی کام کریں اگر ہم خود کو تھوڑا سا قائل کریں کہ ہم اپنا قابو ان جنّات کو دے رہے ہیں ہم ان کے اثر کو روک سکتے ہیں۔ یہ مشکل ہے لیکن ہم اپنے دماغوں کے مالک ہیں۔ ہم کچھ بھی کر سکتے ہیں۔

Demons act like currents.

جنّات بجلی کی طرح ہیں۔

Current is not alive but demons are. Only traveling style is similar. So during phone conversation and some other time during the day, if we keep us grounded with a metal or concrete floor, power of gravity can pull them in ground from our body. And if by chance we are receiving them in our body from someone else and at that time our body is grounded with a metal. I am sure they will just pass from our body. Medical Science needs to pay attention to this theory.

بجلی حیات چیز نہیں ہے لیکن جنّات حیات ہیں۔ صرف سفر کرنے کا انداز ایک جیسا ہے۔ اس لئے فون پر گفتگو اور دن کے دوسرے اوقات کے دوران اگر ہم خود کو ایک دھات یا کنکریٹ کے فرش پر گراؤنڈڈ رکھیں تو زمین کی کشش ثقل ان کو ہمارے جسم سے زمین میں کھینچ سکتی ہے۔ اور اگر ہم ان کو کسی دوسرے جسم سے حاصل کر رہے ہیں اور اس وقت ہمارا جسم ایک دھات کے ساتھ گراؤنڈڈ ہے۔ میرا یقین ہے کہ وہ ہمارے جسم میں سے گزر جائیں گے۔ میڈیکل سائنس کو اس نظریے پر توجہ دینے کی ضرورت ہے۔

Normal people cannot feel when demons spread all over their bodies. If we are properly grounded, electric currents will never be stored inside our bodies, and by using that grounding medium, this current will go into a ground. The same rule is applicable to demons, diseases, and pains. But most of the time, we are not grounded. That's why all these demons, diseases, pains are stored in our bodies. In the case of demons, diseases, and pains, grounding is effective only when these demons are entering our bodies.

عام لوگوں کو محسوس نہیں ہوتا جب جنّات ان کے اجسام میں ہر جگہ پھیل جاتے ہیں۔ اگر ہم مناسب طریقے سے گراؤنڈڈ ہیں، برقی کرنٹ کبھی بھی ہمارے جسم میں ذخیرہ نہیں ہوگا اور گراؤنڈنگ کا وہ واسطہ استعمال کرتے ہوئے یہ کرنٹ زمین میں جائے گا۔ یہی اصول جنّات، بیماریوں اور دردوں پر لاگو ہوتا ہے۔ لیکن زیادہ تر ہم گراؤنڈڈ نہیں ہوتے ہیں۔ اس لئے تمام جنّات، بیماریوں اور درد ہمارے اجسام میں ذخیرہ ہو جاتے ہیں۔ جنّات، بیماریوں اور درد کے معاملے میں گراؤنڈنگ اسی وقت اثر دہ ہے جب یہ جنّات ہمارے اجسام میں داخل ہو رہے ہوں۔ لیکن منتقلی کے دوران اگر ایک شخص مناسب طریقے سے گراؤنڈڈ نہیں ہے تو یہ جنّات، بیماریاں اور درد ہمارے اجسام میں ذخیرہ ہو جائیں گے۔ لیکن پھر بھی کشش ثقل اور گراؤنڈنگ ہماری صحت کے لئے اثر دہ ہے۔ کسی دن میڈیکل سائنس اس کو سمجھ جائے گی۔

But during the transfer, if a person is not grounded properly then all these demons, diseases, and pains will be stored in our bodies. But still gravity and grounding is effective for our health. Someday, Science will understand.

Demons can penetrate our bodies from anywhere, but hypnotism can only done by means of the left ear.

جنّات کہیں سے بھی ہمارے اجسام میں داخل ہو سکتے ہیں لیکن ہپنوٹزم کا عمل صرف بائیں کان سے ہوتا ہے۔

Demons are capable of possessing our bodies from anywhere, but they cannot hypnotize us until they come close to our left ears. They do not need to go inside our left ears to hypnotize us. Usually, this control must have an external source.

جنّات کہیں سے بھی ہمارے اجسام میں داخل ہو سکتے ہیں لیکن وہ ہمیں اس وقت تک ہپنو ٹائز نہیں کر سکتے جب تک وہ ہمارے بائیں کان کے نزدیک نا آجائیں۔ انہیں ہمیں ہپنو ٹائز کرنے کے لئے ہمارے بائیں کان کے اندر جانے کی ضرورت نہیں ہوتی۔ عام طور پر یہ قابو بیرونی ذرائع رکھتا ہے۔

Diseases and pains are parasites, and millions of them are around and inside us. Demons are not parasites, but they share our food with us.
Diseases and pains are parasites insects—that's why they do not leave ever our organ or damaged body parts until they eat them completely. Cancer is one example of that

بیماریاں اور درد طفیلیے ہیں اور ان میں سے لاکھوں ہمارے ارد گرد اور اندر ہیں۔ جنّات طفیلیے نہیں ہیں لیکن وہ ہمارے ساتھ ہماری خوراک کھاتے ہیں۔
جنّات اور درد طفیلیے کیڑے ہیں ا۔ اسی لئے وہ کبھی بھی ہمارے عضو کو نہیں چھوڑتے یا تباہ نہیں کرتے جب تک وہ ان کو مکمل طور پر کھا نہ لیں۔ کینسر اسی کی ایک مثال ہے۔

Diseases and pains are parasites. They eat our bodies and organs. They are damaging and very harmful to humans. However, demons are not parasites. They share our food. They are capable of hurting us physically, but most of the time, they do not hurt us. They enjoy hypnotizing and controlling us, and they use us as toys for different negative activities and behaviors.

بیماریاں اور درد طفیلیے ہیں۔ وہ ہمارے اجسام اور اعضاء کو کھاتے ہیں۔ وہ انسانوں کے لئے بہت نقصان دہ ہیں۔ تاہم جنّات طفیلیے نہیں ہیں۔ وہ ہماری خوراک کھاتے ہیں۔ وہ ہمیں جسمانی طور پر تکلیف دینے کے قابل ہوتے ہیں لیکن زیادہ تر وہ میں تکلیف نہیں دیتے۔ وہ ہمیں ہپنو ٹائز اور قابو کر کے لطف اندوز ہوتے ہیں اور وہ ہمیں مختلف منفی حرکات اور رویوں کے لئے کھلونے کے طور پر استعمال کرتے ہیں۔

I am not a magician. I use the power of argument.

I do not have magical powers, but I am capable of convincing and insisting that demons, diseases, and pains leave a body. This is not magic. This is the power of argument. That's why I have to suffer the negative reactions of demons, diseases, and pains. I think this is just part of the game, but eventually, every one of them either becomes my friend or gives up on me.

I can prove that all pains, diseases, and sicknesses are physical bodies. How will modern medical science take advantage of my theory?

To proof and convince medical science and to, I am ready to prove my point so that medical scientists start researching different ways of handling demons, diseases, and pains. how will you prove your point? you may wonder. They need to bring me fifty people with different pains. Some can appear in front of me. Others can communicate with me over the phone, and some can be placed in remote areas. I only need to know how they look and what kinds of pains they each have. I will communicate with the pains of all these people, and I am sure I will be almost completely successful in removing their pains just by communicating with their demons. I hope that medical science will believe me and will start researching these alternative ways to combat demons, diseases, and pains. Only medical Science needs to discover the medium or my communication path, to a demon, scientifically. To invent or discover that power

میں ایک جادوگر نہیں ہوں۔ میں دلیل کی طاقت استعمال کرتا ہوں۔

میرے پاس جادوئی طاقتیں نہیں ہیں لیکن میں ان جنّات، بیماریوں اور درد کو ایک جسم چھوڑنے پر قائل کرسکتا ہوں۔ یہ جادہ نہیں ہے۔ یہ دلیل کی طاقت ہے۔ اسی لئے مجھے جنّات، بیماریوں اور درد کے منفی ردِعمل کو برداشت کرنا پڑتا ہے۔ میرا خیال ہے کہ یہ کھیل کا حصہ ہے لیکن آخر کار ان میں سے ہر کوئی یا تو میرا دوست بن جاتا ہے یا مجھے چھوڑ دیتا ہے۔

میں ثابت کرسکتا ہوں کہ تمام درد، بیماریاں اور کمزوریاں طبعی اجسام ہیں۔ جدید سائنس کس طرح میرے نظریے کا فائدہ اٹھائے گی؟

میڈیکل سائنسکو ثبوت دینے اور قائل کرنے کر لئے میں اپنا نقطہ ثابت کرنے کے لئے تیار ہوں تا کہ میڈیکل سائنس جنّات، بیماریوں اودرد کو سنبھالنے کے مختلف طریقوں پر اپنی تحقیق شروع کردیں۔ میں اپنا نقطہ کس طرح ثابت کرونگا؟ آپ حیران ہو سکتے ہیں۔ ان کو پچاس مختلف بیماریوں میں مبتلا لوگوں کے میرے پاس لانا ہوگا۔ کچھ میرے سامنے رہ سکتے یں۔ دوسرے مجھ سے فون پر بات کرسکتے ہیں اور کچھ دور دراز علاقوں میں رکھے جا سکتے ہیں۔ مجھے صرف یہ جاننے کی ضرورت ہے کہ وہ کیسے دکھائی دیتے ہیں اور ان میں ہر کوئی کس طرح کی تکلیف رکھتا ہے۔ میں تمام لوگوں کی تکلیفوں کے ساتھ بات چیت کرونگا اور مجھے یقین ہے کہ میں ان کے جنّات کے ساتھ بات چیت کرتے ہوئے تقریباً مکمل طور پر ان کے درد ختم کرنے میں کامیاب ہوجاؤنگا۔ مجھے امید اہے کہ میڈیکل سائنس میرا یقین کرے گی اور جنّات، بیماریوں اور درد کو ختم کرنے کے دوسرے طریقوں پر تحقیق شروع کردے گی۔ میڈیکل سائنس کو صرف میرے جن کے ساتھ بات کرنے کے واسطے کو سائنسی طور پر دریافت کرنا ہوگا۔ جنّات اور درد کو قابو کرنے کے لئے اس طاقت کہ ایجاد یا دریافت کرنا ہوگا۔

to control demons and pains.

Medical science can take advantage of this theory. Why do I have millions of diseases and pains around me all the time but manage to keep them away from me?

میڈیکل سائنس اس نظریے کا فائدہ اٹھا سکتی ہے۔ میرے اردگرد ہر وقت لاکھوں بیماریاں اور درد کیوں ہوتے ہیں لیکن میں ان کو خود سے دور رکھتا ہوں؟

Once medical science accepts my theory and starts researching ways of treating bodies to control and remove demons, diseases, and pains, I will then reveal how I am able to keep all these diseases, pains, and demons away from my body. I can offer proof for this as well, but that is the next step.

ایک دفعہ میڈیکل سائنس میرے نظریے کو مان لے اور جنّات، بیماریوں اور درد کو قابو اور ختم کرنے کے لئے اجسام کے علاج کرنے کے طریقوں پر تحقیق شروع کر دے، پھر میں ظاہر کروں گا کہ کس طرح ان تمام بیماریوں، درد اور جنّات کو جسم سے دور لے جا سکتا ہوں۔ میں اس کے لئے ثبوت کی پیشکش کر سکتا ہوں لیکن وہ اگلا مرحلہ ہے۔

A few demon doctors confine demons in bottles of water and then throw these bottles into seas or rivers.

کچھ جنّات کے ڈاکٹر جنّات کو پانی کی بوتلوں میں قید کر لیتے ہیں اور ان بوتلوں کو سمندروں اور دریاؤں میں پھینک دیتے ہیں۔

A few demon doctors use bottles of water to confine demons. Demons do not like water. They do not live in water. They stay away from water. But this does not mean water can kill them. This procedure by demon's doctor is true and effective. Those doctors use their powerful demons to confine regular demons inside the bottle of water. But because demons are physical bodies and they cannot go inside an already close bottle. So, those demons doctors just to show people that they are arresting demons in water bottle and taking them away is something tricky. Then those doctors use their demons to hypnotize people, so people can see ghost inside the bottle of water. This may be a hypnotism trick also. But even after all these tricky procedure, there are some people or demons' doctors, who use same procedure to capture the demons in bottle of water and even I observed

کچھ جنّات کے ڈاکٹر جنّات کو قید کرنے کے لئے پانی کی بوتلوں کا استعمال کرتے ہیں۔ جنّات پانی کو پسند نہیں کرتے ہیں۔ وہ پانی میں نہیں رہتے ہیں۔ وہ پانی سے دور رہتے ہیں۔ مگر اس کا یہ مطب نہیں ہے کہ پانی ان کو مار سکتا ہے۔ جنّات کے ڈاکٹروں کا یہ طریقہ کار سچا اور اثر دہ ہے۔ یہ ڈاکٹر عام جنّات کو پانی کی بوتل میں قید کرنے کے لئے اپنے طاقتور جنّات کو استعمال کرتے ہیں۔ لیکن کیونکہ جنّات طبعی اجسام ہیں اور وہ پہلے سے بند بوتل میں نہیں جا سکتے۔ پس جنّات کے وہ ڈاکٹر صرف لوگوں کو دکھانے کے لئے کہ وہ جنّات کو پانی کی بوتل میں قید کر رہے ہیں اور ان کو دور لے کر جا رہے ہیں ایک حربہ ہے۔ پھر وہ ڈاکٹر لوگوں کو ہپنوٹائز کرنے کے لئے اپنے جنّات استعمال کرتے ہیں تاکہ لوگ پانی کی بوتل کے اندر جنّات کو دیکھ سکیں۔ یہ بھی ہپنوٹزم کا حربہ ہو سکتا ہے لیکن حتٰی کہ ان تمام حربوں والے طریقوں کے بعد کچھ ایسے لوگ یا جنّات کے ڈاکٹر ہیں جو کہ اسی طریقہ کو استعمال کرتے ہوئے جنّات کو پانی کی بوتل میں قید کرتے ہیں اور یہاں تک کہ میں نے خود مشاہدہ کیا ہے کہ وہ جنّات اُس علاقے سے اس کے بعد غائب ہو گئے۔ حتٰی کہ پانی کی بوتل والا طریقہ ایک حربہ ہو سکتا ہے لیکن پھر بھی ان جنّات کو ان علاقوں سے قابو کرنے اور دور لے جانے کا کوئی نہ کوئی طریقہ ہے۔ (میں یہ کام نہیں کر سکتا)

by myself, those demons in that area were disappeared after that. So even this bottle of water may be just a trick, but still, there is some management to control and move away those demons from that area. (I cannot do this)

How does telepathy allow one to read people's thoughts?

کسی طرح ٹیلی پیتھی کسی کو دوسروں کا دماغ پڑھنے کی اجازت دیتی ہے۔

Telepathy can allow one to read the minds of other people. By using this technique, you can easily read the thoughts of other people. When someone makes a telepathy connection with another person, they usually send at least two demons to that person. One important part of telepathy is hypnotism, and only demons can perform hypnosis. There are two possible ways one can use telepathy to read people's minds:

ٹیلی پیتھی سے دوسروں کا دماغ پڑھا جا سکتا ہے۔ اس تکنیک کو استعمال کرتے ہوئے آپ دوسرے لوگوں کی سوچ کا پڑھ سکتے ہیں۔ جب کوئی کسی دوسرے شخس کے ساتھ ٹیلی پیتھی کا تعلق بناتا ہے تو وہ عام طور پر اس شخص کی طرف دو جنّات بھیجتے ہیں۔ ٹیلی پیتھی کا ایک اہم حصہ ہپنوٹزم ہے اور صرف جنّات مصنوعی نیند لا سکتے ہیں۔ دوسروں کا دماغ پڑھنے کے دو طریقے ہیں جن میں سے کوئی بھی ٹیلی پیتھی کا استعمال کر سکتا ہے۔

1) Send two demons to the person whose mind you want to read. Both demons will receive yours instruction when you communicate with them by using telepathy. Both of them will read the thoughts of that person's mind by using hypnotism.Once they get the information, one demon will keep reading the mind of the person, but the second will come back to you and feed all the new information into your mind through hypnotism. This way, one demon will continuously read the mind of that person, and the other demon will transfer all the information to your mind.

ا۔ دو جنّات کو اس کی طرف بھیجیں جس کا دماغ آپ پڑھنا چاہتے ہیں۔ دونوں جنّات آپ کی ہدایات کو وصول کریں گے جب آپ ٹیلی پیتھی کا استعمال کرتے ہوئے ان سے بات چیت کرتے ہیں۔ وہ دونوں ہپنوسس (مصنوعی نیند) کا استعمال کرتے ہوئے اس شخص کے دماغ کی سوچ پڑھیں گے۔ جب ایک دفعہ وہ معلومات حاصل کر لیتے ہیں تو ایک جن اس شخص کے دماغ کو پڑھتا رہے گا لیکن دوسرا آپ کے پاس واپس آئے گا اور تمام نئی معلومات ہپنوٹزم کے ذریعے آپ کے دماغ میں ڈال دے گا۔ اس طرح ایک جن اس شخص کا مسلسل دماغ پڑھتا رہے گا اور دوسرا جن تمام معلومات آپ تک پہنچائے گا۔

2) When you send two demons to one person, you need to make sure that those two demons have no conflicts with each other and that they can easily communicate with each other. Demons can communicate with each other by using magnetic fields and systems that also utilize electromagnetic fields. This is almost similar to

۲۔ جب آپ دو جنّات کو ایک شخص کے پاس بھیجتے ہیں تو اس بات کو یقینی بنا لیں کہ ان دو جنّات کا آپس میں کوئی تعلق نہیں ہونا چاہیے اور وہ آسانی سے ایک دوسرے سے بات چیت کر سکتے ہوں۔ جنّات برقی میدانوں اور اس نظام سے جو برقی میدانوں کو استعمال کرتا ہے کو استعمال کرتے ہوئے ایک دوسرے سے بات چیت کر سکتے ہیں۔ یہ تقریباً ٹیلی پیتھی جیسا ہی ہے مگر کیونکہ یہ بات چیت دو جنّات کے درمیان ہو رہی ہے اس لئے اس کا واسطہ مختلف ہے۔ وگرنہ اصول ویسے ہی ہیں جیسا کہ ٹیلی پیتھی کے ہیں۔ اس طریقہ کار میں ایک جن اس شخص کا دماغ پڑھے گا اور آپ کے پاس موجود

telepathy, but because this communication is happening between two demons, the traveling medium is different. Otherwise, the rules are same as they are for telepathy. In this procedure, one demon will read the mind of the person and transmit all the information to second demon near you. The second demon will decode all the information in your mind by using hypnosis. Now you understand that demons cannot hypnotize us from a significant distance. I have no interest in reading other people's minds, because I am not a very nosy person. Still, I get a lot of feelings all the time.

دوسرے جن تک معلومات پہنچائے گا۔دوسرا جن تمام معلومات ہپنوسس کا استعمال کرتے ہوئے آپ کے دماغ میں بھردے گا۔اب آپ سمجھے ہونگے کہ جنّات ایک فاصلے سے ہمیں ہپنوٹائز نہیں کرسکتے۔ مجھے دوسرے لوگوں کا دماغ پڑھنے کا کوئی شوق نہیں ہے کیونکہ میں ہر بات کی بور کھنے والا انسان نہیں ہوں۔ابھی تک ہر وقت میں بہت کچھ محسوس کرتا ہوں۔

My problem with telepathy and hypnotism

ٹیلی پیتھی اور ہپنوٹزم کے ساتھ میرا مسئلہ

As I have explained, I am extra sensitive to demons, diseases, and pains. When diseases are inside a normal person, that person does not feel any pain until those diseases do major damage. Once they come close to me, I always feel pain and discomfort until they go away. The touch of demons is almost similar to the touch of humans to me. When these demons stay around normal people, those people feel nothing. That's why most normal people are unaware of the existence of demons. If one or even one thousand demons stay around a normal person, that person will feel nothing until the demons try to make him or her sick. In my case, I cannot tolerate the feeling once demons come close to me. It makes me really uncomfortable. I continuously feel like some on sitting on my shoulders and head. I continuously feel like something is hanging on my body. As a result, I always ask them to maintain a certain distance from me. To perform telepathy and hypnotism, you need to keep demons very close to you all the time, and it is very difficult for me to even keep one demon close to my body.

جیسا کہ میں بیان کر چکا ہوں کہ میں جنّات، بیماریوں اور درد کے لئے ذیادہ حساس ہوں۔ جب بیماریاں ایک عام انسان کے اندر ہوتی ہیں وہ شخص اس وقت تک کوئی درد محسوس نہیں کرتا جب تک وہ بیماریاں کوئی بڑا نقصان نہ پہنچادیں۔ جب ایک دفعہ وہ میرے پاس آتے ہیں میں ہمیشہ درد اور بے سکونی محسوس کرتا ہوں جب تک وہ دور نہ چلے جائیں۔جنّات کا مجھ کو چھونا بالکل انسانوں کے چھونے جیسا ہی ہے۔جب وہ جنّات عام شخص کے گرد رکتے ہیں وہ لوگ کچھ محسوس نہیں کرتے۔اس لئے ذیادہ تر لوگ جنّات کے وجود سے باخبر ہیں۔حتیٰ کہ ایک یا ایک ہزار جنّات عام انسان کے گرد رکتے ہیں وہ شخص اس وقت تک کچھ نہیں محسوس کرئے گا جب تک جنّات اس کو تنگ کرنے کی کوشش نہیں کرتے۔ میرے معاملے میں، میں احساسات کو برداشت نہیں کرسکتا جب ایک دفعہ جنّات میرے پاس آتے ہیں۔ یہ مجھے واقعی بہت بے سکون کردیتے ہیں۔ میں مسلسل یہ محسوس کرتا ہوں کہ کوئی میرے کندھوں اور سر پر بیٹھا ہوا ہے۔ نتیجے کو طور پر میں ہمیشہ انہیں مجھ سے ایک خاص فاصلہ رکھنے کا کہتا ہوں۔ ٹیلی پیتھی اور ہپنوسس کرنے کے لئے آپ کو جنّات کو ہر وقت اپنے قریب رکھنے کی ضرورت ہوتی ہے اور میرے لئے حتیٰ کہ ایک جن کو بھی اپنے پاس رکھنا بہت مشکل ہے۔ میں ہر وقت دنیا کے مختلف حصوں سے جنّات کو محسوس کرتا ہوں لیکن مجھے ان کو خود سے ہر روز دور کرنے کی ضرورت ہے۔ کیونکہ میں بہت عرصے تک ان کا دباؤ کنٹرول نہیں کرسکتا یا اگر پھر بھی وہ میرے پاگرد ٹھہرتے ہیں تو وہ میری مدد کرتے ہیں اور وہ ایک خاص فاصلہ قائم رکھتے ہیں۔ ہر کوئی اپنے اردگرد یا اندر جن یا جنّات رکھتا ہے لیکن میرے اندر جن نہیں ہوتا ذیادہ تر۔کوئی بھی جنّات کو ہمارے جسم میں داخل ہونے سے نہیں روک سکتا۔ وہ میر ےجسم کے اندر داخل ہوجاتے ہیں مگر وہاں ذیادہ دیر تک رک نہیں سکتے۔ میں اجسام سے روز جنّات کو ختم کرسکتا ہوں لیکن بہت جلد ہی ان پر دوسرے جنّات قبضہ کرلیتے ہیں۔ جنّات ہر وقت ہمارے جسم میں داخل ہوتے اور باہر نکلتے رہتے ہیں۔ لیکن عام لوگوں کے معاملے میں ان کے جسم کے اندر چند مستقل جنّات ہوتے ہیں۔تو میں کیا کرتا ہوں؟ میں دنیا کے کسی بھی حصے میں موجود کسی بھی

I feel demons from every part of the world all the time, but I have to move them away from me every day, because I cannot handle their pressure for a long time. Or if they still stay around me, they usually help me, and they maintain a certain distance from me. Usually, everyone has a demon or demons around or inside them, but I do not have any inside my body most of the time. Nobody can stop demons from going inside our bodies. They go inside my body but do not stay there for long. I can remove demons from bodies every day, but they are quickly possessed another. Demons are in and out of our bodies all the time, but in case of normal people, they have few permanent demons. So what I do, I just use any demon around any person in any part of the world, instead of keeping few permanent demons around me for this purpose. This crazy telepathy makes everything very easy for me. I just reach them, introduce myself, threaten them sometime to move away from that person, if they will not listen to me. Most of the time, it is enough for them and they listen. Sometimes they visit me before they start obeying me, may be just to check, who is that crazy person is?

شخص کے اردگرد موجود کسی بھی جن کو استعمال کرتا ہوں بجائے اس کے کہ اس مقصد کے لئے کچھ مستقل جنّات اپنے پاس رکھوں۔ یہ جنونی ٹیلی پیتھی میرے لئے ہر چیز آسان بنا دیتی ہے۔ میں صرف ان تک پہنچتا ہوں، اپنا تعارف کرواتا ہوں، بعض اوقات اس شخص سے دور جانے کے لئے ان کو دھمکاتا ہوں اگر وہ میری بات نہیں سنتے۔ بعض اوقات وہ میری بات ماننے سے پہلے مجھ سے ملتے ہیں، ہوسکتا ہے یہ دیکھنے کے لئے کہ یہ جنونی انسان کون ہے؟

Demons cannot push or hit you physically, but they can badly hurt us anywhere they want, even inside our bones. They can also easily hypnotize someone else to punch you for no reason.

جنّات طبعی طور پر آپ کو دھکیل یا مار نہیں سکتے لیکن وہ کہیں پر بھی ہمیں بری طرح سے تکلیف دے سکتے ہیں حتیٰ کہ ہماری ہڈیوں کے اندر۔ وہ کسی سے آپکو مکا مروانے کے لئے اُس کو آسانی سے ہپنوٹائز کر سکتے ہیں۔

Yes, this is true. They can possess a body completely and can use that body physically against anyone. Demons are physical bodies, but they are not solid like us. Their physical bodies are like air, but they are not plain air. Their powers are extraordinary. Some people think demons are

ہاں، یہ سچ ہے۔ وہ مکمل طور پر ایک جسم پر قابض ہو سکتے ہیں اور اس جسم کو جسمانی طور پر کسی کے بھی خلاف استعمال کر سکتے ہیں۔ جنّات طبعی اجسام ہیں لیکن وہ ہماری طرح مضبوط نہیں ہیں۔ ان کے طبعی اجسام ہوا کی طرح ہیں لیکن وہ سادہ ہوا نہیں ہیں۔ ان کی طاقتیں غیر معمولی ہیں۔ کچھ لوگ سوچتے ہیں جنّات ایک خاص قسم کی گیس ہیں جو کہ ایک توانائی کے ذریعے کے طور پر استعمال کئے جا سکتے ہیں۔ وہ اس بارے میں مکمل غلط سوچتے ہیں۔ اڑنے والے جنّات بالکل بھی نقصان نہیں دیتے۔ وہ کسی کو

a special kind of gas that can be used as an energy source. They are completely wrong about that. Flying demons are totally harmless. They cannot hurt anyone. They cannot even hypnotize anyone. Their powers start working only when they penetrate a body. Once they come inside a body, they are able to expand themselves. If they are covering the bottom part of a body, they cannot hypnotize and control a mind from there. A demon needs to be around the head, specifically our left ear, to hypnotize and control the mind. During the process of hypnotism by demons, we usually have a big argument inside the mind, the stronger the person, the stronger the resistance to the demon's influence.

تکلیف نہیں دے سکتے۔ وہ حتیٰ کہ کسی کو ہپنو ٹائز بھی نہیں کر سکتے۔ ان کی طاقت اس وقت کام کرنا شروع کرتی ہے جب وہ ایک دفعہ کسی جسم میں داخل ہو جاتے ہیں، وہ اپنے آپکو پھیلا سکتے ہیں۔ اگر وہ جسم کے نچلے حصے میں ہیں وہ وہاں سے ہمیں ہپنو ٹائز یا ہمارے دماغ کو قابو نہیں کر سکتے۔ جن کا دماغ کو ہپنو ٹائز کرنے کے لئے دماغ کے ارد گرد یا کان کے نزدیک ہونے کی ضرورت ہے۔ جنات کے ہم پر ہپنوٹزم کے عمل کے دوران ہمارے دماغ میں ایک بہت بڑی دلیل ہوتی ہے، انسان جتنا ہی طاقت ور ہو گا اتنی ہی جنات کے اثر پر مضبوط رکاوٹ ہو گی۔

Demons cannot hypnotize and control a human from a remote area.

جنات فاصلے سے ایک انسان کو ہپنو ٹائز اور قابو نہیں کر سکتے۔

Demons need to be very close to us, especially near our left ear, to hypnotize us. Demons cannot hypnotize us from a remote area by using telepathy. Once medical science invents a machine that can affect demons and diseases, doctors will be able to remove or pull these negative energies out of our bodies. When no demons are around us, they will have little control over our activities and behaviors. The future of our health is very bright. Medical science needs to consider my theories for research. After that, it will not take long to invent the proper machines for treatment. We already have modern medication to heal the damages.

جنات کو ہمارے بہت پاس ہونے کی ضرورت ہوتی ہے، خاص طور پر ہمارے بائیں کان کے پاس ہمیں ہپنو ٹائز کرنے کے لئے۔ جنات ٹیلی پیتھی استعمال کرتے ہوئے دور دراز کے علاقوں سے ہمیں ہپنو ٹائز نہیں کر سکتے۔ ایک دفعہ میڈیکل سائنس ایک مشین ایجاد کر لے جو کہ جنات اور بیماریوں پر اثر کر سکے تو ڈاکٹر ہمارے اجسام سے منفی قوتیں ختم کرنے یا باہر نکالنے کے قابل ہو جائیں گے۔ جب ہمارے ارد گرد کوئی جنات نہیں ہوتے وہ ہماری حرکات اور رویوں پر کم قابو رکھیں گے۔ ہماری صحت کا مستقبل بہت اچھا ہے۔ میڈیکل سائنس کو میرے نظریات پر تحقیق کرنے کی ضرورت ہے۔ اس کے بعد علاج کے لئے مناسب مشین ایجاد کرنے میں زیادہ عرصہ نہیں لگے گا۔ ہمارے پاس پہلے ہی نقصانات کو بھرنے کے لئے جدید ادویات اور طریقہ کار موجود ہے۔

If you are driving, demons cannot move or turn your steering, and they cannot push the breaks. They can, however, tickle you or badly hurt your body in seconds. They can easily make you asleep in seconds as well.

اگر آپ ڈرائیونگ کر رہے ہیں تو جنّات آپکا سٹیرنگ ہلا یا موڑ نہیں سکتے اور وہ بریک بھی نہیں لگا سکتے۔ تاہم وہ سیکنڈوں میں آپ کے جسم کو نقصان پہنچا سکتے ہیں۔ اسی طرح وہ آپ کو سیکنڈوں میں نیند میں بھی لا سکتے ہیں۔

Demons are extremely powerful, but they cannot operate or steer cars by themselves. They all need bodies to fulfill these actions. Demons can also make us sleep when we are driving. They can hypnotize us and push us to commit suicide by running a car into a tree or pole, but demons always need bodies to fulfill their desires. If everyone increases their self-control, we should be able to reduce the presence of demons in our lives and minds.

جنّات بہت زیادہ طاقتور ہوتے ہیں لیکن وہ خود سے کار نہیں چلا سکتے۔ ان کو یہ حرکات عمل میں لانے کے لئے اجسام کی ضرورت ہوتی ہے۔ جنّات ہمیں نیند میں بھی لا سکتے ہیں جب ہم ڈرائیونگ کر رہے ہوتے ہیں۔ وہ ہمیں ہپنوٹائز کر کے ہمیں کار کو درخت یا کھمبے میں مار کر خودکشی کرنے پر دھکیل سکتے ہیں لیکن جنّات کو ان کی خواہشات پوری کرنے کے لئے ہمیشہ اجسام کی ضرورت ہوتی ہے۔ اگر ہر کوئی اپنی خوداعتمادی بڑھا لیتا ہے تو ہم اپنی زندگیوں اور دماغوں میں جنّات کی موجودگی کو کم کر سکتے ہیں۔

Reason why we get involve with someone like crazy love sometimes, and then get change after sometime?

کیا وجہ ہے کہ بعض اوقات ہم کسی سے جنونی محبت کرنے لگتے ہیں اور کچھ عرصے کے بعد ہم بدل جاتے ہیں

I have explained how demons switch bodies if they feel more secure with another. Demons always like to stay around secure bodies. These should not be confused with healthy bodies. Now if you are a man and you go around a woman. And a demon, who was around that woman since she was born. That demon was around that woman whole/all her life. Once that woman will go close to any man, usually, that demon from that woman will switch the body and will move to body of that man. As I have said, demons live inside our bodies. They cannot do anything physical, but they enjoy their lives when they are living in our bodies. As humans, we enjoy our bodies, but demons also enjoy their lives when they are living inside us.

میں نے بیان کیا ہے کہ جنّات کس طرح اجسام بدلتے ہیں اگر وہ کسی دوسرے کے ساتھ محفوظ محسوس کریں۔ جنّات ہمیشہ محفوظ اجسام کے اردگرد رہنا پسند کرتے ہیں۔ وہ صحتمندانہ اجسام سے گھبراتے نہیں۔ اب اگر آپ مرد ہیں اور کسی عورت کے پاس جاتے ہیں اور ایک جن جو کہ اس عورت کے پاس اس وقت سے ہے جب سے وہ پیدا ہوئی ہے اور وہ اس عورت کی ساری زندگی اس کے ساتھ رہا ہے۔ ایک دفعہ وہ عورت کسی مرد کے پاس جائے گی وہ جن اس عورت کے جسم سے نکل جائے گا اور اس مرد کے جسم میں داخل ہو جائے گا۔ جیسا کہ میں نے کہا ہے کہ جنّات ہمارے اجسام کے اندر رہتے ہیں وہ جسمانی طور پر کچھ نہیں کر سکتے لیکن وہ اپنی زندگیوں سے لطف اندوز ہو رہے ہوتے ہیں جب وہ ہمارے اجسام کے اندر رہ رہے ہوتے ہیں۔ انسان کے طور پر ہم اپنی زندگیوں سے لطف اندوز ہو رہے ہوتے ہیں لیکن جنّات بھی اپنی زندگیوں سے لطف اندوز ہو رہے ہوتے ہیں جب وہ ہمارے اندر رہ رہے ہوتے ہیں۔ چنانچہ وہ عورت جب اس آدمی کے قریب جائے گی، جن اس آدمی میں چلا جائے گا۔ اب وہ آدمی اس عورت سے پیار کرے گا اور وہ جن بھی اس عورت کے ساتھ جڑ جائے گا۔ چنانچہ اس طرح کے حالات میں جب لوگ ایک دوسرے کو جنون کی حد تک چاہتے ہیں۔ وہ ایک دوسرے کو کسی اور کا ہوتا نہیں دیکھ سکتے۔ وہ اپنے ہم سفر کو کسی اور کے ساتھ نہیں دیکھ سکتے۔ اس طرح کے حالات میں عام طور پر حسد شامل ہوتا ہے۔ اس کے پیچھے جنّات کا ہاتھ ہے اور اس تعلق کی تمام شدت کم ہو

So, when that woman will go close to a man, demon will move to that man. Now that man is in love with this woman and that demon is also attached with that woman. So, in that kind of condition, usually people they love each other like crazy. They can be very possessive of each other. They cannot share their spouses with anyone. Jealousy is usually involved in those kinds of relationships. Demons are behind this, and all that intensity within the relationship will decrease when these demons decide to go to another body!

جائے گی جب یہ جنّات کسی دوسرے جسم میں جانے کا فیصلہ کر لیتے ہیں۔

What is basic difference between hypnotism and telepathy?

Telepathy and hypnotism are both different, but they go together. It is practically impossible to find a human with the ability to hypnotize someone. To me it seems rather impossible. Almost all hypnotism experts use their demons to help them. People need a communication skill like telepathy to communicate with their demons. For example, if someone sends a demon to someone else who is one hundred miles away from him, this means he or she must have some demons under his or her control. If you have demons under your control and you send those demons to someone with instructions, those demons will go to that person and start doing their job. If you want to give your demons more instructions tomorrow to fulfill another task or you want them to leave that person and go to someone else, you need telepathy to send those instructions to your demons. This could be an extremely dangerous practice for weak and normal people. One demon can make a normal person mentally ill in just few days, so be careful.

ہپنوٹزم اور ٹیلی پیتھی کے درمیان بنیادی فرق کیا ہے؟

ٹیلی پیتھی اور ہپنوٹزم دونوں مختلف ہیں۔عملی طور پر ایسے انسان کو تلاش کرنا مشکل ہے جو کسی کو ہپنو ٹائز کرنے کی قابلیت رکھتا ہو۔میرے لئے تو یہ ناممکن ہے۔تقریباً ہپنوٹزم کے تمام ماہر اپنی مدد کے لئے جنّات استعمال کرتے ہیں۔لوگوں کو اپنے جنّات سے بات کرنے کے لئے بات چیت کرنے کا فن جیسا کہ ٹیلی پیتھی کی ضرورت ہوتی ہے۔مثال کے طور پر، اگر کوئی کسی دوسرے کے پاس جن کو بھیجتا ہے جو کہ اُس سے سینکڑوں میل دور ہے تو اس کا مطلب ہے کہ اس کے قابو میں کچھ جنّات ہیں۔اگر آپ کے قابو میں جنّات ہیں تو آپ ان جنّات کو ہدایات دے کر کسی کے پاس بھیجتے ہیں تو وہ جنّات اس شخص کے پاس جائیں گے اور اپنا کام کرنا شروع کر دیں گے۔اگر آپ اپنے جنّات کو اگلے دن کا کام کرنے کے لئے مزید ہدایات دینا چاہتے ہیں یا پھر آپ چاہتے ہیں کہ وہ اس شخص کو چھوڑ دیں اور کسی اور کو پکڑ لیں تو آپکو اپنے جنّات کے پاس یہ ہدایات بھیجنے کے لئے ٹیلی پیتھی کی ضرورت ہوتی ہے۔یہ عام اور کمزور لوگوں کے لئے بہت ہی خطرناک مشق ہوسکتی ہے۔ایک جن ایک عام انسان کو کچھ ہی دنوں میں دماغی طور پر بیمار کر سکتا ہے اس لئے احتیاط کریں

Is hypnotism and telepathy possible from anywhere?

It really depends on how skilled you are and how powerful your mind is. This is all a game of minds. If you mind is powerful enough, everyone could be your slave, follow you, and listen to you. If your mind is weak, these demons will send you to a mental hospital. Telepathy allows one to control someone else's mind. Well, actually, one does not control the mind but feeds it instructions, and those instructions always come from demons. Once demons receive the instructions, they start their procedures immediately. Telepathy experts can easily access any mind anywhere in the world. This is all depends on how powerful your mind is. A powerful mind with these skills can control any mind in any part of the world. Hypnotism cannot be done from remote distance. And hypnotism can be done by only demons, not by a human. And that demon needs to close to you to hypnotize you.

کیا ہپنوٹزم اور ٹیلی پیتھی کہیں بھی بیٹھ کر ممکن ہے؟

اس کا انحصار اس بات پر ہے کہ آپ کتنے ماہر ہیں اور آپ کا دماغ کتنا طاقتور ہے۔ یہ سب دماغوں کا کھیل ہے۔ اگر آپ کا دماغ بہت ذیادہ طاقتور ہے تو ہر کوئی آپ کا غلام ہوسکتا ہے، آپ کی پیروی کرئے گا اور آپ کی بات مانے گا۔ اگر آپ کا دماغ کمزور ہے تو یہ جنّات آپکو دماغی ہسپتال میں پہنچا دیں گے۔ ٹیلی پیتھی سے آپ کسی اور کا دماغ قابو کر سکتے ہیں۔ بہر حال، دراصل، کوئی بھی دماغ کو قابو نہیں کرتا بلکہ اس میں ہدایات بھرتا ہے اور یہ تمام ہدایات جنّات ڈالتے ہیں۔ ایک دفعہ جنّات ہدایات لے لیتے ہیں وہ اپنا کام فوراً شروع کر دیتے ہیں۔ ٹیلی پیتھی کے ماہر دنیا کے کسی بھی کونے میں بیٹھ کر کسی کے دماغ تک رسائی حاصل کر سکتے ہیں۔ اس سب کا انحصار اس بات پر ہے کہ آپ کا دماغ کتنا طاقتور ہے۔ ان مہارتوں کے ساتھ ایک طاقتور دماغ دنیا کے کسی بھی کونے میں کسی بھی دماغ پر قابو پا سکتا ہے۔ ہپنوٹزم فاصلے سے نہیں کی جا سکتی۔ اور ہپنوٹزم کا عمل صرف جنّات کر سکتے ہیں، انسان نہیں۔ اور ان جنّات کو آپ کو ہپنوٹائز کرنے کے لئے آپ کے نزدیک ہونے کی ضرورت ہوتی ہے۔

Do we need a setup, or can we just start hypnotizing or using telepathy?

Maybe there is a difference between me and some other experts of telepathy and hypnotism. Usually, those people have to practice on particular people for a while before they can send instructions. Usually, that practice involves them sending out their demons. They give their demons some time to set up and feeding hypnotism into the minds of others. Usually, everyone already has a group of demons around them. Sometimes these demons are from their childhood. In my case, the only difference is that I do not have any control over any particular demon. My mind

کیا ہمیں سیٹ اپ کی ضرورت ہے یا ہم آرام سے ہپنوٹائزنگ یا ٹیلی پیتھی کا استعمال کر سکتے ہیں۔

ہوسکتا ہے مجھ میں اور کسی دوسرے ٹیلی پیتھی اور ہپنوٹزم کے ماہر کے درمیان فرق ہو۔ عام طور پر ان لوگوں کو کسی خاص انسان پر کچھ دیر کے لئے مشق کرنی پڑتی ہے اس سے پہلے کہ وہ ہدایات بھیج سکیں۔ عام طور پر اس مشق میں وہ اپنے جنّات کو بھیجتے ہیں۔ وہ اپنے جنّات کو سیٹ اپ ہونے اور دوسروں کے دماغوں کو ہپنوٹائز کرنے کے لئے کچھ وقت دیتے ہیں۔ عام طور پر ہر کسی کے ارد گرد جنّات کا ایک گروہ پہلے ہی ہوتا ہے۔ بعض اوقات یہ جنّات ان کے ساتھ بچپن سے ہی ہوتے ہیں۔ میرے معاملے میں فرق صرف اتنا ہے میرا کسی خاص جن پر کوئی قابو نہیں ہے۔ میرا دماغ دنیا میں کہیں بھی پہنچ سکتا ہے۔ میں کسی بھی جن کو مجھ سے ہدایات لینے پر قائل کر سکتا ہوں لیکن مجھے اس میں دلچسپی نہیں ہے۔

can fly anywhere in the world quite easily. I can convince any demon to take instructions from me, but this is not my field of interest.

How long do the effects of hypnotism last?

ہپنوٹزم کے اثرات کتنی دیر تک رہتے ہیں؟

Our minds are very powerful, and we are the bosses of our minds. Our minds can come under the influence of demons, and they can keep us hypnotized. Once we are free of hypnotism, we return to normal, but most are not aware of demons and their hypnotism. That's why we feel like we were thinking our own thoughts whenever demons feed something into our minds. And when something keeps coming to our minds, it can become difficult to ignore that idea. Usually, demons feed stuff into our minds for few hours and then leave us alone to see our reactions to their efforts. Once mankind understands the power of demons and their influence on us, I am sure we will gain better control over our minds.

ہمارے دماغ بہت طاقت ورہوتے ہیں اور ہم اپنے دماغوں کے مالک ہیں۔ ہمارے دماغ جنّات کے اثر میں آسکتے ہیں اور وہ ہمیں ہپنو ٹائز کر سکتے ہیں۔ ایک دفعہ ہم ہپنوٹزم سے آزاد ہو جائیں تو ہم اصلی حالت میں واپس آجاتے ہیں لیکن کچھ لوگ جنّات اور ان کے ہپنوٹزم سے باخبر نہیں ہیں۔ اس لئے جب بھی جنّات ہمارے دماغوں میں کچھ بھرتے ہیں تو ہمیں اس طرح لگتا ہے کہ ہم اپنے خیالات کو سوچ رہے ہیں۔ اور جب کوئی بات ہمارے ذہن میں آرہی ہوتی ہے تو اس منصوبے کو نظرانداز کرنا ہمارے لئے مشکل ہوتا ہے۔ عام طور پر جنّات ہمارے دماغ میں کچھ گھنٹوں کے لئے چیزیں بھرتے ہیں اور ان کو کوششوں کے عوض ہمارا ردعمل دیکھنے کے لئے ہمیں اکیلا چھوڑ دیتے ہیں۔ ایک دفعہ انسانیت جنّات کی طاقت اور ان کے ہم پر اثرات کہ سمجھ جائے تو میرا یقین ہے کہ ہم اپنے دماغوں پر بہتر قابو کرلیں گے۔

Positive energy or the soul/spirit cannot be dictated or controlled externally by telepathy or hypnotism. Positive energy just follows the job assigned to it by God to run and operate bodily functions.

مثبت توانائی یا روح کو کسی بیرونی ذرائع ٹیلی پیتھی یا ہپنوٹزم سے حکم نہیں دیا جا سکتا۔ مثبت توانائی صرف اللہ کی طرف سے سونپے گئے کام جسم کے کاموں کو چلانے کا کام کرتی ہے۔

This is true. The soul/spirit cannot be controlled or dictated externally by telepathy or hypnotism. They are not involved in the processes of telepathy and hypnotism. Those have external sources. We send instructions to demons by means of telepathy, and demons defeat positive energies and compel our minds to think certain things. And this is not difficult for demons. This is the

یہ سچ ہے۔ روح/نفس کو بیرونی طور پر ٹیلی پیتھی یا ہپنوٹزم کے ذریعے قابو نہیں کیا جا سکتا۔ وہ ٹیلی پیتھی اور ہپنوٹزم کے عمل میں شامل نہیں ہوتی۔ وہ بیرونی ذرائع رکھتے ہیں۔ ہم ٹیلی پیتھی کے ذریعے جنّات کو ہدایات بھیجتے ہیں اور جنّات مثبت توانائیوں کو شکست دیتے ہیں اور ہمارے دماغ کو ایسی چیزیں سوچنے پر دھکیلتے ہیں۔ اور جنّات کے لئے یہ مشکل کام نہیں ہے۔ یہ وہ راستہ ہے جو وہ کسی بھی دماغ سے ہم کلام ہونے کے لئے استعمال کرتے ہیں۔

they use to communicate with any mind.

When we say that we are hypnotizing someone, demons are actually the ones performing the hypnosis for us!

جب ہم کہتے ہیں کہ ہم کسی کو ہپنو ٹائز کر رہے ہیں تو حقیقت میں جنّات ہوتے ہیں جو ہپنوسس کا کام ہمارے لئے کر رہے ہوتے ہیں۔

If you are a hypnotism expert and you are trying to hypnotize someone, you are not really performing hypnosis. Your demons are really performing hypnosis for you!

اگر آپ ہپنوٹزم کے ماہر ہیں اور اگر آپ کسی کو ہپنو ٹائز کرنے کی کوشش کر رہے ہیں تو حقیقی طور پر ہپنوسس کا عمل آپ نہیں کر رہے ہوتے۔ آپ کے جنّات حقیقی طور پر آپ کے لئے ہپنوسس کا عمل کر رہے ہوتے ہیں۔

Few people claim that they are able to see demons either in human shape or in a scary and ugly ghost shape.

کچھ لوگ دعویٰ کرتے ہیں کہ وہ جنّات کو انسانی شکل یا ڈراؤنی اور بدصورت جن کی شکل میں دیکھنے کے قابل ہیں۔

We have millions of demons around us. Their small size allows millions of them to gather in a very small room. Usually, weakminded people give total control of their minds to their demons. Demons are their true friends, and they are friends to demons. When demons get that much control over someone's mind, they usually do not want to leave the person because of the friendship they have developed. This happens to kids as well as people of all ages. Usually, demons hypnotize those people, and through hypnotism, they show the people whatever they want. This is an individual effort of a friend demon towards a demon's controlled human. Actual size and shape of demon will not bring any interest to any human. So, by using hypnotism, demons create an imaginary demon friend in shape of either a ghost or a human for that particular human. This way, some human talk to those humans or ghost shaped demon in their imagination, created by their friend demons for them. Those human thinks, they are really seeing and talking to real demon but

ہمارے اردگرد لاکھوں جنّات موجود ہوتے ہیں۔ ان کی چھوٹی جسامت لاکھوں جنّات کو ایک چھوٹے سے کمرے میں سمونے دیتی ہے۔ عام طور پر، کمزور دماغ کے لوگ اپنے دماغوں کا کنٹرول مکمل طور پر اپنے جنّات کو دے دیتے ہیں۔ جنّات ان کے سچے دوست ہوتے ہیں اور یہ جنّات کے دوست ہوتے ہیں۔ جب جنّات کسی کے دماغ پر اتنا کنٹرول حاصل کر لیتے ہیں وہ عام طور پر اس شخص کو بڑھائی ہوئی دوستی کی وجہ سے چھوڑنا نہیں چاہتے۔ ایسا ہی بالکل بچوں اور تمام عمر کے لوگوں کے ساتھ ہوتا ہے۔ عام طور پر جنّات ان لوگوں کو ہپنو ٹائز کرتے ہیں اور ہپنوٹزم کے ذریعے ان لوگوں کو وہ دکھاتے ہیں جو وہ چاہتے ہیں۔ یہ دوست جن کی اسکے اثر کے نیچے رہنے والے انسان کی طرف ایک انفرادی کوشش ہے۔ جن کی اصل جسامت اور شکل کسی انسان کے لئے دلچسپپید انہیں کرتی۔ چنانچہ ہپنوٹزم کا استعمال کرتے ہوئے جنّات ایک خاص شخص کے لئے ایک بلا یا ایک انسان کی شکل میں تصواراتی طور پر ایک دوست جن پیدا کر لیتے ہیں۔ اسی طرح کچھ لوگ بلا یا انسان کی شکل کے جن سے خیالوں میں باتیں کرتے ہیں۔ وہ لوگ یہ سوچتے ہیں وہ واقعی اصلی جن کو دیکھ رہے ہیں اور اس سے باتیں کر رہے ہیں لیکن وہ کھلی آنکھوں سے خواب دیکھ رہے ہوتے ہیں۔ آپ بہت سے لوگوں کو خود سے باتیں کرتا ہوا دیکھیں گے۔ دراصل وہ ہر وقت اپنے جن سے باتیں کرتے ہیں (اصلی جن نہیں بلکہ ان کا تصوراتی جن)۔ کسی طرح وہ اپنے تصورات میں انسان کے روپ میں جنّات کو دیکھنے کے قابل ہوتے ہیں۔ میرا خیال ہے کہ ایسا اس وقت ہوتا ہے جب کوئی بہت ہی طاقتور جن ان کے دماغ کو قابو میں کر لیتا ہے۔

it is all their open eyes dream world. You will see bunch of people talking to themselves. Actually they talk to their demon (not really demon but imaginary demon) all the time. Some way, they are able to see some human shaped demons also, in their imagination. I think this happened when a very powerful demon totally control a weak mind of a human.

I know this will be very difficult to believe, but when many pains come to my body, I just tell them, "No," just by using my finger. And they listen to me! And this is not difficult for me to prove.

میں جانتا ہوں اس بات پر یقین کرنا بہت مشکل ہوگا لیکن جب بہت سے درد میرے جسم کی طرف آتے ہیں تو میں اپنی انگلی استعمال کرتے ہوئے صرف انہیں کہتا ہوں "نہیں" اور وہ میری بات مانتے ہیں! اور اس کو ثابت کرنا میرے لئے مشکل نہیں ہے۔

This may sound crazy, but it's true. With 80 percent of diseases and pains, I just convinced them to leave a body, and they listen to me. In 20 percent of the cases, I have to insist that they leave, but it's still possible to remove them through communication. Most of the time, when I get a pain in my body, I just use my finger, and it listens to me. All these diseases and pains are sensible and can hear us, but they do not listen to us all the time. I am now presenting my theories to convince scientists to invent and use modern machines against demons.

یہ پاگل پن محسوس ہوسکتا ہے لیکن یہ سچ ہے۔80 فیصد بیماریوں اور درد کو میرا جسم چھوڑنے پر قائل کرتا ہوں اور وہ میری بات مانتے ہیں۔20 فیصد معاملات میں مجھے ان کو مجبور کرنا پڑتا ہے کہ وہ چھوڑ جائیں لیکن ان کو بات چیت کے ذریعے ختم کرنا ممکن ہے۔ذیادہ تر جب میرے جسم میں درد ہوتا ہے میں صرف اپنی انگی استعمال کرتا ہوں اور یہ میری بات مانتے ہیں۔ یہ تمام بیماریاں اور درد باشعور ہیں اور ہمیں سن سکتے ہیں لیکن یہ ہروقت ہماری بات نہیں مانتے۔ میں اب سائنسدانوں کو جنّات کے خلاف ایک مشین ایجاد کرنے اور استعمال کرنے کے لئے اپنے نظریات پیشکر کے قائل کرر ہا ہوں۔

Who can see easily demons in different shapes other than real shape easily?

کون جنّات کو اصلی شکل کے علاوہ مختلف شکلوں میں آسانی سے دیکھ سکتا ہے؟

In the case of an individual with a weak mind, a demon could completely control him or her. When we are sleeping, we are weak and unconscious. This is perfect time for demons to become 100% incharge of our mind, hypnotize us and show us any dream they want. But when we are up, we reject their control and it reduces their effect

ایک اکیلے کمزور دماغ والے شخص کو ایک جن آسانی سے قابو کرسکتا ہے۔ جب ہم سو رہے ہوتے ہیں ہم کمزور اور لاشعور میں ہوتے ہیں۔ یہ جنّات کے لئے ہمارے دماغ کا 100% کنٹرول حاصل کرنے، ہمیں ہپنو ٹائز کرنے اور ہمیں کوئی بھی خواب دکھانے جو وہ چاہتے ہیں، کا اچھا وقت ہوتا ہے۔لیکن جب ہم اٹھ جاتے ہیں تو ہم ان کے قابو کو ٹھکرا دیتے ہیں اور یہ ان کا ہمارے دماغ پر قابو کو کم کردیتا ہے۔ بہت دفعہ ایسا ہوتا ہے جب لوگ اپنے صحن یا اپنے گھر کے اندھیرے والی جگہ پر ایک بڑا جن یا ان کا سایہ دیکھتے ہیں۔ یہ کیا ہوتا ہے؟ یہ ایک جن کا ہمارے دماغ پر ذیادہ سے ذیادہ قابو ہوتا ہے

on our mind. So many times, it happens with people when they see some big ghost or a shadow in their backyard or in dark part of their houses. So what is this? This is more and more control of a demon on our mind. So, we can call this disorder of mind also, but to me, this is a lot of control of a demon to a human weak mind, that's why a demon is successful to hypnotize a weak mind to really high level, where humans mind is able to dream or see when human is up. In that condition, what someone can do? When a woman/man/kid is seeing an imaginary character created by the hypnotism and that character is continuously is with someone and continuously talk up to them. What can they do? These people have weak mind and they are under control of a very strong demon. Just bad luck. Nothing else. Steadily, those people get more and more involved with that imaginary figure. But this is just a mental disorder created by a demon. Remember, when you are dreaming, this distortion of reality is normal, but when you are awake and still see imaginary character around you, demons may be trying to drive you mod. This is a symptom of mental illness and the increase of control a demon has over your mind. Try to avoid talking to them when you are awake. Otherwise, this disorder will slowly drive you crazy.

پس اسے ہم ذہنی بے ترتیبی بھی کہتے ہیں لیکن میرے نزدیک یہ ایک جن کا کمزور دماغ پر زیادہ سے زیادہ قابو ہوتا ہے۔اس لئے ایک جن ایک کمزور دماغ کو بہت بڑے درجے تک ہپنوٹائز کرنے میں کامیاب ہوتا ہے جہاں انسان کا دماغ خواب میں جانے یا دیکھنے کے قابل ہوتا ہے جب وہ اٹھتا ہے۔اس حالت میں کوئی کیا کرسکتا ہے؟ جب ایک عورت/مرد/بچہ ہپنوٹزم کے ذریعے پیدا کردہ تصوراتی کردار کودیکھ رہا ہوتا ہے اور وہ کردار مسلسل ان کے ساتھ رہتا ہے اور ان سے بات کرتا ہے۔وہ کیا کرسکتے ہیں؟ وہ لوگ کمزور دماغ رکھتے ہیں اور وہ ایک بہت مضبوط جن کے قابو میں ہوتے ہیں۔ صرف بدقسمتی۔اور کچھ نہیں۔آہستہ آہستہ وہ لوگ اس تصوراتی شکل کے ساتھ زیادہ سے زیادہ تعلق میں چلے جاتے ہیں۔لیکن یہ ایک جن کی پیدا کردہ ذہنی بے ترتیبی ہے۔یاد رکھیں جب آپ خواب دیکھ رہے ہوتے ہیں تو اس طرح کی حقیقی بے ترتیبی عام ہے لیکن جب آپ جاگ رہے ہوتے ہیں اور پھر بھی تصوراتی کردار اپنے اردگرد دیکھتے ہیں ہوسکتا ہے جنّات آپ کو اپنی مرضی سے چلانا چاہ رہے ہوں۔یہ ذہنی بیماری اور جن کے آپ پر بڑھتے ہوئے قابو کی علامت ہے۔ان سے بات کرنے سے گریز کریں جب آپ جاگ رہے ہوتے ہیں۔وگرنہ یہ بے ترتیبی آپ کو آہستہ آہستہ پاگل کردے گی۔

It is a very good idea to have water around wherever you go to keep your house and work free of demons.

یہ ایک اچھا خیال ہے کہ آپ جہاں بھی جائیں اپنے گھر اور کام کی جگہ کو جنّات سے پاک رکھنے کے لئے اردگرد پانی رکھیں۔

Water will make all demons around and inside house leave. Outside the house, a sprinkler system can work well, but you need to find out a way to spray water inside your house, too. Spray water on regular basis inside house and outside house. Your house will be neat and clean in a few days. All the demons will go to some other

پانی گھر کے اندر اور باہر جنّات کو بھگا دیتا ہے۔گھر کے باہر، پانی چھڑکنے کا نظام بہتر کام کرسکتا ہے لیکن آپکو اپنے گھر کے اندر بھی پانی چھڑکنے کا طریقہ ڈھونڈنا ہوگا۔آپ کا گھر کچھ دنوں میں صاف ستھرا ہو جائے گا۔تمام جنّات کسی اور جگہ چلے جائیں گے کیونکہ پانی ان کے بہت بے سکون کردیتا ہے۔

place, because water makes them very uncomfortable.

Modern scientists could build a machine that might be able to suck demons, diseases, and pains with the use of gravity or some kind of grounding mechanism. That machine may also use a vacuum and a tank of water.

جدید سائنسدان کشش ثقل یا کسی طرح کے گراؤنڈنگ کے نظام کے تحت جنات، بیماریوں اور درد کو کھینچنے کے لئے ایک مشین بنا سکتے ہیں۔ یہ مشین خلا اور پانی کا استعمال بھی کر سکتی ہے۔

Modern scientists could build a machine that may be able to suck and compressed the demons, diseases, and pains in the air. This machine could use the effects of gravity and electrodynamics. Inside, the machine could have a quantity of water to control the demons.

جدید سائنسدان ایک مشین بنا سکتے ہیں جو جنات، بیماریوں اور درد کو ہوا سے کھینچنے اور دبانے کے قابل ہو۔ یہ مشین کشش ثقل اور الیکٹروڈائنامکس کے اثرات کو استعمال کر سکتی ہے۔ مشین کے اندر جنات کو قابو کرنے کے لئے کافی مقدار میں پانی ہو سکتا ہے۔

Medical scientists should listen to me and research my theories, because new diseases, pains, and viruses are appearing every day and it's becoming difficult to find medication to fight them.

میڈیکل سائنس کو میری بات سننی چاہیے اور میرے نظریات پر تحقیق کرنی چاہیے کیونکہ نئی بیماریاں، درد اور وائرس ہر روز نمودار ہو رہے ہیں اور ان سے لڑنے کے لئے علاج دریافت کرنا مشکل ہو رہا ہے۔

These days, we hear about different viruses and diseases all the time. In most cases, modern medicine is helpless. We may be living in the modern age of medical science, but we still do not have a cure for migraines or arthritis. We cannot take care of animals around us as much we can take care of humans. These invisible demons, diseases, and pains are free of race and gender. They treat everyone the same way, regardless of species. The population of everything is growing. More sick animals mean more and more growth and reproduction for these diseases and pains. I have always known that I am not a specialor extraordinary person, but I do believe in these

ان دنوں ہم ہر وقت مختلف بیماریوں اور وائرس کے بارے میں سنتے رہتے ہیں۔ زیادہ تر معاملات میں جدید ادویات کام نہیں کرتی۔ ہم میڈیکل سائنس کی جدید دنیا میں رہ رہے ہونگے لیکن ہمارے پاس ابھی تک شقیقے (آدھے سر درد) اور جوڑوں میں سوزش کا علاج نہیں ہے۔ ہم اپنے اردگرد جانوروں کا اتنا خیال نہیں رکھ سکتے جتنا کہ ہم انسانوں کا رکھتے ہیں۔ یہ نظر نہ آنے والے جنات، بیماریاں اور درد نسل اور جنس سے آزاد ہیں۔ یہ ہر کسی کے ساتھ ایک ہی طرح کا سلوک کرتے ہیں ماسوائے ایک جیسی خوبیاں رکھنے والے گروہ کے۔ ہر چیز کی آبادی بڑھ رہی ہے۔ زیادہ جانوروں کے بیمار ہونے کا مطلب ہے زیادہ سے زیادہ ان بیماریوں اور درد کی افزائش اور ان کا دوبارہ پیدا ہونا۔ مجھے معلوم ہے کہ میں کوئی خاص غیر معمولی انسان نہیں ہوں لیکن میرا ان جنات، بیماریوں اور درد پر یقین ہے۔ میرا یقین ہے کہ اللہ انسانیت کا علم بڑھانا چاہتا ہے۔ میرا یقین ہے کہ میں اس معلومات کو جدید میڈیکل سائنسدانوں کی توجہ میں لانے کا ایک ذریعہ ہوں تا کہ وہ ان تمام بیماریوں اور درد کے خلاف انسانیت کو محفوظ بنانے اور ان کی مدد کرنے کے لئے زیادہ سے زیادہ راستے تلاش کر سکیں۔

demons, diseases, and pains. I am sure that God wants to increase the knowledge of mankind. I am sure that I am just a source or a medium to bring this information to the attention of modern medical scientists so that they can find more ways to protect and help mankind against all these diseases and pains.	
If I had started writing several years ago, I am sure I would have already written several books about my different kinds of experiences with demons. Years ago, when I started sensing demons, my life was full of adventures. It was a unique and strange experience for me, but on the other hand, demons had more problems once they found out that a human could sense and communicate with them. Nowadays, I strongly feel that the demon's world is somewhat aware of me. That's why I do not face incidences like I used to face in beginning years.	اگر میں نے بہت سال پہلے لکھنا شروع کر دیا ہوتا میرا یقین ہے کہ میں جنّات کے بارے میں اپنے مختلف تجربات کے متعلق پہلے ہی بہت سی کتابیں لکھ چکا ہوتا۔ بہت سال پہلے جب میں نے جنّات کو محسوس کرنا شروع کیا میری زندگی مہموں سے بھری پڑی تھی۔ یہ میرے لئے لاثانی اور عجیب تجربہ تھا لیکن دوسری طرف جنّات کے ساتھ زیادہ مسئلہ ہوتا ہے جب ایک دفعہ انہیں پتا چل جائے کہ کوئی انہیں سونگھ سکتا ہے اور ان کے ساتھ بات چیت کر سکتا ہے۔ آج کل میں بہت زیادہ محسوس کرتا ہوں کہ جنّات کی دنیا کسی حد تک مجھ سے باخبر ہے۔ اس لئے مجھے اب ان حادثات کا سامنا نہیں کرنا پڑتا جن کا مجھے شروع کے سالوں میں کرنا پڑتا تھا۔
I do not think I even can convey all my knowledge or experiences to readers. I should have started writing all these things a long time ago. Now dealing with and handling demons is just normal. That's why nothing surprises me too much nowadays. Years ago, these experiences were making me crazy, and I am sure, demons felt strange about me as well. Consequently, I will try to describe a few of these experiences to give readers a comprehensive picture.	میرا نہیں خیال میں اپنا مکمل علم یا تجربات پڑھنے والوں تک پہنچا سکتا ہوں۔ مجھے یہ سب چیزیں بہت عرصہ پہلے لکھنی شروع کر دینی چاہیے تھی۔ اب جنّات کے ساتھ تعلق اور ان کو سنبھالنا بہت عام ہے۔ اس لئے آج کل میرے لئے کچھ حیران کن نہیں ہے۔ سالوں پہلے یہ تجربات مجھے جنونی بنا رہے تھے اور میرا یقین ہے کہ جنّات بھی میرے متعلق عجیب محسوس کرتے تھے۔ نتیجہ کے طور پر میں پڑھنے والوں کو مختصر تصویر کے طور پر کچھ تجربات بیان کرنے کی کشش کرونگا۔
A few years ago, I had no faith in the invisible world. I never talked to anybody about demons or the invisible world. I was a regular person. I never thought about demons or the invisible world because I never had any experience of demons. I never had any knowledge of them. I never imagined the possibility of a parallel world.	کچھ سال پہلے میرا نظر نہ آنے والی چیزوں پر کوئی ایمان نہیں تھا۔ میں نے کبھی بھی نظر نہ آنے والی دنیا یا جنّات کے متعلق کسی سے بات کی تھی۔ میں ایک عام انسان تھا۔ میں نے کبھی بھی جنّات یا نظر نہ آنے والی دنیا کے متعلق نہیں سوچا تھا۔ مجھے کبھی بھی جنّات کا تجربہ نہیں ہوا تھا۔ مجھے ان کا کوئی علم بھی نہیں تھا۔ میں نے کبھی بھی متوازی دنیا کے امکان کا سوچا تھا۔ مجھے ان چیزوں کے متعلق کسی سے بات کرنے کی ضرورت کیوں پیش آئی جب مجھے جنّات کے متعلق کوئی علم یا خبر نہیں تھی؟

Why would I need to talk to anyone about these things when I had no knowledge or awareness of demons?	
There was no discussion about demons because there were no demons anywhere. I used to watch movies about demons and ghosts and witches once in a while. These stories and concepts were complete fictions to me. I had no idea that they were all real. That's why I never spent even a second thinking or talking about demons. By now, you should have an idea about me and my concept of the invisible world. As you can imagine, when a person like me was chosen for this kind of knowledge and power, I had a great deal of resistance and disbelief. During different times of the day, I started experiencing extreme heat. That heat was so powerful that I got sores on different parts of my body several times. Even at that time, I was not even close to understanding the invisible world. I used to be a normal person. After those incidents, my life was hell. Wherever I went, I passed through fire. At the time, I never disclosed those problems to anyone. I had a few friends back then. I tried to discuss my problems with them, but they thought I was crazy. Most of them started avoiding me, and it did not take too long for the friendships to slip away. I had no clue at that time, but later on, I figured out that I suffered these feelings once demons came close to me. That's when they started playing with me.	جنّات کے متعلق کوئی بات نہیں ہوتی تھی کیونکہ کہیں پر کوئی بھی جنّات نہیں تھے۔میں کبھی کبھار جنّات، بھوت اور چڑیلوں کے متعلق فلمیں دیکھا کرتا تھا۔ یہ کہانیاں اور نظریات میرے نزدیک مکمل جھوٹے تھے۔میرا بالکل بھی خیال نہیں تھا کہ یہ سب اصل میں بھی ہے۔اس لئے میں نے کبھی بھی ایک سیکنڈ بھی جنّات کے متعلق سوچنے یا بات کرنے میں نہیں گزارا تھا۔ابھی تک آپ کو میرے متعلق اور نظر نہ آنے والی دنیا کے متعلق میرے نظریے کا اندازہ ہو جانا چاہیے۔جیسا کہ آپ تصور کر سکتے ہیں کہ میرے جیسا انسان کا اس طرح کے علم اور طاقت کے لئے انتخاب کیا گیا۔دن کے مختلف اوقات کے دوران مجھے بہت زیادہ گرمی لگنا شروع ہوگئی۔ یہ گرمی اتنی طاقت ور تھی کہ کئی دفعہ میرے جسم کے مختلف حصوں پر چھالے پڑ گئے۔حتیٰ کہ ایک دفعہ میں نظر نہ آنے والی دنیا کو سمجھنے سے بالکل قاصر تھا۔میں نے ایک عام انسان بننے کی کوشش کی۔ان حادثات کے بعد میری زندگی عذاب بن گئی۔میں جہاں بھی جاتا میں آگ میں سے گزرتا۔اس وقت میں نے کسی کو یہ مسائل نہیں بتائے۔پھر مجھے کچھ دوست ملے میں نے ان کو اپنے مسائل بتانے کی کوشش کی لیکن وہ سمجھے کہ میں پاگل ہو گیا ہوں۔ان میں سے کچھ نے مجھ سے اجتناب کرنا شروع کر دیا اور دوستیوں کو ٹوٹنے میں زیادہ عرصہ نہ لگا۔اس وقت مجھے بالکل بھی اندازہ نہیں تھا لیکن بعد میں مجھے پتا چلا کہ مجھے یہ احساس اس لئے برداشت کرنا پڑا جب جنّات میرے پاس آتے تھے۔اس وقت انہوں نے میرے ساتھ کھیلنا شروع کیا۔
Demons were also aware of my problems, but they were not traveling with me. Whenever I went to the garage, bedroom, or dressing room, they refused to leave me alone. They were playing with me as much as they could. I usually did not go to many places, so I didn't experience too many problems. However, I suffered the fire feeling at	جنّات بھی میرے مسائل سے آگاہ تھے لیکن وہ میرے ساتھ سفر نہیں کر رہے تھے۔جب بھی میں گیراج، بیڈروم یا ڈریسنگ روم کی طرف گیا انہوں نے مجھے اکیلا چھوڑنے سے انکار کر دیا۔وہ میرے ساتھ اتنا کھیل رہے تھے جتنا وہ کھیل سکتے تھے۔میں عام طور پر زیادہ جگہوں پر نہیں گیا اس لئے مجھے زیادہ مسائل کا سامنا نہیں کرنا پڑا۔تاہم مجھے آگ کا احساس بھی برداشت کرنا پڑا۔اس وقت میرا کولمبس، ٹیکساس میں کاروبار تھا۔میں سارا دن اپنے دفتر میں بیٹھا رہتا تھا لیکن اب میرے پاس چھپنے کے لئے کوئی بھی جگہ نہیں ہے۔وہاں پر ساتھ ساتھ میری جلد جل بھی گئی تھی۔حتیٰ کہ تیس قدم چلنے کے بعد

work as well. At that time, I had a business in Columbus, Texas. I used to sit in my office all day long, but now I had no place to hide. My skin burned there as well. Even just walking thirty steps, I had to deal with that burning sensation. I was still in denial. I was lying to myself. I tried to tell myself that it was a temporary thing and that maybe I had some disorder. I had no concept of demons or the invisible world. Wherever I was, I had to rub different areas on my body because of the burning sensation. I watched the other cashiers to see if they were uncomfortable like me, but they all seemed quite normal. The customers were normal, too. They were coming and leaving. It was like a hell for me.	مجھے اس جلنے کے احساس کا سامنا کرنا پڑا۔ میں اس وقت تک انکار کر رہا تھا۔ میں اپنے آپ سے جھوٹ بول رہا تھا۔ میں نے خود کو سمجھانے کی کوشش کی یہ ایک عارضی چیز ہے یا ہوسکتا ہے مجھے کوئی دوسرا مسئلہ ہو گیا ہو۔ مجھے جنّات اور نظر نہ آنے والی دنیا کا کوئی اندازہ نہیں تھا۔ میں جہاں بھی ہوتا مجھے اپنے جسم کے مختلف حصوں پر جلنے کے احساس کی وجہ سے خارش کرنی پڑتی تھی۔ میں دوسرے کیشیرز کو دیکھا کرتا تھا کہ میرے طرح اگر وہ بھی بے سکون ہیں لیکن وہ سب ٹھیک دکھائی دیتے تھے۔ کسٹمرز بھی نارمل تھے۔ وہ آرہے تھے اور جارہے تھے۔ میرے لئے یہ ایک عذاب بن گیا تھا۔
Demons that come out from the bodies of rats smell really bad. All the time, we have two desires or arguments or choices. The heart may be endorsing one path, but the mind may be telling you to embrace another. Out of these two, one instruction is coming from your mind, and the second is coming from demons around and inside us.	وہ جنّات جو چوہوں کے اجسام سے باہر آئے تھے ان کی بو بہت بری تھی۔ ہر وقت ہمارے پاس دو خواہشات یا دلائل یا انتخاب ہوتا ہے۔ دل ہوسکتا ہے ایک راستے پر چل رہا ہوتا ہے لیکن دماغ دوسرے راستے کو گلے لگانے کا کہہ رہا ہوتا ہے۔ ان دو راستوں میں سے ایک ہدایت آپ کے دماغ میں سے آ رہی ہوتی ہے اور ایک ہدایت ہمارے ارد گرد یا اندر موجود جنّات سے آرہی ہوتی ہے۔
We can cover our bodies with very thin, insulated plastic or rubber— from at least the neck to the ankle—to keep all invisible pains, diseases, and sicknesses away from our bodies. Scientists can (and should) perform some experiments with this theory, because I am confident about these instructions that I have mentally received again and again. Because of the frequency of these instructions, I know covering the body with plastic or rubber insulation will be effective in preserving health.	ہم اپنے اجسام کو باریک انسولیٹڈ پلاسٹک یا ربڑ سے ڈھانپ سکتے ہیں۔۔کم از کم گردن سے ٹخنوں تک۔۔تمام نظر نہ آنے والی درد، بیماریوں اور کمزوریوں کہ اپنے اجسام سے دور رکھنے کے لئے۔ سائنسدانوں اس نظریے سے کچھ تجربات کر سکتے ہیں (کرنے چاہیے) کیونکہ میں ان ہدایات کے متعلق پراعتماد ہوں جو مجھے دماغی طور پر بار بار وصول ہوئی ہیں۔ ان ہدیات ی فریکوئنسی کی وجہ سے میں جانتا ہوں کہ جسم کو پلاسٹک یا انسولیٹڈ ربڑ سے ڈھانپنا صحت کو بچانے میں اثر دہ ہوگا۔
My body cannot tolerate demons around or close to me, so I have no choice. I have to convince or insist them to leave my places several times a day. I am sorry, but I do	میرا جسم میرے گرد یا میرے نزدیک جنّات کو برداشت نہیں کرسکتا۔ اس لیے میرے پاس کوئی راستہ نہیں ہے۔ مجھے دن میں کئی بار انہیں میری جگہوں کو چھوڑنے کے لئے قائل یا مجبور کرنا پڑتا ہے۔ مجھے افسوس ہے لیکن میرے پاس کوئی اور راستہ نہیں ہے۔

not have a choice.

Some demon doctors openly advertise that they can improve someone's business or financial condition; however, I would request that they not use demons to target innocent customers, because those demons directly attack people's minds and eventually make the people mentally and/or physically sick.

It is not difficult to assign one or more demons to a particular person to create/open doors of any particular disease/pain. It is very easy for those demons to keep inviting different kinds of diseases and pains to a particular body all the time. But compared to this, it is very difficult to keep a body clean of all demons, diseases, and pains. Because of this fact, medical science needs to weigh in during this war.

Always remember, it is not difficult for demons to hypnotize any human or animal and make one do any physical activity, such as punching someone, killing someone, or even turning on the faucet. We do these actions either during sleep or when we are awake, but we may be totally unaware of them. That all depends on how weak our minds are. Sometimes animals or reptiles or birds around us do activities for demons.

Don't you think this invisible world is already hurting and killing us? And shouldn't we stop hurting and killing each other at least?

Demons, pains, and diseases can be transferred very easily through the phone line, especially from an overcrowded body. That's why I hate making and

answering phone calls. No black magic or demon can defeat holy books or holy procedures. When we use a phone with the speaker on, these pains and demons coming through the phone line either move to the open atmosphere around us or go back to the source on other end of phone line.	والے یہ درداور جنّات یا تو ہمارے گرد کھلے ماحول میں چلے جاتے ہیں یا یہ جہاں سے آتے ہیں وہاں واپس چلے جاتے ہیں۔
The desire to eat again and again is an external problem. One time after I had treated someone, I was affected with this problem. I suffered for at least five days. I was continuously eating something every fifteen minutes. That much eating was killing me, but I controlled myself in a few days.	بار بار کھانے کا مسئلہ بیرونی ہے۔ایک دفعہ کسی کا علاج کرنے کے بعد مجھے یہ مسئلہ ہوگیا تھا۔اور ایسا پانچ دن رہا۔ میں ہر پندرہ منٹ بعد مسلسل کچھ نا کچھ کھاتا رہتا تھا۔اتنا زیادہ کھانا میرے لئے ٹھیک نہیں تھا لیکن میں نے خود کو کچھ دنوں میں قابو کر لیا تھا۔
During times when a person is yelling, crying loudly, or expressing anger, the body will start absorbing more demons and pains from the atmosphere surrounding him or her. At that moment, the person's regular demons will feel insecure in the body. Because of overcrowding, some of the existing demons and pains may (either temporarily or permanently) jump to the closest secure body. The best way for a scientist to discover demons and pains and find a means of controlling them or curing people of these presences is by doing experiments during the times when a human kills a spider, a lizard, or any other living creature and When two people are talking on phone, medical scientists need to observe both ends of the travelling path way.	ایک شخص کے چیخنے ،اونچی اونچی رونے یا غصے کے اظہار کے دوران اس کا جسم اس کے گرد موجود ماحول سے مزید جنّات اور درد جذب کرنا شروع کر دے گا۔اس لمحے کے دوران اس بندے کے اندر رہنے والے جنّات اس جسم کے اندر غیر محفوظ محسوس کریں گے۔ذیادہ رش ہونے کی وجہ سے کچھ موجودہ جنّات اور درد(مستقل یا عارضی طور پر) نزدیکی محفوظ جسم میں چھلانگ لگا سکتے ہیں۔ایک سائنسدان کے لئے جنّات اور دددرد کو قابو کرنے یا لوگوں کو ان کی موجودگی سے بچانے کا بہترین طریقہ اس وقت کے دوران تجربات کرنا ہے جب ایک انسان ایک مکڑی، ایک چھپکلی یا کسی زندہ مخلوق کو مارتا ہے اور جب دو لوگ فون پر بات کر رہے ہوتے ہیں اس وقت میڈیکل سائنس کو فون کے دونوں اطراف کے سفری راستے کا مشاہدہ کرنے کی ضرورت ہے۔
A lot of business owners improve their businesses with the use of demon doctors. Demon doctors send demons to these businesses to control and hypnotize customers, who will then purchase more and come again. But those demon doctors and business owners need to realize that	بہت سے کاروباری لوگ جنّات کے ڈاکٹر کو استعمال کرتے ہوئے اپنا کاروبار اچھا بناتے ہیں۔جنّات کے ڈاکٹر کسٹمرز کو قابو اور بے سدھ کرنے کے لئے ان کاروبار کے پیچھے اپنے جنّات لگا دیتے ہیں جو کہ بعد میں مزید خریداری کرتے ہیں اور بار بار آتے ہیں۔لیکن ان جنّات کے ڈاکٹرز اور کاروباری مالکان کو اس بات کا احساس کرنے کی ضرورت ہے کہ ان جنّات کو خاص اس کام کے لئے کہا جاتا ہے اور یہ ان کے کسٹمرز کے دماغوں پر براہِ راست منفی طریقے سے اثر انداز ہوتے ہیں۔یہ جنّات دماغی بیماری

those demons are guided weapons and that they directly affect the minds of their customers in negative ways. Those demons are 100 percent responsible for creating mental illnesses. I have observed business owners from particular countries who are too involved in the use of evil demons to improve their businesses. Every one of us needs to observe very carefully. If you repeatedly experience heavy feelings or pains when you go to a particular business, quit going.	پیدا کرنے کے سوفیصد ذمہ دار ہوتے ہیں۔میں نے کچھ خاص مما لک کے کاروباری حضرات کا مشاہدہ کیا ہے جو کہ اپنے کاروبار کو اچھا بنانے کے لئے بُرے جنّات کے استعمال میں بہت ذیادہ شامل ہیں۔ہم میں سے ہر کسی کو بہت احتیاط سے مشاہدہ کرنے کی ضرورت ہے۔اگر آپ ایک خاص کاروبار کی طرف جاتے ہوئے، مسلسل بہت ذیادہ سخت احساسات یا درد کا تجربہ کرتے ہیں تو مت جائیں۔
It is very easy to receive or absorb demons from anywhere, but it is very difficult to get rid of them, especially those demons that attack the mind directly to hypnotize people and urge them to do something in particular because the demons are following the commands of demon doctor. Those demons are way more dangerous and harmful compared to regular demons.	کہیں سے بھی جنّات کو حاصل کرنا یا جذب کرنا بہت آسان ہے مگر ان سے چھٹکارا پانا بہت مشکل کام ہے خاص طور پر ان جنّات سے جو لوگوں کو بے سدھ کرنے اور ان سے کوئی خاص کام کروانے پر اکسانے کے لئے ان کے دماغ پر براہِ راست حملہ کرتے ہیں کیونکہ وہ جنّات اپنے ڈاکٹر کے حکم کی پیروی کر رہے ہوتے ہیں۔یہ جنّات عام جنّات کے مقابلے میں ذیادہ خطرناکت اور نقصان دہ ہوتے ہیں۔
In any part of the world, if anyone misses us too much or thinks about us too much, their demons come all the way to us and give us the hiccups either by themselves or through demons already around us. They sometimes show us dreams or feed us thoughts about other people.	دنیا کے کسی بھی کونے میں اگر کوئی ہمیں بہت زیادہ یاد کرتا ہے یا ہمارے متعلق بہت زیادہ سوچتا ہے ان کے جنّات ہر وقت ہمارے پاس آتے ہیں اور یا تو ہمیں خود سے ہچکی لگا دیتے ہیں یا ہمارے اردگرد موجود جنّات کے ذریعے۔وہ بعض اوقات ہمیں خواب دکھاتے ہیں یا دوسرے لوگوں کے متعلق خیالات بھر دیتے ہیں۔
When we are working, watching TV, or doing almost anything else and we fall asleep during the activity, the demons around us usually wake us up by hurting or pinching any part of our bodies. Sometimes we bite our tongue or scratch our body unconsciously during sleep. Demons are responsible for all of this behavior.	جب ہم کام کر رہے ہوتے ہیں، ٹی وی دیکھ رہے ہوتے ہیں یا تقریباً کوئی بھی کام کر رہوتے ہیں اور اس کام کے دوران ہم سو جاتے ہیں تو ہمارے گرد موجود جنّات ہمارے اجسام کے کسی بھی حصے کو تکلیف پہنچانے یا کھینچ کر عام طور پر ہمیں جگا دیتے ہیں۔بعض اوقات سوتے ہوئے ہماری زبان ہمارے دانتوں کے درمیان آجاتی ہے یا نا دانستہ طور پر ہم اپنے جسم پر خارش شروع کر دیتے ہیں۔یہ سب جنّات کر رہے ہوتے ہیں۔
You can always look to your left shoulder and confidently request that your demons show you some particular	آپ کبھی بھی اپنے بائیں کندھے کی طرف دیکھ سکتے ہیں اور پر اعتمادی کے ساتھ التجا کر سکتے ہیں کہ آپ کے جنّات آپ کو کسی خاص شخص یا جگہ کے متعلق کچھ خاص خواب دکھائیں۔میرا یقین کریں۔۔

dreams about some particular person or place. Trust me—they will listen to you if you show them your confidence about their existence and action. But tell them clearly what you would like and make sure to tell them what you do not like, too. If the demons want to become your friends, they will listen to you. Anyone has any question or need any explanation, email me your questions and I will answer your questions and explain you in my next book on same subject, soon.

It should now be clear that demons, pains, and diseases are three different invisible things with different actions.

1.) The actions of demons are different, and you can control them easily by using holy water properly (or electromagnetism in the future, when medical science discovers the rays of proper intensity).

2.) Pains work on our nerves, joints, muscles, etc. They stay in one particular part of the body and send pain signals to different body parts to create migraines, arthritis pain, vomiting, diarrhea, or high/low blood pressure. These pains can be easily controlled with electromagnetism through the use of the proper rays; however, medical science still needs to discover those rays.

3.) Now I am going to tell you how to control and defeat a disease, infection, or cancer. As I said before, these diseases are parasites. They are heartless, invisible insects that can swarm a person. Their direction of attack on us is at a ninetydegree angle to our body's surface. I will say that 90 percent of attacks are from a horizontal direction to our body surface. If someone is suffering from breast cancer, liver cancer, prostate cancer, heart disease, heartburn, intestine or stomach infections, diabetes, thyroid disease, kidney infection, or any internal/external infection or cancer, that person needs to do the following:

a.) Take a lot of antibiotic, antibacterial, anti-infection, or anticancer tablets on a regular basis until you defeat a particular infection or cancer completely. But remember that you should always eat the proper food before you take any tablets to reduce the side effects. Do not ever take any medication on an empty stomach. These medications just help you in healing the infection or cancer. As you start recovering, keep increasing the power or strength of your medication gradually. As per instruction of your physician/doctor, this healing medication is effective only if we stop continuous attacks of diseases or insects.

b.) In the second step, you need to use anti-infection, anticancer, antibiotic, antibacterial creams and ointments on the surface of your body, regardless of whether dealing with infections or cancers, at least four times a day. Keep gradually increasing the strength of the creams or ointments until you defeat the infection or cancer completely. In the case of breast cancer or prostate cancer, tablets will heal the internal injury, and the use of creams and ointments will kill, clean, and repel the stream of diseases. Otherwise, you will allow them to live on your skin and then penetrate your body and keep infecting you. Do not slow down or give up the use of anticancer or anti-infection creams, because if these insects keep going inside your body, the healing medication will not be as helpful against the continuous attacks of these insects. We need to stop them and not allow them to stay on our skin or penetrate our bodies. The use of anti-infection or anticancer cream will help a lot. Always ground yourself when you are applying these creams to your body. You can ground any of your body part to any metal or concrete floor to give these insects an easy path to leave your body.

c.) Now the third and most important part is learning how to isolate your body from the open atmosphere. Simple, clear, comfortable, flexible, thin but strong rubber or plastic can make for the perfect insulator against any substance. You'll need to wear this material for twenty-four hours. Full sleeves should cover from neck to the hip area and hip to knee or all the way to ankle, as needed. Make sure there are no holes or open stitching. This plastic or rubber dress will keep cancer insects away from our bodies. Most infection or cancer insects attack from a horizontal direction. Once we wear this plastic or rubber clothing, we will be saved from these cancer insects. If you already have a lot of infection or cancer insects inside your body or on your skin, then the continuous use of anti-infection or antibacterial creams and tablets will be able to defeat, kill, and repel those insects. Healing medication can fix internal wounds, infections, and cancer easily. If we stop, however, the continuous attack of insects will damage the surface or internal organs. Hence, it is good to cover the entire body with medically prepared, thin plastic or rubber dress to keep cancer insects away from our bodies. Plastic or rubber dress needs to be tight enough to create as much vacuum as possible. You also need to apply anti-infection creams several times a day under this plastic dress if you are suffering from breast, liver, kidney, prostrate, or any other kind of cancer. If you adopt this behavior, I am 100 percent sure you will be able to defeat any cancer very easily.

c. اب تیسرا اور بہت اہم حصہ اپنے جسم کو کشادہ ماحول سے جدا کرنا سیکھنا ہے۔ سادہ، صاف، پرسکون، لچکدار، پتلے لیکن مضبوط ربڑ یا پلاسٹک کسی بھی چیز کے خلاف بہترین انسولیٹر بنا سکتے ہیں۔ آپ کو یہ مواد چوبیس گھنٹے پہننے کی ضرورت ہے۔ پورے بازو، گردن سے کولہے کے حصے تک، کولہے سے گھٹنے یا ایڑی تک یا جہاں تک ضرورت ہو ڈھانپیں۔ اس بات کا یقین کر لیں کہ کوئی بھی سوراخ یا سلاخ ادھڑی نہ ہو۔ پلاسٹک یا ربڑ کا لباس سرطان کے کیڑوں کو آپ کے جسم سے دور رکھے گا۔ بہت سے متعدی مرض یا سرطان کے کیڑے افقی سمت سے حملہ کرتے ہیں۔ جب ایک بار ہم یہ پلاسٹک یا ربڑ کے کپڑے پہن لیتے ہیں ہم ان سرطان کے کیڑوں سے محفوظ ہو جائیں گے۔ اگر پہلے سے ہی بہت سے متعدی مرض یا سرطان کے کیڑے آپ کے جسم یا جلد میں ہیں تو متعدی مرض کش یا بیکٹر یا کش کریموں اور گولیوں کا مسلسل استعمال ان کیڑوں کو مات دینے، ختم کرنے اور دور کرنے کے قابل ہو جائے گا۔ علاج کرنے والی دوا اندرونی زخموں، متعدی امراض اور سرطان کو آسانی سے ٹھیک کر سکتی ہیں تاہم اگر ہم اس کا استعمال روک دیتے ہیں تو حشرات کا مسلسل حملہ جلد یا اندرونی اعضاء کو خراب کر دے گا۔ اس لئے اپنے جسموں سے سرطان کے کیڑوں کو دور کرنے کے لئے طبی طور پر بنائے گئے ربڑ یا پتلے پلاسٹک کے لباس سے اپنے جسم کو ڈھانپنا ہمارے لئے اچھا ہے۔ پلاسٹک یا ربڑ کے لباس کو اتنا تنگ ہونا چاہیے کہ زیادہ سے زیادہ خلا کا پیدا ہونا ممکن ہو سکے۔ اگر آپ چھاتی، جگر، گردے، غدود یا کسی اور قسم کے سرطان میں مبتلا ہیں تو آپ کو دن میں کئی بار اس پلاسٹک کے لباس کے نیچے متعدی مرض کش کریم لگانی چاہیے۔ اگر آپ اس رویے کو اپناتے ہیں تو مجھے سو فیصد یقین ہے کہ آپ کسی بھی سرطان کو شکست دینے کے قابل ہو جائیں گے۔

Companies can make clothing for regular people or normal use, such as jeans or shirts with inner plastic or comfortable rubber layers. Remember, even for normal people, it is not enough just to wear this plastic undergarment. It is very important to use antibiotic or antiinfection creams all the time. During this process, if you feel any movement of insects, just rub the area with as much pressure as you can without removing the protective rubber clothing.

Once you starting wearing this dress from neck to feet for twentyfour- hour periods, you will save yourself from the side effects of medication, such as vomiting, heart problems, and upset stomachs. You will be surprised with the improvement of your health condition. When these insects cannot attack your body at the covered areas, they will attack the areas above the neck. To determine how to protect our heads, we will need help from medical science. The concept is very clear. Cancer is very difficult to treat, but if someone uses all the above procedures, he or she will be able to defeat any cancer very easily.

The same principle applies to demons, pains, and diseases, but I am writing about pains and diseases right now. In the summer or spring seasons when the weather isn't so cold, diseases live everywhere— inside, outside, houses, bodies, trees, animals, reptiles, insects, everywhere. They use living bodies as mediums to live and eat. Trees, animals, reptiles, birds, and insects all have less sense than people, so you can say they are unable to fight against these pains and diseases. Trees, animals, birds, reptiles, and insects cannot go to doctors when they suffer from these pains and diseases. Usually, humans can help a few animals

and provide medications, but even that is limited. Ninety-nine percent of animals have no choice. They just suffer and stay sick or die because of these pains and diseases. But like everybody else, these demons, pains, and diseases do not like cold weather. In the winter when trees, birds, animals, reptiles, and insects stay out in the open in the cold climate, these demons, pains, and diseases leave those cold bodies and look for a warm atmosphere and a warm body. Humans are able to maintain the temperature of their bodies and the atmosphere around them. In the winter season, human bodies make for better places for these pains and diseases to live. Humans fight against them by using medication, but these pains and diseases still move from one human to another for the winter season. Whenever seasons change, most of these diseases start living again in other animals. Demons and pains do not live on dead bodies. They immediately leave dead bodies and find another body in which to live. Diseases, however, live on dead bodies until they have completely eaten those bodies. Once there is nothing left for them to eat, they look for new bodies.	گرد کی فضاء کا درجہ حرارت برقرار رکھ سکتے ہیں۔ سردیوں کے موسم میں انسانی اجسام ان درد اور بیماریوں کے رہنے کے لئے بہترین جگہیں ہیں۔ انسان ادویات کے استعمال سے ان سے لڑتے ہیں لیکن پھر بھی یہ درد اور بیماریاں سردیوں کے موسم میں ایک انسان سے دوسرے انسان میں حرکت کرتی رہتی ہیں جب بھی موسم تبدیل ہوتا ہے ان میں سے بہت سی بیماریاں پھر سے دوسرے جانوروں مین رہنا شروع کر دیتی ہیں۔ جنّات اور درد مردہ اجسام میں نہیں رہتے۔ وہ مردہ اجسام کو فوراً چھوڑ دیتے ہیں اور رہنے کے لئے دوسرا جسم تلاش کرتے ہیں تاہم بیماریاں مردہ اجسام میں اس وقت تک رہتی ہیں جب تک ان اجسام کو مکمل کھا نہ لیں۔ ایک بار جب ان کے کھانے کے لئے کچھ نہیں بچتا وہ نئے اجسام کی تلاش کرتے ہیں
In my memory again and again. I am sure they choose undesired people, so I quit pulling data about their victims. And sometimes it takes long time and sometimes less, but I have fewer problems like those these days.	میری یاداشت میں بار بار۔ مجھے یقین ہے کہ یہ ان لوگوں کا انتخاب کرتے ہیں جن کی ان کو خواہش نہیں ہوتی اس لئے میں ان کے شکار کے بارے میں نہیں لکھ رہا۔ بعض اس میں کم وقت لگتا ہے اور بعض اوقات زیادہ لیکن آج کل مجھے اس طرح کے کچھ مسائل ہیں۔
The third and last thing demons do is control victims by hypnotizing them. And under hypnosis, they are very successful in keeping their victims away from me. I will help some people once they tell me about their problems or pains, but if demons are in total control of these people's minds and insist that they endure pain and turn	تیسرا اور آخری کام جو جنّات کرتے ہیں اپنے شکار کو بے سدھ کر کے قابو کرنا ہے۔ اور بے سدھ حالت کے دوران وہ اپنے شکار کو مجھ سے دور رکھنے میں بہت کامیاب ہیں۔ میں کچھ لوگوں کی مدد کروں گا ایک دفعہ وہ مجھے اپنے مسائل یا درد کے بارے میں بتائیں گے لیکن اگر جنّات کا ان کے دماغوں پر مکمل قابو ہے اور وہ انہیں درد برداشت کرنے اور کسی بھی وجہ سے مجھ سے دور کرنے پر مجبور کرتے ہیں تو ان جنّات کے شکار مسلسل بیماری میں مبتلا رہیں گے اور مجھ سے رابطہ کرنے کے لئے انکار کریں گے۔

away from me for any reason, then the victims of these demons will continue suffering and refuse to contact me.	
Joseph used to live in Weimar, Texas, but now he lives in Houston. He was in the tree business. One day, he came to me to talk about selling his truck. He was limping badly. He told me that he had dropped a big tree branch on his foot. I asked him if he was taking any painkillers. He said he had been taking painkillers for the last twenty-four hours but that the pain was not reducing and the swelling was increasing. I asked him to show me his feet. His left foot was swelling badly, and all the veins were clearly visible. I then communicated with his pain, and thanks to God, that pain listened to me. But the swelling was still there, so I suggested that he use some cream to reduce the swelling. He was a very strong man. I do not think he used anything. Two days later, I asked him if he had any more pain, but he said he was okay even without using any medication. However, he should have used the proper medication to heal the injury and avoid an open invitation to other pains.	جوزف ویمار، ٹیکساس میں رہتا تھا لیکن آج کل وہ ہوسٹن میں رہتا ہے۔ وہ درختوں کا کاروبار کرتا تھا۔ ایک دن وہ اپنے ٹرک کو بیچنے کے لئے مجھ سے بات کرنے کے لئے آیا۔ وہ بری طرح لڑکھڑا رہا تھا۔ اس نے مجھے بتایا کہ اس کے پاؤں پر ایک بڑے درخت کی شاخ گر گئی تھی۔ میں نے اس سے پوچھا کیا وہ کوئی درد کش ادویات لے رہا ہے۔ اس نے کہا وہ پچھلے چوبیس گھنٹے سے درد کش ادویات لے رہا ہے لیکن یہ درد کم نہیں ہو رہا اور سوجھ بڑھتی جا رہی ہے۔ میں نے اس کو اپنا پاؤں دکھانے کو کہا اس کا بایاں پاؤں بری طرح سوجھا ہوا تھا اور تمام نالیاں صاف دکھائی دے رہی تھیں۔ میں نے اس درد سے رابطہ قائم کیا اور اللہ کا شکر ہے کہ درد نے میری بات سن لی لیکن سوجھن ابھی بھی وہی تھی تو میں نے اسے سوجھن کم کرنے کے لئے کریم استعمال کرنے کا مشورہ دیا۔ وہ بہت بہادر آدمی تھا۔ میرا نہیں خیال کہ اس نے کوئی چیز استعمال کی ہو۔ دو دن بعد میں نے اس سے پوچھا کہ کیا اسے مزید درد ہو رہا ہے؟ اس نے کہا کہ وہ کسی دوا کے استعمال کے بغیر بھی ٹھیک تھا۔ تاہم اس کو زخموں کو بھرنے کے لئے اور دوسرے درد کو کھلی دعوت دینے سے بچنے کے لئے موزوں دوا لینی چاہیے تھی۔
Mr. Krenak had snacks business. One day, he came with his daughter and mentioned that she had been doing his route because he had some paralysis in his right arm. His arm was extremely sore all the time, and he was not able to move it at all. Because of those problems, he was not able to pull or lift anything. That's why the doctor suggested that he stay home and quit working. I was behind the counter that day. I asked him if I could help, and he asked how. Instead of explaining my process to him, I immediately started communicating with his pain. During that communication, I heard his daughter laughing behind him. In three steps, his pain was completely	مسٹر کرینک کا سنیکس کا کاروبار تھا۔ ایک دن وہ میرے پاس اپنی بیٹی کے ساتھ آیا اور بتایا کہ وہ اس کی مدد کرتی رہی ہے کیونکہ اس کے دائیں بازہ میں فالج تھا۔ اس کا بازو ہر وقت بہت زیادہ سوجھا رہتا تھا اور حتٰی کہ وہ اس کو حرکت کرنے کے قابل بھی نہیں تھا۔ ان مسائل کی وجہ سے وہ کسی چیز کو کھینچنے یا اٹھانے کے قابل نہیں تھا۔ اس وجہ سے ڈاکٹر نے اسے گھر میں آرام کرنے اور کام نہ کرنے کا مشورہ دیا تھا۔ میں اس دن کے بالکل پیچھے تھا۔ میں نے اس سے پوچھا کہ اگر میں اس کی مدد کروں اور اس نے پوچھا کیسے۔ اس کو اپنا طریقہ کار بتانے کی بجائے میں نے فوراً اس کے درد سے بات کرنا شروع کر دی۔ اس بات چیت کے دوران میں نے اس کی بیٹی کو اس کے پیچھے ہنستے ہوئے سنا۔ تین مراحل میں اس کا درد مکمل طور پر جا چکا تھا اور چند منٹوں میں ہی اس کا ہاتھ ستر فیصد حرکت کر سکتا تھا۔ ابھی بھی وہ اپنا ہاتھ اپنے سر کے اوپر نہیں لے جا سکتا تھا لیکن اس نے تصدیق کی کہ اسے کسی قسم کا درد نہیں تھا۔ میں نے اسے اپنے پٹھوں کو آرام دینے کے لئے کریم کے استعمال کا مشورہ دیا۔ اس کی بیٹی بہت حیران ہوئی تھی جب اس دن مجھ سے مل کر گئے۔

gone and he regained 70 percent of the mobility in his hand within a few minutes. Still, he was not able to move his hand all the way to the top of head, but he verified that he was not having any pain. I suggested that he use some cream to relax his muscles. His daughter was very surprised when they left me that day.	
In practical life observation, we observe a lot, when some people or their feelings, get up or ideas, change completely like someone was not a religious and suddenly become too much religious. Or someone was bad, alcoholic, drug addicted or some other bad habits or behavior towards people, they suddenly changed persons. To me either they come out from the influence of bad demon or old demon died or now they have more control on themselves and rejecting demons or maybe they are under influence of a different demon. (Always something).	عملی زندگی کے مشاہدات میں ہم بہت سی چیزوں کا مشاہدہ کرتے ہیں جب کچھ لوگ یا ان کے جذبات جاگتے ہیں یا سوچ مکمل طور پر بدل جاتی ہے جیسے کوئی مذہبی نہیں تھا اور اچانک بہت زیادہ مذہبی ہو جاتا ہے۔ یا کوئی برا، شرابی، نشئی یا کچھ دوسری بری عادات یا لوگون کے ساتھ برا سلوک کرتا تھا وہ لوگوں میں اچانک ہی تبدیلی آجاتی۔ میرے مطابق یا تو وہ کسی برے جن کے زیراثر ہوتے ہیں یا پرانا جن مر جاتا ہے یا پھر اب ان کا خود پر زیادہ اختیار ہو جاتا ہے اور وہ جنّات کو ٹھکرا دیتے ہیں یا ہوسکتا ہے کہ وہ مختلف جنّات کے زیراثر ہوں (ہمیشہ کچھ نہ کچھ ہوتا ہے)۔
Mr. Charles Jr. mowed grass in Columbus, Texas. He had the same kind of problem as Mr. Krenak had with his left arm and shoulder. He was not taking any medication, but his pain came out of his body right away. The symptoms and pains of a few people are sometimes worse than others, but they may leave those bodies very easily when I communicate with them. However, sometimes they take a little longer. Maybe it depends on their overall health, or maybe good or bad luck is involved.	مسٹر چارلس جونیئر کولمبس، ٹیکساس میں گھاس کاٹتے تھے۔ انہیں وہی مسئلہ تھا جو کہ مسٹر کرینک کو اپنے بائیں بازو اور کندھے کے ساتھ تھا۔ وہ کوئی وہ دوائی نہیں لے رہا تھا لیکن اس کے جسم سے درد بالکل باہر آ گیا۔ کچھ لوگوں کے آثار اور درد دوسروں کے مقابلے میں بدترین ہوتے ہیں لیکن وہ ان اجسام کو بہت آسانی سے چھوڑ سکتے ہیں جب میں ان سے بات چیت کرتا ہوں۔ تاہم بعض اوقات وہ کچھ زیادہ وقت لیتے ہیں۔ ہوسکتا ہے کہ اس کا انحصار ان کی مکمل صحت پر منحصر ہو یا پھر ہوسکتا ہے کہ اچھی یا بری قسمت شامل ہو۔
I remember one time a man named Karam was in Weimar to find out if I was willing to sell the business. During our talk, he started telling me that he had interacted with demons and that he could use them to tell someone's future and past. No doubt, he was making fun of me and	مجھے یاد ہے کہ ایک کرم نامی شخص ویمار میں یہ جاننے آیا کہ اگر میں اپنا کاروبار بیچنا چاہتا ہوں۔ ہماری بات چیت کے دوران اس نے مجھے بتانا شروع کر دیا کہ اس کا سامنا جنّات سے ہوا تھا اور وہ انہیں کسی کا مستقبل اور ماضی بتانے کے لئے استعمال کر سکتا تھا۔ کوئی شک نہیں وہ میرا مذاق اڑا رہا تھا اور مجھ پر تنقید کر رہا تھا۔ اس کا خیال تھا کہ میں نے جو بھی کیا اور کہا سب بکواس تھا۔ میں نہیں جانتا تھا کہ اسے کیا بتاؤ۔ وہ مجھ سے میری تاریخ پیدائش اور میری والدہ کا نام پوچھتا رہا تا کہ وہ مجھے میرا مستقبل اور ماضی

criticizing me as well. He thought everything I had done and said was all bullshit. I did not know what to tell him. He kept asking me about my date of birth and my mother's name so that he could tell me my past and future. I just told him, "If you are capable of doing anything, then just tell me without asking me anything." In response, he said that no one could do that and that to deal with someone, you had to know things about the person. At that time, I mentioned that I did not have any restrictions like that. I didn't need to know a person's name, date of birth, or mother's name to do my job. He then made some bad remarks. I just told him that I did not tell people their pasts or futures, because I felt it was just a waste of time but I said that I could remove if a person's pain or sickness without knowing any details about him or her.	بتا سکیئے۔میں نے صرف اسے اتنا بتایا"اگرتم میں کچھ کرنے کی قابلیت ہےتو مجھ سے کچھ پوچھے بغیر ہی مجھے بتاؤ"تو اس نے کہا کہ کوئی بھی ایسا نہیں کرسکتا اور کسی کے متعلق بتانے کے لئے آپ کو اس انسان کے متعلق چیزیں جاننا پڑتی ہیں۔اس وقت میں نے ذکر کیا کہ مجھ پر اس طرح کی پابندیاں نہیں ہیں۔ مجھے اپنا کام کرنے کے لئے اسی انسان کا نام،تاریخ پیدائش یا ماں کا نام جاننے کی ضرورت نہیں ہے۔ پھر اس نے کچھ برے ریمارکس دیے۔میں نے صرف اسے یہ بتایا کہ میں نے کبھی لوگوں کے مستقبل یا ماضی کے متعلق نہیں بتایا کیونکہ میں نے محسوس کیا کہ یہ صرف وقت کا ضیاع ہے لیکن میں نے یہ کہا کہ میں کسی شخص کا درد یا مرض اس کی تفصیلات جانے بغیر ختم کرسکتا ہوں۔
When I communicate with demons, pains, or diseases, I do not use my tongue. I talk to demons and diseases in their language. No human can hear me. You won't see my lips moving, but demons, pains, and diseases can still hear me easily.	جب میں جنّات،درد اور بیماریوں سے بات کرتا ہوں۔میں اپنی زبان کا استعمال نہیں کرتا۔میں جنّات اور بیماریوں سے ان کی زبان میں بات کرتا ہوں۔کوئی بھی انسان مجھے نہیں سن سکتا۔آپ میرے ہونٹوں کو ہلتا ہوا نہیں دیکھیں گے لیکن جنّات،درد اور بیماریوں مجھے آسانی سے سن سکتے ہیں۔
The same thing happened with this guy. I just ask him if he had any pain so that I could proof my point. Immediately, he mentioned that his ankle hurt all the time. Right away, I communicated with that ankle pain, and his ankle pain was gone in under four minutes. After that, he was surprised. He did not argue with me at all after that. He said one thing before he left: "I've never seen anything like this. Never even heard about any powers like this."	یہی چیز اس لڑکے ساتھ ہوئی۔میں نے صرف اس سے اتنا پوچھا کہ اگر اس کو کوئی درد ہے تا کہ میں اپنا نقطہ ثابت کرسکوں۔فوراً ہی اس نے کہہ دیا کہ اس کی ایڑھی بہت درد کرتی ہے۔اس وقت میں نے اس کی ایڑھی کے درد کے ساتھ بات چیت کی اور صرف چار منٹ کے اندر اس کی ایڑھی کا درد چلا گیا۔اس کے بعد وہ حیران ہوگیا۔اس نے اس کے بعد مجھ سے بالکل بھی بحث نہیں کی۔اس نے جانے سے پہلے ایک بات کہی "میں نے ایسا پہلے کبھی نہیں ہوتے دیکھا۔حتٰی کہ ایسی طاقتوں کے بارے میں سنا تک نہیں"۔
Mr. Bubila is my friend. He lives in Austin, Texas. I fixed his sinus problems two or three times over the phone.	مسٹر ببلیا میرا دوست ہے۔وہ آسٹن،ٹیکساس میں رہتا ہے۔میں نے اس کے سائنس کا مسئلہ دو یا تین دفعہ فون پر ٹھیک کیا۔اور آخر میں وہ مجھ سے پوچھتا"تم نے یہ سب کیسے کیا"۔

In the end, he always asked, "How did you do that?"	
One time, I was in ACE Mart at Chimney Rock in Houston, Texas. During checkout, the assistant manager was complaining to the cashier about her neck and shoulder pain. Because of this pain, she was unable to move her neck properly. I just told her that I could fix her pain if she wanted. She thought I was kidding. She asked me, "How will you do this?" Instead of answering that question, I just asked her where she had pain. At that time, At least ten people, mostly other customers and employees, were between us, but I did not care and immediately started communicating with her pain. Within a few minutes, her pain was gone. She was extremely surprised and thankful.	ایک دفعہ میں ہوسٹن ٹیکساس میں چمنی راک پر ایس مارٹ میں تھا۔ خارج ہوتے وقت، اسسٹنٹ مینیجر کیشئر کو اپنی گردن اور کندھے میں درد کے بارے میں بتا رہی تھی۔ اس درد کی وجہ سے وہ اپنی گردن طریقے سے ہلا نہیں سکتی تھی۔ میں نے اس سے کہا کہ میں اس کو ٹھیک کر سکتا ہوں اگر وہ چاہتی ہے۔ اس نے سوچا میں مذاق کر رہا ہوں۔ اس نے مجھ سے کہا کہ "تم ایسا کیسے کرو گے"۔ اس سوال کا جواب دینے کی بجائے میں نے صرف اس سے اتنا پوچھا کہ تمہیں کس جگہ پر درد ہے۔ اس وقت تقریباً دس لوگ زیادہ تر دوسرے کسٹمرز اور کام کرنے والے ہمارے درمیان موجود تھے لیکن میں نے پرواہ نہیں کی اور فوراً اس کے درد سے رابطہ کیا۔ چند منٹوں میں اس کا درد چلا گیا۔ وہ بہت زیادہ حیران اور شکر گزار تھی۔
Dora worked in Weimar Texas for few days. On several occasions, she complained of toothaches, headaches, and knee pain. She asked me for help. Each time, I communicated with her pains, and every time, those pains listened to me and left her body.	ڈورا نے وے مار، ٹیکساس میں چند دن کام کیا۔ بہت سے موقعوں پر اس نے دانتوں کے درد، سر درد اور گھٹنے کے درد کا تذکرہ کیا۔ اس نے مجھ سے مدد طلب کی۔ ہر دفعہ میں اس کے درد سے بات کرتا اور ہر دفعہ وہ درد مجھے سنتے اور جسم کو چھوڑ جاتے۔
Crystal used to work with me in Weimen, Texas. One time when I went to the store, she was sitting on a chair behind the counter, and few customers were waiting for her to help them. When I went inside, she mentioned that she had some joint problems and that all of her knee and hip joints locked up once in a while, which made it practically impossible for her to walk. With her permission, I communicated with her diseases. Her knee and hip joints soon became normal. Within a few minutes, she was okay. She was very thankful for my help.	کرسٹل میرے ساتھ وے مین، ٹیکساس میں کام کرتا تھا۔ ایک دفعہ جب میں سٹور گیا وہ کاؤنٹر کے پیچھے کرسی پر بیٹھی ہوئی تھی اور کچھ کسٹمرز مدد کے لئے اس کا انتظار کر رہے تھے۔ جب میں ادر گیا تو اس نے بتایا کہ اس کو کچھ جوڑوں کا مسئلہ ہے اور اس طرح اس کے گھٹنے اور کولہے کے جوڑ ایک دفعہ ہی جڑ جاتے ہیں اور اس نے عملی طور پر اس کو چلنے سے روک دیا ہے۔ اس کے اجازت کے ساتھ میں نے اس کی بیماریوں سے رابطہ کیا۔ اس کے گھٹنے اور کولہے کے جوڑ جلد ہی نارمل ہو گئے۔ چند منٹوں میں وہ بالکل ٹھیک تھی۔ وہ میرے مدد کا بہت شکر گزار تھی۔
Rushana used to work in Columbus. One time, she had a	روشانہ کولمبس میں کام کیا کرتی تھی۔ ایک دفعہ اس کو معدے میں درد ہوا اور اس نے مجھ سے مدد طلب کی

stomachache, and she asked for my help. Her stomach pain was fixed easily. One time, she had the flu. I fixed her flu that day, but I still told her to take medication, because flu is a continuous attack of many diseases; however, she was allergic to those medicines. I removed her flu from her body, but the next day, she was sick again. Since then, I did not get involved with people if they have the flu or coughing problems, because they never followed my instructions about taking medication. Honestly, the flu and colds are problems for me. I can remove them from the body, but it can be time-consuming, especially when it comes to the flu. I need to communicate with the disease several times for at least two days to keep them away from body.	اس کے معدے کا درد آسانی سے ٹھیک ہوگیا تھا۔ایک دفعہ اس کونزلہ تھا۔ میں نے اس دن اس کا نزلہ ٹھیک کیا لیکن پھر بھی میں نے اسے دوائی لینے کو کہا کیونکہ نزلہ بہت سی بیماریوں کا مسلسل حملہ ہے۔تاہم اس کوان ادویات سے الرجی تھی۔ میں نے اس کا نزلہ اس کے جسم سے ختم کر دیا لیکن اگلے دن وہ دوبارہ بیمار تھی۔اس وقت سے میں نے ایسے لوگوں کا علاج نہیں کیا جن کونزلہ یا کھانسی کے مسائل ہوں کیونکہ وہ ادویات لینے کے لئے میری ہدایات کی بالکل بھی پیروی نہیں کرتے۔ایمانداری سے،نزلہ اورزکام میرے لئے مسائل ہیں۔میں انہیں ایک جسم سے ختم کرسکتا ہوں لیکن اس پر وقت لگ سکتا ہے خاص طور پر اگر نزلے کی بات کی جائے تو۔ مجھے ان بیماریوں کواس جسم سے دور کرنے کے لئے ان سے بہت دفعہ بات کرنے کی ضرورت ہوتی ہے کم ازکم دودن۔
Another lady named Lauren had had a tooth pulled, and when she was at work at day, she had to suffer swelling and pain. I had to communicate with her pain several times. She was completely out of pain after at least two hours.	ایک دوسری عورت لورن جس نے اپنا دانت نکلوایا تھا اور جب دن کے وقت وہ کام پر تھی اس کوسوجھن اوردرد برداشت کرنی پڑی۔ مجھے اس کے درد سے متعدد بار رابطہ کرنا پڑا۔وہ دو گھنٹوں کے بعد مکمل طور پردرد سے آزاد تھی۔
Now I will mention a few people without using their names. One of my friends had problem with dry lips all the time. I was not sure lip dryness is an external disease, but I learned that it could be. I communicate with that disease several times, and finally, it came out from that body. After that, I suffered dry lips for several weeks. Finally, I asked that disease to come out from my lips, and it eventually listened to me; however, that was not as easy to deal with as headaches or knee or back pains were.	اب میں کچھ لوگوں کے نام استعمال کئے بغیران کا تذکرہ کرونگا۔میرے ایک دوست کوہونٹوں کے ہر وقت خشک رہنے کا مسئلہ تھا۔ مجھے یقین نہیں تھا کہ ہونٹوں کا خشک ہونا بیرونی بیماری ہے لیکن مجھے پتا چل گیا کہ ایسا ہی ہے۔ میں نے اس بیماری سے متعدد دفعہ رابطہ کیا اور آخرکار یہ اس جسم سے باہر نکل گئی۔اس کے بعد مجھے کئی ہفتے خشک ہونٹوں کے مرض کوسہنا پڑا۔آخرکار میں نے اس بیماری کو میرے ہونٹوں سے باہر آنے کو کہا اور نتیجتاً اس نے میری بات سن لی تاہم س کے ساتھ ڈیل کرنا آسان نہیں تھا جس طرح کے سر کے درد یا گھٹنے یا کمر کے درد۔
The flu and colds are different with different people. One time, my mother called me when she was suffering from the flu. I removed her flu very easily, but it took a great	نزلہ اورزکام مختلف لوگوں کے ساتھ مختلف ہوتے ہیں۔ایک دفعہ میرے امی نے مجھے فون کیا جب وہ نزلے میں مبتلا تھی۔ میں نے ان کا نزلہ بڑی آسانی سے ختم کر دیا لیکن یہ اس وقت بڑی بات تھی۔زکام کے لئے مجھے بیماریوں کے ساتھ متعدد بار رابطہ کرنے کی ضرورت پڑتی ہے لیکن پھر بھی اس پر بہت

deal of time. For colds, I need to communicate with the disease several times but it is still timeconsuming.	وقت لگ جاتا ہے۔
Another time, a friend had a problem with dark circles under the eyes. That was an experiment as well. It was not difficult to move those dark circles away from the eye, but every time I worked on them, they always came to me. Anyway, I was surprised when I figured out that these dark circles under the eyes were diseases and fixable. I only worked on one person for this just for testing purposes.	ایک دوسری دفعہ، ایک دوست کو آنکھوں کے نیچے کالے حلقوں کا مسئلہ تھا۔ یہ ایک تجربہ بھی تھا۔ اس آنکھ سے کالے حلقے کو دور کرنا مشکل نہیں تھا لیکن ہر دفعہ میں نے ان پر کام کیا وہ ہمیشہ میرے پاس آئے۔ بہرحال مجھے حیرانی ہوئی جب مجھے پتا چلے کہ آنکھوں کے نیچے یہ کالے حلقے بیماریاں تھی اور ان کو ٹھیک کیا جاسکتا ہے۔ میں نے اس کی آزمائش کے لئے صرف ایک بندے پر کام کیا۔
Another person had mouth sores. I was surprised when I communicate with those mouth sores and found out that they were diseases and easily fixable. A few times, my mother and my sister had the same problem, and I communicated with their disease and convince them to leave their mouths.	کسی اور شخص کو منہ میں سوزش کی بیماری تھی۔ میں حیران ہوگیا جب میں نے مند کی ان سوزشوں سے رابطہ کیا اور مجھے پتا چلا کہ یہ بیماریاں تھی اور آسانی سے ٹھیک کی جاسکتی تھی۔ چند اوقات میری امی اور بہن کے ساتھ بھی ایسا ہی مسئلہ ہوا اور میں نے ان کی بیماریوں سے رابطہ کیا اور ان کو ان کے منہ چھوڑنے کے لئے قائل کیا۔
One time, I worked on two people who had some kind of fungus problem in their mouths. I tried to communicate with that white fungus, and it was not difficult at all. That white fungus easily left both of those people. In both cases, I learned that both of these people had sick dogs in their houses and that those dogs had the same problems in their mouths. Those fungus diseases were coming from their sick dogs.	ایک دفعہ میں نے دو لوگوں پر کام کیا جن کے منہ میں کسی قسم کی پھپھوندی کا مسئلہ تھا۔ میں نے اس سفید پھپھوندی سے رابطہ کرنے کی کوشش کی اور یہ بالکل بھی مشکل نہیں تھا۔ وہ سفید پھپھوندی بڑی آسانی سے ان دونوں منہ کو چھوڑ گئی۔ دونوں معاملات میں مجھے پتا چلا کہ دونوں لوگوں کے گھروں میں بیماری کتے تھے اور ان کتوں کے ساتھ منہ میں کوئی مسئلہ تھا۔ وہ پھپھوندی کی بیماری ان کے کتوں کے منہ سے آ رہی تھی۔
Another time, a man had pains in his feet. I communicated with both of his feet. It was not difficult to remove those pains from his feet. Before I worked on that pain, I thought that this would be like a regular pain. Whenever I worked on feet, I received those pains directly in my feet. I had never experienced of foot pain ever in my life. Honestly, that foot pain was not a pain. It was like a fire in my	ایک دفعہ ایک شخص کے پاؤں میں درد تھا۔ میں نے اس کے دونوں پاؤں سے رابطہ کیا۔ اس کے پاؤں سے درد کو ختم کرنا مشکل نہیں تھا۔ اس درد پر کام کرنے سے پہلے میرا خیال تھا کہ یہ بھی عام درد کی طرح ہوگی۔ جب بھی میں نے پاؤں پر کام کیا وہ درد پاؤں سے سیدھا میرے اندر آجاتا ہے۔ مجھے کبھی بھی زندگی میں پاؤں کا درد نہیں ہوا۔ ایمانداری سے وہ پاؤں کا درد، درد نہیں تھا۔ یہ میرے پاؤں میں آگ کی طرح تھی۔ اس درد کو خود میں سے نکالنا میرے لئے مشکل نہیں تھا لیکن مسئلہ صرف یہ تھا کہ یہ آگے اور پیچھے حرکت کر رہی تھی۔ مجھے ایک لمبے عرصے تک اس درد پر کام اور اس کا سامنا کرنا پڑا۔

feet. It was a very bad experience. It was not difficult for me to move that pain away from me, but the only problem was that it was moving back and forth. I had to work and deal with that pain for long time.	
Finally, I figured out that the pain was not a single pain. I was sure that pains were grouping together and attacking the same person.	آخرکار، میں نے پتا چلالیا کہ وہ درد ایک درد نہیں تھا۔ مجھے یقین تھا کہ وہ درد اکٹھے ہو رہے تھے اور ایک ہی شخص پر حملہ کر رہے تھے۔
Sometimes it surprises me that particular diseases have their own focus. I never feel foot pain come out of one person and jump into the stomach of another person. I learned that foot pain was the same for everyone. Foot pain comes out of one person, and that pain usually chooses the feet of the nearest available person.	بعض اوقات یہ بات مجھے حیران کر دیتی ہے کہ خاص بیماریوں کا اپنا اپنا ہدف ہوتا ہے۔ میں یہ کبھی محسوس نہیں کرتا کہ پاؤں کا درد ایک انسان سے نکل کر دوسرے انسان کے معدے پر وارد ہو جائے۔ میں نے سیکھا کہ پاؤں کا درد ہر ایک کے لئے ایک جیسا تھا۔ پاؤں کا درد ایک انسان کے پاؤں سے نکلتا ہے اور وہ درد عموماً قریب ترین دستیاب شخص کے پاؤں کا انتخاب کرتا ہے۔
In the same way, if a kidney or heart disease comes out of one person, that disease will target the same place in another person. But why are these diseases assigned particular jobs? This remains a mystery to me.	بالکل اسی طرح گردے یا دل کی بیماری کسی ایک شخص سے نکلتی ہے اور وہ بیماری کسی دوسرے انسان کی اسی جگہ کو ہی نشانہ بنائے گی۔ لیکن ان بیماریوں کو مخصوص کام کیوں سونپے گئے ہیں؟ یہ میرے لئے معمہ ہی رہی ہے۔
I have removed heartburn or stomach ulcers from people uncountable times, but the proper medication to heal the ulcer or wound is very important. Otherwise, the stomach walls will release acid again, and the ulcers or stomach wounds will become inflamed. This wound or ulcer in the stomach is a continuous invitation for diseases. Wounds or ulcers are really a part of the body, specifically the stomach, but heartburn or pain in the stomach is a disease. This stomach disease is easily movable, but if the person does not want to invite these pains into their stomach again, they need to use all possible healing procedures and medications. This stomach disease is orchestrated by invisible insects, and they just eat our	میں نے لاتعداد بار لوگوں کی سینے کی جلن اور معدے کے السر کو دور کیا ہے لیکن السر یا زخم کو بھرنے کے لئے مناسب دوا لینا بہت اہم ہے وگرنہ معدے کی دیواریں دوبارہ تیزاب خارج کریں گی اور السر یا معدے کے زخم جلنے لگیں گے۔ معدے کے زخم یا السر بیماریوں کو مسلسل دعوت دیتے ہیں۔ زخم اور السر واقعی جسم کا حصہ ہوتے ہیں، خاص طور پر معدہ لیکن معدے کی جلن اور درد ایک بیماری ہے۔ یہ معدے کی بیماری آسانی سے حرکت کر سکتی ہے لیکن اگر کوئی شخص اپنے معدے میں دوبارہ اس درد کو دعوت نہیں دینا چاہتا تو اسے تمام ممکن زخم بھرنے کے طریقے اور ادویات استعمال کرنے کی ضرورت ہے۔ اس معدے کی بیماری کو پوشیدہ کیڑے ترتیب دیتے ہیں اور وہ صرف ہمارے زخموں کو کھاتے ہیں۔ یہ ہی مسئلہ جگر، گردوں اور آنتوں کو درپیش ہوتا ہے۔

wounds. The same problems occur in the liver, kidneys, and intestines.	
I deal with liver problems in many people. Honestly, I do not know any single person without liver and stomach problems. These damages happen so quietly and continuously that it's to late to fix the symptoms by the time we find out about them.	میں بہت سے لوگوں کے جگر کے مسائل سے نپٹتا ہوں۔ایمانداری سے، میں کسی ایسے شخص کو نہیں جانتا جو جگر اور معدے کے مسائل سے دوچار نہ ہو۔ یہ خرابیاں اتنی خاموشی سے اور مسلسل پیدا ہوتی ہیں کہ جب تک تم ان کے بارے میں جان پاتے ہیں اس وقت تک اتنی دیر ہو چکی ہوتی ہے کہ ان کے آثار کا علاج نہیں کیا جاسکتا۔
I work on so many people without feeling any problems in their livers, but whenever I focus on their livers, I find that most people have some problems there. As I have described several times, my body is extremely sensitive to all demons, diseases, and pains. Just to test someone, I usually invite their disease into me to find out if they have any symptoms of a damaging disease. And my experience has been that 99 percent of people are under the nfluence of liver, stomach, and intestinal diseases. I strongly feel that there should be medication that can be taken just to keep these organs healthy and strong instead of waiting until someone start feeling pain. We all know that pain always starts when these organs are already too damaged to heal fully.	میں بہت سے لوگوں پر ان کے جگروں میں کوئی مسائل محسوس کیے بغیر عمل کرتا ہوں لیکن جب بھی میں ان کے جگروں پر غور کرتا ہوں تو مجھے پتا چلتا ہے کہ بہت سے لوگوں کو وہاں کچھ مسائل درپیش ہیں۔ جیسا کہ میں نے کئی بار بیان کیا ہے کہ میرا جسم تمام جنّات، بیماریوں اور درد کے لئے بہت زیادہ حساس ہے۔صرف کسی کو جانچنے کے لئے، میں عموماً ان کی بیماریوں کو اپنے اندر دعوت دیتا ہوں تا کہ میں جان پاؤں کہ کیا ان میں خرابی پیدا کرنے والی بیماری کے آثار ہیں اور میرا تجربہ رہا ہے کہ نوے فیصد لوگ جگر، معدے اور آنتوں کی بیماریوں کے زیر اثر ہوتے ہیں۔ میرا یہ پختہ یقین ہے کہ کسی کو درد کے دوبار شروع ہونے کا انتظار کرنے کی بجائے صرف ان اعضاء کو مضبوط اور صحت رکھنے والی ادویات لینے کی ضرورت ہے۔ہم سب جانتے ہیں کہ درد اس وقت شروع ہوتا ہے جب یہ اعضاء اتنے خراب ہو چکے ہوتے ہیں کہ بھرے نہیں جاسکتے۔
Many researchers say that most people are affected by heart disease and die because of heart attacks. Trust me, heart disease was very easy for me to remove from any heart. I learn that heart disease does not necessarily damage the heart but does block the vessels valves. But it is not enough to clean someone's heart one time and then leave him or her alone. This needs to be done on a regular basis.	میرے تحقیق دان کہتے ہیں کہ زیادہ تر لوگ دل کے عارضے میں مبتلا ہوتے ہیں اور دل کا دورہ پڑنے کی وجہ سے مر جاتے ہیں۔ میرا یقین مانئے کہ میرے لئے دل کی بیماری کسی دل سے نکالنا بہت آسان تھا۔ میں جانتا ہوں کہ دل کی بیماری ضروری طور پر صرف دل کو نقصان نہیں دیتی بلکہ نالیوں کے والو بھی بند کر دیتی ہے۔لیکن کسی کے دل کو ان بیماریوں سے ایک دفعہ صاف کر کے اسے اکیلا چھوڑ دینا کافی نہیں ہے۔یہ کام باقاعدگی سے کیا جانا چاہیے۔

I have had good experiences with heart pain and diseases. Once they become my friends, they visit me for few seconds whenever I encounter them. And if they stay for longer, I have to ask them to come out. I do remember one heart disease that was so powerful its touch felt like over ten thousand volts. The heart pain/disease never went inside my heart but always touched me from outside. Thankfully, it is not around me anymore	دل کے درد اور بیماریوں کے ساتھ میرے اچھے تجربات رہے ہیں۔ایک دفعہ جب وہ میرے دوست بن جاتے ہیں تو جب کبھی ان کا مجھ سے سامنا ہوتا ہے تو صرف چند سیکنڈز کے لئے مجھ سے ملتے ہیں اور اگر وہ زیادہ دیر کے لئے رکیں تو مجھے انہیں باہر نکل جانے کے لئے کہنا پڑتا ہے۔مجھے ایک دل کی بیماری یاد ہے جو دس ہزار وولٹ سے زیادہ محسوس ہوئی۔دل کی بیماری یا درد کبھی میرے دل میں نہیں گئی لیکن مجھے باہر سے ہمیشہ چھوتی ہے۔شکر ہے کہ وہ مزید میرے اردگرد نہیں ہے۔
Many people usually have headache or migraine pains, but these are very easy to fix. One time, I had a different kind of headache. That pain was in the skin of the head. It can take a little longer to remove that disease/pain from the skin of the head. Always remember, when these kinds of pains stay in the skin of the head for a while, it means that that pain will leave some major damages in the skin. If there are any symptoms or damages, use medication to heal it. Otherwise the symptoms or damages will invite new pains and diseases.	بہت سے لوگوں کو سر درد یا شقیقہ کی درد ہوتی ہے لیکن ان کا علاج کرنا آسان ہے۔ایک دفعہ مجھے مختلف قسم کا سر درد ہوا۔ وہ درد میرے سر کی جلد میں تھا۔اس درد یا بیماری کو سر کی جلد سے دور کرنے کے لئے تھوڑا زیادہ وقت لگ سکتا تھا۔ہمیشہ یاد رکھیں اس قسم کا درد سر کی جلد میں کچھ دیر رہتا ہے تو اس کا مطلب ہے کہ درد نے جلد میں کچھ بڑی خرابیاں کی ہونگی۔اگر کوئی آثار امراض یا خرابیاں ہوں تو اس کے علاج کے لئے دوا استعمال کریں۔وگرنہ یہ آثار امراض یا خرابیاں نئی بیماریوں اور درد کو دعوت دیں گے۔
One time, I promised someone that I would fix his thyroid problem. I have communicated with thyroid diseases on several occasions. Finally, I found out that a thyroid problem is a physical disease as well. It is not difficult to clean disease from thyroids, but either the same one or a new one will come to the same place pretty quickly. Like a kidney and liver disease, a thyroid problem is pain-free. So, when a patient is not feeling any problem, it means he or she will never tell me about that problem, and I will not be able to work on his or her problems. I do not know the logic behind these quiet diseases.	ایک دفعہ میں نے کسی سے وعدہ کیا کہ میں اس کے تھائی رائیڈ کے مسئلے کا علاج کروں گا۔میں نے کئی موقعوں پر تھائی رائیڈ (گلہڑ) کی بیماری سے رابطہ کیا۔آخرکار مجھے معلوم ہوا کہ تھائی رائیڈ کا مسئلہ طبعی بیماری ہے۔تھائی رائیڈ سے بیماری صاف کرنا مشکل کام نہیں ہے لیکن یا تو وہی یا پھر کوئی نئی اسی جگہ پر بہت جلد آجائے گی۔گردے اور جگر کی بیماری کی طرح تھائی رائیڈ کا مسئلہ درد سے آزاد ہے۔اس لئے جب ایک مریض کوئی مسئلہ محسوس نہیں کرتا اس کا مطلب ہے کہ وہ کبھی بھی مجھے اس مسئلے کے بارے میں نہیں بتائے گا یا بتائے گی اور میں ان کے مسئلے کو حل کرنے کے لئے عمل نہیں کر پاؤں گا۔ مجھے نہیں معلوم ان خاموش بیماریوں کے پیچھے کیا چیز ہے۔
I have a list of people on whom I work on regular basis. Most of themare either very important people to me or part	میرے پاس ان لوگوں کی فہرست ہے جب پر میں نے باقاعدگی سے عمل کیا ان مین بہت سے یا تو میرے لئے بہت اہم تھے یا میرے مزید علم کے لئے میرے تجربات کا حصہ تھے۔میں نے آنکھوں کی

of my experiments to further my knowledge. I have also worked and communicated with burning eyes. I am able to fix burning eyes. I am also able to fix focus problems or nearsightedness. I learned this when I invited those eyes problems from someone to myself by communicating with these diseases. Nearsightedness and focus problems are continuous as well. I can communicate with them very easily, and they will come out very easily; however, I do know how long it will take before a new one occupies that empty place.	جلن سے بھی رابطہ قائم کیا اور ان پر کام کیا ہے۔ میں آنکھوں کی جلن کا علاج کرسکتا ہوں۔ میں قریب نظری اور نظر کے نہ ٹھہرنے کی بیماری کا بھی علاج کرسکتا ہوں۔ میں نے ایسا اس وقت سیکھا جب میں نے کسی کی آنکھوں کی بیماری کو اپنے پاس بلایا اور اس سے رابطہ کیا۔ قریب نظری اور نگاہ نہ ٹھہرنا مسلسل مسائل ہیں۔ میں ان سے بہت آسانی سے رابطہ کرسکتا ہوں اور وہ بہت آسانی سے باہر آجائیں گے تاہم میں جانتا ہوں کہ اس خالی جگہ پر قبضہ کرنے کے لئے نئی بیماری کتنے عرصے بعد آئے گی۔
All these disease/pains that live inside us always need a medium or body. They do not live in the air or water. They travel in the air, but they do not stay in the air for a long time. A healthy body is a body without all these pains, diseases, sicknesses, and demons. A sick body, whether completely or partially sick, can become a healthy body after I communicate with its demons and cleanse it of all its pains, sicknesses, and diseases.	ہمارے اندر رہنے والی بیماریوں یا درد کو ہمیشہ کسی واسطے یا جسم کی ضرورت ہوتی ہے۔ وہ ہوا یا پانی میں نہیں رہتے۔ وہ ہوا میں سفر کرتے ہیں لیکن زیادہ دیر ہوا میں نہیں رہتے۔ ایک صحت مند جسم وہ ہے جس میں بیماریاں، درد، امراض اور جنّات نہ ہوں۔ ایک بیمار جسم چاہے مکمل یا ادھورا بیمار ہو، صحت مند جسم بن سکتا ہے جب میں ان کے جنّات سے رابطہ کر کے انہین تمام درد، بیماریوں اور امراض سے پاک کر دیتا ہوں۔
Are there any problems after I cleanse a body? Both healthy and newly cleansed bodies have the same problem, and the problem is that these healthy bodies are like vacuums.	میرے جسم کو صاف کرنے ک بعد کوئی مسائل ہوتے ہیں؟ دونوں صحت مند اور نئی بیماریوں سے پاک اجسام کو ایک ہی طرح کے مسائل درپیش ہوتے ہیں اور مسئلہ یہ ہے کہ یہ صحتمند اجسام خلا کی طرح ہیں۔
Medical science has a very clear theory of contiguous and noncontiguous diseases, but my theory is different. Usually, diseases or invisible insects do not leave that wound or injured organ easily. Wounded organs or injured parts of the body have more attraction for those invisible insects, pains, and diseases. That's why healthy bodies do not get those invisible insects easily. According to me, this contiguous and noncontiguous theory is outdated. Everything is possible, and it's just bad luck when these	طبی سائنس کا اچھوت اور بنا چھوئے پھیلنے والی بیماریوں کے بارے مین بڑا واضح نظریہ ہے لیکن میرا نظریہ مختلف ہے۔ عموماً بیماریاں یا پوشیدہ کیڑے آسانی سے زخمی یا چوٹ زدہ عضو کو نہیں چھوڑتے۔ چوٹ زدہ اعضاء یا جسم کے زخمی حصے ان پوشیدہ کیڑوں، درد اور بیماریوں کے لئے پرکشش ہوتے ہیں۔ اس وجہ سے صحت مند جسم کو وہ پوشیدہ کیڑے آسانی سے نہیں حملہ کر پاتے۔ میرے مطابق اچھوت اور بنا چھوئے پھیلنے والی بیماریوں کا نظریہ دقیانوسی ہے۔ ہر چیز ممکن ہے اور یہ صرف ایک بدقسمتی ہے کہ جب یہ بیماریاں یا درد ایک جسم کو چھوڑتی ہیں تو فوراً قریبی دوسرے جسم کا انتخاب کر لیتی ہیں۔ وہ زیادہ سفر کرنا پسند نہیں کرتی۔ آپ کبھی نہیں جان پائیں گے کہ ان کا اگلا شکار کون ہے۔ ان جنّات، بیماریوں، درد اور امراض کی آبادی انسانی آبادی سے کئی سو گنا زیادہ ہوتی ہے اور وہ کئی سو سال زندہ بھی رہتے ہیں۔ اگر سلسلہ یونہی چلتا ہے تو ایک انسان مستقبل قریب میں لاکھوں بیماریوں اور درد

disease or pains leave one body and immediately choose another nearby body. They do not like to travel too much. You never know who will be their next victim. These demons, pains, diseases, and sicknesses have populations that are several hundred times greater than the human population. They live for several hundred years, too. If things continue this way, one human will be surrounded by one million disease and pains in near future.	سے گھرا ہوگا۔
So, if modern science accepts on my theory of the physical existence of all these pains, diseases, and sicknesses, they should try to invent different tools and weapons to control these disease and pains like medications and sprays to heal damages and keep demons away from our bodies.	اس لئے اگر جدید سائنس ان بیماریوں، درد اور امراض کی طبی موجودگی کے میرے نظریے کو مانتی ہے تو ان بیماریوں اور درد کو قابو کرنے کے لئے مختلف ادویات یا ہتھیار ایجاد کرنے کی کوشش کرنی چاہیے جیسا کہ زخموں کو بھرنے کے لئے اور جنّات کو ہمارے اجسام سے دور کرنے کے لئے سپرے اور ادویات۔
Different people use demons for different purposes. For example, magicians use demons to show us their magic. And demons show us whatever the magician wants to show us by hypnotizing the audience. Some magicians will show us levitating or cutting themselves in two three pieces. We may be amazed, but in actuality, it is all hypnotism. Hypnotism is the language of demons.	مختلف لوگ جنّات کو مختلف مقاصد کے لئے استعمال کرتے ہیں۔ مثلاً جادوگر ہمیں اپنا جادو دکھانے کے لئے جنّات کا استعمال کرتے ہیں۔ اور جنّات تماشائیوں کو ہپنو ٹائز کر کے ہمیں وہ دکھاتے ہیں جو کہ جادوگر ہمیں دکھانا چاہتا ہے۔ کچھ جادوگر ہمیں خود کو دو یا تین حصوں میں کٹا ہوا یا ہوا میں لٹکتا ہوا دکھائیں گے لیکن حقیقت میں یہ سب ہپنوٹزم ہے۔ ہپنوٹزم جنّات کی زبان ہے۔
I have always felt that I am not any extraordinary person, but my exposure to the invisible world and experience with demons should help compel modern scientists to develop more technology to help mankind stay safe and healthy. I know it is very difficult to believe my theory. That's why I am always ready and willing to demonstrate my capabilities to any scientist who wants to research ways of controlling these invisible diseases to help mankind.	میں نے ہمیشہ محسوس کیا ہے کہ میں کوئی غیر معمولی انسان نہیں ہوں لیکن پوشیدہ دنیا کی طرف میرا انکشاف اور جنّات کے ساتھ میرے تجربات کو طبی سائنس کو مجبور کرنا چاہیے کہ وہ انسانیت کے تحفظ اور صحت کے لئے مزید ٹیکنالوجی کو فروغ دیں۔ میں جانتا ہوں کہ میرے نظریے پر یقین کرنا بہت مشکل ہے اس لئے میں ہمیشہ کسی بھی سائنس دان کو اپنی قابلیت کا نمونہ پیش کرنے کے لئے تیار اور خواہش مند رہتا ہوں جو انسانیت کی مدد کرنے کے لئے پوشیدہ بیماریوں کو قابو کرنے کے طریقوں پر تحقیق کرنا چاہتا ہے۔

When a healer sends a demon to someone to cleanse a body of pains and diseases, are there any side effects to this action? The demon may cleanse diseases from a body, but afterward, that demon will simply possess another body. And nobody can keep demons positive for a long time. This goes against the nature of demons.

I talked to many demon doctors and few healers, and all of them had to work hard to gain some knowledge and powers. All of them use demons to do whatever they want. Usually, their demons perform everything for them. But their knowledge and information about the invisible world, diseases, and demons like it comes from books or teachers. And when they use their demon's power to perform any healing or magic, they are completely safe and healthy. In my case, I never had any faith in demons or the invisible world or any knowledge or information about physical existence of pain and diseases when I started. I never tried to learn from any teachers about demons or the invisible world. It just start happening to me, and day by day, I learned more and more. Now I know so much, even though it is hard to convince people about the existence of the invisible world.

The only difference between me and other demon doctors is they use demons, and because of the involvement of demons, they do not get hurt. In my case, I do not use any demon. I only use the powers of my mind to cleanse people of demons, diseases, and pains. I use my powers to cleanse any area or house of demons, diseases, and pains. The only problem is that I am not protected. Whatever demon, disease, or pain I remove from people, it comes straight to me. They hurt me sometimes. I cannot bear them for too long. Because of

this problem, I have limited myself.	
There is still one thing I have not clearly revealed, and this is how I am able to keep myself safe from these diseases, pains, and demons. This should be the next step of medical research, because once medical science can pull out these problems from a body by using magnetic fields and rays, how, people will be able to protect themselves once they leave the hospitals and go back to their normal lives.	اابھی بھی ایک چیز ہے جس کو میں طریقے سے ظاہر نہیں کر سکا اور وہ یہ ہے کہ میں خود کو کیسے ان بیماریوں، درد اور جنّات سے محفوظ رکھ سکتا ہوں۔ یہ طبی سائنس کا اگلا مرحلہ ہونا چاہیے کیونکہ ایک بار جب طبی سائنس مقناطیسی میدان اور شعاعیں استعمال کر کے ان مسائل کو جسم سے کھینچ سکے گی تو لوگ ہسپتال چھوڑنے کے بعد خود کو محفوظ کر سکیں گے اور اپنی روزمرہ کی زندگی کی طرف لوٹ آئیں گے۔
These days, I experienced new diseases and pains every day. It is very hard for me to just do nothing once I know someone is in pain or sick, especially when it comes to people around me or individuals who are important to me. Most of the time, I am okay, but once in a while, I have to suffer a little bit. I get the same pain or sickness whenever I remove one from a person, but these have only hurt me badly on a few occasions. Most of the time, I am able to control them.	آج کل میں ہر روز نئی بیماریوں اور درد کا تجربہ کرتا ہوں۔ ایک دفعہ مجھے یہ پتا چل جائے کہ کوئی درد میں ہے یا بیمار ہے خاص طور پر جب وہ لوگ جو میرے اردگرد موجود ہیں یا انفرادی اشخاص جو میرے لئے اہم ہیں تو میرے لئے یہ بہت مشکل ہے کہ میں کچھ نہ کروں۔ بعض اوقات میں ٹھیک ہوتا ہوں۔ لیکن چند لمحات کے لئے مجھے تھوڑا سا برداشت کرنا پڑتا ہے۔ میں بالکل وہی مرض یا درد محسوس کرتا ہوں جو میں کسی شخص سے دور کرتا ہوں لیکن انہوں نے صرف چند موقعوں پر ہی مجھے نقصان پہنچایا ہے۔ اکثر اوقات میں انہیں قابو کر سکتا ہوں۔
I am really able to see demons and diseases unlike others who claim to see them in human shape, but that means they are just under the influence of a demon's hypnotism when they are not seeing anything. They are seeing whatever their demons are showing them. As a result, it will be a big help to medical science when scientists start using magnetic fields or technology to snatch diseases and pains from a body. Those scientists may not be able to see the results of their efforts, but I will be able to see. I can help any scientist who wants to do research in this field. I can easily tell them if their machines can snatch diseases and pains from a body. I have a lot of information that can help medical scientists invent these machines.	میں واقعی جنّات اور بیماریوں کو دیکھنے کے قابل ہوں نہ کہ دوسروں کی طرح جو انہیں انسانی روپ میں دیکھنے کا دعوی کرتے ہیں لیکن اس کا مطلب ہے کہ وہ صرف اس جن کے ہپنوٹزم کے زیر اثر ہوتے ہیں جب وہ انہیں دیکھ نہیں رہے ہوتے۔ وہ صرف وہ دیکھ رہے ہوتے ہیں جو ان کے جنّات انہیں دکھا رہے ہوتے ہیں۔ نتیجے کے طور پر یہ میڈیکل سائنس کے لئے بہت مددگار ہوگا جب سائنسدان ایک جسم سے بیماریاں اور درد کھینچنے کے لئے مقناطیسی میدان یا ٹیکنالوجی کا استعمال شروع کر دیں گے۔ ہو سکتا ہے کہ وہ سائنسدان اپنی کوششوں کے نتائج نہ دیکھ سکیں لیکن میں یہ دیکھنے کے قابل ہوں گا۔ میں کسی بھی سائنس دان کی مدد کر سکتا ہوں جو اس میدان میں تحقیق کرنا چاہتا ہے۔ میں انہیں آسانی سے بتا سکتا ہوں کہ ان کی مشینیں جسم سے بیماریاں اور درد کھینچ سکتی ہیں؟ میرے پاس بہت سی معلومات ہیں جو کہ میڈیکل سائنسدانوں کی مشینوں کی ایجاد میں مدد کر سکتی ہے۔ ساتھ ہی ساتھ وہ صحیح قسم کے مطلوب مقناطیسی میدان اور شعاعوں کی تلاش کے لئے کیے جانے والے تجربات میں مختلف قسم کے مریض استعمال کر سکتے ہیں۔

Plus, they can use different kind of patients in their experiments to find out the exact kind of magnetic fields and rays needed.	
Demon doctors will use anything to save us from demons or their negativism like nails and screws, but always remember that those nails and screws are nothing. They are only powerful because demon doctors assign some of their demons to them.	عالم جنّات ہمیں جنّات یا انکی منفیت سے بچانے کے لئے کچھ بھی استعمال کریں گے جیسا کہ کیل اور پیچ لیکن ہمیشہ یاد رکھیں کہ وہ کیل اور پیچ کچھ بھی نہیں ہے۔ وہ صرف اس لئے طاقتور ہیں کیوں کہ عالم جنّات اپنے کچھ جنّات کو ان کے لئے تعینات کرتے ہیں
Plain or handwritten papers, stones, threads, ropes—whenever these are used by a demon doctor, they work. But remember that those demon doctors assign demons to those things, which means demons will become slaves of those stones or threads or pieces of paper. Wherever those things go, demon will go and do their job or resolve the problems. But remember that no one can keep a demon positive for too long. The effects of those things will have side effects. Usually, demons are pretty much like us, so when they stay around us or we keep them around us, they possess us and take control of our minds. That's why these things may be effective in the beginning, but they may have bad side effects in the long run.	سادے یا ہاتھ سے لکھے گئے کاغذات، پتھر، دھاگے، رسیاں۔۔ جب کبھی علام جنّات ان کو استعمال کریں تو یہ کام کرتی ہیں۔ لیکن یاد رکھیں وہ عالم جنّات ان چیزوں کے ساتھ جنّات کو تعینات کرتے ہیں جس کا مطلب ہے کہ جنّات ان پتھروں یا دھاگوں یا کاغذ کے ٹکڑوں کے غلام بن جائیں گے۔ جہاں کہیں بھی وہ چیزیں جاتی ہیں، جنّات بھی جائیں گے اور اپنا کام کریں گے یا مسائل کو حل کریں گے۔ لیکن یاد رکھیں کہ کوئی جنّات کو زیادہ دیر مثبت رویے پر آمادہ نہیں کر سکتا۔ ان چیزوں کے اثرات کے برے اثرات بھی ہوں گے۔ عموماً جنّات بہت زیادہ ہمارے جیسے ہوتے ہیں اس لئے جب وہ ہمارے اردگرد رہتے ہیں یا ہم انہیں اپنے گرد رکھتے ہیں وہ ہمیں اپنی ملکیت بنا لیتے ہیں اور ہمارے ذہنوں کو قابو کرتے ہیں اس لئے شروعات میں یہ چیزیں پر اثر ہو سکتی ہیں لیکن ان کے بُرے اثرات بہت دیر تک رہتے ہیں۔
Demons are way powerful and intelligent as compared to diseases and pains. Demons are not parasites. Demons are not positive energies, because demons can be used either way. But demons really like to do negative things and actions. We can use demons for good stuff, but not for long time. Demons can do positive actions and things, but just for few hours or days. Positive energies are our souls or spirits and angels, which only follow God's commands. Demons can befriend any human or animal,	جنّات بیماریوں اور درد کے مقابلے میں زیادہ طاقتور اور ذہین ہوتے ہیں۔ جنّات طفیلیے نہیں ہوتے۔ جنّات مثبت طاقتیں نہیں ہوتے کیونکہ جنّات کو کسی بھی طرح استعمال کیا جا سکتا ہے لیکن جنّات منفی چیزیں اور حرکتیں کرنا پسند کرتے ہیں۔ ہم جنّات کو اچھے کام کے لئے استعمال کر سکتے ہیں لیکن ایسا ہم زیادہ عرصہ نہیں کر سکتے۔ جنّات صرف چند گھنٹوں یا دنوں کے لئے مثبت حرکات اور چیزیں کرتے ہیں۔ مثبت قوتیں ہماری روح یا فرشتے ہیں جو صرف اللہ کا حکم مانتے ہیں۔ جنّات کسی بھی جانور یا انسان کے دوست ہو سکتے ہیں۔ ایک بار جب وہ کسی کے مخلص دوست بن جائیں تو بنا کوئی سوال کیے اس شخص کے تمام احکامات کی پابندی کرتے ہیں

and once demons become sincere friends with someone, they will follow that person's commands without asking any questions.	
As I have explained, almost all demons stay in big groups or tribes, and usually, there are bosses within those tribes or groups. All demons in a group or tribe follow the commands of boss demon. Once that head demon becomes a friend to any human, that human can use that whole tribe of demons however he or she wants just by passing commands to t he head demon. And t he head demon wil l pass the same command to the rest of its group or tribe of demons. Once that human nears death, he or she can transfer that friendship with demons to another human, and the same group of demons will start following the commands of the new human. No human can compel or push demons to do his or her bidding. This is all about friendship and sincerity.	جیسا کہ میں پہلے وضاحت کر چکا ہوں کہ تقریباً تمام جنّات بڑے گروہوں یا قبیلوں میں رہتے ہیں اور ان قبیلوں یا گروہوں کے اندر سربراہان ہوتے ہیں۔گروہ یا قبیلے کے تمام جنّات سربراہ جن کے احکامات کی پیروی کرتے ہیں ایک بار جب سربراہ جن کسی انسان کا دوست بن جاتا ہے تو وہ انسان سربراہ جن کو دیے گئے احکامات کے زریعے جنّات کے پورے گروہ کو جیسے چاہے ویسے استعمال کرسکتا ہے یا کرسکتی ہے۔اور سربراہ جن اپنے باقی گروہ یا قبیلے کو بالکل وہی احکام دے گا۔ جب وہ انسان مرنے والا ہوتا ہے تو وہ اپنی جنّات سے یہ دوستی کسی دوسرے انسان کو منتقل کردیتا ہے اور جنّات کا وہی گروپ نئے انسان کے احکامات کو ماننا شروع کردیتا ہے۔کوئی بھی انسان جنّات کو مجبور نہیں کرسکتا کہ وہ اس کی غلامی کریں۔ یہ صرف دوستی اور خلوص کی بات ہے۔
Different humans use groups of demons for different purposes. I already described a few, but let me describe a few more. A few demon doctors use demons for healing purposes. Demons are way more powerful than diseases and pains. When a human healer passes a command to his or her demons to cleanse someone's body of all diseases and pains, the demons will cleanse the body in seconds. But remember, demons cannot do positive things for a long time. Now I will explain how this process works and the pluses and minuses of using demons to remove sickness, diseases, and pains from human bodies. Medical science may be able to invent machines that treat diseases and pains the way a healer treat them, but I will say that my procedure is better, because I do not use any demons to cleanse pains or diseases. My	مختلف انسان جنّات کے گروہوں کے مختلف مقاصد کے لئے استعمال کرتے ہیں۔میں چند کے بارے میں پہلے ہی بیان کر چکا ہوں لیکن چند مزید بیان کرنے جا رہا ہوں۔ چند عالم جنّات علاج کے مقصد سے جنّات کو استعمال کرتے ہیں اس طرح سے جنّات بیماریوں اور درد سے زیادہ طاقتور ہوتے ہیں لیکن جب انسانوں کا معالج اپنے جنّات کو کسی جسم کو تمام بیماریوں اور درد سے پاک کرنے کا حکم دیتا ہے یا دیتی ہے جنّات سیکنڈز میں جسم کو صاف کردیں گے۔لیکن یاد رکھیں جنّات زیادہ عرصے کے لئے مثبت رویہ نہیں رکھ سکتے۔اب میں بیان کرونگا کہ یہ عمل کیسے کام کرتا ہے اور انسان جسم سے بیماریاں، امراض اور درد دور کرنے کے لئے کیسے جنّات کے استعمال سے جمع تفریق کا عمل کرتا ہے۔ ہوسکتا ہے کہ میڈیکل سائنس ایسی مشینیں ایجاد کرسکے جو معالج کی طرح درد اور بیماریوں کا علاج کرسکیں لیکن میں تو یہ کہوں گا کہ میرا طریقہ کار بہتر ہے کیونکہ میں درد اور بیماریوں کو دور کرنے کے لئے کسی بھی جنّات کا استعمال کرسکتا ہوں۔ میرا طریقہ اصلی برقی مقناطیسی شعاعوں اور میدانوں پر مبنی ہے اور میں میڈیکل اور جدید سائنس سے درخواست اور اصرار کرتا رہوں گا کہ وہ شعاعوں اور برقی مقناطیسی میدانوں کو استعمال میں لا کار انسانی جسم سے تمام پوشیدہ کیڑے، بیماریاں اور درد دور کرنے کے لئے مشینیں ایجاد کریں۔

procedure involves pure electromagnetic rays and fields. And I will keep requesting and insisting medical and modern science invent machines to clean a human's body from all invisible insects, diseases, and pains by using rays and electromagnetic fields.	
We could snatch or pull out all of these invisible insects or diseases by using a magnetized room or walls. Medical science needs to invent those machines that utilize powerful magnetic fields. Whenever a human walks between those walls or into that room, the electromagnetic field should be able to suck, snatch, or pull out all those sicknesses, diseases, and pains from that body. Once those invisible insects, diseases, pains come out of the human body, we could condense those diseases and pains and either store them or find a way to keep them away from the open atmosphere.	ہم مقناطیسی کمرے یا دیواروں کے استعمال سے تمام پوشیدہ کیڑوں اور بیماریوں کو باہر کھینچ کار باہر نکال سکتے ہیں۔طبی سائنس کو وہ مشینیں ایجاد کرنے کی ضرورت ہے جو طاقتور مقناطیسی میدانوں کو استعمال کر سکیں جب کبھی کوئی انسان ان دیواروں کے درمیان یا ان کمروں میں سے گزرے تو مقناطیسی میدان اس قابل ہونا چاہیے کہ وہ اس جسم سے تمام بیماریاں، امراض اور درد جذب، کھینچ یا نوچ سکے۔ایک بار وہ پوشیدہ کیڑے، بیماریاں اور درد انسان کے جسم سے باہر آ جائیں ہم ان بیماریوں اور امراض کا اثر کم کر سکتے ہیں یا انہیں ذخیرہ کر سکتے ہیں یا انہیں کھلی فضا سے دور رکھ سکتے ہیں۔
A healer can pass commands to demons to cleanse bodies, and the demon will listen to that human; however, you should remember that the healer can reverse the procedure and make those demons infect a body with bunch of different diseases and/or pains. And this is easier for demons to do. Plus, they like all kinds of negative activity. Healers may not be reliable, and they may not offer a permanent solutions, so medical science needs to step in and find a permanent solution for these diseases and pains. This is very easy for me. We already have all kinds of healing medications and surgeries. This is just the second step.	ایک معالج جنّات کو جسم صاف کرنے کا حکم دے سکتا ہے اور وہ جن اس انسان کی بات مانے گا تاہم یاد رکھیں کہ معالج اس عمل کو الٹا بھی کر سکتا ہے اور ان جنّات کو اس جسم میں مختلف قسم کی بیماریاں اور یا درد پھیلانے کا حکم دے سکتا ہے اور یہ کرنا جنّات کے لئے آسان ہے۔ساتھ ہی ساتھ وہ ہر طرح کی منفی سرگرمی بند کرتے ہیں۔معالج قابل اعتبار نہیں ہو سکتے اور وہ کوئی مستقل حل نہیں دے سکتے اس لئے طبی سائنس کو آگے بڑھ کر ان بیماریوں اور درد کے لئے مستقل حل تلاش کرنے کی ضرورت ہے۔یہ میرے لئے بہت آسان ہے۔ہمارے پاس پہلے ہی بہت سی علاج معالجے کی ادویات اور سرجریاں ہیں۔یہ صرف دوسرا مرحلہ ہے۔
Modern science only needs to research a few things: Scientist can find out kind of rays can insist that these diseases or pains leave particular bodies. Strong magnetic	جدید سائنس کو صرف چند چیزوں کی تحقیق کرنے کی ضرورت ہے۔سائنسدان اس قسم کی شعاعیں تلاش کر سکتے ہیں جو ان بیماریوں یا درد کو خاص جسم چھوڑ جانے کے لئے اصرار کر سکیں۔طاقتور مقناطیسی میدان کشش ثقل کی طرح کام کر سکتے ہیں اور جسم سے جنّات کو باہر نکال سکتے ہیں اور پھر یہ میدان انہیں

fields could work like gravity and suck demons out of our bodies and send them to a storage unit after these fields condense them. Patients can use healing medications and surgeries to become completely normal. Once that patient is released from that hospital, he or she will need to come back frequently and walk between those magnetic walls or rooms so that he or she can cleanse the body again. Houses and offices should have those rooms so that people can go in them by themselves and purify their bodies when needed.	کم کر کے ذخیرہ کرنے کی جگہ پر بھیج سکتے ہیں۔ مریض مکمل طور پر صحت یاب ہونے کے لئے علاج کروانے والی ادویات اور سرجری کروا سکتے ہیں۔ ایک دفعہ جب وہ مریض ہسپتال سے فارغ ہو جائے تو اسے ان مقناطیسی میدانوں یا کمروں میں سے متعدد بار گزرنا پڑے گا تا کہ وہ جسم کو دوبارہ پاک کر سکے۔ گھروں اور دفاتر میں یہ کمرے ہونے چاہیے تا کہ لوگ خود بخود ہی وہاں جا سکیں اور جب بھی ضرورت پڑے اپنے جسموں کو پاک کر سکیں۔
Now how it happen when a healer passes a command to head/boss demon to do anything. Few times only really demons go to everyone a nd ful fill the command. Other wise, demons use their communicating system by using magnetic fields all around the world and around us, and pass the message to those demons who are already around us. And because of those messages, demons around us follow the commands. Healers can also go against you. Demons can go against us. Instead of depending on healers or demons, we need to invent new machines to handle these problems. I am confident because I am the only one who is not using any demon to purify bodies from diseases and pains. This is done with my mind, and the rays come out from mind to control different diseases, pains, sicknesses, and demons. But I am a human, and I am not using demons, so I cannot do too much. I am learning how to use the gift God has given me. And this is the time when medical science needs to step in and control this invisible world of pains.	اب ایک معالج کسی جن کے سربراہ کو کسی کام کرنے کا حکم کیسے دیتا ہے۔ صرف چند بار ہی جنّات واقعی ہر ایک کے پاس جاتے ہیں اور ان کے احکامات مانتے ہیں ورگرنہ جنّات ہمارے اردگرد اور پوری دنیا کے گرد مقناطیسی میدان کے استعمال سے اپنا رابطے کا نظام استعمال کرتے ہیں اور جو جنّات پہلے سے ہی ہمارے اردگرد موجود ہتے ہیں ان تک پیغام پہنچاتے ہیں۔ اور ان پیغامات کی وجہ سے ہمارے گرد کے جنّات احکامات کی پیروی کرتے ہیں۔ معالج بھی ہمارے خلاف ہو سکتے ہیں۔ معالجوں یا جنّات پر انحصار کرنے کی بجائے ہمیں ان مسائل سے نبرد آزما ہونے کے لئے نئی مشینیں ایجاد کرنے کی ضرورت ہے۔ میں پر اعتماد ہوں کیوں کہ صرف میں ہی وہ واحد انسان ہوں جو کہ اجسام کو بیماریوں اور درد سے پاک کرنے کے لئے جنّات کا استعمال نہیں کر رہا۔ یہ میرے دماغ کا کام ہے۔ مختلف بیماریوں، درد، امراض اور جنّات کو قابو کرنے کے لئے میرے دماغ سے شعاعیں نکلتی ہیں لیکن میں ایک انسان ہوں اور میں جنّات کو استعمال نہیں کر رہا اس لئے میں کچھ زیادہ نہیں کر سکتا۔ میں تو اللہ کے دیے ہوئے تحفے کو استعمال کرنا سیکھ رہا ہوں اور یہ ہی وہ وقت ہے جب طبی سائنس کو قدم بڑھا کر اس درد کی پوشیدہ دنیا کو قابو کرنے کی ضرورت ہے۔
Sometimes healers pass some commands to stones, papers, or places. And their commands usually are for demons. They may say, "If someone touches this stone,	بعض اوقات معالج پتھروں، کاغذوں یا جگہوں پر احکامات لکھتے ہیں اور ان کے احکامات عموماً جنّات کے لئے ہوتے ہیں۔ وہ کہہ سکتے ہیں "اگر کوئی اس پتھر کو چھوتا ہے تو تم اس کی مدد کرو" اور یہ معالج اور عالمِ جنّات عموماً اپنی طاقتوں سے پیسہ کمانا چاہتے ہیں اسی لئے ہو سکتا ہے کہ کسی نے بھی مناسب انداز

then you need to help them." And these healer and demon doctors usually want to make money from their powers. Maybe that's why nobody has ever guided medical science properly.

میں طبی سائنس کی رہنمائی نہیں کی۔

There will be no end to this book if I keep describing each and every person. We are lucky. We live in the modern age with so many effective medications, skilled surgeons, and medical machines, and these are all effective in the healing process. Until now, modern science has not believed in invisible world. Modern science has no concept of invisible insects that are responsible for making us sick in innumerable. Personally, I was never interested in medical science. That's why I graduated with a degree in electrical engineering and a bachelor's in law. Years ago, if someone had told me what I am telling you right now, I might have just laughed and moved on without even listening. Doctors often tell someone that they cannot help with migraines, back pain, or any arthritis pain after medications and surgical techniques have been exhausted. I cannot fix damages to the organs or bones of the body. We need medication and surgery for that. But whatever is beyond the limit of medical science, whatever doctors can't fix or see, I am capable of fixing it.

اگر میں ہر شخص کے بارے میں بیان کرنا شروع کردوں تو یہ کتاب کبھی ختم ہی نہ ہو۔ ہم خوش قسمت ہیں کہ ہم جدید دور میں رہتے ہیں جہاں بہت سی پراثر ادویات، ماہرِ سرجن اور طبی مشینیں ہیں اور ان سب کا علاج کا عمل بہت اثر ہے۔ ابھی تک جدید سائنس نے پوشیدہ دنیا پر یقین نہیں کیا۔ جدید سائنس کو پوشیدہ کیڑوں کا کوئی تصور ہی نہیں ہے جو کہ کئی لاتعداد طریقوں سے ہمیں بیمار کرنے کے ذمہ دار ہیں۔ ذاتی طور پر مجھے کبھی بھی طبی سائنس میں دلچسپی نہیں رہی اس لئے میں نے الیکٹریکل انجینئرنگ میں گریجویشن کی اور قانون میں بیچلرز کیا۔ سالوں پہلے اگر کوئی مجھے وہ بتاتا جو آج میں آپ کو بتا رہا ہوں تو میں صرف ہنستا اور اس کی بات بغیر سنے آگے بڑھ جاتا۔ ادویات اور سرجیکل تکنیکوں کی ایجادات کے بعد بھی ڈاکٹر اکثر کسی کو کہتے ہیں کہ وہ شقیقہ، کمر کی درد، آرتھرائٹس کے درد کا علاج نہیں کر سکتے ہیں۔ میں جسم میں اعضاء یا ہڈیوں کی خرابی کا علاج نہیں کر سکتا۔ ہمیں اس کے لئے ادویات اور سرجری کی ضرورت ہے لیکن جو کچھ بھی طبی سائنس کی حد سے باہر ہے جس چیز کا علاج ڈاکٹر نہیں کر سکتے یا نہیں دیکھ سکتے۔ میں اس کا علاج کرنے کے قابل ہوں۔

Pains are relatively easy for me, regardless of its source. I have difficuly dealing with infants because they cannot give me an update. I can have problems dealing with pain-free diseases or painless diseases like kidney failure, thyroid problem, liver diseases, or diabetes. I have no way of knowing if the disease is still there or not. Only solution for these kinds of diseases is to keep working on them nonstop. That is definitely possible for a few people, but because of time constraints, it is practically impossible to

درد اپنے ذرائع سے بے نیاز میرے لئے نسبتاً آسان ہیں۔ مجھے شیر خوار بچوں کا علاج کرنے میں مشکل ہوتی ہے۔ کیونکہ وہ مجھے حالاتِ حاضرہ نہیں بتا سکتے۔ مجھے درد سے پاک بیماریوں جیسا کہ گردے فیل ہونا، تھائی رائیڈ کا مسئلہ، جگری کی بیماری یا ذیابطیس سے نبرد آزما ہونے میں مشکلات کا سامنا کرنا پڑتا ہے۔ میں پاس اس بات کو جاننے کا کوئی راستہ نہیں ہے کہ آیا کہ بیماری ابھی بھی ہے کہ نہیں۔ اس قسم کی بیماریوں کا صرف یہی علاج ہے کہ مسلسل ان پر کام کرتے رہیں۔ ایسا کرن صرف چند لوگوں کے لئے ممکن ہوتا ہے لیکن کیونکہ وقت کی کمی کی وجہ سے بہت سے نفوس کی مدد کرنا عملی طور پر ناممکن ہے۔

help many individuals.	
But when an organ or a part of the body is not completely damaged and those people can get the proper medical care to fix the damages, I am sure I can remove those diseases or insects responsible for those diseases. I am not a magician. I need to clearly understand the places of the damages or pains to help someone. HIV, any kind of cancer, or simple pains—they are all the same to me. Because once I cleanse someone of these demons or diseases, I will move all the negative energies away from their bodies but; if they will not take proper medication and surgery, negative energy will come back to them, after sometime	لیکن جب جسم کا کوئی حصہ یا عضو مکمل طور پر خراب نہیں ہوتا اور وہ لوگ ان خرابیوں کے علاج کے لئے مناسب طبی علاج کروا سکتے ہیں تو مجھے یقین ہے کہ میں ان بیماریوں کے ذمہ دار بیماریوں اور کیڑوں کو ہٹا سکتا ہوں۔ میں جادوگر نہیں ہوں۔ کسی کی مدد کرنے کے لئے مجھے خرابی یا درد کی جگہ کو مکمل طور پر سمجھنے کی ضرورت ہوتی ہے۔ HIV کسی قسم کا سرطان یا عام درد یہ سب میرے لئے ایک جیسے ہیں کیونکہ ایک بار جب میں کسی کو ان جنّات یا بیماریوں سے پاک کر دیتا ہوں تو تمام منفی طاقتیں ان کے اجسام سے دور بھیج دوں گا لیکن اگر وہ لوگ مناسب دوا یا سرجری نہیں کروائیں گے تو کچھ دیر بعد ہی منفی حالت ان کے پاس واپس آجائے گی
I can work hard to help anyone defeat diseases and cancers, if they are willing to use the proper medication to heal the damages afterward. My e-mail is aruba74@hotmail.com.	میں سرطان اور بیماریوں کو مات دینے کے لئے کسی کی بھی مدد کرنے کے لئے بہت محنت کر سکتا ہوں اگر وہ بعد میں زخموں کو بھرنے کے لئے مناسب دوا استعمال کرنے کے خواہش مند ہیں۔ میرا ای میل aruba74@hotmail.com ہے
Anyone can send me his or her picture along with details about his or her problems. In case of any kind of pain, I don't need to contact anyone. I will just need an e-mail update to make sure his or her problem is resolved. Before I communicate to people's pains, I will give them an exact time so that they notice the difference. In case of visible cancers, I will need to know which kind of medications, ointments, creams, and syrups the people are employing to fight those cancers. After that, I can guide them with my help. In regard to depression, high blood pressure, anxiety attacks, and other similar issues, I can help only when someone is suffering from that problem at that specific time.	کوئی مجھے اپنے مسائل کی تفصیل کے ساتھ اپنی تصویر بھیج سکتا ہے یا سکتی ہے۔ کسی قسم کے درد کی صورت میں مجھے کسی سے رابطہ کرنے کی ضرورت نہیں۔ مجھے اس بات کو یقینی بنانے کے لئے کہ اس انسان کا مسئلہ حل ہوگیا ہے صرف ایک ای میل کی ضرورت ہوگی۔ لوگوں کے درد سے رابطہ کرنے سے پہلے میں انہیں ایک صحیح وقت بتاؤں گا تا کہ وہ فرق محسوس کر سکیں۔ ظاہر سرطان کی صورت میں مجھے یہ جاننا ہوگا کہ لوگ اس سرطان سے لڑنے کے لئے کس قسم کی ادویات، مرہم، کریمیں اور سیرپ استعمال کر رہے ہیں۔ اس کے بعد میں اپنی مدد سے ان کی رہنمائی کر سکتا ہوں۔ پریشانی، ہائی بلڈ پریشر، غصے کے دورے اور دوسرے اسی طرح کے مسائل کے حوالے سے میں صرف اس وقت مدد کر سکتا ہوں جب کوئی اس مخصوص وقت پر اس مسئلہ سے دوچار ہو۔

Several times when I was helping people fix their headache, I started receiving different kinds of diseases and pains from them. That's why I do not do any calculation anymore. I am always ready to deal with any problem that comes out of those people.

It is my strong believe that demons and diseases already know that they are not visible to us. They just watch us struggle and fight against pains or the damages caused by them. If medical scientists start to believe this theory, I am sure they will find cures for all the pains and diseases caused by these invisible demons or diseases. To prove my point and convince medical scientists about demons and their activities, I will demonstrate my skil Is and capabilities whenever they want.

The beings of the invisible world cannot go throw wall or glass doors. They need to have an entrance to come in or go out. I see this every day, especially when I ask them to leave my office and they leave through doors. But I strongly believe that they do not need much room to enter anywhere. If air can go somewhere, they can go there too. But they have the additional quality of penetrating and expanding themselves in our bodies.

Demons or diseases do not easily listen to anyone, not even me. Someone needs to have the ability to convince them not to do something. And if the demons do not listen, someone needs to be capable of putting some pressure on them or insisting that they listen to someone. I do that all the time. I am sure that some of them get upset with me because I am taking their toys or food away from them. I am sure a few of them work against me so that they can hurt me, but I do not know what to do about that.

One time, I treated a kid with blood cancer; however, that kid was only one year old, and his treatment was very difficult because the kid was in the last stage of the cancer in a foreign country. But I got the chance to learn a few things from that experience. The disease responsible of creating the blood cancer was sitting on the neck bone of the boy's body and in his mouth as well. And from there, that disease was creating and controlling the boy's whole body and spreading the blood cancer. I still do not feel confident that I am able to control a blood or bone cancer in some people, especially when it's in its last stages. The only problem I had when I was treating that kid was the bombardment of attacks. Every time I work on him, I pulled negative energies from his body. My actions reduced his fever. I fix his mouth and gum infections several times. I tried to fix his bleeding nose several times, but that kid only felt better for few hours before he was under attack again. I also experienced all of his pains and problems. I was in pain for few days, and that was very difficult. From that day on, I decided not to treat infants anymore, because they cannot tell me where they have problems. That was a very bad experience.	ایک بار میں ایک بچے کے خون کے سرطان کا علاج کیا۔تاہم وہ بچہ صرف ایک سال کا تھااور اس کا علاج بہت مشکل تھا کیونکہ بچہ ایک بیرون ملک میں سرطان کے آخری مرحلے میں تھالیکن مجھے اس تجربے سے کچھ چیزیں سیکھنے کا موقع ملا۔خون کا سرطان پیدا کرنے والی بیماری لڑکے کے جسم کی گردن کی ہڈی اور ساتھ ہی ساتھ منہ میں موجود تھی اور وہاں سے وہ بیماری لڑکے کے پورے جسم کو قابو کر رہی تھی اور خون کا سرطان پیدا اور پھیلا رہی تھی میں پھر بھی پُر اعتماد نہیں ہوں کہ میں کچھ لوگوں میں خون یا ہڈیوں کے سرطان کو قابو کرنے کے قابل ہوں خاص طور پہ جب وہ اپنے آخری مراحل میں ہوں مجھے صرف یہ مسئلہ تھا کہ جب میں اس بچے کا علاج کر رہا تھا تو اس پر حملوں کی بوچھاڑ ہو رہی تھی۔ ہر بار میں اس پر کام کرتا میں نے اس کے جسم سے منفی طاقتیں کھینچ نکالیں میرے عمل نے اس کا بخار کم کر دیا میں نے اس کے منہ اور مسوڑوں کے متعدی مرض کا کئی بار علاج کیا میں نے کئی بار اس کے ناک سے بہتے خون کو ٹھیک کرنے کی کوشش کی لیکن وہ بچہ دوبارہ حملے کی ذد میں آنے سے چند گھنٹے پہلے ہی صرف بہتر محسوس کرتا۔میں نے اس کی تمام درد اور مسائل کا تجربہ کیا میں کئی دن تک درد میں رہا اور وہ بہت مشکل میں تھا۔اس دن سے میں نے ارادہ کر لیا کہ میں مزید شیر خواروں کا علاج نہیں کروں گا کیونکہ وہ مجھے نہیں بتا سکتے کہ تکلیف کہاں ہے وہ بہت ہی بُرا تجربہ تھا۔
One time, someone asked me to work on their bone marrow. I tried several times. Every time I worked on them, I always felt something coming out of the bone marrow. After that, I tried to work on all the bones, but the only noticeable diseases came out from chest bones and bone marrow. Another time, I treated someone who was complaining about swallowing and breathing problems. I learned from that experience that a negative energy can block the tubes responsible for transferring food or liquid to the stomach. That was not difficult to treat.	ایک بار کسی نے مجھے اپنے بون میرو کا علاج کرنے کو کہا میں نے کئی بار کوشش کی ہر بار جب میں نے اس پر عمل کیا میں نے ہمیشہ بون میرو سے کچھ نکلتا ہوا محسوس کیا اس کے بعد میں نے تمام ہڈیوں پہ کام کرنے کی کوشش کی لیکن صرف سینے کی ہڈیوں اور بون میرو سے قابل غور بیماریاں نکلیں کسی اور وقت میں نے کسی کا علاج کیا اس شخص کو نگلنے اور سانس لینے میں مسئلہ تھا میں نے اس تجربے سے سیکھا کہ منفی طاقتیں معدے تک خوراک یا پانی لے جانے والی نالیوں کو بند کر سکتی ہیں۔ان کا علاج کرنا مشکل نہ تھا۔

The appendix is just an extra tube between the small and large intestines. Negative energy can go inside that tube and expand itself to damage the tube. Once this tube is damaged, surgery is necessary to clean up the mess and poisonous discharges.	اپینڈکس چھوٹی اور بڑی آنتوں کے درمیان صرف ایک زائد نالی ہے۔منفی طاقت اس نالی کے اندر جاسکتی ہےاور خودکو پھیلا کراس نالی کوخراب کرسکتی ہے۔ایک بار یہ نالی خراب ہو جائے تو زہریلے مواد اورگندگی کوصاف کرنے کے لیے سرجری ضروری ہوجاتی ہے۔
To use medical language, we call this problem a "gastric problem."These negative energies go to any tube or another part of the body and expand themselves, and they can sometimes kill someone. This expanding quality can prove that all these demons and diseases are actually physical creatures but invisible to us.	طبی زبان میں ہم اسے معدے کا مسئلہ کہتے ہیں یہ منفی طاقتیں کسی بھی نالی یا جسم کے کسی بھی حصے میں جاتی ہیں اور خودکو پھیلا لیتی ہیں اور وہ بعض اوقات کسی کو جان سے مار سکتی ہیں یہ پھیلاؤ کی خاصیت ثابت کرسکتی ہے کہ یہ تمام جنات اور بیماریاں دراصل طبعی مخلوقات ہیں لیکن ہمیں دکھائی نہیں دیتیں۔
Maybe my theories will challenge medical science, but I am ready to proof my point. I will do anything to prove my theories to medical scientists, so that they eventually start working to find ways to reduce the effects of negative energies on our health.	ہوسکتا ہے کہ میرے نظریات طبی سائنس کوللکاریں گےلیکن میں اپنا نقطہ ثابت کرنے کے لیے تیار ہوں میں طبی سائنسدانوں کے سامنے اپنے نظریات ثابت کرنے کے لیے کچھ بھی کروں گا تا کہ آخروہ ہماری صحت پہ منفی طاقتوں کے اثرات کوکم کرنے کے لیے طریقے ڈھونڈنے پرکام کرنا شروع کریں۔
All the creatures in the invisible world use doors, as I have stated, they have physical bodies similar to air. A sick person should keep using medication to heal damage organs or other parts of the body, but in the case of internal wounds or ulcers, there may be no cure. The invisible insects of diseases number in the millions, and they are all free to go inside our bodies and keep eating and damaging our organs. If it is possible to somehow isolate these kinds of patients and keep them in an isolated chamber where it would be impossible for these invisible insects and diseases to return to that injured body or organ, then the only problem will be removing those invisible insects or diseases already inside the body.	پوشیدہ دنیا کی تمام مخلوقات دروازے کا استعمال کرتی ہیں جیسا کہ میں نے بیان کیا کہ وہ ہوا کی طرح کے طبی اجسام ہیں ایک بیمار شخص کواپنے خراب اعضاء یا جسم کے دوسرے حصوں کا علاج کرنے کے لیے دوا کا استعمال کرتے رہنا چاہیے لیکن اندرونی زخموں یا السر کے معاملے میں کوئی علاج نہیں ہے بیماریاں پیدا کرنے والے پوشیدہ حشرات تعداد میں لاکھوں ہوتے ہیں اور وہ تمام ہمارے اجسام میں جانے، ہمارے اعضاء کوخراب کرنے اور کھانے کے لیے آزاد ہوتے ہیں اگر کسی طرح اس قسم کے مریضوں کوتنہا کرنا اورانہیں تنہا جگہوں پر رکھنا ممکن ہے جہاں ان پوشیدہ اور حشرات کے لیے زخمی جسم یا عضو کی طرف واپس آنا ناممکن ہو جائے تو پھر جسم میں پہلے سے موجود پوشیدہ کیڑوں اور بیماریوں کو دور کرنا ہی صرف مسئلہ ہوگا۔

If this idea to keep negative energy from away from us works sometime in the future, hospitals, houses, and maybe even cars can be built to utilize this technology. I am sure that once medical science considers my theory and scientists start their research, they will find a way to keep negative energy away from our bodies and how to get rid of these diseases when the body is infected.

I have never seen anything like a fairy, a ghost, a witch, or any demon in the shape of a human being. I always see them in their original shape, small flying objects in different shapes. Some are round. Some are like threads. Some are similar to stars, and several are other shapes. But they are all very small in size, and they all fly in the air. If someone says that there are demons in the shape of humans or fairies or that these creatures are twenty feet tall, ugly, black things with long teeth, red eyes, and long arms, these are all fictions. If ever I see anything similar to those fictions, I will not take one second to disclose this information. There is no doubt that these flying demons are very powerful once they possess our bodies, but when they are just flying in air, they are as harmless as air.

The heart usually is affected by the blocking and expanding of negative energy. Expending negative energy can increase the size of heart. And because of this expanding quality, these diseases can block the blood vessels and interrupt blood circulation.

Kidneys are usually affected by two kinds of negative energies or diseases. One blocks, and the other expands. The first disease just blocks the major tubes in the kidneys to disrupt their functions. The second kind of kidney disease is the result of invisible insects that eat and directly damage the kidneys. Consequently, people get kidney infections and sometime kidney stones.

If a demon is living in the body of a lizard and you kill that lizard, that demon will immediately go inside your body. And because the demon's world was based on the experience of the lizard, it will show you dreams about lizards. This is not true for normal people because they usually have a few permanent demons for their whole lives, but in my case, and people close to me or some other people with whom I frequently work, I remove their demons frequently all the time. Whenever they go here and there, some new demons possess their bodies; these new demons can come from other family members, from the workplace, from trees, from insects, from animals, or from sick people. Now remember that a normal person can only figure out whose demon is in his or her body by analyzing the symptoms or one's dreams. This is a very simple way of judging the mentality and background of your demon.

اگرایک جن کسی چھپکلی کے جسم میں رہے رہا ہے اور آپ اس چھپکلی کو مار دیتے ہیں تو وہ جن فوراً ہی آپ کے جسم میں داخل ہو جائے گا اور کیونکہ جن کی دنیا چھپکلی کے تجربہ پہ مبنی ہوگی وہ آپ کو چھپکلیوں کے بارے میں خواب دکھائے گا یہ عام انسانوں کے لیے صادق نہیں ہے کیونکہ ان کی تمام زندگیوں کے لیے ان کے اپنے چند مستقل جنات ہیں لیکن میرے معاملے میں اور وہ لوگ جو میرے قریب ہیں یا جن کے ساتھ میں کام کرتا ہوں میں ہر وقت کئی بار ان کے جن دور کرتا رہتا ہوں جب کبھی بھی وہ اِدھر اُدھر جاتے ہیں کچھ نے جنات ان کے جسم کا احاطہ کر لیتے ہیں یہ جن ہمارے خاندانوں کے افراد ہمارے کام کرنے کی جگہ سے درختوں سے، کیڑوں سے جانوروں سے یا پھر بیمار لوگوں سے آسکتے ہیں اب یاد رکھیے کہ ایک عام انسان صرف آثار امراض یا اپنے خوابوں سے تجربہ کرسکتا ہے یا سکتی ہے کہ اس کے جسم میں کس کے جن ہیں یہ اپنے جن کا پس منظر اور ذہنیت جانچنے کا بہت ہی آسان طریقہ ہے۔

I do not have any permanent demon these days, but once I go to sleep, they come to me and show me dreams according to their backgrounds and knowledge. Some show me lizards or other bad stuff in my dreams. In that case, I immediately get up and complain to them, "What the hell are you showing me? Please show me good dreams." But I do not know about their knowledge or what they think is good or bad. The best thing to do whenever your demon is showing you bad dreams is to immediately look toward your left shoulder and tell your demon that you do not like these dreams and then tell it exactly what do you want to see in your dreams. Trust me, most of the time, they will listen to you. Only you need to act very

آج کل میرے پاس کوئی جن مستقل نہیں ہے لیکن جب ایک بار میں سا جاتا ہوں وہ میرے پاس آتے ہیں اور مجھے اپنے پس منظر اور علم کے مطابق خواب دکھاتے ہیں۔ کچھ مجھے چھپکلیاں یا دوسری نر چیزیں دکھاتے ہیں اس سلسلے میں میں فوراً اٹھ جاتا ہوں اوران سے شکایت کرتا ہوں تم لوگ مجھے کیا دکھا رہے ہو برائے مہربانی مجھے اچھے اچھے خواب دکھاؤ لیکن میں ان کے علم کے بارے میں یا اچھائی یا برائی کے متعلق ان کے سوچ کے بارے میں کچھ نہیں جانتا۔ جب بھی آپ کا جن آپ کو برے خواب دکھائے تو بہترین طریقہ یہ ہے کہ فوراً اپنے بائیں کندھے کی طرف دیکھو اور اپنے جن کو بتائیں کہ آپ کو یہ خواب پسند نہیں ہیں اور پھر اسے بتائیں کہ آپ اپنے خواب میں واقعی ہی کیا دیکھنا چاہتے ہیں میرا یقین کریں اکثر اوقات وہ آپکی بات مان لیں گے صرف آپ کو بہت پر اعتماد ہونے کی ضرورت ہے تاکہ جنات مان لیں کہ آپ ان کے بارے میں اور ان کی حرکات وسکنات کے بارے میں آگاہ ہیں۔

confident, so demons believe that you are aware about them and their actions.

Now I can explain two more parts of same theory about demons. According to modern science, our eyes and ears have some limitations. We cannot see or hear more or less than those particular limits. In the same way, I believe that demons, diseases, and pains are physical bodies like air or rays. We are not able to directly see demons and diseases or pain right now because nobody has ever tried to invent a machine to reveal them, but I am sure once medical science will invent it one day. I can only give scientists guidelines on how to do their experiments. I adamantly insist it is possible to see demons, diseases, and pains because I am capable of seeing them right now. Because I am able to see them, I am sure it is possible to invent artificial eyes or machines to see or watch these demons. Remember, even if you use artificial eyes or machines to see demons, diseases, or pains, you'll only be able to see them either when they are flying in the air or leaving a body and transferring to another. It will be very difficult to notice them when they are already inside a body. I can sense demons both inside and outside the body because I have been given a gift from God.

اب میں جنات کے بارے میں اسی نظریے کو دو مزید حصے بیان کرسکتا ہوں۔ جدید سائینس کے مطابق ہماری آنکھوں اور کانوں کی کچھ حدیں ہیں ہم ان مخصوص حدوں سے زیادہ یا کم سن یا دیکھ نہیں سکتے بالکل اسی طرح میرا ماننا ہے کہ جنات، بیماریوں اور زرد شعاعوں اور ہوا کی طرح طبعی اجسام ہیں۔ ہم ابھی تک جنات اور بیماریوں یا درد کو سیدھا دیکھنے کے قابل نہیں ہیں کیونکہ کسی نے بھی انہیں ظاہر کرنے کے لیے کوئی مشین ایجاد کرنے کی کوشش نہیں کی لیکن مجھے یقین ہے کہ ایک دن طبی سائنس اسے ایجاد کرلے گی۔ میں صرف سائنسدانوں کی ان کے تجربات میں رہنمائی کرسکتا ہوں۔ میں پرزور انداز میں اصرار کرتا ہوں کہ جنات، بیماریوں اور درد کو دیکھنا ممکن ہے اب میں انہیں دیکھنے کی قابلیت رکھتا ہوں کیونکہ میں انہیں دیکھنے کے قابل ہوں مجھے یقین ہے کہ ان جنات کو دیکھنے کے لیے مشین یا مصنوعی آنکھیں ایجاد کرنا ممکن ہے یاد رکھیے چاہے اگر آپ ان جنات، بیماریوں یا درد کو دیکھنے کے لیے مشینوں یا مصنوعی آنکھوں کا استعمال کر بھی لیں آپ انہیں صرف کبھی دیکھ سکیں گے جب یا تو وہ ہوا میں اڑ رہے ہوں گے یا کسی جسم کو چھوڑ کر کسی دوسرے میں منتقل ہو رہے ہوں گے۔ انہیں اس وقت محسوس کرنا بہت مشکل ہے جب وہ پہلے ہی کسی جسم میں موجود ہوں۔ میں جنات کو کسی بھی جسم کے اندر یا باہر محسوس کرسکتا ہوں کیونکہ مجھے اللہ کی طرف سے تحفہ دیا گیا ہے۔

Let me summarize how someone can perform experiments to invent artificial eyes or machines to see demons, diseases, and pains. Always remember to perform these experiments in an open atmosphere where you have trees, grass, and all kind of insects and reptiles. You can target a few lizards, rats, cats, dogs, and birds. Targeting them does not mean killing them. It means you need to focus your machines on those animals. Always remember that demons will move from one body to

مجھے مختصراً بیان کرنے دیں کہ کیسے کوئی درد، بیماریوں اور جنات کو دیکھنے کے لیے مشینوں یا مصنوعی آنکھوں کی ایجاد کے لیے تجربات کرسکتا ہے ہمیشہ یاد رکھیے کہ ان تجربات کو کھلی فضاء میں سرانجام دیں جہاں آپ کے پاس درخت، گھاس اور ہر طرح کے کیڑے اور رینگنے والے جانور ہوں آپ چند چھپکلیوں، چوہوں، بلیوں، کتوں اور پرندوں کو نشانہ بنا سکیں، انہیں نشانہ بنانے کا مطلب انہیں مارنا نہیں ہے اس کا مطلب ہے کہ آپ اپنی مشینوں کا دھیان ان جانوروں کی طرف مبذول کریں۔ ہمیشہ یاد رکھیں کہ جب بھی جنات خود کو غیر محفوظ محسوس کریں گے وہ ایک جسم سے دوسرے جسم میں منتقل ہو جائیں گے وہ ہمیشہ خود کو محفوظ ترین یا دستیاب تیرین جسم میں منتقل کرتے ہیں مثال کے طور پر اگر آپ اپنی مشینی آنکھوں کی توجہ ایک بلی اور ایک چھپکلی (ایک کمزور اور ایک مضبوط جانور) پہ رکھیں گے تو یاد رکھیے کہ جب بھی بلی چھپکلی کا شکار کرے گی چھپکلی کا جن بلی کے جسم میں وارد ہو جائے گا۔ یہ وقت

another whenever they feel insecure. They always jump or transfer themselves to the most secure or most available body. For example, if you focus your machine eyes on a cat and a lizard (i.e., one weak and one strong animal), remember that whenever a cat tries to hunt a lizard, the demon in the lizard will jump into the cat's body. This is the time to observe the invisible image of demons. You need to trust me. Everybody is possessed by these demons. You can also ask a man to kill a spider or a lizard. He may not really need to kill the animal, but his action will definitely make the demons in the spider or lizard feel insecure. Within seconds, those demons will come out the body of the spider or lizard and jump into the body of that man. During this experiment, you can watch for the demons when they are transferring themselves from one body to another. Even if a man just scares an animal, its demons will do same thing. They will immediately leave the less secure body and probably go straight to that man's body because his will be the most secure one for demons at that time.

پوشیدہ جن کا مشاہدہ کرنے کا ہے آپ کو میرا یقین کرنے کی ضرورت ہے ہر جسم ان جنات کی ملکیت ہوتا ہے آپ کسی انسان کو بھی ایک مکڑی یا چھپکلی مارنے کا کہہ سکتے ہیں اس کو واقعی ہی اس جانور کو مارنے کی ضرورت نہیں لیکن اس کا یہ عمل مکڑی یا چھپکلی میں موجود جن کو یقیناً غیر محفوظ ہونے کا احساس دلائے گا۔ چند سیکنڈوں میں وہ جنات مکڑی یا چھپکلی کے جسم سے نکل کر اس شخص کے جسم میں کود یں گے۔ اس تجرے کے دوران آیا جنات کو ایک جسم سے دوسرے جسم میں منتقل ہوتا دیکھ سکیں گے۔ یہاں تک کہ اگر ایک شخص ایک جانور کو صرف ڈراتا ہے اس کا جن بھی وہی کرے گا وہ فوراً ہی کم محفوظ جسم کو چھوڑ دیں گے اور غالبًا سیدھا اس شخص کے جسم میں جائیں گے کیونکہ اس وقت جنات کے لیے اس کا جسم زیادہ محفوظ ترین ہوگا۔

Next, we should try to invent a machine that utilizes lasers. The rays from that machine should be able to convince or insist the invisible insects, diseases, pains, and demons to leave a body or leave an infected or damage organ. That machine should be able to communicate with whatever pain from which the person is suffering. Now, you must be wondering how someone will be able to invent such kind of machine. To develop this technology, medical scientists need to watch and observe me, and to help mankind, I will demonstrate my capabilities as many times as needed.

پھر ہمیں ایسی مشین ایجاد کرنی چاہیے جو لیزز کا استعمال کرے اس مشین سے نکلنے والی شعاعوں کو اس قابل ہونا چاہیے کہ وہ ان پوشیدہ کیڑوں، بیماریوں، درد اور جنات کو ایک جسم کو چھوڑنے یا خراب عضو کو چھوڑنے پر قائل یا مجبور کر سکیں۔ اس مشین کو اس قابل ہونا چاہیے کہ وہ اس درد سے رابطہ کر سکے جس میں شخص مبتلا ہو۔ اب آپ حیران ہوں گے کہ کوئی اس قسم کی مشین ایجاد کرنے کے قابل کیسے ہوگا۔ اس تکنیک کو فروغ دینے کے لیے طبی سائینسدانوں کو مجھے دیکھنے اور مشاہدہ کرنے کی ضرورت ہے اور انسانیت کی مدد کے لیے میں اپنی قابلیتوں کا جتنی بار بھی ضرورت ہوگی مظاہرہ کروں گا۔

They need to observe and watch how I communicate with pains without opening my mouth. Usually, I close my eyes when I'm helping someone. Medical scientists need to observe the kinds of rays coming from my mind when I am communicating with someone's pain. And then they need to observe that pain leaving the body and going somewhere else. With the proper artificial eyes or machines, they can find or discover which kind of rays are coming from my mind and going to those pains or demons and convincing them or insisting them to leave the body of that human. They can also observe when that demon or disease leaves that body to catch the image of them in these cameras or artificial eyes. Once they have these images and the figures for the intensity of the rays, I am sure they will be able to invent a machine whose rays will be able to convince or insist any pain, sickness, disease, or demon leave damage bodies and organs. I think we should first cleanse the body and damage organs from these pains and diseases. And once this is done, we can start prescribing healing medications and surgeries. To me, these should be secondary procedures, but we have all kinds of effective medications and surgeries. Hopefully, my theories and ideas will encourage some medical scientists to start researching this area. Maybe not immediately, but I am hopeful that it will happen soon.

انہیں مجھے دیکھنے اور مشاہدہ کرنے کی ضرورت ہے کہ کیسے میں منہ کھولے بغیر درد سے رابطہ کرتا ہوں۔ عموماً میں کسی کی مدد کرتے وقت اپنی آنکھیں بند کر لیتا ہوں طبی سائینسدانوں کو میرے دماغ سے نکلنے والی شعاعوں کی اقسام کا مشاہدہ کرنے کی ضرورت ہے جب بھی میں کسی کے درد سے رابطہ کر رہا ہوتا ہوں اور پھر انہیں اس درد کا جسم کو چھوڑتے ہوئے اور کسی اور میں جاتے ہوئے مشاہدہ کرنے کی ضرورت ہے مناسب مصنوعی آنکھوں اور مشینوں کی مدد سے وہ اس بات کی تلاش یا دریافت کر سکتے ہیں کہ میرے دماغ سے کس قسم کی شعاعیں نکل رہی ہیں اور ان درد اور جنات کی طرف جا رہی ہیں اور اس انسان کے جسم کو چھوڑنے کے لیے قائل یا مجبور کر رہی ہیں۔ وہ ان کیمرون یا مصنوعی آنکھوں میں ان کی تصویر لینے کے لیے ان کا اس وقت مشاہدہ کر سکتے ہیں جب وہ تصاویر اور شعاعوں کی شدت کا اعداد و شمار ہوگا تو مجھے یقین ہے کہ وہ ایک ایسی مشین ایجاد کرنے کے قابل ہو جائیں گے جو کہ کسی بھی درد، مرض، بیماری یا جن کو کسی بھی خراب جسم یا اعضا میں چھوڑنے کے لیے قائل یا مجبور کر سکے گی۔ میرے خیال سے ہمیں پہلے جسم اور خراب اعضاء کو ان درد اور بیماریوں سے پاک کرنا چاہیے۔ ایک بار ایسا ہو جائے تو ہم علاج کے لیے ادویات اور سرجریاں تجویز کر سکتے ہیں میرے لیے یہ طریقے دوسرے نمبر پہ آتے ہیں لیکن ہمارے پاس ہر طرح کی پر اثر ادویات اور سرجریاں ہیں امید ہے کہ میرے نظریات اور تصورات کچھ طبی سائنسدانوں کی حوصلہ افزائی کریں گی کہ وہ اس میدان میں تحقیق کرنا شروع کریں ۔ ہوسکتا ہے کہ فوراً نہ سہی لیکن مجھے امید ہے کہ نہایت جلد ہوگا۔

Most of the time, demons are not completely inside the body. Somehow, they surround the body. In this way, they are inside the body, but some parts are also above the skin. Whenever demons travel through the telephone lines, they are usually stuck in our ears, heads, and necks, especially our left ears. At that moment, demons have not completely penetrated our bodies. At that time, they sit on top of us and dig inside our minds by using

کثراوقات، جنات مکمل طور پہ جسم کے اندر نہیں ہوتے کسی طرح وہ جسم کو گھیر لیتے ہیں اور اس طرح وہ جسم کے اندر ہوتے ہیں لیکن کچھ حصے جلد کے اوپر ہوتے ہیں جب بھی جنات ٹیلی فون کی تار کے ذریعے سفر کرتے ہیں تو وہ ہمارے کانوں، سر، گردن خاص طور پر بائیں کان میں پھنس جاتے ہیں اس لمحے جنات ہمارے جسم میں مکمل طور پر سرایت نہیں کر چکے ہوتے اس وقت جنات وہ بالکل ہمارے اوپر ہوتے ہیں اور ہمارے بارے میں مزید جاننے کے لیے یا تو زیادہ تر بائیں کان کے راستے ہمارے دماغ کا کھنگالتے ہیں یا پھر اپنی ہپنٹائز کی طاقت کا استعمال کرتے ہیں اگر ایک طبی سائینسدان مشاہدہ کرتا ہے کہ ایک عام انسان کسی اپنے بیمار شخص سے فون پر بات کر رہا جو کہ مزاج کا تیکھا ہے یا کسی بھی میدان میں انتہا پسند ہے تو مجھے یقین ہے کہ وہ جن فون کی تار کے ذریعے سفر کر کے دوسرے انسان میں

the path of the left ear most of the time to learn more about us or use their hypnotizing powers. If a medical scientist observes a normal person who is on phone with a sick person who has a very short temper or someone who is an extremist in any field, I am sure that demons will travel via the phone lines and possess the other person. Medical science can use modern machines to detect the rays and signals. Once medical science is able to detect demons or diseases, I am sure they will be able to easily find the cures that normal people can use against them.

سما جائے گا۔طبی سائینس شعاعوں اور سگنل کا سراغ لگانے کے لیے جدید مشینیں استعمال کرسکتی ہے ایک بار طبی سائینس جنات یا بیماریوں کا سراغ لگانے کے قابل ہوجائے تو مجھے یقین ہے کہ وہ ایسا علاج آسانی سے تلاش کرلیں گے جوکہ عام انسان بھی ان کے خلاف استعمال کرسکتا ہے۔

Always remember that demons and diseases/pains are not the same things. Demons are different. They do not hurt us, but they use us as toys. They control our minds, and most of the time, we do what they want us to do. Most of the time, we think whatever they want us to think. You may ask me, "What do demons get from this?" The simple answer is that this is their hobby and we are their toys. They have nothing else to do. They live their lives around or inside us; they get involved in our affairs and families, so they make decisions about what we need to do. They keep us angry and make us perform all kinds of negative acts. Practically, it is not possible to disrupt the demon's control. If someone like me takes the demon around you or inside you out, another will possess you within a few days or maybe a few hours. Demons can see that you are free of them and that no others are claiming ownership over you. Whatever demon is more powerful will come to you and will make room around and inside you within a few seconds. And you will never know about these changes because all demons pretty much act the same way. Your dreams may be different, but that may be the extent of the change.

ہمیشہ یادرکھیں کہ جنات اور بیماریاں یا درد ایک جیسی چیزیں نہیں ہیں جنات مختلف ہیں وہ ہمیں نقصان نہیں پہنچاتے لیکن وہ ہمیں کھلونوں کی طرح استعمال کرتے ہیں وہ ہمارے دماغوں کو قابو کرتے ہیں اور اکثر اوقات ہم وہی کرتے ہیں جو وہ ہم سے کروانا چاہتے ہیں۔اکثر اوقات ہم وہ سوچتے ہیں جو وہ چاہتے ہیں کہ ہم سوچیں۔آپ مجھ سے پوچھ سکتے ہیں کہ جنات کو ان سے کیا حاصل ہوتا ہے؟ تو سادہ سا جواب ہے کہ یہ ان کا مشغلہ ہے اور ہم ان کے کھلونے ہیں ان کے پاس کرنے کے لیے اور کچھ نہیں ہے وہ ہمارے اندر یا ہمارے اردگرد زندگی گزارتے ہیں وہ ہمارے خاندان اور معاملات میں شامل ہوجاتے ہیں اور وہ فیصلہ کرتے ہیں کہ ہمیں کیا کرنے کی ضرورت ہے وہ ہمیں ناراض رکھتے ہیں اور ہم سے ہر طرح کے برے کام کرواتے ہیں عملی طور پر جن کے فیصلے سے ممکن نہیں ہے اگر کوئی چاہتا ہے کہ میں اس کے گرد سے یا اس کے اندر سے جن کو نکال دوں تو کوئی دوسرا چند دنوں یا ہوسکتا ہے چند گھنٹوں میں آپ کو ملکیت بنالے گا۔جنات دیکھ سکتے ہیں کہ آپ ان سے آزاد ہو اور کوئی دوسرا آپ کے مالک ہونے کا دعوی نہیں کررہا کوئی بھی طاقتور جن آپ تک آئے گا اور چند سیکنڈ میں آپ کے اندر اور گرد جگہ بنالے گا اور آپ ان تبدیلیوں کے بارے میں کبھی بھی جان نہیں پائیں گے کیونکہ تمام جنات تقریباً ایک جیسا ہی فعل سرانجام دیتے ہیں۔آپ کے خواب مختلف ہوسکتے ہیں لیکن وہ تبدیلی کی حد تک ہوسکتے ہیں۔

On the other hand, diseases or pains do not hypnotize us in order to control our minds. They do not get involved in our family or business affairs. Diseases and pains are pure parasites. They eat our bodies and organs. They do not care if they hurt or kill us.

Modern science could potentially detect the demons, diseases, pains, or sicknesses that plague us. Medical scientists can use anyone, but if I have to help, I will. My techniques are very simple. I can talk to any person who has any kind of pain so that medical scientist can use their equipment to observe my procedure. I can use my power to pull the pain out of that sick person, and that pain will travel to me through whatever medium we use to communicate. I can do this as many times as needed. If I receive any demons or pains through the telephone, I can easily take them out of my body so that I am ready again for the experiments. In this very simple way, medical scientist can observe what is coming out from the sick person and traveling through phone lines and going into my body. According to my theory, once medical science is able to detect those rays, they will be able to find cures for all kind of sicknesses and diseases by just removing the invisible bodies from someone.

As I explained, I am capable of pulling out any demon or pain from anyone's body, regardless of their location in the world, even if someone is in Italy and I am in the United States. However, I should know that person and should have seen that person in some way. Now if this person in Italy has headache I will remove that pain from that person without using any phone line or any other device for communication. Most of the time, those pains come out of one body and find someone else close to that person, but I will try to bring that pain to me in the United States. With that pain, I will also try to pull out his demons as well. Usually, demons come straight to me. This should make for a very interesting observation. By observing both of us in these different areas, a scientist could easily detect the presence, motion, and traveling speed of these demons.

Now I am going to talk about another new theory, and I am ready help any medical scientist who wants to discover the cure for all these invisible pains and diseases. By chance, if medical scientists find out the rays of these diseases, pains, and/or demons, they will need to verify all of their conclusions by performing more experiments. However, I already know that these all travel through a field similar to an electromagnetic field. During travel, they act like rays, and that electromagnetic field provides them with medium to travel over great distances quickly. But there is no proof or evidence right now. That's why I am giving everyone these guidelines. For now, assume that medical scientists will be able to detect the rays and electromagnetic traveling system. Once medical science discovers all these details, the next challenge from them will be uncovering the ways to control these entities.

I can help with this as well. I am able to communicate with demons and pains, and I am capable of convincing demons and pains to do or not do something. If they do not listen to me, I am capable of insisting that they do something. Medical science just needs to observe me and find how I can interact with them. Once medical science understands this process, scientists will be able to invent machines with the same capabilities.

Once I see medical science start moving in this direction and assess their achievements, I will reveal more information so that they can perform more experiments and find out the answer of following question: Why do these angry and dangerous demons, diseases, and pains leave other bodies that they were damaging? How it is possible for one to keep them away from the body? What can I do to protect myself? I will reveal the answers to these questions when I see more research in this field.

ایک بار میں دیکھ لوں کہ طبی سائنس اس سمت میں کام کرنا شروع کر دیتی ہے اور ان کی کامیابیوں تک رسائی حاصل کر لیتی ہے تو میں مزید معلومات ظاہر کروں گا تا کہ وہ مزید تجربات کر سکیں اور درج ذیل سوالات کے جوابات تلاش کر سکیں یہ غصیلے اور خطرناک جنات، بیماریوں اور دردان اجسام کو کیوں چھوڑ دیتے ہیں جن کو وہ نقصان پہنچا رہے ہوتے ہیں؟ کسی کے لیے انہیں اپنے جسم سے دور رکھنا کیسے ممکن ہے! میں ان سوالات کے جوابات تب ظاہر کروں گا جب میں اس میدان میں مزید تحقیق دیکھوں گا۔

Before I move forward, let me tell you a few things that will help you to understand the last topic of this book. There is no limit to the diseases or pains inside or around our bodies. Diseases and pains are parasites. They do not easily leave our bodies. They need mediums like our bodies all the time. Diseases and pains do not control our minds by hypnotism. They do not fight with each other. They share our wounds, injuries, and damages with each other.

آگے بڑھنے سے پہلے میں آپ کو چند باتیں بتالوں جو آپ کا کتاب کا آخری موضوع سمجھنے میں مدد کرے گی۔ ہمارے اجسام کے اندر یا گرد بیماریوں اور درد کی کوئی حد نہیں ہے بیماریاں اور درد طفیلیے ہیں وہ آسانی سے ہمارے اجسام کو نہیں چھوڑتیں۔ انہیں ہمارے اجسام کی طرح کے واسطوں کی ہر وقت ضرورت ہوتی ہے۔ بیماریاں اور درد ہپنو ٹیزم کے ذریعے ہمارے اجسام کو قابو نہیں کرتے وہ ایک دوسرے سے جھگڑا نہیں کرتے وہ آپس میں ہمارے زخم، جوئیں اور خرابیاں بانٹتے ہیں۔

On the other hand, demons are not parasites. They share the food in our house or around us. Several demons live in our houses, cars, and workplaces. Usually, they do not travel with us, or only one will usually travel with us. They do not stay inside our bodies all the time. They are in and out all the time. They usually live in the least used, darkest, quietest areas of houses. If they are not inside us, then they are either flying in air or flying around us. Usually, one demon is inside our body at one time. Remember two basic rules or habits of demons: (1) If they feel a little bit insecure inside specific bodies, they will jump to most secure bodies immediately, and (2) most of the time, demons are very attached primary persons or animals.Consequently, even if one goes to a second body,

دوسری طرف جنات طفیلیے نہیں ہیں وہ ہمارے گرد یا ہمارے گرد گھروں میں موجود خوراک بانٹتے ہیں کئی جنات ہمارے گھروں کاروں اور کام کرنے کی جگہ پہ رہتے ہیں عموماً وہ ہمارے ساتھ سفر نہیں کرتے یا صرف عموماً ایک ہمارے ساتھ سفر کرے گا۔ وہ ہر وقت ہمارے جسم کے اندر نہیں رہتے وہ عموماً گھروں کے بہت کم استعمال شدہ تاریک ترین، خاموش ترین حصوں میں رہتے ہیں۔ اگر وہ ہمارے اندر نہیں ہیں تو یا تو ہوا میں یا ہمارے گرد اڑ رہے ہیں عموماً ایک جن ہی ایک وقت میں ہمارے جسم میں ہوتا ہے جنات کی دو بنیادی عادات یا اصول یاد رکھیں

1) اگر وہ کسی خاص اجسام میں تھوڑا سا بھی غیر محفوظ محسوس کرتے ہیں تو وہ فوراً ہی زیادہ محفوظ جسم میں کود جائیں گے۔

2) اور اکثر اوقات جنات پہلے انسان یا جانور سے بہت زیادہ قریب ہوتے ہیں نتیجتاً چاہے کوئی جن دوسرے جسم میں چلا بھی جاتا ہے تو وہ دوسرے جسم کو پہلے جسم کے نزدیک رہنے کے لئے استعمال کرنے کی کوشش کرے گا۔

t will try to use that second body to stay close to its primary body.

Are demons part of the problems between men and women? A demon inside or around the body of a woman is able to sense danger long before the woman does. Around a man, there are three kinds of women. One kind of woman is not scared of some specific man at all, like a mother; grandmother; elder sister; old, bossy woman boss; or someone who is really not a good-looking woman. I hope you will be able to understand, regardless of whether you're a man or a woman, why we feel too much attraction for someone, even if they are not too much different in looks. Sometimes we have some ugly people around us. And even we have no attraction for them. Or we do not want to close to them. But suddenly, either dream or some time just thought, come to over mind, if we need to kiss or hug (or more) with that person? We all know, we all immediately reject that idea and almost in response almost every day say "what the hell, I am thinking?: So, this is not us. This is either our demons or that ugly person's demons. Regardless two of those people do not like each other, but maybe their demons like each other. That's why maybe they are trying to use two bodies. I am not saying that we do not have feelings or emotions, but behind all pushes and extreme conditions, demons are always involved. If you feel too much of anything, just try to control yourself. You just need a little bit of practice. You will observe that your extreme behaviors will slowly change in all matters concerning your life.

کیا جنات مرد اور عورت کے درمیان مسائل کا حصہ ہیں؟ ایک عورت کے جسم کے اندر یا گرد موجود اس عورت سے زیادہ جلدی خطرے کو محسوس کرتا ہے۔ ایک مرد کے گرد تین طرح کی عورتیں ہوتی ہیں۔ ایک عورت کی وہ قسم ہے جو کہ کسی بھی مخصوص مرد سے بالکل بھی خوفزدہ نہیں ہوتی جیسا کہ ماں، دادی، بڑی بہن، بوڑھی ساس خاتون۔ یا وہ جو بالکل بھی اچھی دکھائی نہیں دیتی مجھے امید ہے کہ چاہے آپ مرد ہیں یا عورت آپ سمجھ گئے ہوں گے کہ کیوں ہم کسی کی طرح کھینچے چلے جاتے ہیں حالانکہ وہ دیکھنے میں بہت مختلف نہیں ہوتا بعض اوقات ہمارے گرد کچھ بدصورت لوگ ہوتے ہیں اور یہاں تک کہ ہمیں ان کی طرف کوئی کھچاؤ محسوس نہیں ہوتا تاہم ان کے قریب نہیں ہونا چاہتے لیکن اچانک یا تو کسی خواب میں یا بعض اوقات سوچ کے ذریعے وہ ہمارے دماغ میں آجاتے ہیں کہ جیسے میں اس شخص کو بوسہ دینا چاہے یا گلے لگانا یا اس سے بھی زیادہ کچھ اور کرنا چاہے ہم سب جانتے ہیں کہ ہم سب ہی فوراً اس خیال کو جھٹکیں گے کہ ہم کیا اوٹ پٹانگ سوچ رہے ہیں؟ اس لیے وہ ہم نہیں ہیں وہ یا تو ہمارے جنات ہیں یا پھر اس بدصورت انسان کے جنات چاہے وہ لوگ ایک دوسرے کو پسند نہیں کرتے لیکن ہوسکتا ہے کہ ان کے جنات ایک دوسرے کو پسند کرتے ہوں۔ اس لیے ہوسکتا ہے کہ وہ دونوں اجسام کو استعمال کرنے کی کوشش کر رہے ہیں میں یہ نہیں کہہ رہا کہ ہمارے احساسات اور جذبات نہیں ہوتے لیکن تمام انتہائی حالات کے پیچھے جنات کا ہاتھ ہوتا ہے اگر آپ کسی چیز کے بارے میں بہت زیادہ محسوس کریں صرف اپنے آپ کو قابو کرنے کی کوشش کریں۔ آپ کو صرف تھوڑی سی مشق کرنا پڑے گی۔ آپ محسوس کریں گے کہ آپکی زندگی سے جڑے ہوئے تمام معاملات میں آپکا پسندیدہ رویہ آہستہ آہستہ بدل جائے گا۔

Regardless if that man stays around those kinds of women for any amount of time, the demons from those kinds of women do not feel insecure about that man. Demons do not come out from the bodies of those women and do not jump on the bodies of these men. Those women are not scared of these men, so their demons feel more secure in the bodies of those women.	چاہے وہ اس قسم کی خواتین کے گرد جتنا مرضی وقت رہے اس قسم کی خواتین کے جنات اس مرد سے غیر محفوظ محسوس نہیں کرتے ۔ جنات ان خواتین کے اجسام سے باہر نہیں آتے اور نہ ہی ان مردوں کے اجسام میں وارد ہوتے ہیں وہ خواتین ان مردوں سے بالکل بھی خوفزدہ نہیں ہوتیں اس لیے ان کے جنات ان کے اجسام میں خود کو زیادہ محفوظ محسوس کرتے ہیں۔
Second case: when a scary woman is in a room and a strange man is in that room, if the overall atmosphere is scary and dangerous, regardless of how long a demon is inside or around the body of that girl or woman, as soon as those demons around/inside the woman will feel a little bit insecure, they will not from these. They will look for the most secure bodies around them. And in that situation, that man is strongest person. The demons from that woman will jump on the body of the man. If the happens around situation calms down and nothing bad them, some demons in that room will jump on the body of that woman in the room. Now that man has an extra demon around him or inside him from that woman. The demons from that woman cannot go back to that woman's body because new demons already possess that body now. Especially when new demon is more powerful.	دوسرا معاملہ جب ایک کمرے میں ایک خوفزدہ جاتون ہو اور ایک اجنبی مرد بھی اسی کمرے میں موجود ہو اگر پورا ماحول ہی خوفزدہ اور خطرناک ہے تو وہ جن اس خاتون یا لڑکی کے جسم میں یا گرد چاہے کتنے ہی وقت سے رہ رہا ہو جیسے ہی اس عورت کے اندر گرد کے جنات خود کو تھوڑا سا بھی غیر محفوظ محسوس کریں گے وہ وہاں سے باہر آ جائیں گے وہ اپنے گرد زیادہ محفوظ اجسام کو تلاش کریں اور اس صورتحال میں وہ مرد طاقتور ترین شخص ہوگا۔اس خاتون سے جنات اس مرد کے جسم میں وارد ہو جائیں گے۔ اگر صورتحال پرسکون ہو جاتی ہے اور ان کے گرد کچھ برا نہیں ہوتا تو اس کمرے میں سے جنات اس کمرے میں موجود اس خاتون کے جسم پر وارد ہو جائیں گے۔اب اس مرد کے اندر یا گرد ایک اضافی جن ہے جو کہ اس خاتون کی طرف سے آیا ہے۔اس عورت کے جنات واپس اس خاتون کے جسم میں نہیں جا سکتے کیونکہ نئے جنات نے اب اس جسم پہ قبضہ کر لیا ہے خاص طور پہ جب نیا جن زیادہ طاقتور ہے
Usually, demons are very involved with their own humans or animals. Always remember that demons came out from some other body. Even though they moved to new bodies, they still do not forget about the previous people or animals they possessed. In this case when a demon was originally in the body of a woman for long time but is now inside the body of a man, this demon will keep hypnotizing or pushing that man to think about the woman all the time. So, demon can keep that man close to that woman.	عموماً جنات اپنے انسانوں یا جانوروں میں بہت گھلے ملے ہوتے ہیں ہمیشہ اس جن کو یاد رکھیں جو کسی دوسرے جسم سے آیا ہو اگرچہ وہ نئے اجسام کی طرف جا چکے ہوتے ہیں لیکن پھر بھی وہ اپنے گذشتہ انسان یا جانور کے بارے میں نہیں بھولتے جو ان کی ملکیت تھے۔اس معاملے میں جب وہ پہلے حق کافی عرصے سے اس خاتون کے جسم میں تھا لیکن اب وہ مرد کے جسم میں ہے تو وہ جن اس مرد کو اس عورت کے نزدیک رکھ سکتا ہے۔

Do not ever think the approach of a demon is ever positive. By nature, they are negative, and they like negative activities. That man may have been okay before this demon from the woman penetrated his body, but now that demon will continuously hypnotize and push that man to keep thinking about this woman. I am not saying that men are faultless or blameless, but that demon is very responsible of intensifying the situation between that man and woman.	یہ کبھی نہ سوچیں کہ جن کی سوچ ہمیشہ مثبت رہے گی۔ فطرتاً وہ منفی ہوتے ہیں اور منفی حرکات پسند کرتے ہیں وہ ہوسکتا ہے کہ وہ مرد اپنے جسم میں اس عورت کے جن کے سمانے سے پہلے ٹھیک ہو لیکن وہ جن اس مسلسل اس مرد کو اس عورت کا بارے میں سوچنے پر اکسائے اور ہپنوٹائز کرے گا۔ میں یہ نہیں کہہ رہا کہ مرد غلطیوں اور الزام سے پاک ہوتے ہیں لیکن وہ جن اس مرد اور عورت کے درمیان صورتحال کی سنگینی کے بہت زیادہ ذمہ دار ہیں۔
In another case, imagine few women are in the room, regardless of whether there is one or ten—same thing, in the same room—and there is one man or there are five men. In this case, I am not talking about insecure feelings for any demon. But those men are continuously watching and thinking about at least one woman all the time. In this case, demons from the woman's body penetrate a particular man's body and insist they keep thinking about that particular woman. Even woman is sitting totally unaware of some particular man. But either demon from woman or demon from both decide to bring them together. In that case regardless ten women are sitting in that room but one particular man is just worried about only one particular woman at that time. If man is thinking about only one particular woman, demon is involved in this. But if man is thinking about all ten women, then demon from woman is not involve in this activity. When a particular man is thinking and observing all ten women then, demon of that particular man is involved in all this activity.	دوسری صورتحال میں تصور کریں کہ چند خواتین ایک کمرے میں ہیں چاہے اسی کمرے میں ایک ہوں یا دس۔ ایک ہی بات ہے اور وہاں ایک مرد ہے یا پانچ اس سلسلے میں میں کسی جن کی غیر محفوظ احساسات کی بات نہیں کر رہا ہوں لیکن وہ مرد مسلسل سارا وقت کم از کم ایک عورت کو تو دیکھ اور سوچ رہے ہیں اس مقابلے میں عورت کے جسم سے جنات مرد کے جسم میں سرایت کر جاتا ہے اور اس خاص عورت کے بارے میں سوچتے رہنے پہ مجبور کرتا ہے چاہے عورت اس خاص مرد کے بارے مکمل طور پر بے خبر بیٹھی رہے لیکن یا تو عورت کا جن یا دونوں کے جنات انہیں قریب لانے کا فیصلہ کرتے ہیں اس معاملے میں چاہے اس کمرے میں دس عورتیں بیٹھی ہوں لیکن ایک خاص مرد اس وقت صرف ایک خاص عورت کے لئے ہی فکر مند ہوگا۔ اگر مرد صرف ایک خاص کے بارے میں سوچ رہا ہے تو۔ اس میں جنات کا عمل دخل ہے لیکن اگر ایک مرد ان تمام عورتوں کے بارے میں سوچ رہا ہے تو اس عورت کے جن کا اس میں کوئی عمل دخل نہیں ہے جب ایک خاص مرد ان تمام دس عورتوں کا بارے میں سوچ رہا ہو اور ان کا مشاہدہ کر رہا ہو تو اس خاص مرد کے جن کا سرگرمی میں عمل دخل ہے۔
In this and the previous situations, I do not know what these demons get out of these trade-offs. But this is their hobby. They hypnotize us and push us to act in negative ways. I do not know what they get from all that, but their	اس اور گزشتہ صورتحالوں میں میں نہیں جانتا کہ جنات کو اس تجارت سے کیا حاصل ہوتا ہے۔ بس صرف یہ کہ ان کا مشغلہ ہے وہ ہمیں ہپنوٹائز کرتے ہیں اور منفی انداز میں حرکات کرنے پر مجبور کرتے ہیں میں نہیں جانتا کہ وہ اس سب سے کیا حاصل کرتے ہیں لیکن ان کے اثرات مزید منفیت پیدا کرتے اور پھیلاتے ہیں تاہم آپ نظم وضبط اور مشق سے اس صورتحال کو پلٹ سکتے ہیں جب کبھی ہم کسی مرد یا

influence does create and spread more negativism. However, you can reverse this situation with discipline and practice. Whenever we feel strongly pushed toward a man or a woman, when we feel too much love or too much hate toward someone, when we just want to eat something immediately, when we just have a desire to have sex as soon as possible, remember that demons 99 percent responsible for all of these impulses!

عورت کی طرف بہت جھکاؤ محسوس کریں جب ہم کسی کے لیے بہت محبت اور بہت نفرت محسوس کرتے ہیں جب ہم کچھ بھی بہت فوراً کھانا چاہتے ہیں جب ہم صرف یہ خواہش کرتے ہیں کہ جلد از جلد کسی جنسی تعلقات قائم کرلیں تو یاد رکھیں کہ 99% جنات حرکات کے ذمہ دار ہوتے ہیں

What are some cures for the problems caused by demons?

جنات کے پیدا کیے گئے مسائل کہ چند علاج کیا ہیں؟

At that time, I refused to believe that there was something invisible around me. Honestly, I had no clue about demons at that time. I still thought that I had some problems. I was just experiencing demons then. There were no diseases or pains or sicknesses around me. I was sensing and feeling only a burning sensation at this point. Once I moved from a particular place or area, the pain or sickness usually subsided. Most of the time, those burning feelings moved with me wherever I stayed close. Life was horrible at that time. At that time, I experienced this burning in only a few places, but most of the time, I was relaxed, especially after I moved away from those places, such as my office, behind the counter at the store in Columbus, and my garage, where I used to exercise. I had no problems in other places. In my garage, I suffered from that burning sensation after twenty to twenty-five minutes.

اس وقت میں نے یقین کرنے سے انکار کردیا کہ میرے اردگرد کچھ پوشیدہ ہوسکتا ہے۔ یقین مانیں مجھے اس وقت جنات کا کوئی اندازہ نہیں تھا میں نے پھر بھی سوچا کہ میرے ساتھ کوئی مسئلہ ہے۔ میں صرف جنات کو محسوس کررہا تھا میرے اردگرد کوئی بیماریاں یا درد یا امراض نہیں تھے اس موقع پر میں صرف ایک جلن محسوس کررہا تھا جب میں کسی مخصوص جگہ یا علاقے سے کہیں اور جاتا درد یا مرض عموماً میرے ساتھ چلتے جب میں کہیں نزدیک رہتا وہ جلن کے احساسات اکثر اوقات میرے ساتھ ہوتے اس وقت زندگی بہت خوفناک تھی اس وقت میں نے اس جلن کو چند جگہوں پہ محسوس کیا لیکن اکثر اوقات میں پرسکون تھا خصوصاً جب میں ان جگہوں سے دور چلا جاتا جیسا کہ میرا دفتر کولمبس میں سٹور کے کاؤنٹر کے پیچھے اور میرا گیراج جہاں میں ورزش کیا کرتا تھا دوسری جگہوں پہ مجھے کوئی مسئلہ نہیں ہوتا تھا میں اپنے گیراج بیس سے پچیس منٹ بعد جلن کی تکلیف میں مبتلا ہوجاتا تھا۔

And once that burning started, there was no way to stay where I was. When I would come back inside the house,

اور ایک بار وہ جلن شروع ہوجاتی تو میرا وہاں رکنے کا سوال ہی پیدا نہیں ہوتا تھا جہاں میں تھا جب میں گھر کے اندر واپس آجاتا تو وہ جلن روک جاتی میں اس کے بعد ٹھیک ہوجاتا تاہم کچھ دیر بعد جلن نے

the burning would stop, and I was okay after that; however, after a while, the burning started moving with me from my garage. Once I made it to the restroom, I left okay. This was happening every day. By that time, I was extremely scared all the time, especially of going to a few places. I was always surprised whenever I went behind the counter at the store in Columbus and I was unable to stand there because of this burning, and my cashiers and customers were perfectly all right. I used to watch their faces to see if I could feel any kind of problem, but they seemed normal. Usually I was okay when I was working, but as soon as I got ready to leave the office, the burning would start again. And I literally ran from that office so many times that I started leaving office door unlocked. That fire burning was playing with me. I was scared of these invisible attacks from invisible creatures and they were scaring me. After a while, the same problem started occurring in my dressing room. Usually, nothing happened for a few minutes, but as soon as I started changing, the burning would make me run from the room.	گیراج سے میرے ساتھ چلنا شروع کردیا ایک بار میں آرام والے کمرے میں آجاتا میں بالکل ٹھیک ہوجاتا ایسا ہر روز ہو رہا تھا اس وقت میں ہر وقت بہت ہی خوفزدہ تھا خاص طور پہ کچھ جگہوں پہ جانے کے لیے میں ہمشہ حیران رہتا کہ جب میں کولمبس میں سٹور کے کاؤنٹر کے پیچھے جاتا میں اس جلن کی وجہ سے وہاں کھڑا ہی نہیں ہو پاتا تھا اور میرے خزانچی اور گاہک بالکل ٹھیک تھے میں ان کے چہرے دیکھا کرتا تھا کیا میں کسی طرح کا مسلہ محسوس کرسکتا تھا لیکن میں ٹھیک لگتے تھے عموماً میں کام کرتے ہوئے ٹھیک رہتا تھا لیکن جیسے ہی میں دفتر سے نکلنے کے لیے تیار ہوتا وہ جلن پھر شروع ہوجاتی اور میں واقعی اس دفتر سے کئی بار ایسے بھاگا ہوں کہ میرے دفتر کا دروازہ کھلا رہنے لگا آگ کی جلن میرے ساتھ کھیل رہی تھی میں پوشیدہ مخلوقات کے پوشیدہ حملوں سے خوفزدہ تھا اور وہ مجھے ڈرا رہے تھے کچھ عرصے بعد یہ میرے کپڑے بدلنے والے کمرے میں ہونا شروع ہوگیا عموماً چند لمحے کچھ نہیں ہوتا تھا لیکن جیسے ہی میں کپڑے تبدیل کرنا شروع کرتا جلن اتنی شدید ہوتی کہ میں کمرا چھوڑ کر بھاگ جاتا۔
One day, I was driving toward Hellettsville from Eagle Lake when I saw that I needed some gas. Just before Hellettsville on the right side on Highway 90A, there was a small CITGO gas station. I parked my car by the gas pump and went outside. As soon as I stepped outside my car, my whole body immediately started burning. I jumped back inside my car to save myself from the fire. I was okay once I got back inside the car. That was the first time I had experienced the burning problems outside of my house and business. I was really scared to get out of my car again. I don't remember how long I stayed parked there or how I got gas and left from that place. But in that moment,	ایک دن میں ایگل لیک سے ہیلٹ ویلی کے طرف جارہا تھا کہ میں نے دیکھا کہ مجھے کچھ گیس کی ضرورت ہے ہیلٹ ویلی سے تھوڑا سا پہلے 90A ہائی وے کے دائیں طرف ایک چھوٹا گیس سٹیشن تھا میں نے گاڑی گیس پمپ کے پاس کھڑی کی اور باہر آگیا جیسے ہی میں نے کار سے باہر قدم رکھا فوراً میرا پورا جسم جلنا شروع ہوگیا میں نے خود کو آگ سے بچانے کے لیے فوراً اپنی کار میں چھلانگ لگا دی جیسے ہی میں کار میں واپس آیا میں ٹھیک ہوگیا یہ پہلا موقع تھا کہ میں نے اپنے گھر اور دفتر کے باہر جلن کے مسئلے کو محسوس کیا میں واقع ہی اپنی کار سے دوبارہ باہر نکلنے میں خوفزدہ تھا مجھے نہیں یاد کہ میں کتنی دیر وہاں روکا رہا یا کتنی میں نے گیس حاصل کی اور اس جگہ سے نکلا لیکن اس وقت میں نے اپنے مسئلے کے بارے میں کسی سے بات کرنے کا فیصلہ کیا ہوسکتا ہے کسی ڈاکٹر سے۔

I decided to discuss my problem with someone, maybe even a doctor.	
I started searching for religious and spiritual people who could help me. But I soon learned that even the people who claimed that they knew a lot about the demon world were just talk. I could not find a single person who could help me—nobody. My family was not aware of my problems. I knew someone who had a ranch at Oak Ridge, which was between Columbus and Weimar. I used to go there sometimes, but one time when I was there, I had an incident. Outside the building, the owners had few swing chairs in the open. I decided to sit down on one of them, but I had to jump from that chair as soon as I sat down. That chair was hot like an oven, and within seconds, the fire was inside my body. But once I moved away from that area, I was okay. After a few days, I went back to that ranch, and I sat down on the same chair; however, I didn't have any problems that day. Until that time, I was not ready to accept that I had some mental sickness or illness. I was not yet aware of the invisible world of demons at that time, and I didn't even think about that pain at all.	میں نے مذہبی اور روحانی لوگوں کو تلاشنا شروع کیا جو میری مدد کر سکتے تھے۔لیکن جلد ہی میں نے جانا کہ وہ لوگ جو یہ دعوی کرتے ہیں وہ جنوں کی دنیا کے بارے میں کچھ نہیں جانتے ہیں وہ صرف باتیں ہی کرتے ہیں۔ مجھے ایک بھی ایسا شخص ایسا ملا جو میری مدد کرسکتا تھا۔کوئی نہیں۔۔ میرا خاندان میرے مسائل سے آگاہ نہیں تھے۔ میں کسی کو جانتا تھا جس کا اوک رتج پہ ایک کھیت تھا اوک رتج کولمبس اور ویمار کے درمیان تھا میں بعض اوقات وہاں جایا کرتا تھا۔لیکن جب ایک بار میں وہاں تھا میرے ساتھ ایک واقع پیش آیا عمارت کے باہر کھلی فضا میں مالکان نے کرسیاں سجا رکھی تھیں۔ میں نے ان میں سے کسی ایک پہ بیٹھنے کا سوچا لیکن جیسے ہی میں اس کرسی پر بیٹھا میں اوچھل کر اٹھ گیا وہ اوون کی طرح گرم تھی اور چند لمحوں کہ بعد وہ آگ میرے جسم میں تھی لیکن جیسے ہی وہ علاقے سے نکلا میں ٹھیک ہو گیا۔ چند دنوں بعد میں پھر واپس اس کھیت کی طرف گیا میں اسی کرسی پر بیٹھا تاہم اس دن مجھے کوئی مسئلہ نہیں ہوا اس وقت تک میں یہ بات قبول کرنے کے لیے تیار نہ تھا کہ مجھے کوئی دماغی مرض یا بیماری ہے ۔اسوقت تک میں جنات کی پوشیدہ دنیا سے واقف نہ تھا اور میں نے اس درد کے بارے میں بھی بالکل نہیں سوچا۔
After few days, when I was leaving my house, I had to deal with this firestorm in my yard. I almost ran from my entrance to my car. I ran almost forty steps. After that day, I ran toward my car every day. I felt the fire burning my body everywhere, and that burning left clear sores all over my body. Those were pure demons, and my life would become hell once they came close to me. But they were not giving me any kind of sicknesses. That's why I always say that demons and diseases are two different things. The only commonality between them is that they are	چند دنوں بعد جب میں اپنے گھر سے نکل رہا تھا مجھے اس آگ کے طوفان سے اپنے صحن میں نبرد آزما ہونا پڑا۔ میں تقریباً بھاگتا ہوا اپنے داخلی دروازے سے اپنی کار تک گیا۔ میں تقریباً چالیس قدم بھاگا اس دن کے بعد ہر روز میں اپنی کار کی طرف بھاگتا۔ میں نے ہر جگہ آگ کو میرے جسم کو جلاتے ہوئے محسوس کیا۔ اور اس جلن نے میرے جسم پر ہر جگہ واضح سوج چڑھائی۔ وہ اصلی جنات تھے اور جیسے ہی وہ میرے نزدیک آئے میری زندگی جہنم بن گئی۔ لیکن وہ مجھے کسی بھی طرح بیمار نہیں کر رہے تھے اس لیے میں ہمیشہ کہتا ہوں کہ جنات اور بیماریاں دو مختلف چیزیں ہیں دونوں کی مشترک شق یہ ہے کہ وہ دونوں ہی عام آنکھ کے لیے غیر مرئی ہیں۔ ایک دوسرا واقع پیش آیا جب میں باسٹن شہر کے شاپنگ سنٹر میں بیکری میں جا رہا تھا۔ جب میں اس بیکری سے نکل رہا تھا مجھے یہ پھر اسی آگ (جلن) کا حملہ ہوا اور کولمبس میں اپنے گھر آنے تک میں اس مسئلے سے نبرد آزما ہوتا رہا۔ وہ واقعی ایک بُرا تجربہ تھا کوئی بھی تصور نہیں کر سکتا میں اس وقت کتنا خوفزدہ تھا۔ اسی دوران میرے گھر والوں نے چند ماہ کے لئے

both invisible to the naked eye. Another incident happened when I was going to a bakery inside Savoy Shopping Center in Houston. I had an attack of fire again when I was leaving that bakery, and I had to deal with that problem until I got back to my house in Columbus. That was a pretty bad experience. Nobody can imagine how scared I was at that time. Around then, my family decided to leave the country for a few months. Now I was alone in my house every night. I still was not ready to disclose my problems to anyone. I do not remember how many nights I just sat straight on one chair all night long without going in the different parts of the house. I didn't go close to any windows in my house. I just sat on one chair all night long and watched TV. In those days, I usually went to sleep around 9:00 a.m. in morning every day. I remember those nights when I was in my house all by myself, and at those times, I was the most terrified person in the whole world.

ملک سے کہیں جانے کا فیصلہ کیا۔اب ہر رات میں اپنے گھر میں اکیلا تھا میں ابھی بھی کسی کو اپنا مسئلہ بتانے کے لیے تیار نہیں تھا مجھے نہیں یاد کہ کتنی ہی راتیں میں ساری رات گھر کے مختلف حصوں میں جائے بغیر بالکل سیدھا ایک ہی کرسی پر بیٹھا رہا ان دنوں میں ہر روز عموماً صبح کے نو بجے سونے چلا جاتا۔ مجھے وہ راتیں یاد ہیں جب میں تنہا اپنے گھر میں تھا۔اس عرصے میں میں پوری دنیا کا ڈراؤنا ترین انسان تھا۔

In those days, I used to have a friend with whom I discussed my problems, but that friend eventually left me. After that, I decided not to disclose everything to anyone. I suffered like that for several months, and the pain was getting worse and worse day by day. Wherever I went, I had to deal with that firestorm, and I had no choice about it. My body hurt all the time because of this burning sensation. During those days, I prayed to God and kept asking the following questions: "What is going on with me? How will I live my life like this?" Then, one night, I had a dream. Someone guided me in how to talk or communicate with those firestorms whenever they were hurting me. I needed to follow these instructions. That was the turning point in my life. I was shocked and surprised. I could communicate for the first time with these firestorms.

ان دنوں میں اپنے ایک دوست کے ساتھ اپنے مسئلے کا ذکر کرتا تھا لیکن آخر کار وہ مجھے چھوڑ کر چلا گیا۔ اس کے بعد میں نے کسی سے بھی ہر چیز کا ذکر نہ کرنے کا ارادہ کرلیا۔میں نے کئی مہینے ایسے ہی برداشت کیا اور وہ درد دن بہ دن بدترین ہوتا چلا گیا۔میں کہیں بھی جاتا مجھے اس آگ کے طوفان کو برداشت کرنا پڑتا۔اور میرا اس پہ کوئی اختیار نہیں تھا۔اس جلن کی شدت کی وجہ سے ہر وقت میرا جسم تکلیف میں رہتا اندنوں میں اللہ سے دعا کرتا اور یہ سوال کرتا رہتا میرے ساتھ یہ کیا ہو رہا ہے؟ میں اپنی زندگی ایسے کیسے بسر کروں گا؟ پھر ایک رات مجھے خواب آیا کسی نے میری رہنمائی کی کہ کیسے میں اس آتشی طوفان سے بات یا رابطہ کرسکتا ہوں۔جب کبھی وہ مجھے تکلیف دے رہے ہوں مجھے ان ہدایت پر عمل کرنا پڑا۔ یہ میری زندگی کا ایک اہم موڑ تھا میں پریشان اور حیران تھا۔میں ان آتشی طوفانوں سے پہلی بار رابطہ کرسکتا تھا جیسا کہ میں نے پہلے کہا حتیٰ کہ میں ہر روز نئے پڑاؤ کا سامنا کر رہا تھا یہاں تک کہ میں ان واقعات میں سے ایک تا پانچ فیصد کا ہی ذکر کر رہا ہوں۔

As I said earlier, I was facing even more challenges each day, even. I am revealing only 1 to 5 percent of the incidents in this book.	
Anyway, when I started communicating with them, they were more surprised than I was. Each day, I had to deal with different kinds of demons. Almost everyone was surprised. Some were convinced immediately, and some took a few days to convince. Until that point, I had been very unhappy because of these burning effects. Finally, I started complaining about how much I would get hurt when they came close to me. Most of them quit coming close to me after that, but then I didn't know if they were around me or not. Plus, when I had to deal with new demons, they still burned me. They did not listen to me until they became my friends, but during that period, that burning was killing me. I was complaining every day, and finally, the burning changed to a real touch. And from that day forward, I did not feel any burning. I could feel demons like a human touch on my body. I could sense them exactly like I could sense a human's touch. Every day, I learned new things from them. They were feeding me all kinds of information through hypnotism. But even though they were acting friendly or becoming friendlier after a few days, the feeling that a thirty-foot-tall demon was around me kept me somewhat scared most of the time.	بہرحال جب میں نے ان سے رابطہ کرنا شروع کیا وہ مجھ سے زیادہ حیران تھے ہر روز مختلف قسم کے جنات کا سامنا کرنا پڑتا۔تقریباً ہر کوئی حیران تھا۔کچھ فوراً ہی قائل ہو جاتے اور کچھ کو قائل ہونے میں چند دن لگتے۔اس وقت میں ان جلن کے اثرات کی وجہ سے بہت ناخوش تھا۔آخر کار میں نے اس بارے میں شکایت کرنا شروع کی جب وہ میرے نزدیک آتے ہیں تو مجھے کتنی تکلیف ہوتی ہے اکثریت نے اس کے بعد میرے نزدیک آنے سے انکار کر دیا۔پھر میں نہیں جانتا کہ وہ میرے گرد موجود تھے یا نہیں۔مزید یہ کہ جب مجھے نئے جنات کا سامنا کرنا پڑتا ہے وہ ابھی بھی مجھے جلا دیتے ہیں وہ میری بات تب تک نہیں مانتے جب تک وہ میرے دوست نہیں بن جاتے۔لیکن ان تمام عرصے کے دوران جلن مجھے مار رہی تھی میں ہر روز شکایت کر رہا تھا اور آخر کار وہ جلن ایک اصلی احساس میں بدل گئی۔اور اس دن سے لے کر مجھے کسی جلن کا احساس نہیں ہوا۔میں جنات کو انسانی احساس کی طرح اپنے جسم پہ محسوس کر سکتا تھا۔مجھ پہ ان کا ایسے ہی ادراک ہوتا تھا جیسے ایک انسانی ادراک کا احساس ہو سکتا ہے۔ہر روز میں نے ان سے نئی چیزیں سیکھیں وہ ہپنوٹزم کے ذریعے مجھے ہر طرح کی معلومات دے رہے تھے لیکن پھر بھی وہ دوستانہ رویہ اختیار کئے ہوئے تھے یا چند دنوں بعد دوست بن جاتے تھے لیکن ایک بیس فٹ لمبا جن کا اپنے اردگرد ہونے کا احساس اکثر اوقات مجھے خوفزدہ کرتا تھا۔
And then things changed one day. Suddenly, I was able to see them all around me. I was surprised to see them, but they were more surprised that I could see them than I was. With more and more time and experience, I learned that they did not look like the ones we see in pictures or movies. They are just very small, flying objects of different	اور ایک دن چیزیں بدل گئیں۔اچانک انہیں میں اپنے اردگرد دیکھ سکتا تھا۔میں انہیں دیکھ کر حیران رہ گیا لیکن وہ مجھ سے زیادہ حیران تھے کہ میں انہیں دیکھ سکتا تھا۔مزید وقت اور تجربے کے ساتھ میں نے سیکھا کہ وہ بالکل ویسے نہیں دکھتے جیسا کہ ہم انہیں تصویروں اور فلموں میں دیکھتے ہیں۔وہ چھوٹے مختلف جسامت کے اڑنے والے اجسام ہیں جن میں ہپنوٹائز اور جسموں پر قبضہ کرنے کی طاقت تھی۔میں نے جب انہیں دیکھنا شروع کیا زندگی بہت آسان ہو گئی۔مزید خوفزدہ نہیں تھا۔اس عرصے میں میں نے جنات کے بارے میں بہت کچھ سیکھا میں ابھی بھی ہر روز ان کے بارے میں نئی چیزیں سیکھتا

shapes with the power of hypnosis and the power to possess bodies. Once I started seeing them, life became very easy. I was no longer scared. I learned a lot about demons during this period. I still learn new things about them every day, and I am sure that I will keep learning new things from them all the time. But I chose to write this book so I could share my knowledge with everyone and normal people could know more about them. My communication skills also developed further every day. Then I learned how to convince these demons to leave bodies. Then I learned how to insist that they leave certain bodies if they were not listening to me. This all seemed very crazy, but it was happening. After demons, I started dealing with different kinds of pains, diseases, and sickness. I learned something new, and I did not think there would be an end to learning about invisible world.

Remember that demons and diseases are different. Demons live around us or in our house or on trees, and they do not create pain, sickness, and disease. They hypnotize us to control us, use us in the way they desire, and show us dreams. Some demons live inside our bodies and create certain sicknesses within us like migraines, high and low blood pressure, anxiety attacks, bipolar disorders, and mental illnesses, among others.

But the third kind includes pure diseases, pains, and sicknesses. These are just like invisible animals or poisonous reptiles or insects. They are the main creators of pains, sicknesses, and diseases inside our body. But up to certain limit, all demons and diseases listen to me most of the time. Controlling them is very easy if the bodies or organs are not damaged or if the person is taking the proper medication and the healing process has begun.

It can still be easy if damages are more extensive, but new diseases may inhabit those damaged bodies after the previous ones leave.

However, I only have control over external negative energies, such as demons, diseases, pains, and sickness. Damages these leave inside the body or organs need either positive healing energies or medications or surgeries. If these measures are not taken, new negative energies will come to those bodies and will start living/eating and damaging their hosts even more. For a long time, I thought I could fix only headaches. So, I started doing experiments on different people. I had no confidence in what I was doing or what I was saying at all. All this was so crazy and unbelievable that even I had hard time believing that it was actually happening. My procedure was very simple. I asked people which kinds of pains they had. Then I closed my eyes and communicated with the pain. Most of the time, the pains listened to me and left those bodies. If they did not listen and stayed in those bodies, I would have to insist that they leave the bodies. The insisting process is usually short, but sometimes, it depends on the nature of the pain and sickness. As I said, I once thought I could fix only headaches. One time, a person asked me if I could help his mother with a continuous pain in her left arm, but I told him that I could only remove headaches. Once I removed a migraine pain from one employee in Columbus for the very first time. She had been in the hospital for four days because of migraine pain. She came back to work after several days. She was working, but she was still sick. At around 4:00 p.m., the store maintenance person mentioned her sickness and told me that she had already taken six Advils in last three hours; however, her migraine

تاہم میں صرف بیرونی منفی طاقتوں کو قابو کرسکتا ہوں جیسا کہ جنات، بیماریاں، درد اور امراض۔ جسم یا اعضاء کے اندر ان کی وجہ سے پیدا کی گئی خرابیوں کو یا تو مثبت زخم بھرنے والی طاقتوں یا دوائیوں یا سرجریوں کی ضرورت ہوتی ہے۔ اگر یہ احتیاط نہ کی گئی تو نئی منفی طاقتیں ان اجسام کی طرف آئیں گی اور اپنے میزبان میں رہنا/اس کو کھانا اور حتٰی کہ اس کو نقصان پہنچانا شروع کردیں گی۔ کافی لمبے عرصے تک میں سوچتا تھا کہ میں صرف سر درد کا علاج کرسکتا ہوں۔ اس لیے میں نے مختلف لوگوں پہ تجربات کرنا شروع کردیئے۔ میں اپنے عمل یا فعل پہ بالکل بھی پر اعتماد نہیں تھا۔ یہ سب اتنا بیوقوفانہ اور نا قابل یقین تھا کہ مجھے بھی اس پر یقین کرنے میں بہت دیر لگی کہ یہ سب حقیقت میں ہو رہا تھا۔ میرا طریقہ کار بہت سادا تھا۔ میں نے لوگوں سے پوچھا کہ انہیں کس قسم کا درد ہے۔ پھر میں نے اپنی آنکھیں بند کی اور اس درد سے رابطہ کیا۔ اکثر اوقات درد نے میری بات مان لی اور ان اجسام کو چھوڑ دیا۔ اگر وہ میری بات نہیں مانتے اور ان اجسام میں ہی رہتے تو مجھے ان اجسام کو چھوڑنے کے لیے مجبور کرنا پڑتا۔ مجبور کرنے کا عمل عموماً چھوٹا ہوتا ہے اور بعض اوقات یہ درد اور مرض پر منحصر ہوتا ہے۔ جیسا کہ میں نے کہا کہ میں سوچتا تھا کہ میں صرف سر درد کا علاج کرسکتا تھا۔ ایک دفعہ ایک شخص نے مجھ سے پوچھا کہ اگر میں اس کی ماں کے بائیں بازو کے مسلسل درد کو دور کرسکتا ہوں تو میں نے اسے بتایا کہ میں صرف سر درد دور کرسکتا ہوں۔ میں نے کولمبس میں ایک نوکر کے شقیقے کے درد کا پہلی بار علاج کیا وہ چار دن سے شقیقے کے درد کی وجہ سے ہسپتال رہ رہی تھی۔ وہ کئی دن بعد کام پہ واپس آئی تھی۔ وہ کام کر رہی تھی لیکن وہ ابھی تک بیمار تھی۔ تقریباً شام چار بجے سٹور کو برقرار رکھنے والے شخص نے اس کی بیماری کا ذکر کیا اور مجھے بتایا کہ اس نے پچھلے تین گھنٹوں میں چھ ایڈولز کھائیں تھیں۔ تاہم اس کے شقیقے کا درد بدترین ہوتا جارہا تھا۔ میں نے اسے کہا کہ وہ اسے پوچھے کہ وہ مجھے اس کے شقیقے کے درد میں مدد کی کوشش کرنے دے گی۔ میں اس نے اس شخص کو اپنے ساتھ ہی رہنے کو کہا میں خزانچی کے کاؤنٹر کے پاس گیا اور اپنی آنکھیں بند کرلیں اور شقیقے کے درد کو اس کے سر میں سے نکل جانے کو کہا۔ اس دوران وہ شخص ہنستا رہا کیونکہ میں اسے بیوقوف اور مزاقیہ لگ رہا تھا۔ جب میں نے اس سے اس کے درد کے بارے میں پوچھا تو چند لمحوں بعد حیران ہوگئی۔ اس نے صرف کہا "یہ حیران کن ہے لیکن زیادہ تر درد ختم ہوچکا ہے لیکن تھوڑا درد باقی ہے" میں نے اس درد سے مزید اور ایک بار رابطہ کیا اور دوسری کوشش کے بعد وہ ٹھیک تھی۔ میں اس دن واقعی بہت خوش تھا کیونکہ شقیقے کے درد کے ساتھ وہ میرا پہلا تجربہ تھا اور میں کامیاب ہوا۔ چند ماہ بعد اس نے ایک بار اور مجھے شقیقے کے درد کے لیے بلایا لیکن میں اس بار اس قابل تھا کہ شقیقے کے درد سے ٹیلی فون پہ رابطہ کرسکوں۔ جب میں اس سے فون پہ بات کر رہا تھا پھر بھی اس شقیقے کے درد کو دور کرنا آسان تھا۔ اس کا معاملہ بہت آسان تھا کیونکہ وہ مسلسل شقیقے کے درد کے لیے ادویات لے رہی تھی۔ اس کے بعد جہاں کہیں بھی میرا درد یا امراض سے سامنا ہو میں صرف ان کا علاج کرنے کی کوشش کرتا۔

pain was still getting worse. I asked him to ask her if she would let me attempt to help her with her migraine. I asked the maintenance person to stay with me. I went to cashier counter and closed my eyes and asked to the migraine pain to come out of her head. During this, the maintenance man kept laughing because it looked funny and crazy to him. When I asked her about her pain, she was surprised after few seconds. She just said, "It is weird, but most of the pain is gone. But there is still some left over." I communicated with the pain one more time, and she was okay after the second try. I was really happy that day, because that had been my first experiment with migraine pain and I had been successful. After a few months, she called me one more time because of some migraine pain, but by that time, I was able to communicate with her migraine pain over the telephone. Even then it was easy to remove her migraine pain when I was on the phone with her. Her case was very easy because she had been continuously taking medication for migraines. After that, I just started trying to fix pains or sicknesses wherever I encountered them.

Most things in the invisible world are parasites, and they need mediums to live. However, demons are not parasites. Demons live around us. Demons share our food in different ways, but demons are not parasites. Other than demons, the rest of the invisible world are invisible reptiles and mostly invisible insects, and they are all parasites. If these invisible parasites are vegetarian, they live around and inside the trees and eat parts of the trees. If invisible parasites are carnivorous, then they live inside animals or humans. Even demons, when they are outside bodies, are very small in size, but demons have the ability to expand themselves to spread out into any host body.

پوشیدہ دنیا میں بہت سی چیزیں طفیلیے ہیں اور انہیں رہنے کے لیے واسطوں کی ضرورت ہے۔ تاہم جنات طفیلیے نہیں ہیں۔ جنات ہمارے گرد رہتے ہیں۔ جنات کئی طرح سے ہماری خوراک بانٹتے ہیں لیکن جنات طفیلیے نہیں ہیں۔ جنات کے علاوہ باقی پوشیدہ دنیا میں پوشیدہ رینگنے والے جانور اور زیادہ تر پوشیدہ حشرات ہیں اور یہ تمام طفیلیے ہیں۔ اگر یہ پوشیدہ طفیلیے سبزی خور ہیں تو وہ درختوں کے گرد یا اندر رہتے ہیں اور درختوں کے حصوں کو کھاتے ہیں۔ اگر پوشیدہ طفیلیے گوشت خور ہیں تو وہ جانوروں یا انسانوں کے اندر رہتے ہیں۔ یہاں تک کہ جنات جب وہ اجسام سے باہر ہوتے ہیں جسامت میں بہت چھوٹے ہوتے ہیں لیکن جنات میں کسی بھی میزبان جسم میں خود کو پھیلانے کے لئے پھیلنے کی خوبی ہوتی ہے۔ جنات کے مقابلے میں بیماریاں اور درد کافی چھوٹے ہوتے ہیں۔ تمام بیماریاں اور درد کو رہنے اور کھانے کے لیے واسطوں یا اجسام کی ضرورت ہوتی ہے۔ وہ ہمارے جسم میں یا باہر رہتے ہیں اور ہماری خوراک نہیں بانٹتے۔ وہ ہمارے جسم کے حصے اور اعضاء کھاتے ہیں۔ ہم نے درختوں اور انسانوں کے اجسام میں طفیلیے پڑھے ہیں لیکن صرف وہی جو نظر آتے ہیں۔ دوسرے طفیلیوں کی طرح پوشیدہ بیماریاں اور امراض اس بات کی پرواہ نہیں کرتے کہ وہ ہمیں کتنا درد دے رہے ہیں ہمیں کتنا

Compared to demons, diseases and pains are much smaller. All diseases and pains need mediums or bodies to live and eat. They live on or inside our bodies, and they do not share our food. They eat our body parts and organs. We have studied parasites in trees and human bodies but only those that are visible. Like all other parasites, these invisible diseases and sicknesses do not care how much they hurt us, how much they damage us, and how much they make us sick, because they are cruel like other parasites. The only problem with invisible diseases and sicknesses is that they are not visible. That's why we are more susceptible to their damages.	نقصان پہنچا رہے ہیں اور ہمیں کتنا بیمار کر رہے ہیں کیونکہ وہ دوسرے طفیلیوں کی طرح ظالم ہوتے ہیں۔ پوشیدہ بیماریوں اور امراض کے ساتھ صرف ایک ہی مسئلہ ہے کہ وہ دکھائی نہیں دیتے اس لیے ہم ان کی پیدا کی گئی خرابیوں کے لیے زیادہ حساس ہوتے ہیں۔
Once I figured out that I was able to communicate with migraine pain, I decided to inform my older sister, who lived outside of the United States. I tried to explain to her what I was capable of doing. She listened to me very carefully and asked me, "How long have you been suffering from that problem?" I was pretty much ready for that. Next, she mentioned that I had a daughter and that I should not disclose this problem to anyone else. She also wanted me to go to a doctor for checkup. After her speech, I tried to change the subject. I asked her if she had any pain in her body. First, she flatly refused to be a part of my experiment, but when I insisted, she mentioned that she had always had a pain in her right arm. I put her on hold and tried to communicate with her shoulder pain. After exactly two minutes, I asked her if she felt any difference. At first, she immediately said no, but just after that, she started saying that she felt weird, like the pain was moving from one place to another. Almost a minute later, she said that 60 percent of the pain was gone, but she still had some. I put her on hold again. This time, I	ایک بار جب میں نے معلوم کر لیا کہ میں شقیقے کی درد سے رابطہ کر سکتا ہوں میں نے اپنی بڑی بہن کو بتانے کا فیصلہ کیا جو کہ US سے باہر رہتی ہے۔ میں نے اسے بتانے کی کوشش کی کہ میں کیا کرنے کی قابلیت رکھتا ہوں اس نے بڑے غور سے میری بات سُنی اور مجھ سے پوچھا کتنے عرصے سے تم اس میں مبتلا ہو؟ میں اس کے لیے بالکل تیار تھا۔ پھر اس نے کہا میری ایک بیٹی ہے اور مجھے کسی اور سے اس مسئلے کے بارے میں بات نہیں کرنی چاہیے۔ وہ یہ بھی چاہتی تھی کہ میں اپنے معالج کے لیے کسی ڈاکٹر سے رجوع کروں۔ اس کی تقریر کے بعد میں نے موضوع بدلنے کی کوشش کی۔ میں اس سے پوچھا کہ کیا اس کے جسم کے کسی حصہ میں درد ہے پہلے تو اس نے کسی بھی تجربے کا حصہ بننے سے انکار کر دیا لیکن جب میں نے اصرار کیا تو اس نے بتایا کہ اس کے دائیں بازو میں ہمیشہ درد رہتا ہے۔ میں نے اسے انتظار کرنے کو کہا اس کے کندھے کے درد سے رابطہ کرنے کی کوشش کی۔ پورے دو منٹ بعد میں نے اس سے پوچھا کہ اسے کوئی فرق محسوس ہوا۔ پہلے تو اس نے فوراً ہی نہ کہا لیکن اس کے فوراً بعد اس نے کہنا شروع کیا کہ اس نے بہت عجیب محسوس کیا جیسا کہ درد ایک جگہ سے دوسری جگہ حرکت کر رہا ہے۔ تقریباً ایک منٹ بعد اس نے کہا کہ 60% درد جا چکا ہے لیکن پھر بھی کچھ باقی تھا۔ میں نے اس کو پھر انتظار کروایا۔ اس بار میں نے تقریباً ایک منٹ اس کے درد سے رابطہ کیا۔ پھر جب میں نے اس سے بات کی تو وہ بہت ہی حیران اور پریشان تھی اس نے کہا کہ یہ درد کئی سالوں سے تھا اور درد کش ادویات بھی کھاتی رہی ہے۔ پھر اس نے مزید مختلف دردوں کے بارے میں بتانا شروع کر دیا جن میں اس کے بچے مبتلا تھے۔ اس دن مجھے پتا چلا کہ میں کندھے کے درد سے رابطہ کرنے کے بھی قابل تھا۔

communicated with her pain for almost one minute. When I talked to her then, she was extremely surprised and shocked. She said she had had that pain for several years and that she had been taking painkillers too. Then she started telling me about the different pains her kids suffered from. That day, I learned that I was able to communicate with shoulder pain as well.	
That was just the beginning. At that time, I was not aware that all these invisible pains and sicknesses would come behind me. Before that, I was dealing with demons only, so I was not experiencing any pains or sicknesses because I was surrounded by demons. But dealing with pains and diseases was a different business. Diseases and pains need bodies or mediums. They are not going to keep flying in the air. They leave one body and jump into the next one immediately. At that time, I never had any problems because I did not have any pains and sicknesses the way I do right now. After a few days, I tried talking to my younger sister, but she was already aware of my problem because she had spoken to my older sister. She also lived outside of the United States. She mentioned to me that she had fallen on the floor a few years ago, and since then, her hip bone had hurt. She had visited several doctors, and she had used different medications; however, her hip bone still hurt her. Finally, she said that the doctor had told her that her condition would fluctuate. Sometimes the pain would reduce, but the pain would always be there. I put her on hold and started trying to communicate with the pain in her hipbone. I took a few minutes, and after that, her pain was fixed. She called again after one week when she had the pain again in the same spot. On the second time, I fixed her pain again, but this time, I asked her to use	یہ صرف شروعات تھی۔اس وقت میں نہیں جانتا تھا کہ تمام درداور بیماریاں میرا پیچھا کریں گی۔اس سے پہلے میں صرف جنات سے نمٹ رہا تھا اس لیے مجھے کوئی درد یا بیماری نہیں ہو رہی تھی کیونکہ میں جنات میں گھرا ہوا تھا۔لیکن درد اور بیماریوں سے نبرد آزما ہونا ایک علیحدہ ہی کام تھا۔بیماریوں اور دردوں کو اجسام یا واسطوں کی ضرورت ہوتی ہے وہ ہوا میں اُڑتے نہیں رہتے۔وہ ایک جسم کو چھوڑتے ہیں اور فوراً دوسرے میں کود جاتے ہیں۔اس وقت مجھے کوئی مسائل نہیں تھے کیونکہ مجھے درد اور بیماریاں نہیں تھی جیسا کہ اب ہیں۔چند دنوں بعد میں نے اپنی چھوٹی بہن سے بات کرنے کی کوشش کی لیکن وہ پہلے سے ہی میرے سارے مسائل کے بارے میں باخبر تھی کیونکہ اس کی میری بڑی بہن سے بات ہو چکی تھی۔ وہ بھی US سے باہر رہتی تھی۔اس نے مجھ سے تذکرہ کیا کہ وہ چند سال پہلے فرش پر گر گئی تھی تب سے لے کر اس کے کولہے کی ہڈی میں درد ہے اور اس نے کئی ڈاکٹروں سے رابطہ کیا اور کئی طرح کی ادویات بھی استعمال کیں تاہم کولہے کی ہڈی میں ابھی بھی درد تھا آخر کار اس نے کہا کہ ڈاکٹر نے کہا ہے اس کی حالت بدلتی رہے گی بعض اوقات درد کم ہو جائے گا لیکن درد ہمیشہ رہے گا۔میں نے اسے انتظار کرایا اور اس کے کولہے کی ہڈی کے درد سے رابطہ کرنے کی کوشش شروع کی۔میں نے چند منٹ لیے اور اس کے درد کو ٹھیک کر دیا۔اس نے ایک ہفتے بعد پھر فون کیا جب اسے پھر اسی جگہ درد ہوا دوسری بار میں نے اس کا درد پھر ٹھیک کیا۔لیکن اس بار میں نے اسے اس درد کی وجہ سے پیدا ہونے والی خرابیوں یا آثار کو ٹھیک کرنے کے لئے کوئی زخم بھرنے والی کریم اور مرہم استعمال کرنے کو کہا۔

some healing creams and ointments to fix the damages or symptoms that pain had created in her body.	
There is no way that an external insect, visible or invisible, can go inside our bodies or bones and damage nothing. They damage a lot, but our positive healing systems work on our damages all the time, unless the speed or amount of damage is too great.	کوئی دوسرا راستہ نہیں ہے کہ بیرونی کیڑے، نظر آنے والے اور نظر نہ آنے والے، ہمارے اجسام یا ہڈیوں میں جاسکیں اور انہیں خراب نہ کریں۔ وہ بہت زیادہ خرابیاں پیدا کرتے ہیں۔ لیکن ہمارا مثبت زخم بھرنے کا نظام ہر وقت ان خرابیوں پر عمل کرتا رہتا ہے جب تک کہ خراب کرنے کی رفتار یا مقدار بہت زیادہ نہ ہو۔
After a few days, I tried my mother. She was already aware of my activities, and she was unhappy about them. She started warning me and said, "Even your father had some mental disorder before he died. So you'd better be careful and do not get involved in these kinds of problems." Anyway, I listened to her advice, and then I asked her if she had any pains or sicknesses.	چند دنوں کی بعد میں نے اپنی ماں کی طرف کوشش کی۔ وہ پہلے سے میری سرگرمیوں سے واقف تھیں اور ان کے بارے میں ناخوش تھیں۔ انہوں نے مجھے تنبیہ کرنا شروع کردی اور کہا" تمہارے باپ کو مرنے سے پہلے کوئی دماغی خلل تھا تو تمھارے لیے بہتر ہے کہ تم احتیاط کرو اور اس قسم کے مسائل میں نہ پڑو" بہر حال میں نے ان کی نصیحت کو سُنا اور پھر ان سے پوچھا کہ انہیں کوئی درد یا مرض ہے۔
She mentioned that she would hear some whistling noises in her left ear all the time. She had gone to several doctors and had taken different kinds of medications, but that noise was still always there. And since she had developed that problem, her hearing ability had been decreasing continuously in her left ear.	انہوں نے ذکر کیا کہ انہیں اپنے بائیں کان میں سیٹیوں کا شور سنائی دیتا ہے۔ انہوں نے کئی ڈاکٹروں سے رابطہ کیا اور مختلف قسم کی ادویات لیں لیکن شور ابھی ختم نہیں ہوا۔ اور جب سے انہیں یہ مسئلہ ہوا ان کے بائیں کان کی سماعت مسلسل کم ہو رہی تھی۔
That was my first time working on an ear. Within two minutes, she was okay, but she was still complaining about some abnormal sounds. Anyway, after a small struggle, the whistling noise disappeared, but her hearing was still not perfect. Then I talked to her every third or fourth day and asked her about her improvement. She said that the whistling noise would keep coming back every week. So, I suggested that she call me whenever she had problem. Plus, I asked her to use some eardrops to fix the damages in her ear. Nowadays, she is okay.	یہ پہلی دفعہ تھا کہ میں کان پر عمل کر رہا تھا۔ دو منٹ کے اندر وہ ٹھیک تھیں لیکن وہ ابھی بھی کچھ عجیب سی آوازوں کی شکایت کر رہی تھیں۔ بہر حال چھوٹی سی جدوجہد کے بعد سیٹیوں کا شور غائب ہو گیا لیکن ان کی سماعت ابھی بھی بالکل ٹھیک نہیں تھی۔ پھر میں ہر تیسرے چوتھے دن ان سے بات کرتا اور ان کی حالت میں بہتری کے بارے میں پوچھتا تھا۔ انہوں نے کہا کہ وہ سیٹوں کا شور ہر ہفتے واپس آجاتا تھا۔ تو میں نے انہیں تجویز کیا کہ جب بھی انہیں مسئلہ ہو وہ مجھے فون کریں۔ مزید یہ کہ میں نے انہیں ان کے کان کی خرابی کو دور کرنے کے لیے کان کے قطرے استعمال کرنے کو کہا۔ آج کل وہ ٹھیک ہیں۔ انہیں مزید سیٹیوں کا شور سنائی نہیں دیتا ہے۔ آج کل وہ زیادہ تر مجھ سے رابطہ میں رہتی ہیں۔ جب بھی وہ کسی کی طرح کا درد یا مرض محسوس کرتی ہیں وہ مجھے علاج کرنے کو کہتی ہیں۔ اور مجھے ان کی مدد کر کے خوشی ہوتی ہے۔ کم از کم آج کل وہ میرا یقین کرتی ہیں ہر صبح جب میں اٹھتا ہوں تو ہمیشہ سوچتا ہوں کہ یہ تمام عجیب واقعات صرف خواب یا ڈراؤنے خواب کا نتیجہ تھے لیکن یہ کوئی خواب نہیں تھا۔ ہر چیز اصلی

She does not hear the whistling noise anymore. She stays in contact with me more frequently these days. Whenever she feels any kind of sickness or pain, she asks me to take care of it. And I am happy to help. At least she believes me these days. Every morning when I wake up, I always think that all of these strange occurrences were just the result of a dream or a nightmare, but there was no dream. Everything was real and true. My mind was getting more trained with each day.	اور سچ تھی۔ ہر دن میرا دماغ مزید تربیت پا رہا تھا۔
I am very happy, because I am not using any medium to communicate and influence a pain, sickness, disease, or demon. If there is a medium, I am not aware of it. To help someone fix some pain, I do not need to go to them, and they do not need to come to me. No phone call needed either. I can reach anyone anywhere. But my system is very complicated. Who wants to leave their houses or their food? I only need to talk to someone on the phone. Then I can save my time and help them quickly. I just need an update so I can move on. I am very thankful to God, because he gave me these powers. I do not need to ask any spirit or demons to help me. My mind flies everywhere and tries to help others just by communication with demons, sicknesses, and diseases inside those people.	میں بہت خوش ہوں کیونکہ میں کسی کو بھی درد، مرض، بیماری یا جن سے رابطے یا اس پر اثر انداز ہونے کے لیے کوئی واسطہ استعمال نہیں کر رہا۔ اور اگر کوئی واسطہ ہے تو مجھے اس کا علم نہیں ہے۔ کسی کے درد کا علاج کرنے کے لیے مجھے اس کے پاس جانے کی ضرورت نہیں اور انہیں میرے پاس آنے کی ضرورت نہیں۔ نہ ہی کسی فون کی ضرورت ہے۔ میں کسی تک بھی کسی جگہ بھی پہنچ سکتا ہوں۔ لیکن میرا نظام بہت پیچیدہ ہے۔ کون اپنا گھر یا خوراک کو چھوڑنا چاہتا ہے۔ مجھے صرف کسی سے فون پہ بات کرنی پڑتی ہے، پھر میں اپنا وقت بچا سکتا ہوں اور ان کی فوراً مدد کر سکتا ہوں۔ مجھے صرف حالات حاضرہ کی ضرورت ہوتی ہے تاکہ میں آگے بڑھ سکوں۔ میں اللہ کا بہت شکر گزار ہوں کہ اس نے مجھے یہ طاقتیں دیں۔ مجھے کسی جن یا روح کو میری مدد کرنے کے لیے کہنا نہیں پڑتا۔ میرا دماغ ہر طرف گھومتا رہتا ہے اور ان لوگوں کے اندر موجود جنات، امراض، بیماریوں سے رابطہ کر کے ان کی مدد کرنے کی کوشش کرتا ہے۔
Whenever I have time and I find someone who deserves help, I work on him or her without notifying the person. Without knowing their medical history, I can still try to move some invisible problems away from them. But always remember that these invisible parasites number in the millions and that their size is extremely small. Moreover, they are very powerful, and they live for hundreds of years. And I am not a magician, God gifted me with some powers to convince them to leave people,	جب کبھی میرے پاس وقت ہوتا ہے اور مجھے کوئی ایسا ملتا ہے جسے میری مدد کی ضرورت ہو تو میں اس شخص پر غور کیے بغیر اس پر عمل کرتا ہوں۔ ان کا طبی پس منظر جانے بغیر بھی میں کچھ پوشیدہ مسائل کو ان سے دور کرنے کی کوشش کر سکتا ہوں۔ لیکن ہمیشہ یاد رکھیں کہ یہ پوشیدہ طفیلیے لاکھوں کی تعداد میں ہوتے ہیں اور ان کی جسامت بہت چھوٹی ہوتی ہے۔ مزید یہ کہ وہ بہت طاقتور ہوتے ہیں اور کئی سو سالوں تک زندہ رہتے ہیں۔ اور میں کوئی جادوگر نہیں ہوں اللہ نے مجھے طاقتیں دی ہیں کہ انہیں لوگوں کو چھوڑنے پر قائل کر سکوں لیکن ان کے پیچھے لاکھوں قطار میں انتظار کر رہے ہیں۔ بہرحال میں جو کہنے کی کوشش کر رہا ہوں وہ یہ ہے کہ اگر کسی کو شقیقے یا آرتھرائیٹس کا درد ہے اور وہ ڈاکٹر کے پاس جا رہا ہے یا جا رہی ہے اور ادویات لے رہا یا رہی ہے تو میں مدد کر سکتا ہوں کیونکہ میں شقیقے یا آرتھرائیٹس کے درد کو جسم کو چھوڑنے کے لیے قائل کر سکتا ہوں۔ اس کے بعد علاج کرواتے ہوئے اپنی خرابیوں اور علامتوں کو

but behind them, millions are already in line, waiting. Anyway, what I am trying to say is this: If someone has migraine or arthritis pains and even if he or she is going to doctors and taking medications, I can be of help because I can convince migraines or arthritis pains to leave the body. After that, it is the individual's responsibility to fix his or her damages or symptoms by using medications. I will try to describe a few incidents concerning problems I tried to fix. The sequence will be random, and I will not write about two people with the same problems.

ٹھیک کرنا اس فرد کی ذمہ داری ہوگی۔ میں ان مسائل سے متعلق چند واقعات کا ذکر کرنے کی کوشش کروں گا جنہیں میں نے حل کرنے کی کوشش کی۔ سلسلہ بے ترتیب ہوگا اور میں ایک ہی مسئلے میں مبتلا دو لوگوں کے بارے میں نہیں لکھوں گا۔

This incident concerns a short temperament. Donisha was working in Columbus at this time. Two things were very noticeable about her. She was extremely short-tempered and irritated all the time. The second thing was that she was extraordinarily good in keeping, maintaining, and organizing the store. One day during her work hours when I was standing in front of her, I asked her if she wanted me to take this temperament out of her body. She was having a hard time understanding what I was talking about. Anyway, even though I never communicated or convinced anyone to come out of her body, a demon suddenly came out of her and penetrated my body. I immediately mentioned this to her. She hadn't realized anything. After she heard me talking in air, she started telling me that she had been feeling a lot of pressure on her chest during sleep. And during that pressure, yelling or getting up often proved impossible for her. That day, her demon came out of her. During the next several days, she mentioned that she felt normal. Her short temper was gone. In the next few days, she asked me to fix a few more problems like a cramp in her stomach, some arthritic pain, and a sinus problem. One by one, I communicated with her problems, and one by one, they came out of her. The Whole time

اس واقعے کا تعلق جلدی غصے میں آنے کے متعلق ہے۔ دونشہ اس وقت کولمبس میں کام کر رہی تھی۔ اس کے متعلق دو چیزیں بہت قابل غور تھیں۔ وہ ہر وقت بہت جلدی غصے میں آجاتی تھی اور چڑتی رہتی تھی۔ دوسری چیز یہ تھی کہ وہ رکھ کھاؤ، سنبھالنے اور سٹور کو منظّم کرنے میں غیر معمولی طور پر اچھی تھی۔ ایک دن اس کے کام کے اوقات کے دوران جب میں اس کے سامنے کھڑا تھا تو میں نے اس سے پوچھا کہ اگر وہ چاہتی ہے تو میں جلدی غصے میں آنے والی عادات کو اس کے جسم سے باہر نکال سکتا ہوں۔ اس کو میری بات سمجھنے میں مشکل ہو رہی تھی۔ بہر حال، حتیٰ کہ اگرچہ میں نے اس کے جسم میں سے کسی سے بھی باہر آنے کے لئے رابطہ یا قائل نہیں کیا، ایک جن اچانک اس میں سے باہر آیا اور میرے جسم میں پھیلا گیا۔ میں نے فوراً اس کا تذکرہ اس سے کیا۔ اس نے کسی چیز کا بھی احساس نہ کیا۔ جب اس نے مجھے ہوا میں باتیں کرتا سنا اس نے مجھے بتانا شروع کر دیا کہ اس کو نیند کے دوران اس کی چھاتی پر بہت دباؤ محسوس ہوتا رہتا ہے۔ اور اس دباؤ کے دوران چیخنا یا اٹھنا اکثر اس کے لئے ناممکن ثابت ہوا ہے۔ اس دن اس کا جن اس میں سے باہر آیا۔ اگلے چند دنوں کے دوران اس نے تذکرہ کیا کہ اب وہ ٹھیک ہے۔ اس کا جلدی غصہ کرنا ختم ہو گیا ہے۔ اگلے چند دنوں میں اس مجھے کچھ مزید مسائل جیسا کہ معدے کا اکڑاؤ، جوڑوں کی سوزش، سانس کا مسئلہ ٹھیک کرنے کو کہا۔ ایک ایک کرکے میں نے اس کے مسائل سے رابطہ کیا اور ایک ایک کرکے وہ اس میں سے باہر آگئے۔ ہر وقت وہ یہ کہتی رہتی تھی "یہ سب پاگل پن ہے"۔ اس کے بعد اس نے وہاں کچھ دیر کام کیا اور اس نے کبھی بھی ان مسائل کی شکایت نہیں کی۔ اس میں سے کچھ عرصہ جلدی غصہ والی عادات ختم ہو گئی۔ کچھ عرصہ بعد وہ دوسرے شہر چلے گئی اور دوسری نوکری کر لی۔

she kept saying, "This is all crazy." She worked there for a while after that, and she never complained about these problems. She was not acting like a short-tempered person for a while. After some time, she moved to another town and took another job.	
Another time, a woman name was Edna in Columbus found out about me and asked me if I could help her reduce or remove a pain starting from her right kidney and going all the way to her right knee joint. That was the very first time I dealt with that kind of pain. And she was crying at that time because of the pain. I communicated with those pains in three steps, and thanks to God, all of them listened to me. She was okay after five minutes. She called me one more time after one week to help with the same kind of pain. I was at home at that time. This time, I communicated with her pain over the phone. Again, I was able to convince the pain to leave her body. After several months, she came to my business in Weimar, and this time, her complaint was different. She told me that she had quit drinking alcohol several weeks ago, but since then, she was suffering continuously from bad headaches. Again, I communicated with that pain in her head, and thanks to God, that communication was successful. She was feeling better after a few minutes.	ایک دوسری دفعہ ایک ایڈینا نامی عورت کو میرے بارے میں پتا چلا اور اس نے مجھ سے پوچھا کہ اگر میں اس کے دائیں گردے سے شروع ہونے والی درد جو کہ سیدھی دائیں گھٹنے میں جاتی ہے کو کم یا ختم کرنے میں اس کی مدد کر سکوں۔ یہ بالکل پہلی دفعہ تھا کہ میں نے اس طرح کے درد کا سامنا کیا۔ میں نے ان مسائل سے تین مراحل میں رابطہ قائم کیا اور اللہ کا شکر ہے ان تمام نے میری بات مانی۔ وہ پانچ منٹ بعد بالکل ٹھیک تھی۔ اس نے اسی طرح کے درد میں مدد کے لئے ایک ہفتے بعد پھر مجھے کال کی۔ اس وقت میں گھر پر تھا۔ اس دفعہ میں نے اس کے درد سے فون پر بات کی۔ دوبارہ میں درد کو اس کا جسم چھوڑنے پر قائل کرنے کے قابل تھا۔ کافی مہینوں بعد وہ میرے دفتر ویمار میں آئی اور اس دفعہ اس کی شکایت مختلف تھی۔ اس نے مجھے بتایا کہ چند ہفتے پہلے اس نے کافی الکوحل پی ہے لیکن اس وقت سے وہ بری طرح کے سر درد میں مبتلا ہے۔ دوبارہ میں نے اس کے سر میں موجود درد سے رابطہ کیا اور اللہ کا شکر کیا کہ وہ رابطہ کامیاب تھا۔ کچھ منٹوں بعد وہ بہتر محسوس کر رہی تھی
I have also learned that normal people do not feel any pain if they are having problems in their kidneys or livers or blood vessels until the diseases have damaged those organs significantly. My body is more sensitive compared to a normal person's, so whenever I receive any pains or diseases or demons, I am able to feel them immediately. Similarly, if you saw a mosquito or a spider or a fire ant or any other insect sitting on any part of your body, what	میں نے یہ جانا ہے کہ اگر نارمل لوگوں کو گردے، جگر یا خون کی نالیوں کے مسائل ہیں اور وہ اس وقت تک درد محسوس نہیں کرتے جب تک یہ بیماریاں ان اعضاء کو بری طرح نقصان نہ پہنچا دیں۔ میرا جسم ایک عام انسان کے جسم کے مقابلے میں زیادہ حساس ہے۔ میں انہیں فوراً محسوس کرنے کے قابل ہوں۔ اسی طرح اگر آپ کسی مچھر، یا ایک مکڑی یا ایک چیونٹی یا کسی دوسرے کیڑے کو اپنے جسم کے کسی حصے پر بیٹھا ہوا دیکھتے ہیں تو آپ کا فوراً ردعمل کیا ہوگا۔ آپ اسے لازماً مار دیں گے یا شو کر کے بھگا دیں گے۔ نقطہ نظر یہ ہے کہ حتیٰ کہ اگرچہ مکڑی آپ کو کاٹ نہیں رہی تھی آپ فوراً اچھل اٹھتے ہیں اور یا تو اس کیڑے کو مار دیتے ہیں یا اپنے جسم سے دور پھینک دیتے ہیں۔ اگر نقصان نہ دینے والی چھپکلی یا ایک کاکروچ آپ کے جسم کے کسی حصے پر بیٹھا ہوا ہے تو کیا آپ اسے وہی پر چھوڑ سکتے ہیں اور آرام سے

would be your immediatereaction? You would definitely kill it or at least shoo it away. The point is that even though the spider was not biting you, you jump immediately and either kill that spider or throw it away from your body. If a harmless lizard or a cockroach is sitting on any part of your body, can you just leave it there and go to sleep with peace of mind? Do you know why you act like this? Because you are able to see those insects or at least you can feel them or sense them on your skin. The basic difference between me and a normal person is that you can sense or see a spider anywhere on your body but I can sense and feel these invisible insects/diseases when they come close to me or penetrate my body. I do not feel comfortable at all when these invisible insects come close to my body or go inside my body. Normal people are mostly only worried about visible insects and animals.

سوسکتے ہیں۔ کیا آپ کو پتا ہے کہ آپ ایسا کیوں کرتے ہیں کیونکہ آپ ان حشرات کو دیکھنے کے قابل ہوتے ہیں یا کم از کم آپ انہیں محسوس کر سکتے ہیں یا ان کا اپنی جلد پر اندازہ لگا سکتے ہیں۔ میرے اور عام انسان کے درمیان بنیادی فرق یہ ہے کہ آپ ایک مکڑی کو دیکھ یا کہیں بھی اپنے جسم پر اس کا اندازہ لگا سکتے ہیں لیکن میں اُن نظر نہ آنے والے کیڑوں / بیماریوں کا اندازہ لگا سکتا ہوں اور انہیں محسوس کر سکتا ہوں جب وہ میرے جسم کے نزدیک آتے ہیں یا میرے جسم میں جاتے ہیں۔ نارمل لوگ زیادہ تر صرف نظر آنے والے حشرات یا جانوروں کے بارے میں پریشان ہوتے ہیں۔

Demons are the ones that can possess our whole bodies, but they do not eat our organs or bodies. That's why they do not cause so much pain. Invisible insects and diseases are relatively smaller and can penetrate and cover a small area. They are damaging parasites. These diseases eat body parts and organs. Because of their small size and self-repairing system within the body, we may not feel any pains in the kidneys, liver, heart, and/or other parts of the body until the damages are too extensive and these diseases create infections.

جنّات ہی ہیں جو ہمارے اجسام پر قابض ہو سکتے ہیں لیکن وہ ہمارے اعضاء اور اجسام کو کھاتے نہیں ہیں۔ اس لئے وہ بہت زیادہ درد نہیں دیتے۔ نظر نہ آنے والے کیڑے اور بیماریاں نسبتاً چھوٹے ہوتے ہیں اور ایک چھوٹے علاقے میں پھیل اور اسکو ڈھانپ سکتے ہیں۔ یہ نقصان دینے والے طفیلیے ہیں۔ یہ بیماریاں جسم کے حصے اور اعضاء کو کھاتی ہیں۔ ان کی چھوٹی جسامت اور جسم میں پھیل جانے والے نظام کی وجہ سے ہم گردوں، جگر، دل اور جسم کے دوسرے حصوں میں درد محسوس نہیں کر سکتے جب تک بہت زیادہ نقصان نہ ہو جائے اور یہ بیماریوں انفیکشن نہ پیدا کر دیں۔

Mr. Arthur used to work with a company in EL-Campo. He worked on my air-conditioning system sometimes. One time when I asked him to fix an air-conditioning system at Mr. B's store, he showed up there, but he was limping because of some serious damages in his knee joint. When I asked him about his limping, he told that he had some

مسٹر آرتھر، ایل کیمپو میں ایک کمپنی میں کام کیا کرتا تھا۔ وہ بعض اوقات میرا ائیر کنڈیشننگ سسٹم ٹھیک کیا کرتا تھا۔ ایک دفعہ جب میں نے اسے مسٹر بی کے سٹور پر ائیر کنڈیشننگ سسٹم ٹھیک کرنے کو کہا، وہ وہاں دکھائی دیا لیکن وہ اپنے گھٹنے کے جوڑ میں سنجیدہ خرابیوں کی وجہ سے لنگڑا رہا تھا۔ جب میں نے اسے اسکے لنگڑانے کے متعلق پوچھا اس نے بتایا کہ کئی ہفتوں تک اس کے گھٹنے کو جوڑ میں کچھ مسائل تھے اور کچھ دنوں میں اس کی سرجری ہونے والی تھی۔ مجھے کسی میں سے بھی کسی قسم کا درد ختم کرنے کے لئے پوچھنے کی ضرورت نہیں ہے لیکن میں ہمیشہ لوگوں سے اجازت لینا پسند کرتا ہوں۔ اس سے مجھے

joint problems in his knee for several weeks and that he was going to have surgery in few days. I do not need to ask anyone to remove any kind of pain, but I always like permission from people. It helps me learn about their situation as well. Anyway, I asked him if he wanted me to fix his knee pain. At that time, he was not even able to keep his feet on ground because of the pain. He was not putting any pressure at all on his leg. Almost all people usually think that I am playing with them. He was thinking the same thing. First, he asked me, "How will you do it?" In answer, I just told him that I needed to see the place where he had pain. Guess what he did. He took his pants off in one second. Now he was standing in front of me in his underwear only. This was all happening at Mr. B's store in Columbus. Anyway, it took me few minutes to control my laughter. I strongly felt he was a very good person, and I have always believed that God always helps good people. Maybe I was a medium to help him, but I still communicated with his knee pains. It took less than a minute before he was okay and the pain was gone. But because he had the pain for several weeks, he was extremely scared to put his feet on the ground. It took a few more minutes before he finally felt confident enough to start putting pressure on his feet. After one week, I meet with him at the same place. I asked him about his knee, and he said he was okay. During the time when I was talking to him, a disease came out from his body. That disease was in my body for just thirty seconds. That disease, however, was so powerful that I had no feelings at all from my right kidney all the way to a little below my knee for at least thirty seconds to one minute. I even tried to touch that part of my body, but I had no feelings and no sensation there. Anyway, that disease of paralysis just came out of his body and visited my body.

ان کی حالت کے بارے میں جاننے میں بھی مدد ملتی ہے۔ بہرحال میں نے اس سے پوچھا کہ اگر وہ مجھ سے اپنے گھٹنے کا درد ٹھیک کروانا چاہتا ہے۔ اس وقت وہ درد کی وجہ سے حتیٰ کہ زمین پر پاؤں رکھنے کے قابل بھی نہیں تھا۔ وہ اپنی ٹانگ پر ہرگز کسی بھی قسم کا دباؤ نہیں ڈال رہا تھا۔ تقریباً تمام لوگ یہ سوچتے ہیں کہ میں ان سے کھیل رہا ہوں۔ وہ بھی یہی چیز سوچ رہا تھا۔ پہلے اس نے مجھ سے پوچھا "تم یہ کیسے کروگے" جواب میں، میں نے اسے صرف یہ بتایا کہ مجھے صرف وہ جگہ دیکھنے کی ضرورت ہے جہاں اس کو درد ہے۔ اندازہ کریں اس نے کیا کیا۔ اس نے ایک سیکنڈ میں اپنی پینٹ اتاری۔ اب وہ میرے سامنے صرف انڈرویئر پہنے کھڑا تھا۔ یہ سب کولمبس میں مسٹر بی کے سٹور پر ہو رہا تھا۔ بہرحال مجھے چند منٹ لگے کہ میں نے اپنی ہنسی کو قابو کر لیا۔ میں نے بہت زیادہ محسوس کیا کہ وہ ایک اچھا انسان تھا اور میرا ہمیشہ یقین ہے کہ اللہ ہمیشہ اچھے لوگوں کی مدد کرتا ہے۔ ہوسکتا ہے کہ میں اس کی مدد کا صرف ایک واسطہ ہوں لیکن پھر بھی میں نے اس کے گھٹنے کے دردوں سے رابطہ کیا۔ ایک منٹ سے پہلے ہی وہ ٹھیک ہوگیا اور پھر درد ختم ہوگیا۔ مگر کیونکہ اس کو درد کئی ہفتوں سے تھا وہ اپنا پاؤں زمین پر رکھنے سے بہت زیادہ خوفزدہ تھا۔ پانچ منٹ سے بھی کم لگے کہ اس نے پراعتادی سے اپنے پاؤں پر دباؤ ڈالنا شروع کر دیا۔ ایک ہفتے کے بعد میں اسی جگہ پر اس سے ملا۔ میں نے اس سے اسکے گھٹنے کے بارے میں پوچھا۔ اور اس نے کہا وہ ٹھیک ہے۔ اس وقت جب میں اس سے بات کر رہا تھا اس بیماری اس کے جسم سے باہر آئی۔ وہ بیماری تیس سیکنڈز کے لئے میرے جسم میں تھی۔ وہ بیماری، تاہم، اتنی طاقتور تھی کہ ایک منٹ کے لئے مجھے ہرگز بھی میرے دائیں گردے سے تھوڑا نیچے سیدھا میرے گھٹنے تک کچھ محسوس نہیں ہوا۔ حتیٰ کہ میں نے اپنے جسم کے اس حصے کو چھونے کی کوشش کی لیکن مجھے وہاں پر کچھ بھی محسوس نہیں ہو رہا تھا۔ بہرحال فالج کی وہ بیماری اس کے جسم سے باہر آ گئی اور میرے جسم میں بھی داخل ہوئی۔ بعد میں جب میں نارمل ہوگیا میں نے اس سے پوچھا کہ اگر اس کو اسی طرح کے اور کوئی مسائل ہیں۔ اس نے کہا بالکل بھی نہیں۔ جب میں نے اس کے گھٹنے کا درد دور کیا تو ساتھ ساتھ میں نے اس کے جسم سے فالج کا مرض بھی دور کر دیا۔ وہ فالج کی بیماری اس کے بعد مجھے کبھی نہیں ملی۔

After I became normal again, I tried to ask him if he had any other kinds of similar problems. He said that he didn't. In all likelihood, when I removed his knee pain, I removed that paralysis disease from his body as well. That paralysis disease never visited me again after that.

I once had the option to become a doctor, but I was extremely cowardly. I am scared of lizards and all other kinds of reptiles. It is very hard for me to watch a horror movie. I can watch a little bit, if there are no scary characters in the movie, but there is no way someone can convince me to watch a horror movie easily. In the same way, I cannot watch any kind of surgery or operation, so obviously, it is not easy for me to watch doctors or nurses when they are cleaning, washing, and bandaging someone's injury or wound. I used to be extremely scared of trees at night as well. I am always surprised by the fact that I was chosen to study the mysterious world of demons and diseases. For a long time in the beginning, when I was only able to feel or sense them, I was incredibly scared for a long time. I had always imagined them as terrifying creatures. And I am such a normal person in the modern world. Plus, I had never worked with demon doctors. Until few years ago, I had no knowledge of demons or the invisible world. Suddenly, I was chosen for this job. I am always surprised by this change in my life. I am still surprised about it.

میرے پاس ایک دفعہ ڈاکٹر بننے کا انتخاب تھا لیکن میں بہت بزدل تھا۔ میں چھپکلیوں اور تمام دوسرے کیڑوں سے ڈرتا تھا۔ میرے لئے ایک ڈراؤنی فلم دیکھنا بہت مشکل کام تھا۔ میں تھوڑی بہت دیکھ سکتا تھا اگر اس فلم میں کوئی ڈراؤنے کردار نہ ہوں لیکن یہ بہت مشکل تھا کہ کوئی مجھے ایک ڈراؤنی فلم دیکھنے لئے آسانی سے قائل کر لے۔ بالکل اسی طرح میں کوئی بھی سرجری یا آپریشن نہیں دیکھ سکتا تھا اس لئے ظاہری بات ہے یہ میرے لئے آسان نہیں تھا کہ جب ڈاکٹر یا نرسیں کسی کی چوٹ یا زخم صاف کر رہے ہوتے، دھو رہے ہوتے اور پٹی کر رہے ہوتے۔ میں رات کے وقت درختوں سے بھی بہت ڈرا کرتا تھا۔ میں ہمیشہ حیران ہوتا ہوں کہ مجھے جنات اور بیماریوں کی دنیا کا مطالعہ کرنے کے لئے چنا گیا ہے۔ ایک لمبے عرصے تک شروعات میں جب میں انہیں صرف محسوس کرنے اور اندازہ لگانے کے قابل تھا میں بہت عرصہ ڈرتا رہا تھا۔ میں نے ان کو ہمیشہ ایک خوفناک مخلوق کی طرح سوچا تھا۔ اور میں اس جدید دنیا میں اس طرح کا ایک نارمل شخص ہوں۔ مزید یہ کہ میں نے کبھی عالم جنات سے مل کر کام نہیں کیا ہے۔ کچھ سال پہلے مجھے جنات یا نظر نہ آنے والی دنیا کا کوئی علم نہیں تھا اچانک مجھے اس کام کے لئے چن لیا گیا۔ میں ہمیشہ اپنی زندگی میں اس تبدیلی سے حیران ہوتا ہوں۔ میں اس کے متعلق ابھی بھی حیران ہوتا ہوں۔

Regardless of humans or demons, both are intelligent. It is really difficult to convince both of them about my capabilities. But God helped me with that. Now in the case of demons, it is very easy to convince them that I can see them. I just point my finger toward them and move my finger with their movements. I can also tell them when

انسانوں یا جنات کو بالائے طاق رکھ کر دونوں ذہین ہیں۔ دونوں کو میری قابلیتوں کے متعلق قائل کرنا بہت مشکل ہے۔ لیکن اس میں اللہ میری مدد کرتا ہے۔ اب جنات کے معاملے میں ان کو قائل کرنا بہت آسان ہے کہ میں انہیں دیکھ سکتا ہوں۔ میں صرف ان کی طرف اپنی انگلی کا اشارہ کرتا ہوں اور ان کی حرکات کے ساتھ ساتھ اپنی انگلی کو حرکت میں لاتا ہوں۔ میں انہیں یہ بھی بتا سکتا ہوں جب وہ واضح طور پر میرے جسم کو چھوتے ہیں۔ میں انہیں آسانی سے بتا سکتا ہوں کہ میرا جسم ان کے کتنے قابو میں ہے اور وہ میرے جسم میں کتنا پھیلے ہوئے ہیں۔ انسانوں کے معاملے میں ان کو قائل کرنا بھی آسان ہے۔

they clearly touch my body. I can easily tell them how much of my body is under their control or how much of my body they have penetrated. In the case of humans, convincing them is easy too. Other than helping with injuries or major accidents, I can remove their pains from their bodies. Sometime this takes seconds, sometimes minutes, and sometimes longer, but eventually, the pains listen to me. In this way, I can easily prove myself and my abilities.	چوٹوں یا بڑے حادثات میں مدد کرنے کی بجائے میں ان کے اجسام سے ان کی دردیں ختم کرسکتا ہوں۔ بعض اوقات اس میں صرف سیکنڈز لگتے ہیں، بعض اوقت منٹ اور بعض اوقات زیادہ لیکن آخر کار درد میری بات سن لیتی ہے۔ اس طرح میں آسانی سے اپنے آپ کو اور اپنی قابلیتوں کو ثابت کرسکتا ہوں۔
Even when I am communicating with demons and diseases, I am still the same coward and scared person. As a result, I sometimes have problems when I am dealing with extremely sick people. I have tried to fix this problem, but I have not been too successful. It is easy for doctors to deal with patients because they just write prescriptions and then they're done. But my case is different. I have to keep that person in my mind. To communicate with someone's sicknesses and diseases, I first need to bring that person completely into my mind. Then I can control and negotiate with demons and diseases around him or her. This is not always an easy task.	حتیٰ کہ جب میں جنّات اور بیماریوں سے بات کر رہا ہوتا ہوں میں اس وقت بھی وہی بزدل اور ڈرا ہوا انسان ہوتا ہوں۔ نتیجے کے طور پر مجھے بعض اوقات مسائل کا سامنا کرنا پڑتا ہے جب میں بہت ہی بیمار شخص کا علاج کر رہا ہوتا ہوں۔ میں نے اس مسئلے کو حل کرنے کی کوشش کی ہے لیکن میں اس میں کامیاب نہیں رہا۔ ڈاکٹروں کے لئے مریضوں کے ساتھ ڈیل کرنا آسان ہے کیونکہ وہ صرف ادویات تجویز کرتے ہیں اور پھر بس۔ لیکن میرا معاملہ مختلف ہے۔ مجھے اس شخص کو اپنے دماغ میں رکھنا پڑتا ہے۔ کسی کے متعدی امراض اور بیماریوں سے رابطہ کرنے کے لئے پہلے مجھے اس شخص کو مکمل طور پر اپنے دماغ میں لانے کی ضرورت ہوتی ہے۔ پھر میں اس کے گرد جنّات اور بیماریوں کو قابو اور ان سے بات چیت کرسکتا ہوں۔ یہ ہمیشہ آسان نہیں ہوتا۔
Hopefully, no one will get upset about this next thing I can tell you. I am just a man. This is another problem with me. Sometimes I have to work on someone more frequently when he or she is not in front of me. I have to bring people into my mind to communicate with their demons and diseases or pains. Sometimes this is very hard.	امید ہے کہ کوئی بھی اس اگلی چیز کے متعلق اداس نہیں ہوگا۔ میں آپ کو بتا سکتا ہوں۔ میں صرف ایک انسان ہوں۔ یہ میرے ساتھ دوسرا مسئلہ ہے۔ بعض اوقات مجھے کسی پر لگاتار کام کرنا پڑتا ہے جب وہ میرے سامنے نہیں ہوتے۔ مجھے انکے جنّات اور بیماریوں یا دردوں سے رابطہ کرنے کے لئے ان لوگوں کو اپنے دماغ میں لانا پڑتا ہے۔ بعض اوقات یہ بہت مشکل ہوتا ہے۔

I always think that I can help only those I have seen already, or I may be able to help if I have seen their photos or pictures. But there was an incident in Columbus when my daughter went to a Scrap School store. She called me from there and asked me if I would be able to help the lady who worked there. I told her that I might not be able to because I had never seen that lady, and I thought it would be difficult to help someone I had never seen. My daughter eventually called me back after few minutes and told me that that lady was sixty-five years old and she had arthritis pain all over her shoulders, arms, backbone, and legs. That lady was taking pills continuously every day. She had changed almost six doctors in last few months, but her pain was not reducing. After my daughter told me all those details, she insisted that I tried to help that lady. She mentioned that the lady was crying because of the pain. I still was not willing to do anything without at least seeing her picture, but my daughter was insisting so much that I decided to try without seeing pictures of her. My daughter put her on phone. That lady was a little confused. That's why she started asking me different questions, but instead of answering her, I asked her about the exact location of her pain. First, she said that shoulder area hurt.I communicated with the pain, and thanks to God, her pain listened to me immediately. Next, I communicated with the other pains in her body, and again thanks to God, all of her pains listened to me. Within four minutes, that lady was free of pain. After that, she said, "I am impressed." Anyway, I told her to give a photo of herself to my daughter, so the next time, I could feel more confident about fixing the problem if she needed me again.

میں ہمیشہ یہی سوچتا ہوں کہ میں صرف ان کی مدد کر سکتا ہوں جن کو میں نے پہلے دیکھا ہوا ہے یا ہو سکتا ہے میں ان کی مدد کر سکوں اگر میں ان کی تصویریں دیکھی ہوں۔ لیکن کولمبس میں ایک واقعہ ہوا جب میری بیٹی ایک سکریپ سکول سٹور پر گئی۔ اس نے مجھے وہاں سے بلایا اور مجھ سے پوچھا اگر میں اس عورت کی مدد کر سکوں جو وہاں کام کرتی رہی ہے۔ میں نے اسے بتایا میں ایسا نہیں کر سکتا کیونکہ میں نے اسے پہلے کبھی دیکھا نہیں ہے اور میرا خیال تھا کسی شخص کی مدد کرنا مشکل ہوگا جس کو میں نے نہ دیکھا ہو۔ آخر کار میری بیٹی نے پانچ منٹ بعد مجھے واپس بلایا اور بتایا کہ وہ عورت پینسٹھ سال کی تھی اور اس کو اپنے کندھوں، بازوؤں، کولہے کی ہڈی اور ٹانگوں میں جوڑوں کی سوزش کا مسئلہ ہے۔ وہ عورت ہر روز لگاتار دوائی لے رہی تھی۔ اس نے چند پچھلے مہینوں میں تقریباً چھ ڈاکٹر بدلے ہیں لیکن اس کا درد کم نہیں ہو رہا تھا۔ میری بیٹی کے یہ سب تفصیلات بتانے کے بعد اس نے ضد کی کہ میں اس عورت کی مدد کروں۔ میں کم از کم اس کی تصویر دیکھے بغیر کچھ بھی کرنے کو راضی نہیں تھا لیکن میری بیٹی اتنی ضد کر رہی تھی کہ میں نے اس کی تصویر دیکھے بغیر کوشش کا فیصلہ کیا۔ میری بیٹی اس کو فون پر لائی۔ وہ عورت تھوڑی سی گھبرائی ہوئی تھی۔ اس لئے اس نے مجھ سے مختلف سوالات پوچھنے شروع کر دیے لیکن اس کے جوابات دینے کی بجائے میں نے اس سے اسکے درد کی جگہ پوچھی۔ پہلے اس نے کہا کہ کندے کا حصہ درد کرتا ہے۔ میں نے اس درد سے رابطہ کیا اور اللہ کا شکر ہے کہ اس کے درد نے فوراً میری بات مان لی۔ پھر میں نے اس کے جسم میں موجود دوسری دردوں سے رابطہ کیا اور پھر اللہ کا شکر ہے اس کی تمام دردوں نے میری بات مان لی۔ چار منٹوں کے اندر وہ عورت درد سے آزاد تھی۔ اس کے بعد اس نے کہا "میں متاثر ہو گئی ہوں"۔ بہر حال میں نے اس کو میری بیٹی کو اپنی تصویر دینے کو کہا تا کہ اگلی دفعہ میں مسئلہ ٹھیک کرنے میں مزید پر اعتمادی محسوس کر سکوں اگر اسے دوبارہ میری ضرورت پڑے۔

Most of the time, I do not need anyone to be in front of me to help. I do not even need anyone to talk on the phone to help them. My mind can fly anywhere to anyone and try to help them. But if I have never seen someone, then it will be difficult to help him or her from a remote area.	زیادہ تر مجھے کسی کی مدد کرنے کے لئے اس کے میرے سامنے ہونے کی ضرورت نہیں ہے۔ مجھے حتیٰ کہ کسی کی مدد کرنے کے لئے فون پر بات کرنے کی بھی ضرورت نہیں ہے۔ میرا دماغ کہیں بھی کسی کے بھی پاس اڑسکتا ہے اوران کی مدد کرنے کی کوشش کرسکتا ہے۔ لیکن اگر میں نے کسی کو کبھی بھی نہ دیکھا ہو تو دوردراز کے علاقے سے اس کی مدد کرنا مشکل ہوگا۔
I have a long list of these incidents, but I am mentioning these few to verify my abilities.	میرے پاس اس طرح کے واقعات کی لمبی فہرست ہے لیکن میں اپنی قابلیتوں کی جانچ پڑتال کے لئے چند کا ذکر کررہا ہوں۔
Mr. Alton did carpenter work. He had a backbone injury several years ago when he fell from a ladder. I had seen him suffering from that back pain and going to different doctors for sixty days. He was losing weight every day. He was wearing a support belt for his backbone all the time. But he strongly believed that that the medication was the only solution for his pain. One day during work, he mentioned to me that he had a problem standing these days because his back pain had spread to his hips. Finally, I asked him if he wanted me to take his pain away I told him that once I fixed his pain, we could keep using the medications to correct the damage. Anyway, the process took two minutes, and then his back pain was gone.	مسٹر آلٹن کارپینٹر کا کام کرتا تھا۔ اس کی کمر کی ہڈی میں بہت سال پہلے چوٹ لگی تھی جب وہ سیڑھی سے گر گیا تھا۔ میں نے اسے اس درد کو برداشت کرتے ہوئے اور ساٹھ دن تک مختلف ڈاکٹروں کے پاس جاتے ہوئے دیکھا ہے۔ اس کا وزن ہر دن کم ہورہا تھا۔ وہ ہر وقت اپنی کمر کی سپورٹ کے لئے ایک بیلٹ باندھی رکھتا تھا۔ لیکن اس کا پختہ یقین تھا کہ علاج ہی اس کے درد کا ایک واحد حل ہے۔ ایک دن کام کے دوران اس نے مجھ سے تذکرہ کیا کہ آج کل اس کو کھڑے ہونے میں مسئلہ ہے کیونکہ اس کی کمر کا درد اس کے کولھوں تک پھیل گیا ہے۔ آخرکار، میں نے اس سے پوچھا اگر وہ چاہتا ہے کہ میں اس کا درد ختم کردوں۔ میں نے اسے بتایا کہ ایک دفعہ میں اس کا درد ختم کردوں ہم نقصان کے ازالے کے لئے ادویات کا استعمال کرسکتے ہیں۔ بہرحال اس عمل نے دو منٹ لیا اور پھر اس کی کمر کا درد چلا گیا۔
Another time, the same person had a different problem. The tube between his ear and throat had an infection with some inflammation. Doctors tried antibiotics first. When those didn't work, the doctors suggested surgery. When he came to me, he was in really bad condition, and he was suffering from excruciating pain. Anyway, I communicated with his inflammation, and in two steps, his pain was gone. The process took maybe three minutes. But before he left me, I made him promise to complete his course of antibiotics. He was fine without any surgery.	ایک دوسری دفعہ، اسی شخص کو مختلف مسئلہ تھا۔ اس کے کان اور گلے کے درمیان نالی میں کچھ انفیکشن ہو گیا تھا۔ ڈاکٹروں نے پہلے اینٹی بائیوٹک کا استعمال کیا۔ جب انہوں نے کام نہ کیا تو ڈاکٹروں نے سرجری تجویز کی۔ جب وہ میرے پاس آیا وہ بہت بری حالت میں تھا اور وہ انتہائی اذیت ناک درد میں مبتلا تھا۔ بہرحال میں نے اس کے انفیکشن سے رابطہ قائم کیا اور دو مراحل میں اس کا درد ختم ہوگیا۔ اس عمل کو ہوسکتا ہے تین منٹ لگے ہوں۔ لیکن جب وہ جانے لگا میں نے اس سے وعدہ کروایا کہ وہ اپنی اینٹی بائیوٹکس کا علاج مکمل کرے۔ وہ سرجری کے بغیر ٹھیک تھا۔

I strongly feel that if medical science starts believing my assertions that all these diseases and sicknesses are physical, that communication with them will become possible for everyone. Sometimes I forget that not everyone can communicate with these demons, diseases, and pains like I can. But I am ready to demonstrate this ability in front of anyone to prove to medical scientists that any pain or disease is fixable without medication. My responsibility is just to prove this point to them. After that, I am sure that all scientists will work in this alternative direction within medical science. The simple formula for curing a pain or sickness rests on the principle of like and dislike. This is common sense. Every living creature likes at least one thing and dislikes others. Consequently, medical science only needs to find out what demons, pains, and/or diseases do not like.	میں بہت پختگی سے محسوس کرتا ہوں کہ اگر میڈیکل سائنس میرے دعوں پر یقین کرنا شروع کرتی ہے کہ یہ تمام بیماریاں اور متعدی امراض طبی ہیں تو ان سے رابطہ کرنا ہر ایک کے لئے ممکن ہو جائے گا۔ بعض اوقات میں بھول جاتا ہوں کہ ہر کوئی ان جنّات، بیماریوں اور دردوں سے اس طرح رابطہ نہیں کرسکتا جس طرح کے میں کرتا ہوں۔ لیکن میں میڈیکل سائنس کے لئے اپنی قابلیت کا مظاہرہ کرنے کے لئے تیار ہوں اس بات کو ثابت کرنے کے لئے کہ کوئی بھی درد یا تکلیف ادویات کے بغیر ٹھیک کی جاسکتی ہے۔ مجھے یقین ہے کہ تمام سائنسدان میڈیکل سائنس میں رہتے ہوئے اس دوسرے سمت میں کام کریں گے۔ درد یا مرض کو ٹھیک کرنے کے سادہ فارمولے کا انحصار پسند اور ناپسند پر ہے۔ یہ عام سی بات ہے۔ ہر زندہ مخلوق کم از کم ایک چیز کو پسند کرتی ہے اور دوسری کو ناپسند۔ نتیجے کے طور پر میڈیکل سائنس کو اس بات کو تلاش کرنے کی ضرورت ہے کہ جنّات، درد اور بیماریاں کیا پسند نہیں کرتے۔
I have uncountable demons, diseases, and pains around me all the time, but they are not affecting me that badly. Medical scientists may want to investigate how and why I am able to keep them away from my body most of the time. I am sure that Newton's fourth law is true in my case. Everything around us is about give and take. To take something, we should be ready to give something. And I mostly agree with this because just taking something from someone or giving something to someone all the time is like one-way traffic. And oneway traffic or movement in only one direction totally goes against the universal system.	میرے اردگرد ہر وقت ان گنت جنّات، بیماریاں اور درد رہتے ہیں لیکن وہ مجھے اتنی بری طرح متاثر نہیں کر رہے۔ میڈیکل سائنس کو اس بات کی کھوج لگانی چاہیے کہ کیوں میں زیادہ تر ان کو اپنے جسم سے دور رکھنے کے قابل ہوں۔ مجھے یقین ہے کہ نیوٹن کا چوتھا قانون میرے معاملے میں سچ ہے۔ ہمارے اردگرد ہر چیز لینا اور دینا ہے۔ کسی چیز کو لینے کے لئے ہمیں کوئی چیز دینے کے لئے تیار رہنا چاہیے۔ اور میں اس سے زیادہ تر اتفاق کرتا ہوں کیونکہ ہر وقت صرف کسی سے کوئی چیز لینا یا کسی کو کوئی چیز دینا صرف یک طرفہ ٹریفک ہے۔ اور ایک ہی سمت میں یک طرفہ ٹریفک یا تحریک کائناتی نظام کے خلاف ہے۔
In my case, demons, diseases, and pains are getting something out of me. I am definitely a surprise to all of them, mostly because they believe that they are completely invisible and that no one can sense	میرے معاملے میں، جنّات، بیماریاں اور درد میرے اندر سے کچھ لے کر جا رہے ہیں۔ میں یقینی طور پر ان سب کے لئے حیران کن ہوں کیونکہ زیادہ تر ان کا یقین ہے کہ وہ مکمل طور پر پوشیدہ ہیں اور کوئی بھی ان کا اندازہ نہیں لگا سکتا لیکن میں لگا سکتا ہوں۔ اور میں ایسا ہر وقت کر رہا ہوں۔ دوسرا یہ کہ میں ان سے رابطہ کرنے کے قابل ہوں تا کہ میں انہیں کسی کا جسم چھوڑنے کے لئے قائل کرسکوں۔ بعض اوقات

them, but I can. And I am doing so all the time. Secondly, I am able to communicate with them, so I can convince them to leave someone's body. Sometimes I am even capable of arguing with them or insisting that they leave a person. I am sure that they get extremely upset with me when I insist that they not do something, and I am sure I am facing many problems and obstacles as a result of their reactions.	میں ان سے بحث کرنے یا ان کو مجبور کرنے قابل ہوتا ہوں تا کہ وہ ایک شخص کو چھوڑ دیں۔ مجھے یقین ہے کہ وہ میرے ساتھ بہت ناراض ہوتے ہونگے جب میں انہیں کوئی کام نہ کرنے پر مجبور کرتا ہوں اور میرا یقین ہے کہ ان کے ردِعمل کے نتیجے کے طور پر مجھے بہت سے مسائل اور رکاوٹوں کا سامنا کرنا پڑ رہا ہے۔
But it is really hard for me to just sit back and not help someone if I feel that I can indeed help, especially when someone asks for help. As I have said several times, demons are master of hypnotism. No one—not human or animal—can perform at this powerful level of hypnotism.	لیکن میرے لئے یہ بہت مشکل ہے صرف بیٹھ جانا اور کسی کی مدد کرنا اگر میں محسوس کروں کہ میں دراصل مدد کر سکتا ہوں، خاص طور جب کوئی مدد کے لئے پوچھتا ہے۔ جیسا کہ میں نے کئی دفعہ کہا ہے کہ جنّات ہپنوٹزم میں ماہر ہیں۔ کوئی بھی نہیں۔۔ نہ انسان یا جانور۔۔ اس طاقتور ہپنوٹزم کے درجے پر عمل کر سکتے ہیں۔
We humans—actually, I should say normal humans—think and act almost in a same way. Exactly like this, most demons' actions and reactions are the same, regardless of kind or race.	ہم انسان۔۔ دراصل، مجھے کہنا چاہیے۔۔ سوچنا اور کام کرنے کا طریقہ ایک ہی ہے۔ بالکل اسی طرح زیادہ تر جنّات کا عمل اور ردِعمل ایک جیسا ہوتا ہے، نسل کی قسم کو بالائے طاق رکھ کر۔
There are two major things I have always noticed about demons: they protect their victims, and they work together in groups. Victim here is meant to reference any "body," but I will talk about only humans here because I deal with humans only and I am only capable of dealing with humans. But how do demons protect their human victims? They will block my mind and sight so that my mind will not be able to trace that person. I will not be able to recognize or store that person in my memory. If that person is already in my memory, I will not be able to find that person in my memory. I will keep looking for the person in the air or in my memory, but the demons will block me by hypnosis. This has often happened to me, but usually, I am able to break their spells of hypnotism in a few days or	دو بڑی چیزیں ہیں جو جنّات کے متعلق میں نے غور کی ہیں: وہ اپنے شکار کی حفاظت کرتے ہیں اور وہ مل کر گروہوں میں کام کرتے ہیں۔ شکار کا مطلب یہاں پر صرف جسم لیا جا رہا ہے لیکن میں یہاں پر صرف انسانوں کے بارے میں بات کروں گا کیونکہ میں صرف انسانوں کو ڈیل کرتا ہوں اور صرف میں ہی انسانوں سے ڈیل کرنے کے قابل ہوں۔ لیکن کس طرح جنّات اپنے انسانی شکار کی حفاظت کرتے ہیں؟ وہ میرا دماغ اور نظر روک دیں گے۔ میں اس شخص کو پہچاننے یا اپنی یادداشت میں ذخیرہ کرنے کے قابل نہیں رہوں گا۔ میں اس شخص کو اپنی یادداشت میں تلاش نہیں کر سکوں گا۔ میں اس شخص کو ہوا میں یا اپنی یادداشت میں تلاش کرتا رہوں گا لیکن جنّات ہپنوسس کے زریعے مجھے روک دیں گے۔ ایسا میرے ساتھ اکثر ہوا ہے میں چند دنوں یا اس سے کم دنوں میں ان کے ہپنوٹزم کے عمل کو توڑنے کے قابل ہوں۔ لیکن دراصل ایسا کافی سال پہلے ہوا ہے۔ مجھے آج کل ایسا مسئلہ نہیں ہوتا۔ لیکن یہ یقینی طور پر ان کا اپنے شکار کو بچانے کے لئے پہلا مرحلہ ہوتا ہے۔ دوسری چیز جو جنّات اپنے شکار کو بچانے کے لئے کرتے ہیں مجھے ہپنوٹزم کے ذریعے غلط راہ پر چلانا ہے، خاص طور پر جب میں کسی کو اپنی یادداشت میں سے کھینچنے کی کوشش کر رہا ہوں۔ اگر میں XYZ تک پہنچنے کی کوشش کر رہا ہوں وہ میرا دماغ ABC کی طرف بھیج دیں گے۔ ABC ہمیشہ وہی شخص ہوگا جس کو میں نے پسند نہیں کیا ہوگا۔ مجھے ہپنوٹائز کر کے جنّات اصل شخص جس کی میں مدد کرنے کی کوشش کر رہا ہوں کی تصویر کو بدلتے رہیں گے اور میری

less. But this indeed happened years ago. I don't seem to have this problem these days. But this is definitely their first step in protecting their human victims. The second thing that demons do to protect a victim is misguide me by hypnotizing me, especially if I am trying to pull someone from my memory. If I am trying to reach XYZ, they will send my mind to ABC. And usually, ABC is always that person I never liked. By hypnotizing me, demons will keep changing the picture of the actual person I'm trying to help and bring an undesired person to disrupt my concentration.	توجہ ہٹانے کے لئے کسی اور شخص کو لاتے رہیں گے۔
Once scientists pay attention to my theories, I am sure they will be able to invent machines that reduce the influence of demons, diseases, and pains in our bodies, but until then, I suggest everyone use a few tricks to reduce the problems caused by demons. However, these can only be used to fight against demons. These will not work on diseases or pains. These tricks include the following:	ایک دفعہ سائنسدان میرے نظریات پر توجہ دیتے ہیں۔ میرا یقین ہے کہ وہ مشین ایجاد کرنے کے قابل ہو جائیں گے جو کہ ہمارے اجسام میں جنّات، بیماریوں اور دردوں کے اثر کر کم کرے لیکن اس وقت تک میں ہر ایک کو جنّات کی وجہ سے ہونے والے مسائل کو کم کرنے کے لئے کچھ کرتب استعمال کرنے کا مشورہ دیتا ہوں۔ تاہم، یہ صرف جنّات کے خلاف لڑنے کے لئے استعمال کئے جا سکتے ہیں۔ یہ بیماریوں اور دردوں پر کام نہیں کریں گے۔ ان کرتبوں میں مندرجہ ذیل شامل ہیں۔
1) Demons like red meat only. My understanding is that demons like beef. If you have more beef and eat more beef, that could mean you are inviting more and more demons into your house and into your body.	1) جنّات صرف سرخ گوشت پسند کرتے ہیں۔ میرا سمجھنا یہ ہے کہ جنّات بیف کو پسند کرتے ہیں۔ اگر آپ کے پاس زیادہ بیف ہے اور زیادہ بیف کھاتے ہیں اس کا مطلب ہے کہ آپ زیادہ سے زیادہ جنّات کو اپنے گھر اور اپنے جسم میں دعوت دے رہے ہیں۔
2) Rub at leave five small lemons or limes on different parts of your body, especially around you head, ears, eyes, neck, and chest for two minutes. Then move your hand around your body seven times. Make sure you undergo this process when you are driving. Avoid residential areas. Choose major roads. After you move your hand around your body seven times, do not waste time anymore. Keep driving. Open a window and throw	2) کم از کم پانچ لیموں یا لائمز کو اپنے جسم کے مختلف حصوں پر لگائیں، خاص طور پر دو منٹ کے لئے اپنے سر، کان، آنکھیں، گردن اور چھاتی کے گرد۔ پھر سات مرتبہ اپنا ہاتھ اپنے جسم کے گرد گھمائیں۔ یقینی بنا لیں کہ آپ اس عمل کو کر لیں جب آپ ڈرائیونگ کر رہے ہوں۔ رہائشی علاقوں سے بچیں۔ بڑی سڑکوں کا انتخاب کریں۔ جب آپ اپنا ہاتھ اپنے جسم کے گرد سات مرتبہ گھما لیں تو اپنا وقت ضائع مت کریں۔ ڈرائیونگ کرتے ہیں۔ کھڑکی کھولیں اور تمام لیموں یا لائمز کو کسی ہرے درخت کی طرف پھینک دیں۔ ساٹھ فیصد تک ممکن ہے کہ آپ کے جسم کے گرد جنّات ان لیموں یا لائمز کے پیچھے نہیں جائیں گے۔ اگر آپ دباؤ محسوس کرتے ہیں تو ہر دن یا ہر دوسرے دن یا ہفتے میں ایک دفعہ اس عمل کو دہرائیں۔ آپ لیموں یا لائم کو درمیان میں سے آدھا کاٹ کر ان ٹکڑوں کو اپنے بائیں بازو اور کندھے

all the lemons or limes toward any green tree. There is a 60 percent chance the demons around your body will leave to follow those lemons or limes. If you feel pressure, repeat this process every day or every other day or at least once a week. You can also cut a lemon or lime in half, rub those pieces on your left arm and shoulder, and then throw them out of your car toward a green tree. Do not stop your car during this process.	پرمل سکتے ہیں اور پھرانہیں اپنی کار سے باہرایک ہرے درخت کی طرف پھینک دیں۔اس عمل کے دوران اپنی کارمت روکیں۔
3) Demons do not leave human bodies easily, especially if they have been living around those bodies for a long time. To exorcise them, take at least fifteen sticks that are full of green mint leaves. Put them in a metal bowl with water. Boil the water and mint leaves for at least thirty minutes. Drink that mint water every three days. This mint water will reduce the negativity of those demons around you so that they do not create problems in your family or business affairs. They may even become a little positive and supportive because of the mint water.	3) جنّات آسانی سے انسانی جسم کونہیں چھوڑتے، خاص طور پراگر وہ ان اجسام کے گرد ایک لمبے عرصے سے رہتے رہے ہوں۔انہیں باہرنکالنے کے لئے تقریباً پندرہ لکڑیاں لیں جوکہ ہرے پتوں سے مکمل طور پربھری ہوں۔ان کو پانی کے ساتھ دھات کے باؤل میں ڈالیں۔پانی کوابالیں اورتیس منٹ تک پتوں کونچوڑیں۔اس نچوڑے ہوئے پانی کو ہرتیسرے دن پیئیں۔یہ نچوڑاہواپانی آپ کے گردجنّات کی منفیت کوکم کردے گا تاکہ وہ آپ کے خاندان یا کاروباری معاملات میں مسائل نہ پیدا کریں۔وہ بعض اوقت نچوڑے ہوئے پانی کی وجہ سے کچھ مثبت اورمددگار بھی ہوجاتے ہیں۔
4) As I have described before, you can use plain water in a spray bottle. You can spray each and every corner of your house frequently. Try to cover everywhere from the ceiling to floor. Do this frequently. Water does not kill demons, but they do not like water. Water keeps them uncomfortable. If you do this frequently, demons will not stay around you or in your house for a long time. Do the same thing in your cars as well. You will need to spray water routinely because once one group of demons leaves, your house will be vacant for another group of demons to occupy. If you keep spraying water, they will keep leaving your house.	4) جیساکہ میں نے پہلے بیان کیا ہے کہ آپ سپرے کرنے والی بوتل میں سادہ پانی استعمال کرسکتے ہیں۔آپ مسلسل اپنے گھر کےکونوں میں سپرے کرسکتے ہیں۔چھت سے لےکرفرش تک ہرجگہ کومحفوظ کرنے کی کوشش کریں۔اسکو باربار کریں۔پانی جنّات کوقتل نہیں کرتالیکن وہ پانی کوپسندنہیں کرتے۔پانی انہیں بےچین رکھتاہے۔اگرآپ یہ اکثرکرتے رہتے ہیں توجنّات آپ کےگرد یا آپ کے گھر میں ایک لمبے عرصے تک نہیں رکیں گے۔یہی کام اسی طرح اپنی کاروں میں کریں۔آپ کو باقاعدگی سے سپرے کرنے کی ضرورت پڑے گی کیونکہ جب جنّات کاایک گروہ چھوڑ جاتا ہےتو آپ کا گھر کسی دوسرے گروہ کے لئے قبضہ کرنے کے لئے خالی ہوجائےگا۔اگرآپ سپرے کرتے رہیں گےتو وہ آپ کے گھر میں نہیں ٹھہریں گے۔

5) You can also frequently use insect killer, but make sure you spray it in the air toward the ceiling. Do not leave any corner unattended. Spray everywhere frequently, and you will be surprised with the results. Thank you all for your interest in my theory, and good luck to everyone.	5) آپ لگاتار حشرات مارنے والی دوا استعمال کر سکتے ہیں لیکن یقینی بنائیں کہ آپ اس کو ہوا میں چھت کی طرف سپرے کریئں۔ گھر کا کوئی کونا خالی نہ چھوڑیں۔ ہر طرف مسلسل سپرے کرتے رہیں اور آپ نتایج سے حیران ہو جائیں گے۔ میرے نظریے میں دلچسپی کے لئے آپ تمام کا شکریہ اور سب کے لئے نیک تمنائیں۔